国家出版基金项目
NATIONAL PLBLICATION FOUNDATION

国家出版基金项目

“十四五”时期国家重点出版物出版专项规划项目

高速铁路基础研究与技术创新丛书

安全 · 健康 · 维护系列

高速列车横风效应及气动安全控制动力学

本丛书编委会　总主编

毛　军　柳润东　郗艳红　著

郭迪龙　主　审

中国铁道出版社有限公司

2023年 · 北　京

内 容 简 介

本书为“高速铁路基础研究与技术创新丛书”之分册。本书以大风环境中高速列车为典型对象，采用理论模型、数值模拟和试验相结合的方法对其横风动力学行为及气动安全控制方法进行系统论述和分析，揭示了腔室型风障的湍涡动力学特性及耗能机理。本书内容实现了高速列车运动及其对风障气动冲击作用的动力学模型试验和数值模拟计算，可直接为高速列车大风中速度控制及防风设计提供理论依据和指导，对保证高速列车运行安全具有重要意义。

本书可供高速列车空气动力学、防风设计等专业科研人员和工程技术人员，以及高等院校防灾减灾专业师生参考。

图书在版编目(CIP)数据

高速列车横风效应及气动安全控制动力学/毛军，柳润东，郗艳红著.—北京：中国铁道出版社有限公司，2023.5
(高速铁路基础研究与技术创新丛书.安全·健康·维护系列)
“十四五”时期国家重点出版物出版专项规划项目
ISBN 978-7-113-30028-9

Ⅰ.①高…　Ⅱ.①毛…　②柳…　③郗…　Ⅲ.①高速列车-空气动力学-轮轨动力学-研究　Ⅳ.①U292.91

中国国家版本馆CIP数据核字(2023)第053412号

书　　名：高速列车横风效应及气动安全控制动力学
作　　者：毛　军　柳润东　郗艳红

策　　划：邱金帅
责任编辑：邱金帅　王　健　**编辑部电话：**(010)51892546　**电子邮箱：**shuai827@gmail.com
封面设计：高博越　尚明龙　**封面摄影：**王明柱　**丛书标识设计：**崔丽芳
责任校对：苗　丹
责任印制：高春晓

出版发行：中国铁道出版社有限公司(100054，北京市西城区右安门西街8号)
网　　址：http://www.tdpress.com
印　　刷：北京联兴盛业印刷股份有限公司
版　　次：2023年5月第1版　2023年5月第1次印刷
开　　本：787 mm×1 092 mm　1/16　**印张：**18.5　**字数：**369千
书　　号：ISBN 978-7-113-30028-9
定　　价：118.00元

高速铁路基础研究与技术创新丛书

编　辑　组

序

我国高速铁路起步晚、发展快、后劲足，经过几代人的不懈努力，通过原始创新、集成创新、引进消化吸收再创新，成功地走出了一条符合中国国情路情、具有中国特色的自主创新之路。我国已系统掌握各种复杂地质和气候条件下高速铁路建造成套技术；在工务工程、列车运行控制、牵引供电、动车组等高速铁路核心技术方面实现自主化；形成了复杂路网条件下处理跨线运行的运营管理成套技术，构建了人防、物防、技防三位一体的主动安全保障机制。我国已成为全球高速铁路运营里程最长、在建规模最大、运营速度最快、技术体系最全、运营和管理经验最丰富的国家。我国高速铁路技术已走在世界前列，成为推动世界高速铁路发展的重要力量。

为贯彻落实中共中央、国务院《交通强国建设纲要》，推进国铁集团《新时代交通强国铁路先行规划纲要》的落地，系统总结、梳理我国高速铁路各领域前沿理论和技术，向我国乃至世界高速铁路科研工作者和工程技术人员提供一套前沿性的参考书，中国国家铁路集团有限公司铁道出版社公司特组织编著出版“高速铁路基础研究与技术创新丛书”。

丛书以习近平新时代中国特色社会主义思想为指导，以国家自然科学基金课题、国家基金委-国铁集团高铁联合基金课题、国家“973”课题、国家重点研发计划课题等科研成果为支撑，从高速铁路前沿研究、补短板技术、核心技术、技术发展趋势等方向组织选题，涵盖动车组、供电、通信与信号、列控与检测、工程勘察与设计、智能建造、运营与管理、现代信息技术、安全和维护等领域，规模为100册，是全面系统论述我国高速铁路基础研究与技术创新成就的大型系列原创性科技著作。

丛书力求突出制高点、原创性、权威性、全覆盖特色。丛书各册内容以作者团队长期从事高速铁路科学研究的成果为依托，多数成果居于国内领先水平甚至世界先进水平，多种成果荣获国家科学技术奖一等奖、二等奖，国家技术发明奖一等奖、二等奖，茅以升科学技术奖，詹天佑铁道科学技术奖，铁道科技进步奖等奖项，丛书内容体现了我国当今最新、最前沿以及展现未来发展趋势的高速铁路相关研究成果和应用技术。丛书包括动车组、供电、工程施工与组织等十个系列，基本实现高速铁路各领域全覆盖。

丛书由编委会总负责。编委会阵容强大，认真负责。编委会各成员都是长期从事我国高速铁路科研、技术、生产和管理的一流专家学者，是所从事领域的翘楚，其中包括高速铁路及其相关领域的四位院士。编委会多次开会商讨丛书的体系、内容特色、作者条件及质量保障机制；分工负责，精心审订和修改各册编写提纲；多次遴选选题，先从150多个选题意向中遴选出100个选题，后又剔除了内容特色不太鲜明的8个选题，还对10多个选题提出了较大的改进意见，补充了8个关键技术和弥补技术空白的选题；最后邀请专人对各册内容进行审定，从而保证了各册内容的正确性和先进性。

2021年年底，国家新闻出版署经过严格评审，“高速铁路基础研究与技术创新丛书”(100册)成功入选“‘十四五’时期国家重点出版物出版专项规划——重大出版工程”。这是对本丛书项目的认可，也是对编委会、作者和编辑等人员前期工作的认可，更是一种鞭策。我们相信，本丛书的出版，将助力于《交通强国建设纲要》的贯彻落实，推动我国乃至世界高速铁路事业的发展，也将为铁路领域的科研工作者、工程技术人员、管理人员，以及高校相关专业师生提供一套高水平、原创性、权威性、全覆盖的大型高铁科技精品著作。

中国工程院院士
“高速铁路基础研究与技术创新丛书”编委会主任 卢春房

2022年2月

前　言

本书为“高速铁路基础研究与技术创新丛书”之分册，按丛书要求，力图体现高速铁路安全控制动力学领域研究的前沿性、原创性特色。

高速列车是在地面上高速运行的细长体，由于其长细比大、贴地运行特点，不仅存在明显的地面效应，而且在强横风作用下高速列车流场结构变得十分复杂，其横向稳定性明显恶化，列车脱轨风险大大增加。若在大风条件下对列车进行限速或停运必定降低整个线路的运行效能，且沿线挡风风障耦合作用下亦存在风致振动失稳风险。因此，大风中高速列车运行气动安全是一个综合性、可优化控制的问题，开展高速列车横风效应及气动安全控制动力学研究具有重要的科学意义和现实意义。

本书以大风环境中高速列车为典型对象，通过列车动模型试验、湍涡动力学理论分析与动网格数值模拟相结合方法，对高速列车单列和交会运行时空气动力学特性、横风作用下高速列车运行安全控制方法、风障在列车风和横风作用下气动特性、列车风—风障流固耦合现象、风障腔室内流和外流湍涡动力学特性、腔室型风障耗能机理以及消能作用等进行分析，系统地论述了高速列车横风效应分析及气动安全控制方法。本书内容实现了高速列车运动及其对风障气动冲击作用的动力学模型试验和数值模拟计算，成果可直接为高速列车大风中速度控制及防风设计提供理论依据和指导，对保证高速列车运行安全具有重要意义。

需要指出的是，本书中描述的横风效应场景主要为高速列车运行于平地、路堤和桥梁即列车明线运行场景，并未涉及大风作用下列车跨桥隧区域进出隧道时的复杂场景。随着我国高速铁路特别是西部艰险山区高速铁路的迅速发展，线路中桥梁和隧道占比大幅提升，列车于峡谷风风场中跨桥隧区域运行、在短时间内频繁地进出隧道将成为常见场景，其横风效应及气动安全控制更加复杂，是有待深入研究，且具有理论意义和工程应用价值的问题，本书亦将为此提供借鉴和参考。

本书由北京交通大学毛军、中国铁道科学研究院有限公司柳润东和北京交通大学郗艳红著，各章撰写分工及主要内容如下：第1章和第2章由毛军著，主要论述横风作用下高速列车绕流的基本特征、高速列车横风气动效应及安全控制研究现状等；第 3 章由毛军、郗艳红著，对明线上高速列车在不同路况上运行并受不同横风作用时的气动特性进行数值模拟计算，分析定常流动条件下气动特性变化规律，得到列车在横风作用下气动荷载和尾流涡流特性；第 4 章由郗艳红、柳润东著，分析列车绕流的非定常特性，研究分离涡的频率与列车自振频率的关系；第 5 章由毛军、柳润东著，按照 CRH 型高速列车真实几何外形建模，采用滑移网格技术处理列车相对运动，对真实模型与简化模型列车交会时横风气动特性进行对比分析；第 6 章由毛军、郗艳红著，运用车辆轨道动力学原理和多体动力学仿真方法，结合列车在运行过程中所受外界激扰影响，分析横风作用下车辆与轨道之间、车体与转向架之间动态作用等；第 7 章由毛军、郗艳红、柳润东著，从限制列车运行速度、在铁路沿线大风区安装挡风装置和提高列车自身抗风性能等方面分析列车安全运行控制方法；第 8 章由毛军、柳润东著，论述高速铁路挡风风障气动特性、湍涡动力学特性、耗能机理、流固耦合和流体激振作用等方面的安全特性；第 9 章由柳润东、毛军著，利用湍涡动力学基本理论，从湍流动力学及腔室内部和尾流区旋涡结构解释腔室型风障耗能机理，并利用量纲分析定义风障的消能特性参数，讨论了消能特性与透风率、孔径比及腔室间距之间的关系。博士研究生陈明杲、李国栋，硕士研究生韩晨煜、赵浩宇参与了部分文字编辑和图表绘制工作。全书由毛军统稿定稿，由中国科学院力学研究所郭迪龙研究员主审。

全书内容主要为著者近年来从事相关研究工作的成果。同时，著述过程中参考了国内外同行、专家的部分优秀研究成果及经验、理论，引用了相关文献，在此表示诚挚的感谢。限于著者水平，书中纰漏之处在所难免，且许多研究问题需进一步深入探讨，不妥之处诚请同行及读者批评指正。

著　者

2023 年 3 月

目　录

第1章　绪　　论

高速铁路因具有运输成本低、运输量大、能效比高、准点率高、舒适性好以及绿色环保等突出优点，在世界交通运输中得到广泛应用和迅速发展。近年来，我国开始大规模建设高速铁路，以缓解社会总运输量持续增长对铁路运输所带来的压力，满足旅客对运输经济便利、快捷舒适、安全正点等方面的要求。此外，高速铁路运输具有运力大、占地省、能耗低、污染少、全天候运营、适应性强等技术经济优势，这对于幅员辽阔、人口众多、人均资源严重不足的我国来说是极其重要的。

高速列车是在地面上高速运行的细长体，由于长细比大、贴地运行，在高速运行过程中，出现了一系列与航空航天器不同的空气动力学问题，在强横风作用下，高速列车的气动阻力、升力和侧向力急剧增加，横向稳定性明显恶化，极易发生脱轨、倾覆事故，造成重大人员伤亡及设备损失。我国幅员辽阔，地形差异较大，风环境十分复杂，以京沪高速铁路为例，其全长 1 318 km，沿线最大风速可超过 30 m/s。因此，高速列车经过大风区时，需要采取一定的限速和防风措施来保证运行安全。但在大风条件下对列车进行限速或停运必定降低整个线路的运行效能，且仅通过限速，难以防范突变气流对列车的影响，现阶段主要在大风区特别是高架桥梁上安装挡风风障，以减小大风对列车运行的影响，保证列车安全、高效地运行，如图 1-1 所示。

图 1-1　兰新高速铁路透风式挡风风障

高速铁路沿线安装挡风风障是降低高速列车在横风作用下气动荷载，使列车仍能以较高速度行驶的有效方法。但风障距轨道较近，易受到较为强烈的列车风或列车风与横风耦合气流的冲击作用，若设计和安装不当，风障可能在突变气动荷载作用下失效甚至破坏，进而危及高速列车运行安全，例如2003年德国科隆—法兰克福铁路声屏障在列车脉动力作用下全线破坏，重建和维修费用达3 000万欧元。我国高速铁路列车运行速度达到350 km/h，如此高的运行速度必将对风障产生较为强烈的冲击作用。因此，挡风风障及其自身安全性研究开始受到研究人员和工程技术人员的高度关注。

1.1 横风作用下高速列车绕流

现代高速列车具有复杂的三维几何外形，其外流场尤其是横风作用下的外流场非常复杂。因此，从一般物体的扰流流动出发，分析横风作用下列车扰流流动的特征。

1.1.1 绕流流动一般特征

流体的黏性对其流动过程及流动阻力具有极其重要的影响，黏性是流体的一种物理特性，是流体抵抗剪切变形（或相对运动）的能力，用动力黏性系数表示黏性的大小。流体的运动状态与黏性密切相关。

流体的流动一般分为层流和湍流两种流态。层流指流动中流体质点在垂直于主流的横断面内没有横向脉动和掺混，流体呈平行片状、层次分明的流动。湍流指流体质点的运动杂乱无章，存在横向脉动和掺混，含有大量无规则三维旋涡的流动；其流体质点的动量和能量充分混合，使平均速度剖面中心部分平坦而边缘陡峭。自然界的层流运动常常是不稳定的，在小扰动下也容易变成湍流流动，湍流与层流的主要差别在于它的脉动性、随机性和输运能力的剧烈增大。

判别流动状态的最主要参数是无量纲数——雷诺数，表示为$Re=vl/\nu$，其中，v为来流速度；l为流动特征长度；ν为流体运动黏性系数。雷诺数是运动流体所受的惯性作用力与黏性作用力相对大小的度量。雷诺数越大，惯性作用越明显，流动越容易处于湍流状态，湍流的流动阻力一般大于层流的流动阻力。由层流过渡到湍流相应的雷诺数是临界雷诺数，其与来流中所含扰动的大小、壁面的粗糙程度有关。临界雷诺数存在一下限$Re_{cr,min}$，当流动雷诺数小于该下限值时，不管外加多大的扰动，流动总是保持层流而不会转变到湍流状态。图1-2为圆柱绕流状态随雷诺数变化的流动图形，当雷诺数很小，如$Re<1$时[图1-2(a)]，流场中黏性力起主导作用，圆柱上下游的流线前后对称；随着Re的加大，圆柱上下游的流线逐渐失去对称性，对下游的影响比对上游深远。当$4<Re<40$时[图1-2(b)]，沿圆柱表面的流体质点在到达圆柱后缘之前就由物面脱落，产生分离，并在圆柱下游形成两个附着涡，涡内的流体自成封闭回路，不向下游远处流去，产生所谓的“死水区”。当$40<Re$时[图1-2(c)]，即使来流仍然保持定常，流场也不再是定常流动，圆柱后方的两侧出现卡门涡街现象——涡周期性地脱落，形成等间隔规则排列的涡列，同一涡列中涡的旋转方向相同，

而两列涡的方向彼此相反，每一个涡的纵向位置在另一列相邻涡的正中间。当 300<Re 时[图 1-2(d)]，涡街逐渐失去其规则性和周期性。当 Re 继续增大时，流场中大部分区域的惯性力远远大于黏性力，流动可认为是无黏性的无旋流，但贴近柱面的薄层——边界层内的流动不能视为无黏性流动，边界层内流体的黏性起主导作用，边界层中的流体到圆柱下游构成尾流。当 $Re>3\times10^5$ 时[图 1-2(e)]，边界层中的流动由层流状态变为湍流状态。湍流边界层中带有较大的动能，能更有效地克服摩擦阻力，因而分离发生得较晚。

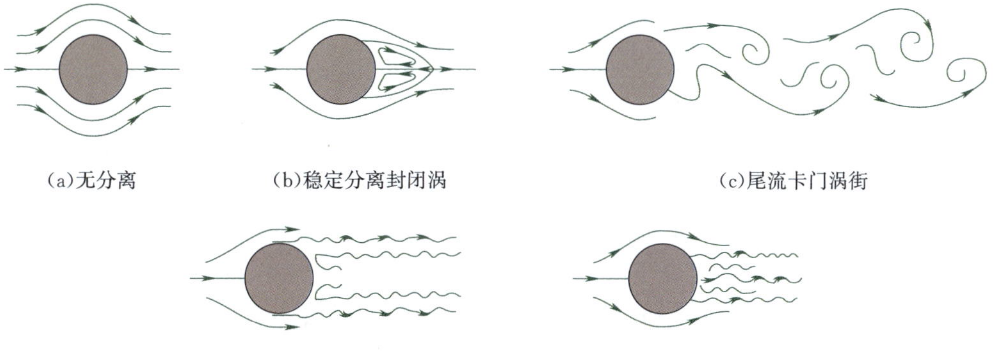

(a)无分离　(b)稳定分离封闭涡　(c)尾流卡门涡街

(d)层流边界层与尾流湍流　(e)湍流边界层与狭窄湍流尾流

图 1-2　圆柱绕流状态随雷诺数变化情况

在圆柱流动中，可以概括出黏性流体能量耗散的三种主要形式：一是通过黏性底层边界的直接能量耗散造成的边界黏性阻力损失；二是流体微团撞击的能量损失；三是由于流线弯曲或 Tollmien-Schlichting 波(T-S 波)的发展形成旋涡，通过黏性直接耗散或经过旋涡分解、传递后再通过黏性作用而耗散。

1.1.2　无横风作用下列车绕流流动

高速列车绕流具有上述圆柱绕流的基本特征。高速列车是大长细比、贴近地面的运动体，转向架凸入列车底部与地面之间气流中，绕列车的流动呈三维复杂流动形态，无横风时列车绕流示意如图 1-3 所示。

从相对运动角度分析，列车在大气中的运动可以等效为列车静止、地面运动，来流空气绕流列车的情形。紧贴列车表面的空气由于黏性作用而与列车保持相对静止，并在列车外表面及附近形成沿纵向厚度逐渐增加的边界层。列车底部边界层接近于有障碍物(转向架)的平板边界层流动，边界层厚度较大；同时，列车底部气流在运动地面附近形成移动的边界层。总体而言，在同一断面上靠近地面的下部边界层比列车上部边界层要厚。在列车尾部，空气形成强湍流尾流，由于尾流压力低，尾流中会出现回流，并形成一对很强的、相向内卷的尾涡。

现代高速列车车头为准流线型，由于高速列车编组一般头车与尾车是对称的，所以尾车

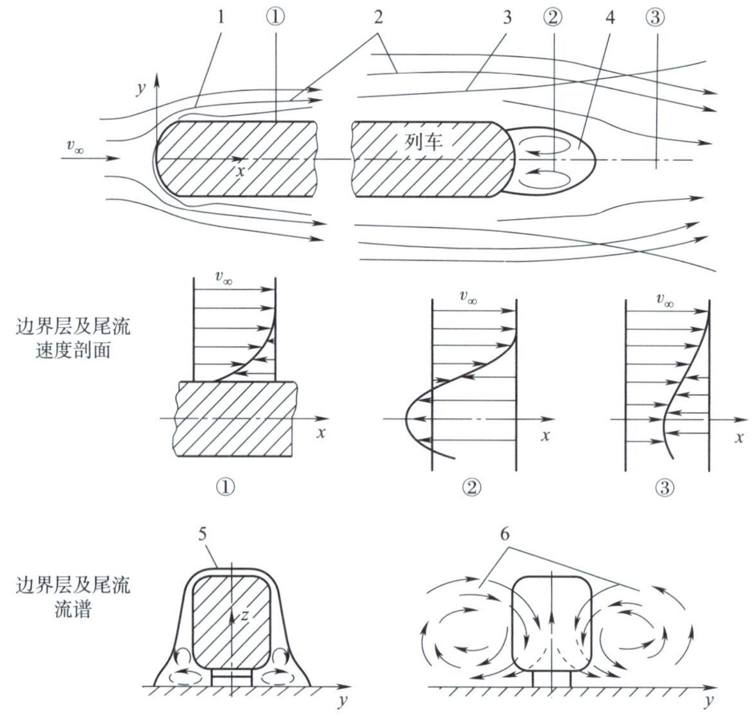

图 1-3 无横风时列车绕流示意

1—气流分离区;2—流线;3,5—边界层外缘;4—回流;6—尾流区中纵向涡流

是逐渐收缩的。初步研究表明,空气绕流列车运动时会产生两种类型的分离现象:一是因列车头部并非完全流线化而在头部附近会出现不同程度的边界层分离,流体分离后向下游再附着,在车尾处也出现分离,因此会出现大尺度分离涡,大分离涡中包含小涡,这些涡的轴线基本与未扰动空气流垂直、与分离线平行,这种分离具有二维性质;二是由于地面摩擦作用,列车下部的空气流速比上部低,压力比上部高,在列车两侧会形成一对向上翻卷的侧向涡,并拖向列车后部和尾流中,是一种强三维性质的分离现象。

1.1.3 横风作用下列车绕流流动

由图 1-3 可知,无横风作用下列车纵向绕流具有一定的对称性,但受到横风作用时,这种对称性将完全失去。从等效运动角度分析,当列车静止时,横风作用下列车绕流只有横向绕流,类似于圆柱绕流。当列车以一定速度运行时,列车风和横风形成合成气流共同作用于列车,合成气流的方向与列车运行方向不能完全垂直或平行,具有一定的偏航角。由于列车纵向与横向绕流的叠加作用,列车迎风侧出现流动滞止点,列车头部原来的驻点位置发生变化;而在列车背风侧,将产生一系列不断脱落的分离涡,其范围不断增大,直到距离列车尾部很远的地方,因此原来的列车尾部尾流区的流动发生显著变化,且对周围空气的扰动也较为强烈,如图 1-4 和图 1-5 所示。当列车以一定速度运行时,分离旋涡将随列车一起向前运动，不仅给环境造成严重不良影响，同时也增加了列车受到的横向力和倾覆力矩，使列车的稳定性降低。

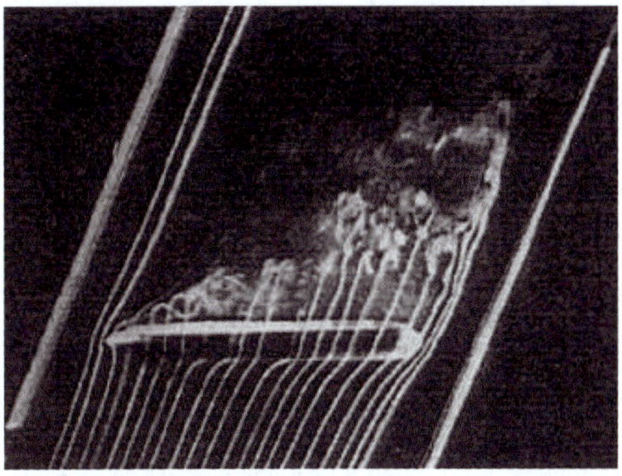

图 1-4 列车横风绕流烟道模型试验($\theta=65°$)

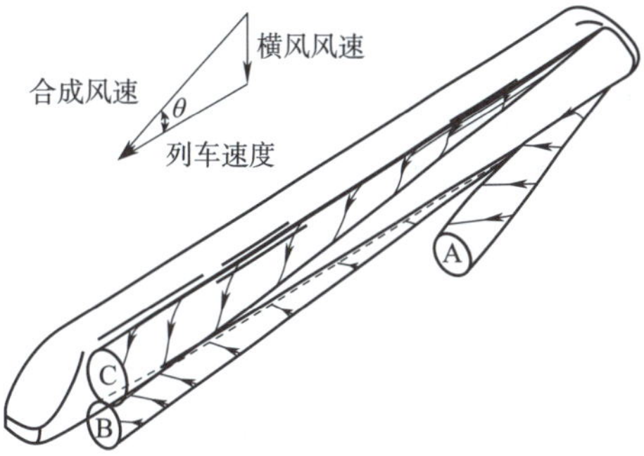

图 1-5 列车横风绕流流动结构($\theta=20°$)

综上所述，横风作用下高速列车绕流流场和气动作用力均呈现非定常、非线性的时空变化特征，决定了列车与轨道之间的动力学关系亦十分复杂，显著增大了列车倾覆或脱轨风险，对高速铁路运营造成安全隐患。

1.2 横风气动效应及安全控制研究现状

横风对高速列车运行的高效、舒适和安全造成明显的影响。列车运行速度越高，横风风力越强，列车运行存在的安全风险就越大。

1.2.1 横风作用下列车气动特性和气动安全性

1.2.1.1 高速列车空气动力学特性研究方法

1. 试验研究

在国外，日本和欧洲各国从 20 世纪 60 年代就建立了各自的列车风洞试验台和水槽试验台，其中风洞试验在列车绕流流场特性研究、列车横向稳定性和速度限值研究、列车表面附面层发展与分离研究、列车气动外形设计研究、湍流结构与流动规律研究等方面被广为应用。日本学者堀江笃做了大量实车试验，研究了横风对高速列车安全运行的影响。Copley 分析了理想几何外形列车在横风作用下背风侧的卡门涡街对表面压力分布的影响以及列车所受的气动力和力矩。Brockie 和 Baker 对英国铁路高速列车进行了 1∶76、1∶40 和 1∶1 零偏角风洞模型试验，研究了高速列车气动阻力和气动摩擦阻力系数与雷诺数的关系，认为车辆边界层仅仅在全尺寸模型中可以使用二维流场进行描述，而对于小尺寸模型，车辆流场区域必须使用三维流场进行描述，这一结论为确定气动表面摩擦系数与雷诺数之间的关系提供了参考。Humphreys 和 Baker 进一步采用风障和地面粗糙元模拟大气边界层，通过试验分析得到了气动力的平均值和极值，同时还指出了风洞试验中对大气剪切面模拟的重要性。Baker 通过风洞模型试验分析了横风作用于高速列车上的气动力和力矩。Minoru 等利用风洞试验研究了横风作用下车辆的气动特性，发现横风对车辆的作用不仅与车辆的外形有关，还和车辆下部结构的外形有关，此后对气动力进行评价时，开始考虑自然风的风向、风速和列车的运行速度。Stephane 等发展了一种新的试验方法来研究横风对高速列车的作用，此方法能测定车辆每一个部分所受的气动力，并能可靠地评估横风作用下列车所受的气动力。

在国内，西南交通大学和中南大学较早进行了列车空气动力学特性的试验研究。周瑜平等探讨列车风洞试验问题，在 XNJD-1 工业风洞中对流线型机车气动阻力及横风下气动特性进行了研究。杨明智等通过风洞试验，对列车在强横风下运行时的气动性能进行了测试分析，认为列车上横向力系数和倾覆力矩系数的绝对值随侧滑角的增加而迅速增大，当侧滑角达到一定值时，列车横向力系数和倾覆力矩系数的绝对值达到最大值，之后随侧滑角的增加而减小；田红旗采用风洞试验方法研究大风环境下列车（由头车、中车和尾车组成）的空气阻力特性，得到了风速、风向、列车速度与列车空气阻力之间的关系式。

近年来，中国科学院力学研究所建造了高速列车动模型试验平台，试验线全长 264 m，其中试验段全长 60 m，列车模型缩比为 1∶8。采用复线结构，轨道线间距 625 mm，分为上下两层，上层为动模型运行轨道，下层为拖车运行轨道。整个试验平台沿长度方向分加速段、匀速试验段及刹车段三个部分，使用空气炮弹射驱动，可将双向对开的高速列车动模型发射至最高 500 km/h 的速度。中国科学院力学研究所、北京交通大学等单位使用该平台进行了大量的高速列车动模型试验，在列车外形优化、横风气动安全等方面开展了卓有成效的研究工作。

2. 数值模拟研究

随着计算机技术和计算流体力学（computer fluid dynamics，CFD）的发展，研究者开始将风洞试验与数值模拟结合起来对高速列车空气动力学特性进行分析，并相继开发出基于黏性流动控制方程和湍流模式的商用 CFD 数值模拟软件，如 FLUENT、STAR-CD/CCM+、PHOENICS 和 ANSYS CFX 等。Khier 等采用分离式原始变量 SIMPLE 算法求解黏性流体动力学方程（N-S 方程），对不同横风攻角情况下流场结构进行了讨论。Diedrichs 使用 STAR-CD 软件分析了德国高速列车 ICE2 的横风效应，并讨论了网格划分密度、网格划分质量、数值计算方法、湍流模型、边界层出入口位置和湍流强度等对计算结果的影响；Orellano 通过数值模拟和试验研究了高速列车横风稳定性，分析了不同来流攻角对列车气动力的影响，并给出了横风作用下列车周围气流的运动轨迹。Anderssonl 对最高时速 250 km 的高速列车在强横风作用下倾覆危险性进行了模拟和评估，确定了列车倾覆的临界风速。Carrarini 模拟了在横风作用下列车运行稳定性，得出其受到许多不确定因素影响的结论。Krajnovic 尝试利用正多项式响应曲面模型对列车阻力、升力、横风稳定性等气动特性进行多目标优化分析，实现对高速列车头部横风稳定性及减阻导流装置的优化设计。

近年来，我国科研人员对列车横风稳定性问题进行了大量的数值模拟计算。李人宪、翟婉明等建立二维模型，采用有限体积法计算了不同车轨结构磁浮列车横风稳定性，并与轮轨型列车横风稳定性作了比较；高广军等通过数值模拟，从动力学角度分析了气动力对车辆倾覆稳定性的影响，根据动力学力矩平衡原理研究了兰新高速铁路列车最高安全运行速度与环境风风速之间的关系，并分析了各种因素对车辆运行稳定性的影响。王璐雷对高速列车横风荷载空气动力学特性进行了数值模拟；杨敏对列车强横风作用下表面压力进行数值模拟，并与相关风洞试验结果进行对照，得出了强横风条件下列车表面压力变化的结果。李雪冰等对 200 km/h 速度 CRH2 动车组在强风环境下运行的空气动力学行为进行了数值模拟，分析了偏航角对列车全车及其各部分的流场和气动力的影响。杨吉忠等计算了列车在 20 m/s 横风作用下以 160 km/h 速度运行时的动力学响应，并分析了风—车流固耦合效应时车辆上气动力和气动力矩变化情况。荆江分析了 CRH 动车组在明线上运行时，横风对全车和受电弓气动性能的影响。马卫华通过建立高速动车组动力学仿真模型，分析了稳定横风和阵风作用下高速动车组在所受气动升力、横向力和倾覆力矩作用下运行安全性，得出阵风对动车组的影响要大于稳定横风且横风对头车的影响比其他车辆要大很多的结论。郗艳红等通过列车气动特性和轨道动力学特性计算了横风环境下列车安全运行速度限值，得到了横风风速与列车安全运行车速之间的关系；赵萌研究了高速列车受电弓在横风作用下的绕流流场和气动特性；毛军等计算了横风环境下列车运行过程中的气动阻力，证明压差阻力占列车气动阻力的 75%～85%，远大于黏性摩擦阻力；郗艳红等使用分离涡方法模拟了高速列车在恒定风场中运行的，讨论了列车背风侧及尾迹区的涡旋分布，分析了列车气动荷载的时域及频域特性。

1.2.1.2 高速列车单向运行空气动力学特性

横风对高速列车安全行驶的风险危害程度与路面条件有关。与在平地路面上行驶的情况不同，列车在桥梁和路堤上行驶时的横风效应更加明显。因此，研究大风环境下桥梁或路堤上运行的各种列车空气动力特性至关重要。

1. 在桥梁上运行时

祝志文使用 CFD 软件对横风中不同来流攻角作用下铁路车辆在不同铁路桥梁上的气动特性进行了数值分析。Minoru 等通过风洞试验研究了横风下不同桥型和路堤对列车周围流场的影响，讨论了横风不同攻角和车型状况下流场的区别。杨明智等通过风洞试验，指出在同样的运行速度和大风风速下，列车在桥梁上运行比在平地上运行所受到的横向力系数和倾覆力矩系数大，得出列车在桥上运行相对较危险的结论；高广军研究了桥梁高度对列车气动性能的影响，得出桥梁上车辆气动力系数与桥梁高度呈指数关系的结论，同时研究了运行在峡谷的桥梁上车辆周围环境对列车气动性能的影响，得出两座山之间间距越小，在同样标准风速条件下，车辆受到的气动力越大的结论。

2. 在路堤上运行时

Diedrichs 等对在路堤上运行的高速列车横风稳定性进行了研究。Marco 等通过试验测试了横风下三种不同列车模型在不同基础设施、湍流强度和雷诺数下的空气动力特性；谭深根等对横风作用下路堤上运行的高速列车进行数值模拟计算，通过分析横风条件下列车周围的流场结构，得到了风速、车速与气动力之间的变化关系。周丹等模拟了 25 m/s 横风作用下车体的表面压力、速度分布及所受气动横向力等参数，确定了最大横向气动荷载，对强横风作用下青藏线客运列车在路堤上运行情况进行模拟，分析了车速、风速及路堤高度与气动力之间的关系，并与风洞试验结果进行了对比；同时，基于三维、非定常 N-S 方程，采用动网格技术对青藏线客运列车在强横风作用下运行进行模拟，得到客车分别在桥梁、路堤、路堑及平地上运行所受到的气动力及力矩，以及强横风下列车在高桥上运行较容易发生倾覆事故的结论。高广军研究了不同的路堤结构形式对列车气动性能的影响，得出随着路堤斜率的减小，车辆受到的倾覆力矩有增大的趋势，但斜率大于 1∶2 以后，气动力的增加并不显著。

1.2.1.3 高速列车交会运行空气动力学特性

列车单向运行与会车时空气动力学特性相差很大，国内外对列车会车时空气动力特性也做了大量研究，且重点在于对交会列车压力波的研究方面，但对列车在横风作用下会车时空气动力特性和压力波的研究则很少。

田红旗、梁习锋等在广深准高速线上首次成功地进行了列车交会压力波试验，分析了列车交会压力波幅值大小与列车运行速度、交会列车相对速度、线间距、车体截面形状、车头形状关系以及高速车对低速车的影响，认为同一高度交会压力头波、尾波沿纵向的压力波幅值随车长逐渐增大，列车尾部受到的压力冲击大于列车前部的；当被测列车速度一定时，交会压力波幅值与交会列车相对速度的平方成正比。邱英政利用 CFdesign 软件，对高速列车会车时的外流场进行数值模拟计算，同时对交会压力波进行了实车检测，得到了列车在等速交会过程中车身表面压力波幅值随列车车速变化而变化的规律，同时对比分析了列车在不等速交会过程中会车压力波对快行列车和慢行列车的不同影响。董亚男使用 CFdesign 动网格技术，对高速列车在横风环境下会车的空气动力特性进行了研究，包括横风环境中桥梁结构对迎、背风两车交会压力波、横向气动力的影响，但是没有考虑风向角的影响，且采用了均匀风。在列车交会数值模拟中，既有研究所采用的列车模型过于简单，均去掉了转向架、受电弓等局部结构，外形与真实列车有较大的出入。

1.2.1.4 高速列车气动安全性

横风作用于列车时产生的横向气动力和气动转矩对列车发生倾覆的影响最为显著。在国外,日本学者松平精等对列车通过曲线时遇到强风而发生倾覆的临界风速进行了理论研究。为了提高列车通过曲线的速度,国枝正春对上述理论做了进一步深化,定义了列车倾覆危险率,对影响列车倾覆临界速度的列车运行速度、横风风速、振动、列车部件等均进行了评价,得到了影响列车倾覆危险率的因素有重力、横风引起的气动力、运行中列车左右振动的惯性力和列车通过曲线时的离心力等,建立了列车倾覆的理论模型。福地合一等综合考虑了横向气动力、力矩和升力对横风下列车倾覆危险率的影响,提出了福地式的列车倾覆理论模型。

在国内,也有关于车辆在强横风作用下高速列车稳定性的计算,高广军详细分析了车辆在运行过程中的受力情况,建立了车辆倾覆数学模型,并根据准静力矩平衡建立了车辆在轨道上倾覆的力矩平衡方程式,确定了临界风速与临界运行车速之间的关系。陈锐林等在简化列车外形情况下,针对列车在不同风速下气动力进行计算,推导了横风作用下列车通过曲线轨道的限制速度公式,分析了气动升力、气动阻力对限制速度的影响,指出增大列车运行速度或横风速度会使列车的气动升力和气动阻力呈非线性增大的趋势,并得到升力的作用使列车通过曲线轨道的限制速度降低,而阻力对限制速度的影响主要取决于风向的结论。

1.2.2 横风作用下车辆—轨道动力学性能

列车在轨道上高速运行时,横风效应的气动荷载对列车的车辆轨道动力学性能产生显著影响。需要对列车在横风作用下的动力学性能进行分析,从而准确地评估车辆在运行过程中的稳定性和安全性。

1. 车辆轨道动力学理论应用

美国学者采用 NUCARS 软件对单轮对在假定荷载作用下脱轨进行了计算机模拟,计算结果与试验结果基本一致;采用 TOES 列车操纵和牵引模拟软件预测的车钩力在趋势及量值上与试验值相当吻合。瑞士学者开发了描述脱轨后列车动力学特性的计算程序 TRAIN,以估计列车脱轨时涉及的危险范围及撞击到承载构架上时机车车辆的速度和方向。日本学者石田弘明等采用单轮对—钢轨模型,分析了单轮对在假定荷载作用下的脱轨全过程,同时对地震时的车辆走行安全性进行了研究;横濑景司等对单轮对的准静态脱轨系数极限进行了研究;松尾雅树研究了脱轨系数和轮重减载率的相互关系,同时就高频轮重变化时的脱轨现象进行了分析。

我国学者薛弼一研究了单轮对在假定荷载作用下的脱轨,对 Nadal 脱轨系数经典公式进行改进,并推导了考虑轮轨蠕滑效应的脱轨系数及轮重减载率表达式,得到了用蠕滑力表示的脱轨系数公式,其优点是可以考虑如冲角、摩擦系数和荷载对移性等影响因素。翟婉明建立了单轮对—轨道相互作用模型,进行了爬轨和跳轨两种工况下单轮对、单节车辆脱轨仿真,分析比较了常用的车辆脱轨评价标准的特点及其不足,提出了直接根据车轮抬升量评判脱轨的原理与方法。中南大学曾庆元研究组提出的一套新的列车脱轨分析理论,认为列车脱轨的机理是列车—轨道(或桥梁)系统横向振动丧失稳定，该理论以能量增量评判准则作为分析列车是否脱轨的标准。

2. 台架试验和在线试验研究

国内外脱轨试验研究主要有线路试验、模型试验和振动试验台三种。日本铁路公司(JNR)在狩胜试验线上对两轴货车的脱轨现象进行了试验，主要研究有正弦型方向和水平不平顺时的脱轨系数和轮重减载率的变化，并分析轨道不平顺的相位、幅值和频率的影响。北美铁路协会(AAR)用轨道加载车(TLV)施加常量垂向力及假定的逐渐增加的横向力于转向架，用测力轮对测出垂向、横向力，进行单轮对车轮开始悬浮的试验，最后得出临界脱轨系数。我国从 20 世纪 70 年代开始进行了诸多线路脱轨试验研究，中国铁道科学研究院集团有限公司组织了南津浦线及大秦线上大规模货物列车脱轨试验；针对我国高速铁路发展需要，由中国铁道科学研究院集团有限公司、中国铁路北京局集团有限公司、京津城际铁路有限责任公司组织，在京津城际铁路对 CRH 高速列车进行线路运行试验，测定了轨道谱和列车动力学性能参数；由中国国家铁路集团有限公司组织，在设计时速 350 km 京广高速铁路武广段对 CRH2 型高速列车进行了较为详细的车辆轨道动力学特性的线路运行试验。

实践证明，线路试验存在参数无法精确控制、线路工况变化单一、缺乏极端工况(即列车脱轨掉道)试验、试验周期长、影响线路运行等缺点，同时比例模型试验从试验机理上尚存在难以克服的缺陷，各国纷纷发展机车车辆全车试验台。西南交通大学牵引动力实验室于 1995 年正式建成了我国第一个滚动振动相结合的试验台，并模拟了单轮对在假定荷载作用下的脱轨过程；试验中将摇头、侧滚及非对称荷载从零开始逐渐增加，直到脱轨，可以确定最大(临界)轮缘接触角，还可以在实验室再现单因素引起的轮对脱轨过程。

3. 车辆—轨道动力学数值仿真应用

由于线路试验和台架试验在列车运行稳定性评估和优化设计方面均存在一定局限性，在轨道车辆工程、多体计算动力学和计算机仿真理论等多学科基础上发展起来的动力学仿真方法在列车运行稳定性评估和优化设计方面发挥了十分重要的作用。Iavsd 在“多体系统动力学分析及计算软件专题会议”中详细讨论了多体系统原理在机车车辆中的应用问题。Kortum 教授对用于机车车辆系统的 28 个多体系统分析软件进行了分析比较。1997 年在英国召开的铁道车辆动力学计算仿真国际会议决定进行试验，验证各分析软件的仿真结果，接受了包括 VAMPIRE、GENSYS、SIMPACK、ADAMS/Rail、MEDYNA 和 NUCARS 等软件的结果。近年来，我国研究人员开始将计算流体力学和多体动力学仿真结合起来对高速列车的运行稳定性进行分析。陈果、翟婉明等提出了车辆脱轨安全限值的调整方法与改进建议；任尊松、宋洋等通过计算流体力学方法得到了作用于列车的横风气动荷载，并采用多体动力学软件 SIMPACK 进行了轮轨动力学仿真计算，研究了横风风速对列车运行安全性的影响及高速列车限速运行问题。毛军等以京沪高速铁路使用的 CRH 型高速列车为研究对象，考虑转向架、受电弓等细部结构，根据其复杂几何外形建模，通过 CFD 数值模拟得到了高速列车在横风作用下以不同时速运行时的气动荷载，然后通过 SIMPACK 软件进行车辆轨道动力学仿真计算，得到了动力学性能参数。

1.2.3 高速铁路挡风风障

风障挡风是在尽可能不影响行车效率条件下采取的减小风灾破坏的关键技术之一，是国内外学者研究的重点之一。

1. 挡风效果

国外很多学者对安装风障后尾流区流场结构、风障减载效果等进行了研究。Lee 等使用 PIV 方法测试了防风林风障的防风效果，认为防风作用与流动结构直接相关，树叶稠密程度决定了防风林透风率进而影响了整体防风效果。Cornelis 通过风洞试验研究了不同形式下风障防风效果，通过透风式风障之后，平均风速减小超过 50%，认为最佳透风率在 0.20～0.35 之间。Vigiak 等将风障与 GIS 系统相结合进行研究，得到了不同类型防风系统对区域风场的影响。Packwood 对多孔风障进行了风洞试验和数值模拟，并将结果进行了对比，证明使用两方程湍流模型的数值模拟结果更接近于试验值。

国内对高速铁路风障防风效果也做了大量研究。向活跃等通过风洞试验研究了风障设置在不同形式线路上对轨道上方风压的影响，分析了风障的作用机理，认为高路堤条件下作用效果最好。王达磊等通过风洞试验研究了风障对通过大跨公路桥桥塔附近汽车气动力系数的一般规律，认为风障对大风环境下汽车侧向稳定性作用明显。张洁等模拟了挡风墙高度对列车倾覆力矩和接触网处风速的影响，认为最优挡风墙高度在 2.8 m 左右。王宏朝等计算了列车风与自然风联合作用下声屏障气动荷载特性，认为设计声屏障时需同时考虑列车风与自然风的作用。李永乐等通过风洞试验测试了平地路基、高路堤和桥梁三种典型线路上安装风障时列车的气动力系数，研究了车辆的动态响应，认为风障可有效降低大风作用下列车动态响应，并且同样高度下，高路堤线路下的防风效果最好。项超群等通过数值模拟计算了不同高度风障对高速列车侧倾力矩的影响，通过不断逼近的方式计算出最优风障高度，认为 1.9 m 高度的效果最好；同时通过数值模拟计算了设置风障时高速列车的三分力系数，认为当设置 4 m 高风障时，列车三分力系数分别减小 50%左右，使用动网格方法比相对运动模拟更接近真实情况。高剑等通过数值模拟研究了公路桥面有效风速与风障高度、倾角等效应系数的影响关系，认为风障高度低于 3 m 可有效降低桥面风速。郭薇薇等通过风洞试验及动力学仿真得到了有无风障情况下车辆、桥梁三分力系数，认为设置风障可极大改善车辆运行安全性指标。艾辉林等计算了高速列车通过 3.5 m 和 5.0 m 高度声屏障时声障表面气动荷载变化，指出随着列车中心与声屏障间距增大、声屏障高度减小，列车风压极值均会减小，并在京沪高速铁路上进行了现场实测，验证了数值模拟的准确性。李永乐等通过数值模拟研究了不同透风率下风障的风吹雪特性，认为 30%透风率对改善列车气动力效果最优，线路附近积雪厚度与来流风速计雪粒子粒径有关。张田等模拟了横风条件下列车进出风障区域时车体本身的气动荷载突变，指出在此过程中，风障对列车横向加速度影响很大，对竖向加速度影响较小。何旭辉等通过风洞试验分别研究了风障对上游列车和下游列车气动特性的影响，分析了风障对列车气动荷载影响的机理，并指出风障的作用效果并不等同于背风断面平均风速的减小值。

2. 结构形式

风障的结构形式直接影响风障的抗风减载效果及自身安全稳定性，日本等国对挡风风障的设计、安装和工程应用等进行了试验与分析。Davide 等对不同形式的开孔风障进行了风洞试验研究，证明圆孔要优于其他开孔形式。Se-woon 等对风障防风效果进行了试验，发现多层风障要优于单层风障。Bourdin 等使用数值模拟方法计算了风障周边的流场，验证了 CFD 计算在风障结构绕流中的使用性。Patton 等使用大涡模拟方法模拟了风障周边的流场，并与风洞试验进行了对比，讨论了风障前后的速度场和压力场，并认为由数值模拟得到的这些参数在风洞试验中是很难测量的。

由于近年来中国高速铁路基础设施的大规模建设，国内学者对高速铁路风障也展开了很多研究。田红旗等人认为研究高速铁路风障的主要目的是通过设置风障来改变和控制列车周边的流场结构，找到荷载平衡的区域，以增强高速列车安全运行的速度阈值，因此风障的设置应综合考虑形状、高度，与轨道中心线间距，对接触网的影响，对复线两条线上列车气动荷载的影响，对不同车型气动荷载的影响，与地形地貌、线路形式间的相互影响等因素。张健对横风作用下列车侧向气动力的主要影响因素和风障的作用效果等问题进行了分析，讨论了风障的抗风性能以及工程应用情况。董香婷等模拟了安装风障对列车周围流场分布及压力特性的影响，指出了较好的风障设计可明显提高列车的横风气动安全性。高广军对路堤及桥梁上的挡风风障进行了研究，得到了安装在路堤上风障距离线路中心线的最佳位置，认为安装在桥梁上的透风式风障的挡风效果要优于实心的；龙丽平等使用滑移网格方法对列车通过声屏障的过程进行了数值模拟计算，并与国外相关试验结果进行了对比，验证了滑移网格方法在模拟列车运行过程中气动荷载的有效性。周奇等对曲线风障的挡风效果进行了数值模拟，指出风障挡风效果与透风率、风攻角及风障高度密切相关。向活跃等通过风洞试验得到了设置风障时列车的气动力系数，并以风荷载突变量为评价指标，采用数据包络分析方法(DEA)进行评价，得到最优风障高度为 1.72 m；同时对 2.05 m 高孔隙式及条形风障进行了缩尺模型风洞试验，指出当间隙数足够时，条形风障与孔隙式风障对车辆气动特性可较为接近。李波等通过 CFD 数值模拟方法将风障假设为多孔介质模型，研究了风障下游流场特征及对列车的影响，认为 40%开孔率的风障挡风性能较好。张田等研究了风障在自然风和列车风作用下风障板及立柱的振动响应，认为风障板的振动响应要大于支撑立柱。苏洋等采用了 NSGA-Ⅱ 和 DEA 混合算法对风障高度进行了多目标优化，得到了某桥梁的最优风障高度在 2 m 左右。夏锦林等通过风洞试验与数值模拟得到了三种不同形式风障对桥面风环境及桥梁断面颤振特性的影响，证明安装风障后可有效降低列车高度范围内平均风速，并显著改变桥梁断面颤振发散机理。柳润东和毛军等研究提出了一种新型腔室型挡风风障，并以此为研究对象，通过列车动模型试验、湍涡动力学理论分析与动网格数值模拟相结合的方法，对风障在列车风和横风分别作用及共同作用条件下气动特性、列车风—风障流固耦合现象、风障腔室内流和外流湍涡动力学特性、腔室型风障耗能机理及腔室结构参数对其气动特性及消能作用影响进行了研究；同时，探讨了风障—桥梁组合模型的流体激振特性。

总之，横风作用下高速列车绕流流场、气动特性及轮轨动力学关系均十分复杂，列车脱轨或倾覆风险较高，控制难度大，亟须对此开展深入研究，揭示横风作用下列车绕流流场特征、横风对高速列车气动力作用规律、横风作用下轮轨动力学特性，建立横风参数与列车运动参数的合理匹配关系和行车安全域，掌握控制横风、降低行车风险的关键技术等，以便为高速列车在大风作用下行车安全保障提供科学的依据和指导。同时，当采用沿线安装挡风风障这一保证列车在大风环境下仍能高速安全行驶的有效措施时，还必须保证风障自身的安全可靠性。由于风障不仅承受横风引起的气动荷载，还受到列车高速通过风障区时引起的风致气动冲击作用，因此风障自身亦必须具备良好的抗风能力和结构稳定性。可见，只有针对“列车—线路—横风—风障”这一体系开展系统性、关联性的深入研究，才能完整地解决大风下高速列车行车安全问题。

第 2 章　高速列车气动特性研究方法

现代高速列车具有复杂的三维几何外形，其外流场尤其是在横风作用下的外流场非常复杂，采用基于黏性流体力学理论的列车空气动力学对高速列车气动特性进行解析研究具有较大难度。因此，需要将理论分析、数值模拟计算和试验分析等多种方法结合起来才能得到比较科学、准确的结果。

2.1　横风作用下高速列车气动力

横风作用下列车空气动力学特性主要包括列车外流场流动特性、列车表面压力分布规律及气动作用力特性，其中列车气动作用力特性是评估列车运行安全性的基本特性。图 2-1 为列车在横风作用下的气动作用力情况，x 轴方向代表列车纵向长度方向，y 轴方向代表列车高度方向，z 轴方向代表横向力作用方向；作用在列车表面的压力和切应力经过积分后的合力可分解为三个方向上的阻力 F_x、升力 F_y、横向力 F_z 和绕三个坐标轴的倾覆力矩 M_x（绕 x 轴）、侧偏力矩 M_y（绕 y 轴）、俯仰力矩 M_z（绕 z 轴）；v_w 为横风速度，v_t 为列车速度，v 为合成速度；β 为横风风向角，θ 为合成风偏航角。

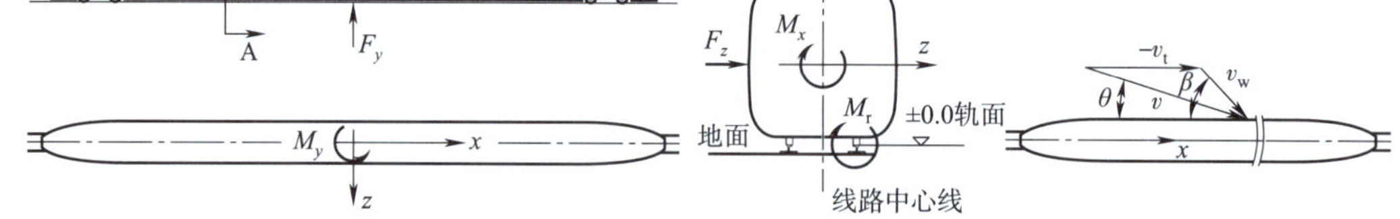

图 2-1　横风作用下列车气动作用力及力矩

2.1.1　列车表面空气压力及压力系数

空气作用在列车表面的压强用 p 表示，其方向垂直于列车表面，并以指向列车表面为正方向。相对压强 $p_b = p - p_\infty$，其中 p_∞ 为环境大气压力。为便于分析比较，定义无量纲系数——列车表面压力系数 C_p，其表达式为

$$C_p=\frac{p-p_\infty}{0.5\rho v_\infty^2} \tag{2-1}$$

式中 v_∞——来流速度，m/s，在数值模拟时，取为空气相对于列车的流速，即列车风与横风的合成速度。

2.1.2 列车气动作用力及作用力系数

1. 列车空气阻力及阻力系数

气动阻力产生的根本原因是流体的黏性以及由此引起的流体能量耗散。高速列车是大长细比的运动体，其空气阻力是指作用于列车上的空气作用力在平行于列车运行方向上的分力，其与列车的运动方向相反。对于时速 200 km 高速列车，绕流流动雷诺数$Re>1\times10^6$，惯性占主导作用，黏性效应仅突出表现在与列车表面邻近的边界层内，从而导致摩擦阻力和压差阻力。其中，摩擦阻力来源于黏性空气与列车表面之间的摩擦；压差阻力根据形成的机理不同，又可分为由黏性间接作用形成的黏性压差阻力、由涡系引起升力倾斜形成的诱导阻力、由于激波存在形成的激波阻力(或称波阻)。本书中诱导阻力与黏性压差阻力一并考虑；由于研究的列车行驶速度在 400 km/h、横风风速在 30 m/s 以下，流体的可压缩性并不十分明显，激波很弱，故不考虑波阻。

当横风以风向角 β 吹向运动的列车时，相当于横风与列车反向速度耦合之后以偏航角为 θ 的合成风速 v 作用于静止的列车上。由图 2-1 可得风向角、横风风速、列车速度、偏航角及合成速度之间的关系为 $v_\mathrm{w}\sin\beta=(v_\mathrm{t}+v_\mathrm{w}\cos\beta)\tan\theta$，$v=\sqrt{(v_\mathrm{t}+v_\mathrm{w}\cos\beta)^2+(v_\mathrm{w}\sin\beta)^2}$。列车空气阻力 F_x 在数值计算中通过对列车表面分布的压力和切应力在列车运动方向上投影进行积分得到，即

$$F_x=F_{px}+F_{\tau x}=\oint_{S_\mathrm{F}}(p_{\mathrm{b}x}+\tau_{ix})\mathrm{d}S_\mathrm{F} \tag{2-2}$$

式中 F_{px}，$F_{\tau x}$——列车空气压差阻力和空气摩擦阻力，N；

$p_{\mathrm{b}x}$，τ_{ix}——列车表面压力 p_b 和表面切应力 τ 在 x 方向上的分量，Pa；

S_F——列车外表面积，m^2。

为便于分析比较，定义无量纲系数——列车空气阻力系数 C_x，其表达式为

$$C_x=\frac{F_x}{0.5\rho S_x v^2} \tag{2-3}$$

当列车运行速度、风速一定时，风向角不同，阻力的改变呈规律性变化。

2. 车辆空气升力及升力系数

与列车空气阻力可以由列车编组中各节车辆的空气阻力求和得到不同，列车升力是一个笼统的概念，组成列车的各节车辆的空气升力相对独立，且对稳定性的影响也是相对独立的。因此，需要对编组中各节车辆的升力分别进行计算更有实际意义。

同样地，车辆升力 F_y 是空气作用力在垂直方向上的分力，由车辆表面摩擦升力和压差升力构成，在数值计算中通过对列车表面分布的压力和切应力在列车铅垂方向上投影进行积分得到，即

$$F_y = F_{py} + F_{\tau y} = \oint_{S_F} (p_{by} + \tau_{iy}) \mathrm{d}S_F \tag{2-4}$$

式中 F_{py}，$F_{\tau y}$——列车空气压差升力和空气摩擦升力，N；

p_{by}，τ_{iy}——列车表面压力 p_b 和表面切应力 τ 在 y 方向上的分量，Pa。

为便于分析比较，定义无量纲系数——列车空气升力系数 C_y，其表达式为

$$C_y = \frac{F_y}{0.5\rho S_y v^2} \tag{2-5}$$

3. 空气横向力及横向力系数

在横风作用下，列车两侧的外部流场不对称，迎风侧和背风侧表面分布压力出现较大差异，形成列车空气压差横向力；同时，由列车表面黏性切应力形成列车空气摩擦横向力。车辆空气横向力 F_z 为沿横向的车辆表面空气压差横向力和摩擦横向力之和，在数值计算中通过对列车表面分布的压力和切应力在列车水平方向上投影进行积分得到，即

$$F_z = F_{pz} + F_{\tau z} = \oint_{S_F} (p_{bz} + \tau_{iz}) \mathrm{d}S_F \tag{2-6}$$

式中 F_{pz}，$F_{\tau z}$——列车空气压差横向力和空气摩擦横向力，N；

p_{bz}，τ_{iz}——列车的表面压力 p_b 和表面切应力 τ 在 z 方向上的分量，Pa。

为便于分析比较，定义无量纲系数——列车空气横向力系数 C_z，其表达式为

$$C_z = \frac{F_z}{0.5\rho S_z v^2} \tag{2-7}$$

2.1.3 列车气动力矩及气动力矩系数

由于高速列车是由多节相对独立的车辆编组在一起的，列车的整体失稳也是由某节或某几节车辆失稳引发的，所以分析列车的气动力矩实际上是分析车辆的气动力矩。车辆气动力矩是由空气阻力、升力和横向力共同作用，如图 2-1 所示。车辆空气横向力和升力引起的倾覆力矩为

$$M_x = F_{zk} l_{zy} + F_{yk} l_{yz} \tag{2-8}$$

实际上，通过对列车轮轨接触线取矩而得到的倾覆力矩 M_r 更能准确地描述倾覆特征，其表达式为

$$M_r = F_{zk} l_{zyr} + F_{yk} l_{yzr} \tag{2-9}$$

式中 l_{zyr}，l_{yzr}——横向力到轮轨接触线取矩点在 y 方向的距离和升力到轮轨接触线取矩点在 z 方向的距离。

车辆空气阻力和横向力引起的侧偏力矩为

$$M_y = F_{xk} l_{xz} + F_{zk} l_{zx} \tag{2-10}$$

车辆空气阻力和升力引起的俯仰力矩为

$$M_z = F_{xk} l_{xy} + F_{yk} l_{yx} \tag{2-11}$$

式中　F_{xk}, F_{yk}, F_{zk}——车辆阻力、升力和横向力，N，下标 k 代表头车、中车和尾车；

l_{ij}——i 方向的空气力到力矩原点在 j 方向的距离，m，其中 i 为空气力方向的下标，j 为空气力与力矩原点距离方向的下标，$i,j=x,y,z$。

为便于分析，定义车辆空气倾覆力矩系数 m_x、侧偏力矩系数 m_y、俯仰力矩系数 m_z 等无量纲系数，其表达式为

$$m_x = \frac{M_x}{q l_{yz} S_{yk}}; \quad m_y = \frac{M_y}{q l_{xz} S_x}; \quad m_z = \frac{M_z}{q l_{yx} S_x} \tag{2-12}$$

式(2-11)和式(2-12)是对高速列车在横风作用下主要气动特性参数的数学描述。本书将对它们以及列车绕流流场进行数值模拟计算，以分析高速列车在横风作用下气动特性，并为车辆轨道动力学仿真提供列车气动荷载数据。

2.2　横风作用下高速列车气动特性数值模拟

如前所述，列车在横风环境中行驶时，由列车风和横风共同作用形成的流场解析求解极其困难，而采用计算流体力学方法则可以获得全流场的详细信息及气动特性参数值。

2.2.1　高速列车外部绕流控制方程

流体的流动满足质量守恒、动量守恒和能量守恒等定律，由此得到的非稳态连续方程和 N-S 控制方程对于湍流暂态运动总是适用的。本书不加证明地给出在惯性直角坐标系下公认的控制方程。

1. 质量守恒方程

对于流体连续介质，其质量守恒方程的数学形式就是连续性方程。

$$\frac{\partial \rho}{\partial t} + \frac{\partial(\rho u)}{\partial x} + \frac{\partial(\rho v)}{\partial y} + \frac{\partial(\rho \omega)}{\partial z} = 0 \tag{2-13}$$

2. 动量守恒方程

流体在运动过程还需满足动量守恒定律，黏性流体的 N-S 方程为

$$\frac{\partial(\rho u)}{\partial t} + \frac{\partial(\rho u u)}{\partial x} + \frac{\partial(\rho v u)}{\partial y} + \frac{\partial(\rho w u)}{\partial z} = -\frac{\partial p}{\partial x} + \frac{\partial}{\partial x}\left(\mu \frac{\partial u}{\partial x}\right) + \frac{\partial}{\partial y}\left(\mu \frac{\partial u}{\partial y}\right) + \frac{\partial}{\partial z}\left(\mu \frac{\partial u}{\partial z}\right) + S_u \tag{2-14}$$

$$\frac{\partial(\rho v)}{\partial t}+\frac{\partial(\rho vu)}{\partial x}+\frac{\partial(\rho vv)}{\partial y}+\frac{\partial(\rho wv)}{\partial z}=-\frac{\partial p}{\partial y}+\frac{\partial}{\partial x}\left(\mu\frac{\partial v}{\partial x}\right)+\frac{\partial}{\partial y}\left(\mu\frac{\partial v}{\partial y}\right)+\frac{\partial}{\partial z}\left(\mu\frac{\partial v}{\partial z}\right)+S_v \tag{2-15}$$

$$\frac{\partial(\rho w)}{\partial t}+\frac{\partial(\rho wu)}{\partial x}+\frac{\partial(\rho wv)}{\partial y}+\frac{\partial(\rho ww)}{\partial z}=-\frac{\partial p}{\partial z}+\frac{\partial}{\partial x}\left(\mu\frac{\partial w}{\partial x}\right)+\frac{\partial}{\partial y}\left(\mu\frac{\partial w}{\partial y}\right)+\frac{\partial}{\partial z}\left(\mu\frac{\partial w}{\partial z}\right)+S_w \tag{2-16}$$

式中 S_u, S_v, S_w——动量守恒方程的广义源项，$S_u=f_x+s_x$，$S_v=f_y+s_y$，$S_w=f_z+s_z$，其中，f_x, f_y, f_z 是单位质量力；s_x, s_y, s_z 的表达式为

$$s_x=\frac{\mu}{3}\left(\frac{\partial^2 u}{\partial x^2}+\frac{\partial^2 v}{\partial x\partial y}+\frac{\partial^2 w}{\partial x\partial z}\right)$$

$$s_y=\frac{\mu}{3}\left(\frac{\partial^2 u}{\partial x\partial y}+\frac{\partial^2 v}{\partial y^2}+\frac{\partial^2 w}{\partial y\partial z}\right)$$

$$s_z=\frac{\mu}{3}\left(\frac{\partial^2 u}{\partial x\partial z}+\frac{\partial^2 v}{\partial y\partial z}+\frac{\partial^2 w}{\partial z^2}\right)$$

一般地，s_x, s_y, s_z 是小量，对于黏性为常数的不可压流体，$s_x=s_y=s_z=0$。

3. 能量守恒方程

流体在运动过程中，如果热效应不能忽略，或者流体与固体间存在热与功的交换，则运动流体还要满足能量守恒方程，即

$$\frac{\partial(\rho T)}{\partial t}+\frac{\partial(\rho uT)}{\partial x}+\frac{\partial(\rho vT)}{\partial y}+\frac{\partial(\rho wT)}{\partial z}=\frac{\partial}{\partial x}\left(\frac{k}{c_p}\frac{\partial T}{\partial x}\right)+\frac{\partial}{\partial y}\left(\frac{k}{c_p}\frac{\partial T}{\partial y}\right)+\frac{\partial}{\partial z}\left(\frac{k}{c_p}\frac{\partial T}{\partial z}\right)+S_r \tag{2-17}$$

式中 T——温度；

k——热传导系数；

c_p——比热容；

S_r——流体的内热源，以及由于黏性作用，流体机械能转换为热能的部分，有时简称为黏性耗散项。

4. 气体状态方程

由以上质量守恒、动量守恒及能量守恒方程可知，共有 u、v、w、p、T、ρ 等 6 个未知量，为了使方程封闭，还需要补充一个联系 p 和 ρ 的状态方程，即

$$\rho=f(p,T) \tag{2-18}$$

对于理想气体，$\rho=RpT$，其中 R 为摩尔气体常数。考虑到高速列车的运动速度可达 350 km/h，横风风速可达 35 m/s，此时可适当考虑流体的可压缩性。

2.2.2 高速列车外部绕流湍流数值模拟方法

目前湍流模拟分为直接数值模拟和非直接数值模拟两种，本书采用非直接数值模拟方法进行模拟，主要有雷诺平均模拟(Reynolds-averaging Navier-Stokes，RANS)和分离涡模

拟(large eddy simulation,LES)两种方法。

2.2.2.1 雷诺平均模拟与湍流模型

尽管可以用瞬时控制方程式(2-13)～式(2-16)描述列车绕流湍流,但在对列车的气动性能和安全性进行评估时,并不需要特别注重湍流流动的细节,可以首先考虑湍流引起的平均流场变化的整体影响,然后将暂态的脉动量通过湍流模式在时均化方程中体现出来,这种方法就是雷诺平均法,即 RANS 方法。

1. 雷诺应力

把时间平均值的概念用于列车周围流场动力学控制方程中,则流体动力学控制方程中的瞬时流动参数可由其平均值和脉动值来表示。例如,速度可以表示为

$$u_i=\overline{u_i}+u_i' \tag{2-19}$$

式中 $\overline{u_i}$,u_i'——对时间的平均速度和脉动速度。

同理,对于其他参数,

$$\phi_i=\overline{\phi_i}+\phi_i' \tag{2-20}$$

式中 ϕ——压力、能量、物质密度等参数。

将这些变量带入连续性方程和动量方程中,可得关于时均量的连续性方程和动量方程(张量形式),即

$$\frac{\partial\rho}{\partial t}+\frac{\partial\overline{u}}{\partial x}+\frac{\partial\overline{v}}{\partial y}+\frac{\partial\overline{w}}{\partial z}=0 \tag{2-21}$$

$$\frac{\partial(\rho\overline{u})}{\partial t}+\frac{\partial(\rho\overline{u_i}\ \overline{u_j})}{\partial x_j}=-\frac{\partial\overline{p}}{\partial x_i}+\frac{\partial}{\partial x_j}\left(\mu\frac{\partial\overline{u_i}}{\partial x_j}-\rho\overline{u_i'u_j'}\right)+S_i \tag{2-22}$$

式(2-19)和式(2-20)与暂态 N-S 方程具有相同的形式,只是速度和其他求解变量代表的是时间平均值。可以看到,时均流动的方程多出与 $\rho\overline{u_i'u_j'}$ 有关的项,它是由于湍流脉动所造成的应力,称为雷诺应力,即

$$\tau_{ij}=-\rho\overline{u_i'u_j'} \tag{2-23}$$

这里 τ_{ij} 实际对应 6 个不同的雷诺应力项(3 个正应力和 3 个切应力),加上 3 个速度分量 $u_i(i=1,2,3)$ 和压力 p,共有 10 个未知量。而控制方程式(2-21)和式(2-22)只有 4 个(1 个连续性方程和 3 个运动方程),因此雷诺平均方程组不封闭。如何处理雷诺应力项,补充条件使方程组封闭,就形成了各种不同的湍流模型。湍流模型分成 Boussinesq 涡黏模型和雷诺应力方程模型两大类。在涡黏模型中,不直接处理雷诺应力项,而是引入湍动黏度,把湍动应力表示成湍动黏度的函数。

2. 标准 k-ε 两方程模型

Boussinesq 涡黏模型假定湍流脉动时所造成的附加应力和层流流动应力相同,将雷诺应力与时均速度应变率联系起来,得到式(2-24)。

$$-\rho\overline{u'_i u'_j}=\mu_t\left(\frac{\partial \overline{u_i}}{\partial x_j}+\frac{\partial \overline{u_j}}{\partial x_i}\right)-\frac{2}{3}\left(\rho k+\mu_t\frac{\partial \overline{u_i}}{\partial x_i}\right)\delta_{ij} \tag{2-24}$$

式中　δ_{ij}——克罗内克符号，当 $i=j$ 时，$\delta_{ij}=1$；当 $i\neq j$ 时，$\delta_{ij}=0$。

根据式(2-24)计算湍流的关键在于如何确定湍动黏度 μ_t，可表示为

$$\mu_t=\rho C_\mu\frac{k^2}{\varepsilon} \tag{2-25}$$

$$k=\frac{1}{2}\overline{u'_i u'_j}=\frac{1}{2}(\overline{u'^2}+\overline{v'^2}+\overline{w'^2}) \tag{2-26}$$

$$\varepsilon=\frac{\mu}{\rho}\overline{\left(\frac{\partial u'_i}{\partial x_k}\right)\left(\frac{\partial u'_j}{\partial x_k}\right)} \tag{2-27}$$

式中　k——湍动能；

ε——湍动能耗散率。

在标准 k-ε 模型中，k 和 ε 是两个基本未知量，与之相对应的输运方程为

$$\frac{\partial(\rho k)}{\partial t}+\frac{\partial(\rho k u_i)}{\partial x_i}=\frac{\partial}{\partial x_j}\left[\left(\mu+\frac{\mu_t}{\sigma_k}\right)\frac{\partial k}{\partial x_j}\right]+G_k+G_b-\rho\varepsilon-Y_M+S_k \tag{2-28}$$

$$\frac{\partial(\rho\varepsilon)}{\partial t}+\frac{\partial(\rho\varepsilon u_i)}{\partial x_i}=\frac{\partial}{\partial x_j}\left[\left(\mu+\frac{\mu_t}{\sigma_\varepsilon}\right)\frac{\partial \varepsilon}{\partial x_j}\right]+C_{1\varepsilon}\frac{\varepsilon}{k}(G_k+C_{3\varepsilon}G_b)-C_{2\varepsilon}\rho\frac{\varepsilon^2}{k}+S_\varepsilon \tag{2-29}$$

式中有关各项及参数的解释参见相关文献，此处不予赘述。

将 k-ε 模型方程式(2-28)和式(2-29)(各包含 3 个方程)与前述时均方程式(2-21)和式(2-22)联立就构成了求解湍流流场的包括 10 个方程在内的封闭方程组，可得到流场的基本信息。但该方程组只适用于求解雷诺数足够大的情况，在近壁面区，流动情况变化很大，特别是在黏性底层，湍流应力几乎不起作用。因此，不能用 k-ε 模型来求解这个区域内的流动，需要采用壁面函数法进行求解。

3. 壁面函数法

流体的壁面区流动可分为黏性底层、过渡层和对数律层等三个子层。在黏性底层内，黏性切应力起主要作用，可忽略雷诺切应力，流动几乎是层流，平行于壁面的速度分量沿壁面法线方向线性分布。在对数律层内，雷诺切应力起主要作用，可忽略黏性切应力，流速分布接近于对数律。过渡层一般归入对数律层内。

壁面函数法的基本思想是：对于湍流核心区的流动使用 k-ε 模型求解，而在壁面区不进行求解，直接使用半经验公式将壁面区的物理量与湍流核心区内的求解变量联系起来，这样就直接得到与壁面相邻控制体积的节点变量值。引入两个无量纲量 $u^+=u/u_\tau$ 和 $y^+=\Delta y\cdot u_\tau/\nu=\Delta y\cdot\sqrt{\tau_w/\rho}/\nu$，分别表示速度和距离。

对于黏性底层，速度沿壁面法线方向呈线性关系，即 $u^+=y^+$。黏性底层以外壁面层，速度沿壁面方向呈对数律分布，即 $u^+=\ln(Ey^+)/\kappa$。

将 u^+，y^+ 的定义扩展，使之能反映湍流脉动的影响，有

$$\begin{cases} y^{+}=\dfrac{\Delta y_{P}(C_{\mu}^{1/4}k_{P}^{1/2})}{\mu} \\ u^{+}=\dfrac{u_{P}(C_{\mu}^{1/4}k_{P}^{1/2})}{\tau_{w}/\rho} \end{cases} \tag{2-30}$$

式中 $u_P,\Delta y_P,k_P$——节点 P 的时均速度、到壁面的距离及湍动能。

将式(2-30)代入对数律表达式，得

$$\frac{u_{P}(C_{\mu}^{1/4}k_{P}^{1/2})}{\tau_{w}/\rho}=\frac{1}{\kappa}\ln\left(E\Delta y_{P}\frac{C_{\mu}^{1/4}k_{P}^{1/2}}{\mu}\right) \tag{2-31}$$

另外，用湍动黏度表示的壁面切应力可表示为

$$\tau_{w}=\mu_{t}\frac{u_{P}-u_{w}}{\Delta y_{P}}=\mu_{t}\frac{u_{P}}{\Delta y_{P}} \tag{2-32}$$

式中 u_w——壁面节点的速度，$u_w=0$。

由式(2-31)和式(2-32)可得

$$\mu_{t}=\left[\frac{\Delta y_{P}(C_{\mu}^{1/4}k_{P}^{1/2})}{\mu}\right]\frac{k\mu}{\ln(E\Delta y_{P}^{+})}=\frac{y_{P}^{+}}{u_{P}^{+}}\rho\mu \tag{2-33}$$

式中 E——常数。

同理，可推导出近壁面处 k,ε 的表达式：

$$\varepsilon_{P}=\frac{C_{\mu}^{3/4}k_{P}^{2/3}}{k\Delta y_{P}};\quad k_{P}=\frac{u_{\tau}^{2}}{C_{\mu}^{1/2}} \tag{2-34}$$

4. SST k-ω 两方程模型

标准的 k-ε 模型用于强旋流或带有弯曲壁面的流动时会出现一定程度的失真，研究者对其进行改进后提出了 Realizable k-ε 模型，修改了湍动黏度的计算公式，引入了与旋转和曲率有关的内容。同时，在双方程模型中，进一步提出了非常重要的模型——k-ω 模型，即湍动能-比耗散率模型。k、ω 由 k 方程和 ω 方程求出。

Wilcox k-ω 模型是 Wilcox 在考虑低雷诺数、可压缩性以及剪切流特性基础上修改得到的，湍动黏度定义为 $\mu_t=\rho k/\omega$ 或 $\nu_t=k/\omega$，其重要优势在于对近壁区的模拟。如果用低雷诺数的 k-ε 模型需要第一层网格到近壁区的无量纲尺寸 $y^+<0.2$，用 k-ω 模型则要求 $y^+<2\sim5$ 便可以满足要求。Wilcox k-ω 模型对具有逆压梯度的边界层的流动比 k-ε 模型及其改进模型具有更高的精度，但对于自由剪切流，其计算结果过分依赖于自由流的 ω，物面条件处理难度较大。Wilcox k-ω 模型的主要问题在于它对自由流条件有较强的敏感性，为了解决这个问题，Menter 通过一个混合函数将近壁区的 k-ω 模型和外区的 k-ε 模型联系起来，发展了基线 BSL(baseline model)k-ω 模型。

BSL k-ω 模型的具体做法是：运用关系 $\varepsilon=C_{\mu}k\omega$ 将标准的 k-ε 模型变换为 k-ω 模型，然后将 Wilcox k-ω 模型用一个混合函数 F_1 相乘，而变换后的 k-ε 模型则用一个$(2-F_1)$相乘，并将这两个模型加在一起，得到新的 BSL 模型。

$$\frac{\mathrm{D}\rho k}{\mathrm{D}t}=\tau_{ij}\frac{\partial u_i}{\partial x_j}-\beta^*\rho\omega k+\frac{\partial}{\partial x_j}\left[(\mu+\sigma_k\mu_t)\frac{\partial k}{\partial x_j}\right] \tag{2-35}$$

$$\frac{\mathrm{D}\rho\omega}{\mathrm{D}t}=\frac{\gamma}{\nu_t}\tau_{ij}\frac{\partial u_i}{\partial x_j}-\beta\rho\omega^2+\frac{\partial}{\partial x_j}\left[(\mu+\sigma_\omega\mu_t)\frac{\partial\omega}{\partial x_j}\right]+2\rho(1-F_1)\sigma_{\omega2}\frac{1}{\omega}\frac{\partial k}{\partial x_j}\frac{\partial\omega}{\partial x_j} \tag{2-36}$$

式中　τ_{ij}——湍动剪切应力，其生成项为

$$\tau_{ij}\frac{\partial u_i}{\partial x_j}=\mu_t\left[\frac{\partial u_i}{\partial x_j}+\frac{\partial u_j}{\partial x_i}-\frac{2}{3}\left(\frac{\partial u_k}{\partial x_k}\right)^2-\frac{2}{3}\rho k\frac{\partial u_k}{\partial x_k}\right]$$

若 ϕ_1 为 k-ω 模型的常数，ϕ_2 为 k-ε 模型的常数，SST 模型常数用式(2-37)混合。

$$\phi=F_1\phi_1+(1-F_1)\phi_2 \tag{2-37}$$

混合函数 F_1 为设计成子层(sublayer)或边界层的对数区域等于 1，在尾流区域逐渐变换为零，将意味着靠近墙的区域激活 k-ω 模型，而远离表层，或尾流外部区域和剪切流中激活 k-ε 模型。其表达式如下：

$$F_1=\tanh(\arg_1^4) \tag{2-38}$$

$$\arg_1=\min\left\{\max\left\{\frac{\sqrt{k}}{\beta^*\omega y},\frac{500\nu}{y^2\omega}\right\},\frac{4\rho\sigma_{\omega2}k}{\mathrm{CD}_{k\omega}y^2}\right\} \tag{2-39}$$

$$\mathrm{CD}_{k\omega}=\max\left\{2\rho\sigma_{\omega2}\frac{1}{\omega}\nabla k\cdot\nabla\omega,10^{-20}\right\} \tag{2-40}$$

式中　$\mathrm{CD}_{k\omega}$——式(2-38)中互扩散项正的部分。

当离固体壁面足够远时，$\arg_1$ 项明显为零，因为 $1/y$ 或 $1/y^2$ 与式(2-39)中所有的三项有关。在边界层内部，构造式(2-39)的三个理由：一是湍流长度尺度由 y 分开，湍流长度在对数层等于 2.5，在接近边界层边缘为零；二是保证在亚表层 F_1 为 1，它是针对自由流解的附加措施；三是保证在远离于边界层边缘的 $\arg_1$ 为零，一旦 $\arg_1$ 再接近边界层边缘为零，则 F_1 也为零，那么标准的 k-ω 模型也可以用于这一区域。

BSL 模型在靠近壁面的区域采用比较精确的 Wilcox k-ω 模型，而在其余边界层和自由流中采用 k-ε 模型，但要将 k-ε 模型变换为 k-ω 模型的表达式，该表达式与 Wilcox k-ε 模型的差别在于 ω 方程中增加了一个附加的互扩散项，且模拟常数也不一样，变换后的 k-ε 模型具有类似于 Wilcox k-ω 模型的性能。此外，在边界层的尾流区域，放弃 Wilcox k-ω 模型而采用 k-ε 模型，理由是 Wilcox k-ω 模型对外边界层 ω 指定的自由流值有很强的敏感性，而 k-ε 模型则可避免这一不足。

可见，式(2-35)和式(2-36)为基线 k-ω 模型或 BSL 模型，该模型集合了 Wilcox k-ω 模型和 k-ε 模型的优点。但 BSL k-ω 模型对光滑面分离流的模拟仍然存在缺陷，其主要原因是未对湍流剪应力输运予以正确说明。SST k-ω 湍流物理模型在 BSL 模型基础上改进涡黏性的定义，考虑湍流主剪应力输运的影响，对湍流黏度作了正确的限定，使得对逆压梯度流动即分离流的预测得到重要改进，形成了 SST(shear-stress-transport)k-ω 模型。

SST k-ω 湍流物理模型的方程与 BSL 的式(2-35)和式(2-36)相同，同属新的涡黏性两方程模型，但 SST 湍流模型的涡黏性参数 ν_t 作了修改，以提高壁面附近分离流的计算精度。下面主要涉及 SST 湍流模型有关参数的改进。

$$\mu_t=\rho k/\omega \quad 或 \quad \nu_t=k/\omega \tag{2-41}$$

SST 湍流物理模型将涡黏性以下面的方法重新定义，以代替式(2-41)。

$$\mu_t=\frac{\rho\alpha_1 k}{\max\{\alpha_1\omega,\Omega F_2\}} \tag{2-42}$$

式(2-42)中，$\alpha_1=0.31$；$\Omega=\sqrt{2\Omega_{ij}\Omega_{ij}}$ 为涡流状态的绝对值，是平均角速度张量；F_2 为类似于 F_1 的函数，该函数在边界层流中为 1。

$$F_2=\tanh(\arg_2^2)$$

$$\arg_2=\max\left\{\frac{2\sqrt{k}}{\beta^*\omega y},\frac{500\nu}{y^2\omega}\right\}$$

SST k-ω 模型的常数分别为 $\sigma_{k1}=0.85$；$\sigma_{\omega1}=0.5$；$\beta_1=0.075$；$\beta^*=0.09$；$\kappa=0.41$；$\gamma_1=\beta_1/\beta^*-\sigma_{\omega1}\kappa^2/\sqrt{\beta^*}=0.553$。

需要指出的是，SST k-ω 模型除了可以使用壁面函数法之外，还可不使用壁面函数，而是通过混合函数保证模型方程从近壁区向远场区的适当过渡，图 2-2 对此作了形象的表示，在细化网格的基础上可以对边界层作出高精度的模拟。

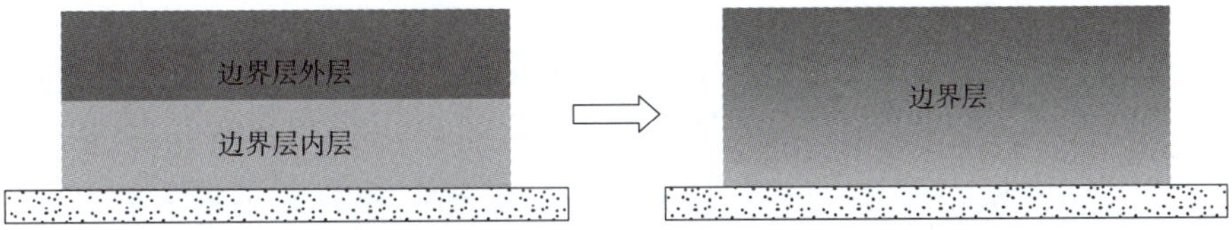

图 2-2　SST k-ω 模型对边界层处理示意(未使用壁面函数)

基于以上对湍流模型的比较，SST k-ω 模型在近壁区有更好的精度和算法稳定性，并对分离流的模拟有较高的准确度。在 CFD 软件 STAR-CD/CCM+和 ANSYS CFX 技术文档中突出了 SST 模型，并与其他湍流模型作了对比，强调了其新颖性及模拟的准确性。Lien 和张红杰等对高超声速复杂流动中湍流模型进行评估，也肯定了 SST 模型对压力场以及阻力模拟的准确性。在现阶段计算条件下，其计算量适度，得到较为广泛的应用。本书在高速列车气动性能的稳态数值模拟中即采用基于雷诺平均法的 SST k-ω 模型。

2.2.2.2　分离涡模拟(DES)与湍流模型

前文所述的湍流雷诺平均方法是求解 N-S 时均方程，其出发点是认为湍流所有大小尺度不同的旋涡均是各向同性的，引入的湍流模型并不区分大小旋涡运动的特点，而实际上，主流吸取能量的大涡是各向异性的，耗散能量的小旋涡则是各向同性的，旋涡结构的不同，很难找到一个通用的湍流模型。

大涡模拟法是对 N-S 方程进行空间平均的方法。空间平均后的 N-S 方程是时间相关的非稳态湍流流场，大尺度的湍流可以直接求解，小涡对大涡的影响则通过近似的模型来考虑。只有小于网格尺度的湍流需要进行模拟，小涡模拟的湍流模拟成为亚格子模型(subgrid scale model，SSG)。大涡模拟方法对计算机内存及速度的要求虽然仍比较高，但远低于直接模拟方法对计算机资源的要求，因而近年来的研究与应用日趋广泛。

对于横风作用下高速列车外部绕流，雷诺时均方法中的定常湍流是指统计平均或概率平均的速度场与时间无关的湍流流动，而实际上，湍流样本流动总是非定常的，如果不对其进行时间平均，则湍流具有绝对的非定常流动性质。为了分析绕流湍流非定常性质对列车气动性能和气动安全性的影响，在后面采用分离涡模拟方法，对列车绕流流场进行了非稳态的数值模拟计算，此模拟方法为雷诺平均与大涡模拟的混合方法。

2.2.3 高速列车外部绕流数值模拟建模与场景设定

高速列车绕流三维复杂湍流的数值模拟必须建立在适当的物理数学模型基础上，模型的确定与场景设定对数值模拟有着决定性的意义。模型的建立须遵循两个原则，即物理的真实性和数学计算的可行性。前者要求所选择的物理模型尽量反映计算对象的本质，数学模型应选取最有效的三维湍流绕流模型；后者是指模型必须简化至目前数学工具能解决的程度和计算技术所具备的能力。

1. 数值模拟对象及基本数据

我国 CRH 系列高速列车一般是 8 节或 16 节车辆编组，列车长度愈接近实际长度，几何外形和细部结构越真实，计算结果愈准确。但如果完全按照真实列车建模，则由于列车长度长、长细比大、几何外形复杂，计算网格数量将十分巨大，给计算带来很大困难。根据研究，由于列车中部截面不变，缩短的模型不改变列车流场结构的基本特征，因此现有的数值模拟计算大多是建立在特定的流场模式和简化模型基础上。本书在尽量接近实际的情况下，对列车模型进行了适当简化。

(1)列车长度和编组：缩短列车长度，列车模型取 3～8 节车辆联挂，编组方式为动车头车＋拖车或动车＋动车尾车，车与车之间以实际风挡连接。头车和尾车各 1 节，头部和尾部均为流线型；拖车包括 1～6 节客车。

(2)列车表面与局部结构：根据列车真实几何外形情况，考虑列车复杂转向架、车轮、受电弓、受电弓导流罩、风挡、裙板，但适当简化列车表面，省略诸如门把手、车灯、绳栓、凹凸筋等尺度较小的凹凸物；列车表面按 0.4 mm 粗糙度考虑。

(3)地面和轮对：对于平地、路堤和桥梁等路况，均忽略铁路轨道、轨枕，将列车底部对应的地面设为平面，线路几何断面按高速铁路标准路堤和标准桥梁断面设计；不考虑列车在实际运动过程中的轮对旋转。

以 3～8 节车辆编组 CRH 型高速列车为典型对象，进行几何建模和数值模拟，如图 2-3

所示。头车和尾车的长度均为 25.856 m,每节中车的长度为 24.825 m;列车宽度为 3.265 m,高度为 3.89 m,标准横断面的面积为 11.626 m^2,周长为 14.31 m,水力直径 D 为 3.250 m,与实际列车的相同。

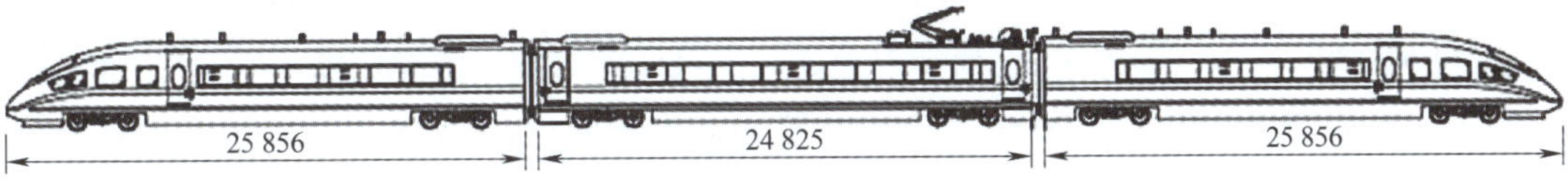

图 2-3　CRH 型高速列车 3 节车辆编组几何模型(单位:mm)

2. 数值模拟计算域及网格

在外部绕流的数值模拟计算中,一般使用一定尺度的有限计算域代替实际工程中视为无限大的流动区域,计算域的大小直接影响计算的可信度及其吻合程度。因此,应使得计算域尽量地表征实际流动的范围和特征。

确定计算域的原则是使虚拟外域的边界符合所设置的条件。研究表明,当被绕流物体在计算域内的阻塞率小于 5%且位置设置合理时,模拟计算能够取得较为可信的结果。对于高速列车横风效应模拟计算,选择计算域的原则是:进口区域应使车头或列车迎风侧反射的流动不会影响从进口流入计算域的空气,出口一般定义在相对大气压为零的位置,且与列车尾端的距离或与列车背风侧的距离应保证相应的尾流能够充分发展;高度的选择一般以不影响列车周围流场为准。如果初次不能准确定义计算域,可以在经过多次模拟计算和分析之后再确定。

将计算域划分为来流区域和尾流区域,根据绕流的基本特性,尾流区域应取较大值。根据试算和既有经验,设列车前端流场区域纵向长度大于 10 倍列车模型宽度,列车尾流区域纵向长度至少大于 2 倍列车总长度,计算域高度约为 10 倍列车高度。例如,3 节车辆编组列车计算域的纵向主流入口边界在车头左侧 120 m 处,纵向出口边界在车尾右侧 300 m 处;横向主流入口边界距列车迎风侧边界 120 m,横向出口距列车背风侧边界 300 m;列车顶部距计算域顶部 100 m,计算域长度为 420 m。

网格的划分和网格质量对计算结果的计算效率、收敛性和精确性尤其重要。计算流体力学软件 STAR-CCM+有 Tetra、Trim、Polyhedral 等类型的体网格,根据试算,采用 Trim+Prism layer 体网格。整个空间计算域内采用较大尺寸的网格,而在流场变化大的区域进行网格加密,从细网格到粗网格采用逐层过渡的方案,如图 2-4 所示(颜色由浅入深逐层加密)。

图 2-4　计算域及其网格划分

对于列车表面近壁面区域，壁面边界层的首层厚度 Δy 由式(2-33)计算得到。采取合理的边界层层数，使得边界层尺寸缓慢过渡到主体网格尺寸。边界层第一层网格厚度为 0.2 mm。为了与近壁面区域之外的网格平滑衔接，保证网格质量，共设置 6 层边界层网格，增长比为 2.5。网格的厚度以及与列车表面的正交性与贴体性，保证了壁面函数应用于近壁面区模拟的准确性。加密尾流、列车表面和受电弓三处对流场影响比较大的区域的网格。由于离列车越远流场越平稳，因此，远离列车区域的空间网格较大，这样既减少了网格数量又不会降低计算精度。

3. 数值模拟边界条件

边界可分为物理边界和人工边界两种。物理边界是由问题的性质决定的，因而是固定的；人工边界是针对无限或半无限区域，或虚拟计算域永远小于实际区域时而引入的。当计算外流问题时，尽管实际外流区域延伸至无限远，但在计算中可以把外边界选在距固体边界有限远处。

在研究列车单向运行时采用了相对运动条件来模拟列车附近外流场，即设定列车静止、地面移动、空气来流以与列车运行速度反向等值的速度 $\vec{v}_t$ 绕流列车，横风以速度 $\vec{v}_w$ 吹向列车。主流方向空气来流的速度是 $\vec{v}_t$ 与 $\vec{v}_w$ 的合成速度 $\vec{v}_m$，$\vec{v}_m=\vec{v}_t+\vec{v}_w$，速度三角形如图 2-1 所示。

(1)物理边界条件包括：

①入口处速度边界条件：包括纵向和横向两个速度入口条件。假设入口边界来流速度分布不受列车模型的扰动，纵向入口处速度方向沿 x 轴，进口风速为 $v_{mx}=v_t+v_w\cos\beta$，另两个方向上速度 $v_{my}=v_{mz}=0$；横向入口处速度方向沿 z 轴(横向)，进口横风风速为 $v_s=v_w\sin\beta$，另两个方向上速度 $v_{sx}=v_{sy}=0$。

②入口处湍流强度边界条件：通过黏性或湍动能与湍流耗散率描述。湍动能 $k=\frac{3}{2}(\bar{u}I)^2$；湍流强度 $I=\frac{u'}{\bar{u}}=0.16\,(Re_D)^{-1/8}$；湍流长度尺寸 $l=0.07D$。如果已知湍流长度尺度 l，则比耗散率 $\omega=\frac{k^{1/2}}{C_\mu^{1/4}l}$，$C_\mu=0.09$；如果已知湍动黏度比$\frac{\mu_t}{\mu}$，则比耗散率 $\omega=\rho\,\frac{k}{\mu}\left(\frac{\mu_t}{\mu}\right)^{-1}$。

③出口边界条件：压力边界条件，出口压力取一个标准大气压强。

④列车表面边界条件：由于在列车表面存在附面层效应的影响，故列车表面设定为有摩擦的无滑移边界，接近于实际情况，可较为精确的计算出列车表面摩擦阻力和黏性剪切力，以及表面的压力分布等参数。

(2)人工边界条件包括：

①地面边界条件：列车在静止的空气中运行时，列车与地面、空气的相对速度均为列车行驶速度。在风洞试验和模拟计算中，通常采用均匀气流绕流列车来模拟行驶的列车相对于静止空气的运动，显然，这将导致附面层问题，运动的气流在静止的地面会产生附面层。而实际列车行驶时，空气与地面是相对静止的，地面附面层是不存在的，只存在车身表面上。

为消除风洞试验和计算机模拟中地面附面层的影响，需采用移动地板法，给定地面运动速度。设定速度值为与主流进口处的速度大小相等、方向相同。

②计算域外围边界：由于选择的流场计算区域足够大，可认为外围边界对列车周围流场的影响甚小。另外，为了与相对运动条件相对应，计算区域的外围边界设定为无摩擦的滑移壁面（slip wall）。

4. 数值离散与求解方法

由于所引入的应变量在节点之间的分布假设及推导离散化方程不同，常用的离散化方法包括有限差分法（finite difference method，FDM）、有限元法（finite element method，FEM）和有限体积法（finite volume method，FVM）三种，本书高速列车三维外流场模拟方法采用有限体积法。

利用有限体积法建立离散方程时，需将控制体积界面上的物理量及导数通过节点物理量插值求出，插值方式又称为离散格式（discretization scheme）。有限体积法的空间离散格式包括中心差分格式、一阶迎风格式、混合格式、指数格式、乘方格式及二阶迎风格式等。离散格式并不影响控制方程中源项及暂态项，主要针对对流-扩散项进行离散，采用二阶迎风格式。

利用有限体积法对计算域离散成许多小的体积单元后，需在每个体积单元上对离散后的控制方程组进行求解，求解方法一般分为分离式解法和耦合式解法。分离式解法常常用于不可压或微可压流动的求解；耦合式解法需同时求解离散化的方程组，主要用于高速可压流动、由强体积力导致的强耦合流动或是在非常精细的网格上求解的流动求解。本书中列车绕流属于不可压或微可压流动问题，采用了分离式解法。

2.3　横风作用下高速列车风洞模型试验

风洞模型试验是研究列车气动特性的重要手段之一，被广泛用于列车的绕流流场特性研究、尾部绕流特性研究、表面附面层发展与分离研究、湍流结构与流动规律研究、列车气动外形设计研究以及横向稳定性和速度限值研究。

2.3.1　试验原理和方法

按照运动的相对性原理，在空气动力特性研究中，可以认为列车静止不动，与列车等速的空气绕流过列车，此时列车所受气动力与列车运动在静止空气中受到的气动力完全相同。同时，还需要运用相似理论，保证模型试验和实物运行的流动现象相似，这是模型试验必须予以解决的首要问题。

1. 风洞模型试验相似性分析

风洞试验要求模型与原型的流动满足相似条件。一般地，只有保持几何相似、运动相似、动力相似、初始条件和边界条件相似，两个流动才能完全相似。在低速风洞试验中，主要是实现模型试验和实物运行的几何相似、运动相似和动力相似。常用的相似准则数有：

（1）雷诺数 Re，为惯性力与黏性力之比，表征流体黏性对流动的影响。凡是与流体黏性有关的现象，如模型最小气动阻力系数和最大升力系数等，均与 Re 数有关。

（2）欧拉数 Eu，表征流体压力与惯性力之比，$Eu=\Delta p/(\rho v^2)$。如果模型试验流场与实物相似，那么两者表面各对应点的压力系数相等。绕流中的压力系数 C_p 即为欧拉数。

（3）马赫数 Ma，为气体压缩性对流动影响的一个量度，$Ma=v/a$，其中 a 为音速。对低速流动，气体压缩性可忽略不计，即不考虑 Ma 数；但当流速较高（$Ma\geqslant 0.3$）时，不能忽略气体压缩性影响。

（4）弗劳德数 Fr，表征惯性力与重力之比的相似准则，是重力作用对流动影响的量度。模型试验与原型流动介质均是空气，重力作用影响很小，不必考虑。

（5）斯特劳哈尔数 St，为非定常当地惯性力与迁移惯性力之比，$St=lf/v$，其中 f 为周期性非定常流动特征频率；l 为几何特征量。

空气动力系数本质上是牛顿数 Ne（作用于流体的合外力与惯性力之比）。如果绕模型的流动与绕实物的流动相似，那么两者的空气动力系数相等。这样，就可以把风洞列车模型试验的结果用于实际列车运行。

在列车模型风洞试验中，要求试验时雷诺数尽可能接近实际列车运行雷诺数。由于所用的介质均为空气，可以认为比热比 γ、普朗特数 Pr（表明温度边界层和流动边界层的关系，反映流体物理性质对对流传热过程的影响）和弗劳德数 Fr 等相似准则与列车实际运行时相同。如果列车速度不高（$Ma<0.3$），可以不考虑马赫数。

2. 风洞试验完全模拟、局部模拟和自模拟

通常情况下，模型试验与实物完全相似是非常困难甚至根本无法做到，只能做到使主要相似准则数相同而忽略次要的相似准则数，即部分相似，实现局部模拟或近似模拟。对于某一项试验，并非所有的准则数都同等重要，必须确定对该试验起决定性作用的相似准则。

即使只让模型流动与原型流动满足主要相似准则，例如雷诺数，也并不容易。如果在一定范围内某相似准则数的变化不再影响所研究的现象，则流动已进入自模区或自准区，相似准则数可不予调整。例如，对某一绕流，当雷诺数 $Re\geqslant 3.6\times 10^5$ 时，气动特性不再随雷诺数变化，此时的雷诺数为临界雷诺数 Re_{cr}，当 $Re\geqslant Re_{cr}$，则流动进入自模区。利用现象的自模性可以明显简化模型试验的条件，例如只要知道临界雷诺数 Re_{cr}，则只需要风洞保持试验的雷诺数 $Re\geqslant Re_{cr}$ 即可，而无需要花更大的代价使模型试验的雷诺数与实车的雷诺数相同。本书中高速列车时速 200 km 以上，雷诺数在 10^6 数量级，处于自模区。

2.3.2　试验技术和 CRH 高速列车模型

列车风洞模型测力试验是列车模型最基本的试验项目，目的是测量列车在各种路况、不同来流、不同侧偏角下空气阻力、升力、横向力、侧偏力矩、倾覆力矩和俯仰力矩的特性，提供数值模拟所需的验证性数据。

2.3.2.1　试验风洞

在中国空气动力研究与发展中心 8 m×6 m 风洞（图 2-5）进行试验，该风洞为闭口串联双试验段大型低速风洞。第一试验段截面尺寸 12 m×16 m，试验段长 25 m，稳定风速范围 1～40 m/s；第二试验段截面尺寸 8 m×6 m，试验段长 15 m，稳定风速范围 20～70 m/s。

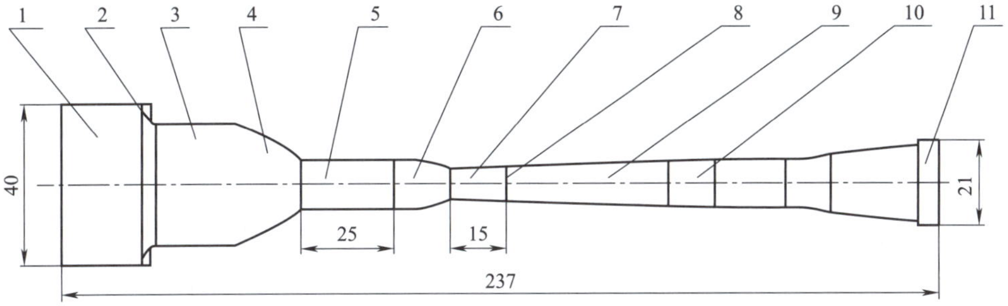

图 2-5　中国空气动力学中心风洞示意（单位：m）

1—进气口；2—喇叭口；3—稳定段；4—二元收缩段；5—第一试验段；6—三元收缩段；7—第二试验段；8—防风装置；9—扩散段；10—风扇段；11—出气口

在第二试验段分别进行了测力和测压试验。试验段被改造成空间尺寸为长 16.1 m、宽 8 m、高 4.94 m、有效截面积 39.2 m^2 的列车试验专用试验段。试验段下部安装了专门为进行高速列车试验研制的带转盘的地板装置，转盘直径 7 m、可旋转 360°，其他为固定部分。地板上表面距风洞下洞壁 1.06 m，转盘中心距地板前缘 7.84 m、后缘 8.26 m。地板前、后缘加工成流线型，以减少对气流的干扰，地板之间有倾斜的缝隙，以降低地板附面层影响，如图 2-6 所示。

图 2-6　列车缩尺模型及 8 m×6 m 风洞

2.3.2.2 风洞试验测控设备

1. 测力天平

采用盒式六分量电阻应变式天平测量作用在列车模型上的气动力和力矩,并尽可能安装在列车模型内部。试验选用3台盒式六分量测力天平,以便同时对动车组头车、中车和尾车进行测力,型号分别为TH1001A、TH1001B、TH1001C,性能见表2-1。测力数据由VXI系统采集。完成测量后,对试验采集的原始数据进行数值变换得到气动力系数。

表2-1 TH1001天平性能参数

天平型号	测量单元	法向力	轴向力	俯仰力矩	侧力	偏航力矩	滚转力矩
TH1001A	设计荷载	6 500	2 200	1 000	1 500	700	500
	校准荷载	4 000	2 000	600	1 500	500	500
	精密度	0.02	0.05	0.02	0.05	0.07	0.02
	准确度	0.05	0.15	0.05	0.22	0.10	0.04
TH1001B	设计荷载	6 500	2 200	1 000	1 500	700	500
	校准荷载	4 000	2 000	600	1 500	500	500
	精密度	0.03	0.05	0.02	0.05	0.07	0.03
	准确度	0.06	0.13	0.05	0.22	0.11	0.07
TH1001C	设计荷载	6 500	2 200	1 000	1 500	700	500
	校准荷载	4 000	2 000	600	1 500	500	500
	精密度	0.05	0.05	0.05	0.09	0.05	0.05
	准确度	0.05	0.12	0.08	0.24	0.20	0.04

注:表中力的单位为牛顿(N);力矩单位为牛米(N·m);精密度和准确度为百分比(%)。

2. 测压设备

压力分布试验的目的是测量列车各部分,如车头、车尾、车窗、风挡、转向架、空调、风道口等表面的压力分布,分析各部分气动特性和列车绕流流动,进而确定其升力、横向力和压差阻力。同时,确定列车表面边界层的转捩点和分离点位置,分析列车表面边界层的状态,验证数值计算方法是否准确。

采用电子压力扫描阀测定列车模型的表面压力分布,传感器量程7 kPa、精度0.08%,共使用3个扫描阀;试验数据采集和处理采用HYscan2004系统。

3. 测控系统

风洞试验速压(风速)控制由VXI相应的控制系统实现;测力及其他与试验相关的数据采集采用先进的VXI总线,16位A/D板,64个异步通道,采样速率100 kS/s。

4. 地面效应模拟

列车在地面上高速运行时存在地面效应,在风洞试验中需用地板模拟地面效应。采用专用地板试验方法，即在距地面一定高度安装列车模型试验专用地板，将列车安装在专用地板上，来流流经地板上下面。

2.3.2.3 列车模型

列车风洞试验需采用缩尺模型，按风洞试验段尺寸，本次列车风洞模型缩尺比例为1∶8，采用3节车辆编组形式。

列车模型表面上布置垂直于模型表面的测压孔。孔径按测压用紫铜管外径配置；测压孔在列车表面曲率变化较大处布置较密，其他部位布置较疏。测力天平安装在模型车内腔，并通过支杆刚性固定在路基上。每两节模型车相邻处有内外风挡，风挡采用嵌套结构，既保证与实车流场相似，又可避免两车相碰；车轮下缘与轨道顶面间隔8 mm，以避免相互干扰。用于模拟地面效应的轨道和路基贯穿列车底部，并伸出头、尾车各2.5 m。安装时，天平中心与模型形心重合，保证模型无侧偏、无倾斜、无俯仰，路基平面保持水平。

2.4 气动性能数值模拟和风洞试验验证分析

模型试验中，来流均匀，速度为60 m/s，湍流强度为0.1%，气流夹角有3°、6°等。测定了升力系数C_L、阻力系数C_D、横向力系数C_C、俯仰力矩系数C_{ma}、侧偏力矩系数C_{na}等气动力系数，相关空气压力和力矩的系数定义为

$$\begin{cases} C_L = F_y / p_\infty S \\ C_D = F_x / (p_\infty S) \\ C_C = F_z / (p_\infty S) \\ C_{ma} = M_z / (p_\infty S c_a) \\ C_{na} = M_y / (p_\infty S b) \\ C_{la} = M_x / (p_\infty S b) \end{cases} \tag{2-43}$$

$$p_\infty = 0.5 \rho v_\infty^2 \tag{2-44}$$

式中 p_∞——环境大气压力；

ρ——密度，取1.225 kg/m^3；

v_∞——来流速度，m/s；

c_a——中心纵向参考长度，c_a取2.188 m；

b——中心横向参考长度(轮对两侧接触斑间距)，b取0.188 m；

S——参考面积，取0.175 m^2。

同时，对相应试验工况的气动性能进行了数值模拟。模拟计算的几何模型与模型试验相同，计算域尺寸为16 m×8 m×6 m，如图2-7所示。使用CFD软件STAR-CCM+在服

务器上进行大规模并行计算，得到相应的气动力系数。使用 Trim 网格，模型列车周围局部区域、列车尾部尾流区域、背风侧区域等均加密网格。近壁面区采用壁面函数法，列车壁面和地面的边界层均设 6 层，共 4.86 mm，近壁面第一层网格到壁面的距离均为 0.3 mm，网格总数约 6 000 万。来流设定为均匀来流，应用 RANS 方法，湍流模型选择改进的剪切应力输运 SST k-ω 模型。扩散项使用二阶中心差分格式；为了便于调节计算收敛，对流项首先使用一阶迎风格式进行离散，之后再采用二阶迎风格式进行离散。用分离式解法对离散后的控制方程组求解，使用 SIMPLE 法耦合压力—速度场，用迭代法修正压力。将模型试验与数值模拟的结果进行对比，见表 2-2。

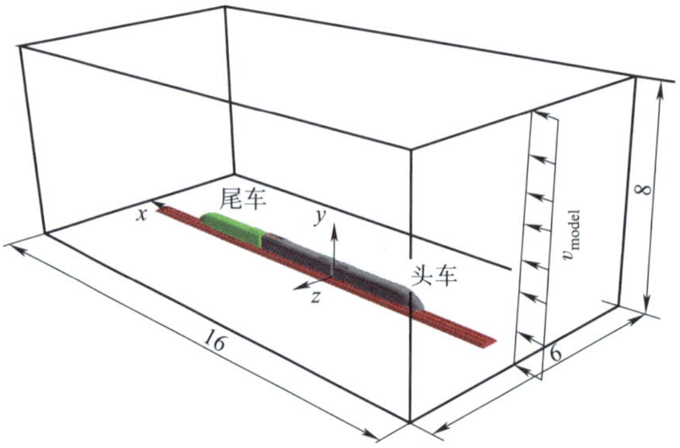

图 2-7　列车模型及数值模拟的计算域(单位：m)

表 2-2　缩尺模型试验与其数值模拟试验对比

气流夹角	系数	头车			中车			尾车			全车		
		试验值	模拟值	误差/%	试验值	模拟值	误差/%	试验值	模拟值	误差/%	试验值	模拟值	误差/%
3°	C_D	0.159	0.160	0.50	0.169	0.180	6.39	0.174	0.153 4	11.89	0.502	0.493	1.81
	C_L	0.053	0.059	12.38	0.077	0.085	10.42	0.104	0.112	7.69	0.233	0.255	9.64
	C_C	0.237	0.261	9.98	0.073	0.067	8.22	−0.050	−0.060	20.00	0.260	0.268	2.96
	C_{la}	−0.005	−0.006	9.43	0.010	0.010	4.04	−0.002	−0.001	17.65	0.003	0.002	20.69
	C_{na}	−0.535	−0.582	8.74	−0.133	−0.146	10.02	−0.218	−0.202	7.17	−0.885	−0.930	5.03
	C_{ma}	0.122	0.130	6.55	−0.199	−0.217	9.05	−0.238	−0.219	7.95	−0.315	−0.306	2.83
6°	C_D	0.174	0.169	3.04	0.186	0.208	11.75	0.110	0.189	0.11	0.550	0.566	2.98
	C_L	0.227	0.245	8.20	0.277	0.282	1.73	0.223	0.245	9.73	0.727	0.772	6.20
	C_C	0.506	0.539	6.52	0.196	0.179	8.91	−0.016	−0.018	11.25	0.686	0.700	2.00
	C_{la}	−0.012	−0.013	6.56	0.030	0.028	7.28	−0.001	−0.001	14.29	0.0173	0.014	17.92
	C_{na}	−1.072	−1.170	9.14	−0.236	−0.254	7.63	−0.439	−0.462	5.43	−1.747	−1.886	8.00
	C_{ma}	0.147	0.136	7.48	−0.089	−0.082	7.87	−0.153	−0.140	8.24	−0.095	−0.086	9.05

由表 2-2 可知，头车和中车数值模拟与模型试验气动力及力矩系数误差为 10%左右；尾车由于尾流区流动不稳定性较大而略大一些。存在误差的主要原因是：列车模型与数值模拟几何模型之间存在几何误差；数值模拟横风风场设定为均匀风，而模型试验中未完全按照均匀风送风；存在接触式测量误差。由于气流速度较高，侧偏角很小，模型实体与数值几何模型的细小差别可能导致列车特别是尾车的横向气动力存在较大误差。

综上，数值模拟与模型试验的结果之间存在合理误差，数值模拟方法对分析高速列车的气动性能是适用的。

第3章 单列高速列车明线横风作用下气动特性

高速列车横风作用下气动特性与横风特征和参数、列车总体尺寸和几何外形及其行驶条件密切相关，是横风、路况、车型耦合作用的结果。现代高速列车一般采用动力分散式动编组，各节车辆之间通过弹性车钩进行连接，编组数量不同，列车总体长度不同，列车及各节车辆气动特性也不同。因此，在横风作用下，需要对列车及每节车辆横风的气动特性同时进行研究。

3.1 横风风场特征对高速列车气动特性影响

在国内外高速列车横风气动特性研究中，一般将横风风场设定为速度不随高度变化的均匀风，如图 3-1(a)所示，这与实际自然风场的速度沿高度呈指数分布的规律不符，不利于高速列车横风气动特性的准确计算和安全评估。本书以 CRH 高速列车在平地上运行为例，根据其真实外形和细部结构建模，采用相同标准风速的均匀风和自然风风场，对高速列车以时速 350 km 在横风风场中运行时的气动特性进行计算和分析。

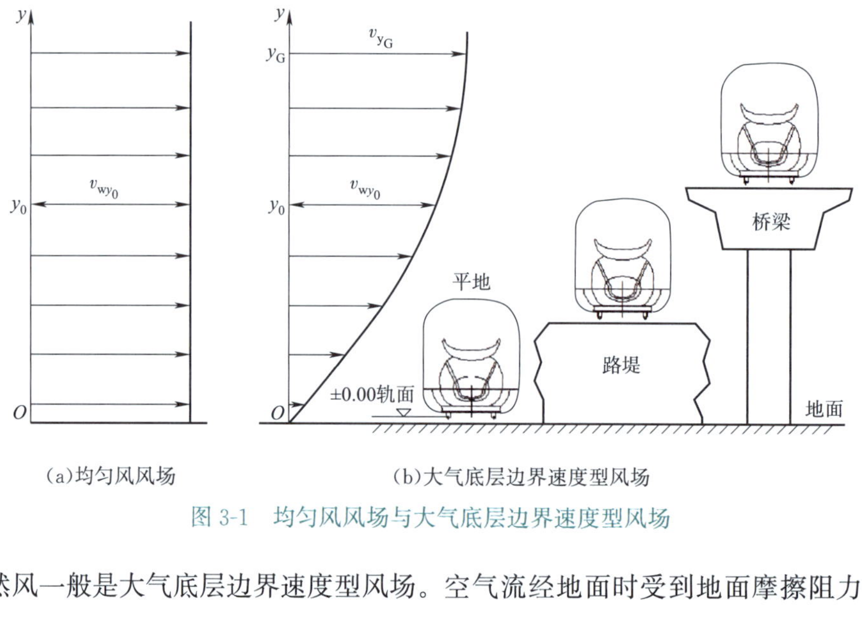

图 3-1 均匀风风场与大气底层边界速度型风场

自然风一般是大气底层边界速度型风场。空气流经地面时受到地面摩擦阻力作用，在地面附近的流速减慢。地面的黏性摩擦对气流的作用随高度的增加而减弱，当超过地面上某一高度后，就可以忽略这种地面摩擦的影响，气流将沿等压线以梯度风速流动，这一高度即为大气边界层高度或边界层厚度。在边界层以上的大气称为自由大气，以梯度风速流动的起始高度称为梯度风高度，用 y_G 表示；梯度风速用 v_{y_G} 表示，如图 3-1(b)所示。

一般地，大气边界层内近地层的气流是湍流，湍流掺混使地表摩擦阻力的影响扩大到大气边界层的整个区域，厚度可达几百米以上。风速在大气边界层厚度的高度方向上以指数形式逐渐增大。在自由大气中的气流则是层流，基本上沿等压线以梯度风速流动。显然，作用于列车的横风是大气底层边界速度型风场。

对于水平均匀地形的平均风速廓线，目前采用 Davenport 根据多次观测资料提出的平均风速沿高度方向变化的指数函数律，即

$$v_{wy}/v_{wy_0}=(y/y_0)^{\alpha} \tag{3-1}$$

式中　y_0, v_{wy_0}——标准参考高度和该处的平均风速，$y_0=10$ m；

y, v_{wy}——任一高度和该处的平均风速；

α——地面粗糙度指数，开阔地形 $\alpha=0.16$。

3.1.1　横风效应计算模型

根据前述流动数值模拟的建模与场景设定，建立 3 节车辆编组列车的几何模型。其他条件相同，横风入口速度分别设置为均匀风和大气底层边界速度型风场，如图 3-2 所示。对于列车在路堤和桥梁上运行的情况，计算域进行了相应的调整。

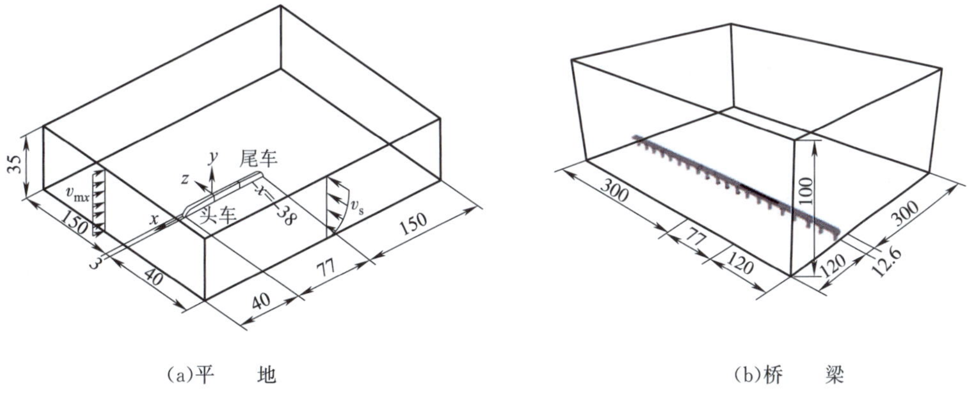

图 3-2　计算域及大气底层边界速度型风场(单位：m)

计算域的网格采用 Trim 网格，在车体表面及地面处利用壁面函数法。采用壁面函数法时，壁面附近的划分网格需将第一个内节点布置在对数律区域即湍流充分发展区内。

为了保证边界层网格与主流区网格的平滑衔接，列车表面和地面的边界层均设置为 6 层，厚度 4.86 mm，近壁面第一层网格到壁面的距离均为 0.3 mm，计算区域的网格总数约

为 3 100 万。在尾流、列车表面和受电弓等流场变化大的区域进行加密，如图 3-3 所示。

(a)头车(含转向架)

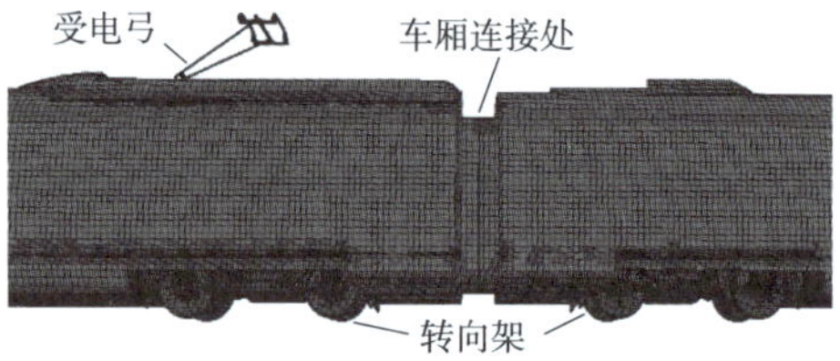

(b)受电弓及风挡

图 3-3　列车网格划分局部区域

加密区域和非加密区域的网格最小单元尺寸分别为 0.1 m 和 0.2 m，监测点参数的脉动值控制在 5%以下。主要计算条件和工况如下：

(1)列车车速 350 km/h(97.22 m/s)；大气底层边界速度型和均匀风在气象上 10 m 高度处的风速均为 25 m/s；风向角分别为 30°、60°和 90°。

(2)列车以 350 km/h 在 25 m/s 横风风场中运行时，不同风向角下合成速度接近或超过 1/3 音速。因此，流动按三维、黏性、可压缩流动考虑。

(3)采用相对运动条件模拟列车附近外流场，同前文。

(4)计算域流动入口：若侧风为均匀风，则 $v_w=25$ m/s；若侧风为大气底层边界速度型，则 v_w 由高度方向(沿 y 轴)的指数分布律给定，$v_{wy}=v_w$，v_{wy_0} 为 $y_0=10$ m 处的横风速度，取 $v_{wy_0}=25$ m/s。

(5)计算域流动出口：使用恒压边界条件，出口压力设为一个标准大气压。

(6)列车表面、地面、计算域的上表面和侧面等均按照第 2.2.3 节的设定。

3.1.2　气动特性对比分析

1. 两种风场下压力场和流线谱比较

图 3-4 和图 3-5 分别是风向角为 30°时，列车上 $x=-38$ m 横截面处(位于尾车，离尾车鼻锥 12.58 m)压力云图及流线谱图(横风方向为从左到右)，使用不同类型横风风场计算所得到的压力场和流场存在明显差异。

在压力场方面，大气底层边界速度型中列车迎风表面的正压区域面积和压力值均明显小于均匀风中的，而且正压区域在高度方向上位置较高；列车背风表面负压区域面积明显小于均匀风中的，但压力高于均匀风中的。列车顶部的迎风侧顶角 A_1、B_1、C_1 和 A_1'、B_1'、C_1'等区域呈明显的负压，且大气底层边界速度型风场的压力高于与其对应的均匀风风场的压力；列车底部的迎风侧顶角 A_1、B_1、C_1 和 A_1'、B_1'、C_1'等区域也呈负压，但与大气压比较接近。

在流场方面，相同风向角下迎风面上流动分流点的位置不同，大气底层边界速度型的分流点位置较高。虽然两种风场在列车背风面均产生两个不同大小的涡，但两种风场中涡的尺度和位置不同。均匀风的绕流比大气底层边界速度型的绕流有更早脱离车顶和车辆底部的趋势，均匀风产生的涡的尺度大于大气底层边界速度型所产生的，且影响距离列车车身更远，说明均匀风对车身绕流下游流动的影响比大气底层边界速度型的大。

此外，横风风场不同，列车表面的压力分布不同，从而使得作用于列车的气动荷载也不同。图 3-6 为两种风场中尾车 $x=-38$ m 处横截面的列车表面压力值对比曲线，监测点离地面的距离与图 3-4 相对应。

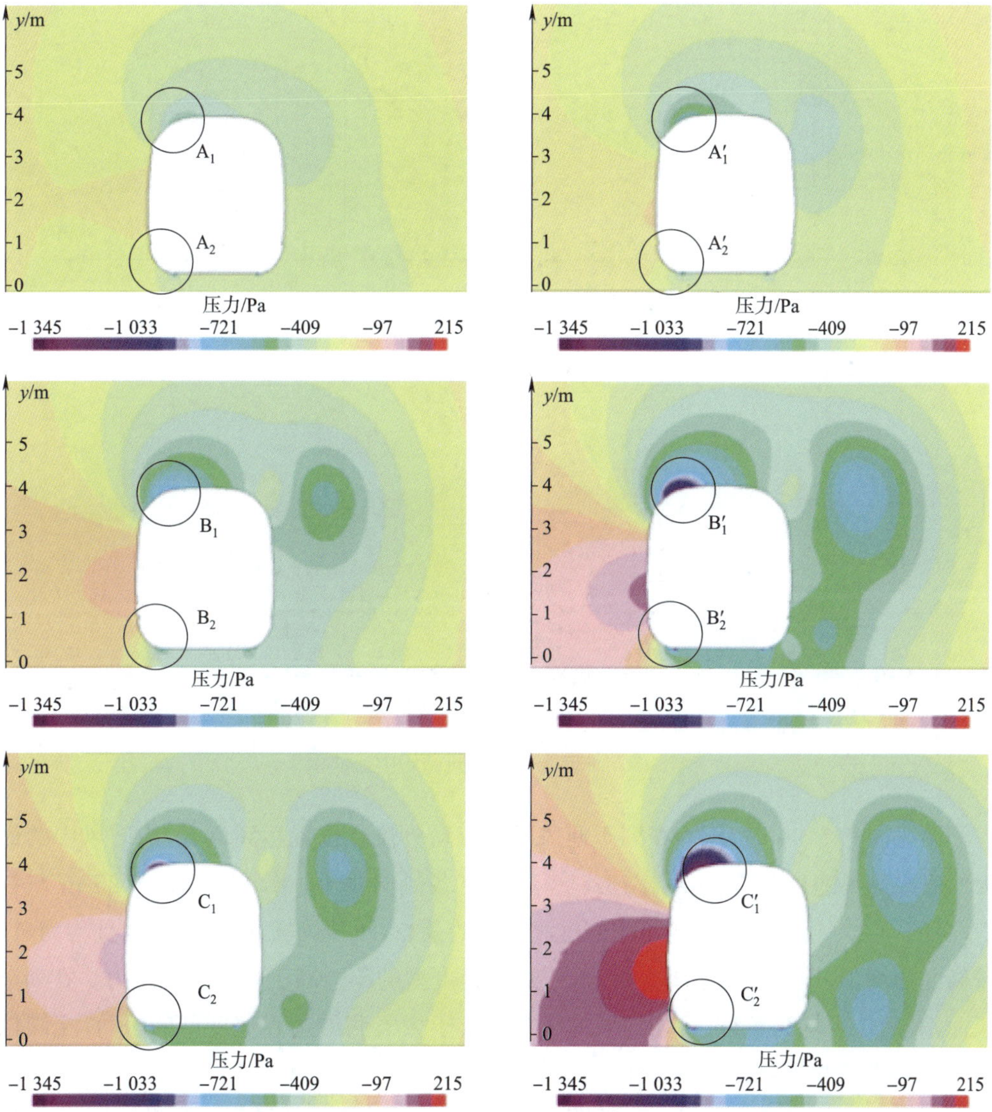

(a)大气底层边界速度型　　　　(b)均 匀 风

图 3-4　列车尾车在不同风场中压力云图

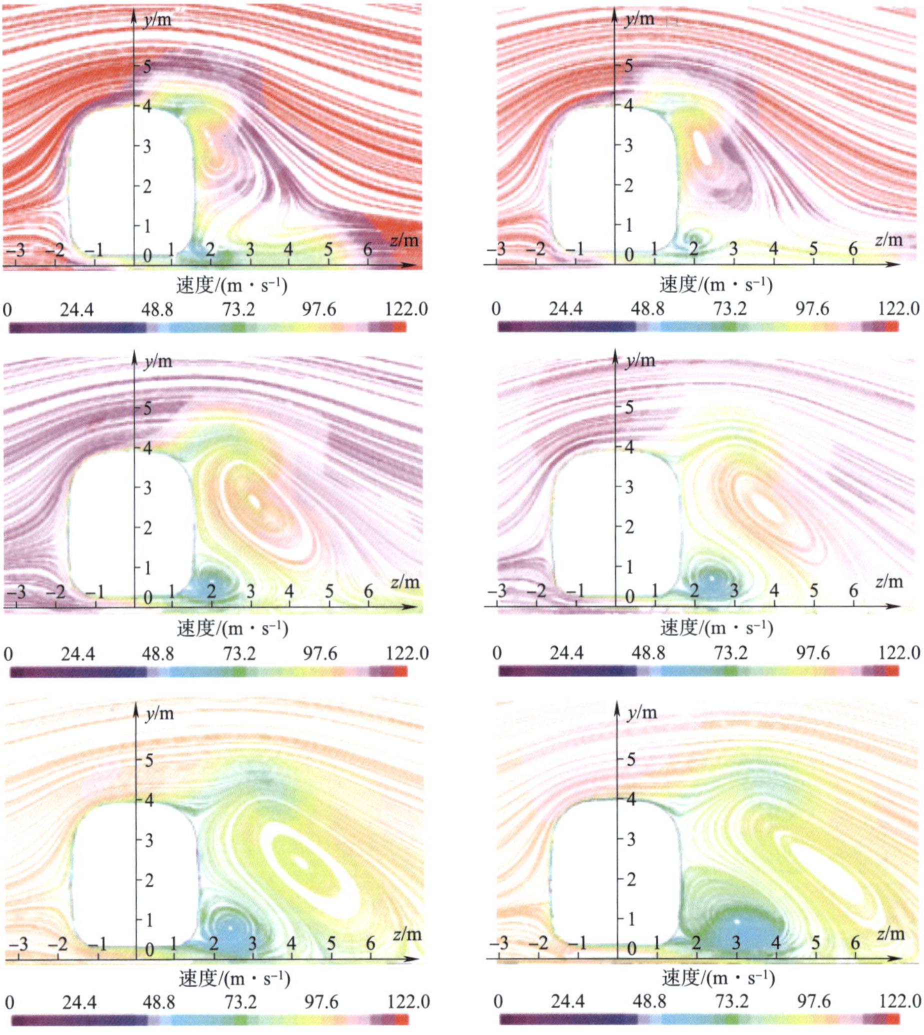

(a)大气底层边界速度型　　(b)均 匀 风

图 3-5　列车尾车在不同风场中流线图

横风风向角为 90°时，压力在列车迎风面的流动分流点位置达到最大，均匀风中的最值比大气底层边界速度型中的高出 182.33 Pa。在各风向角下，当距离地面 3.25 m 左右时（列车高度为 3.9 m），在迎风侧与顶部过渡区域的某点，两种风场的压力相等，且均为负压；随着高度的增加，压力继续下降，大气底层边界速度型的压力高于均匀风的压力。在列车的背风面，表面压力均为负压，且均匀风的压力均小于大气底层边界速度型的压力，相同位置的最大压差可达 70.79 Pa。

在列车顶部和底部，两种风场表面压力均为负压，随位置和横风风向角变化的趋势相同。但顶部压力分布很不均匀，最小压力出现在偏迎风面一侧距列车中心线约 0.8 m 位置；在各个风向角下，大气底层边界速度型压力均高于相应的均匀风压力，最大相差 350.41 Pa；越靠近背风侧，这一相差值越小。列车中车和头车等截面段表面压力变化趋势与列车尾部等截面段相似。

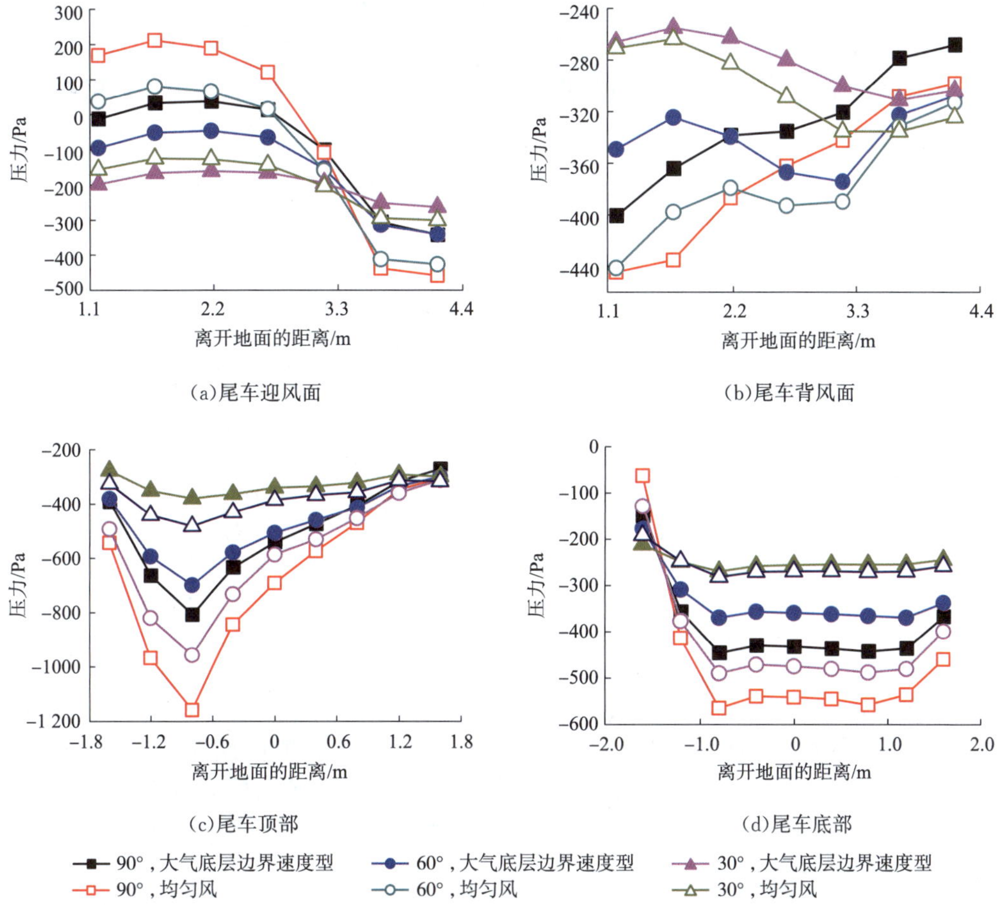

图 3-6 不同风场条件下列车尾车表面相对压力变化曲线

可见，大气底层边界速度型与均匀风相比，迎风面压力变化幅度明显大于背风面，底部压力变化幅度则明显小于顶部。使用均匀风场会高估列车表面压力分布对列车气动力的不利影响。

2. 两种风场下气动作用力比较

图 3-7 为高速列车在两种风场中运行时所受升力、横向力和倾覆力矩对比情况，无论横风风场是大气底层边界速度型还是均匀风，列车全车所受的升力、横向力和倾覆力矩均随横风风向角的增加而增大，但在两种风场中增大的幅度和对横风风向角的敏感程度并不相同，头车对横风风向角最敏感，而尾车对横风风向角最不敏感，而且头车、尾车和中车对全车受力的贡献并不相同，列车所受的气动作用力相差比较明显。

列车在两种风场中运行时，各节车辆所受气动横向力均随着横风风向角的增加而增大，均在横风风向角为90°时达到最大。在横风风向角小于90°范围内，头车所受横向力最大，尾车最小，中车居中。同时，在全部风向角范围内，各节车辆在两种风场中的气动力计算结果存在明显差别，使用均匀风风场计算的升力和横向力均大于使用大气底层边界速度型风场计算的力；不同车辆在两种风场中所受的力相差程度也不相同，风向角较小时，相差程度较小，反之相差程度较大。随着风向角的增大，横风产生的涡流更明显，由涡流引起的能量消耗占比增大，两侧压差变大，横向力也随之增大。两种风场计算的横向力差值随着风向角的增大而增大，在90°时相差最高可达47.27 kN；尾车差值最小，在5 kN以内。

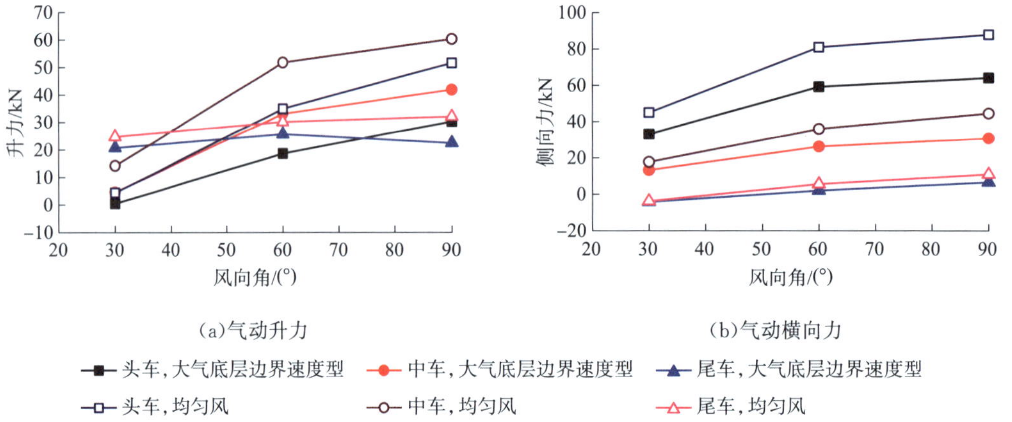

图3-7　大气底层边界速度型与均匀风气动力与侧风风向角关系曲线

显然，由于两种风场中横向力和升力相差较大，倾覆力矩也相差较大，见表3-1～表3-3。其中，F_{yj}为列车在均匀风风场中受到的升力，F_{ye}、F_{ze}和M_{xe}为列车在大气底层边界速度型风场中受到的升力、横向力和倾覆力矩；ΔF_y、ΔF_z和ΔM_x为按两种风场计算的升力、横向力和倾覆力矩的差值。

表3-1　按大气底层边界速度型与均匀风计算的气动力(平地线路条件)

风向角	列车部位	F_{yj}/kN	F_{ye}/kN	$\Delta F_y/F_{ye}$	ΔF_z/kN	$\Delta F_z/F_{ze}$	ΔM_x/(kN·m)	$\Delta M_x/M_{xe}$
30°	头　车	4.47	0.47	848.47%	12.01	36.25%	21.87	39.93%
	中　车	14.22	4.59	209.77%	4.52	34.05%	17.28	52.9%
	尾　车	24.77	20.79	19.11%	0.47	11.41%	3.74	38.94%
60°	头　车	35.02	18.63	88.00%	21.75	36.73%	46.77	41.46%
	中　车	51.81	33.19	56.07%	9.77	37.18%	32.30	38.36%
	尾　车	30.21	25.74	17.34%	3.63	173.01%	7.30	29.42%
90°	头　车	51.70	30.29	54.16%	23.78	37.08%	53.89	41.26%
	中　车	60.37	41.99	28.31%	13.75	44.48%	37.68	37.82%
	尾　车	32.19	22.54	29.81%	4.31	64.57%	12.29	41.94%

表 3-2　按大气底层边界速度型与均匀风计算的气动力(路堤线路条件)

风速/(m·s⁻¹)	列车部位	F_{yj}/kN	F_{ye}/kN	$\Delta F_y/F_{ye}$	ΔF_z/kN	$\Delta F_z/F_{ze}$	ΔM_x/(kN·m)	$\Delta M_x/M_{xe}$
15	头　车	30.74	26.00	18.23%	−4.97	−11.03%	1.45	−6.01%
	中　车	33.65	30.90	8.90%	−1.36	−14.81%	−0.75	−23.55%
	尾　车	23.40	22.18	5.50%	1.46	−89.27%	−1.56	−47.22%
20	头　车	53.82	45.80	17.51%	−5.74	−9.39%	0.38	−1.24%
	中　车	45.04	41.65	8.14%	−0.33	−2.03%	−3.16	−143.51%
	尾　车	33.11	29.25	13.20%	3.03	−192.15%	−1.92	−44.75%
25	头　车	73.27	67.13	9.15%	−7.24	−9.31%	−0.19	0.51%
	中　车	63.07	53.45	18.00%	−2.12	−8.98%	−3.94	−161.58%
	尾　车	48.69	43.69	11.44%	0.27	−10.65%	−1.17	−20.39%

表 3-3　按大气底层边界速度型与均匀风计算的气动力(桥梁线路条件)

风速/(m·s⁻¹)	列车部位	F_{yj}/kN	F_{ye}/kN	$\Delta F_y/F_{ye}$	ΔF_z/kN	$\Delta F_z/F_{ze}$	ΔM_x/(kN·m)	$\Delta M_x/M_{xe}$
15	头　车	34.03	21.64	57.26%	−6.91	18.49%	−51.40	−70.96%
	中　车	41.96	32.71	28.28%	−7.93	58.72%	−35.79	−22.85%
	尾　车	31.40	23.83	31.77%	3.83	55.38%	−35.57	−29.78%
20	头　车	44.85	44.50	0.79%	2.95	−4.95%	−2.09	−1.27%
	中　车	46.90	46.64	0.54%	1.30	−3.69%	−1.56	−0.75%
	尾　车	37.98	38.24	−0.70%	0.33	11.37%	1.91	1.03%
25	头　车	58.05	69.93	−16.99%	4.46	−5.53%	50.62	18.63%
	中　车	56.02	71.90	−22.08%	10.00	−17.42%	69.75	21.87%
	尾　车	37.09	47.52	−21.96%	4.23	−53.88%	45.80	20.67%

由表 3-1 可知,均匀风风场所得气动升力、横向力和倾覆力矩均比大气底层边界速度型大,一般偏高 30%~60%,最低也相差 15%左右。如果据此对列车横风安全性进行评估,即若采用均匀风计算结果,则将高估列车在横风中运行的不安全风险。

3. 路堤和桥梁线路条件两种风场下气动特性比较

表 3-2 和表 3-3 为路堤和桥梁线路条件按大气底层边界速度型与均匀风计算的气动力情况。从表 3-1~表 3-3 可知,在不同的线路条件下,采用两种风场计算气动力变化规律有明显的不同。列车在平地线路上运行时,由不同风速的均匀风计算出的气动力均高于相应风速下大气底层边界速度型的气动力;但列车在路堤和桥梁上运行时的情形则并不相同。在路堤线路上,均匀风场的升力均高于大气底层边界速度型,但对于横向力和倾覆力矩则出

现了相反的情况(表 3-2 中的差值和百分数为负),且大气底层边界速度型的升力高出均匀风较多。在桥梁线路上,当横风风速较低时,如低于 20 m/s,均匀风场的升力仍然均高于大气底层边界速度型,但风速继续增加,如达到 20 m/s 时,则出现了相反情况;对于横向力和倾覆力矩,在各个风速范围内均出现了均匀风场的力低于大气底层边界速度型的情况,哪种力大与车辆位置有关。因此,如果使用均匀风风场对横风气动特性和气动安全性进行评估,那么将低估列车在路堤上的不安全风险;风速小时,高估列车在桥梁上的不安全风险,风速大时,低估在桥梁上的不安全风险。

可见,采用均匀风风场和大气底层边界速度型风场进行气动特性计算会产生较大差别,主要是速度边界条件和线路条件不同所致。大气底层边界速度型考虑了空气黏性切应力对速度分布的作用,反映了实际风场的基本分布特征;而均匀风则未考虑速度梯度,仅存在于风洞测试环境中。速度边界条件的不同使得气体绕流列车的流场也不同,且均匀风中的横风空气流量大于大气底层边界速度型中的横风空气流量,从而引起列车表面压力分布的不同,相应的气动作用力也产生较大差别。

同时,由图 3-1 可知,列车在路堤上运行的高度与风速标准高度($y_0=10$ m)相当,均匀风风速设定为该高度的风速值与大气边界底层速度型的比较接近,所以二者计算结果偏差比列车在地面运行时要小些;而列车在桥梁上运行时离地高度容易超过风速标准高度($y_0=10$ m),若均匀风风速设定为该高度的风速,则会小于大气边界底层速度型的平均值,使得计算结果比大气边界底层速度型的偏低。另外,由于平地、路堤和桥梁等线路条件对流场结构的影响比较大,使得线路条件对两种风场中流场结构的影响程度并不相同,因而结果相差也比较大。表 3-4 是列车速度 350 km/h、横风风速 15 m/s、风向角 90°时流场和压力云图,可以直观看出模拟结果的差别。

表 3-4　不同线路条件下两种风场的气动特性示意(中车中心横截面)

流　场	风场类型	平　地	路　堤	桥　梁
速度场	均匀风	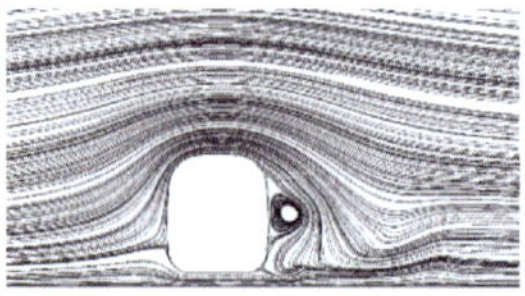	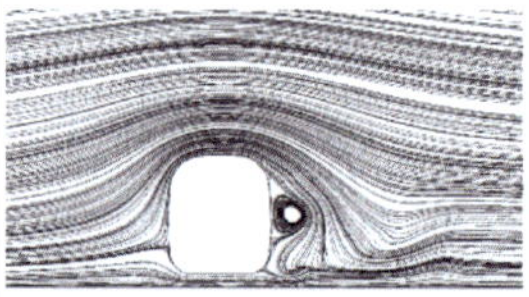	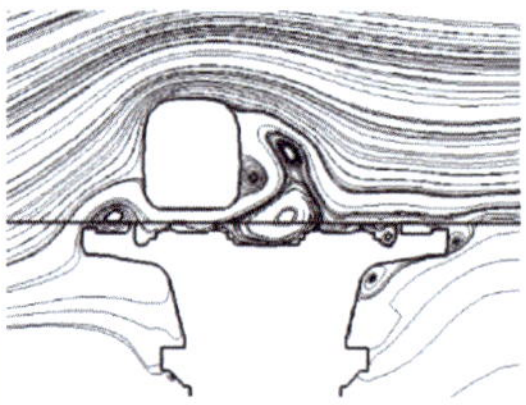
	大气底层边界速度型	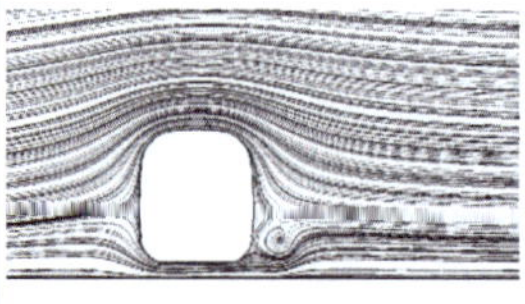	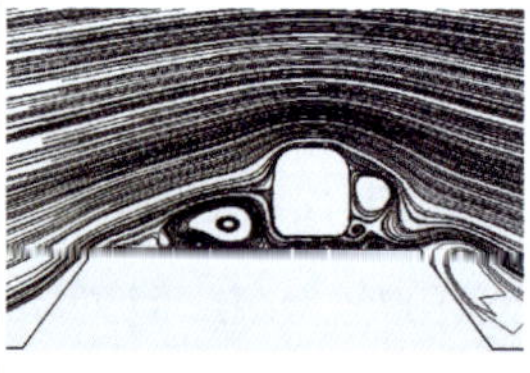	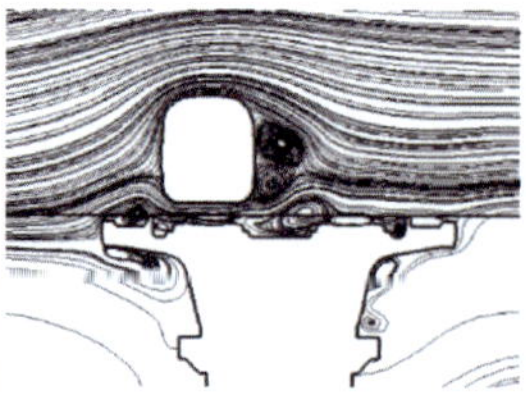

续上表

<table>
<tr><th>流场</th><th>风场类型</th><th>平地</th><th>路堤</th><th>桥梁</th></tr>
<tr><td rowspan="2">压力场</td><td>均匀风</td><td>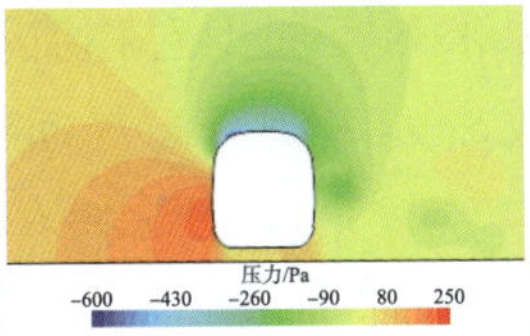</td><td>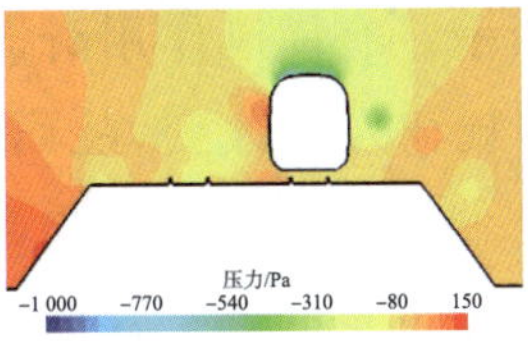</td><td>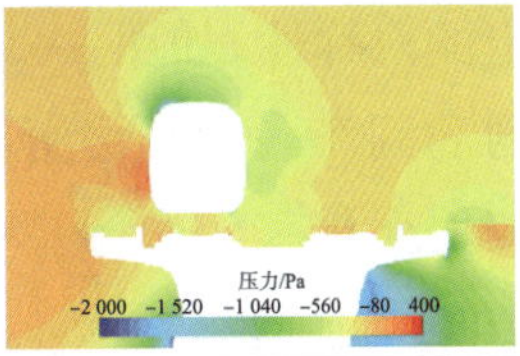</td></tr>
<tr><td>大气底层边界速度型</td><td>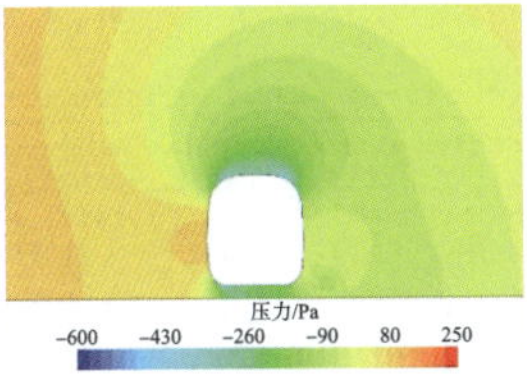</td><td>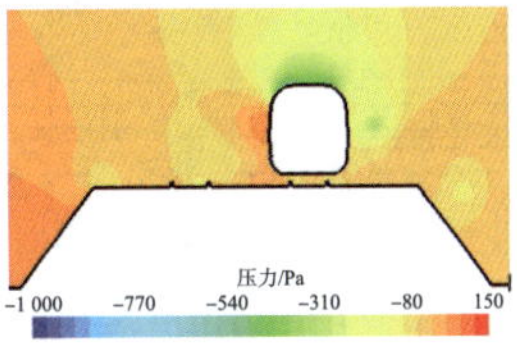</td><td>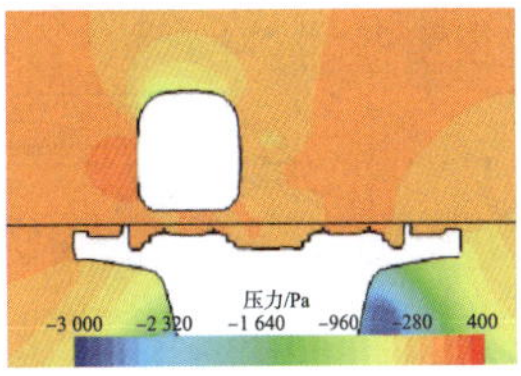</td></tr>
</table>

可见，在对高速列车的气动特性分析和气动安全评估中，横风风场边界条件的选择对数值模拟结果有较大的影响。

3.2　不同横风风速作用下高速列车气动特性

为了尽可能准确评估高速列车气动性能的真实情况，后续数值模拟均采用图 3-1 中大气底层边界速度型风场作为横风风场。以 3 节车辆编组(头车＋中车＋尾车)列车为例，主要计算工况参见表 3-5，工况编号规则为“路况 V 车速-风速-风向角”，其中路况中平地用字母“G”表示，桥梁用“B”表示，路堤用“E”表示。

表 3-5　高速列车横风气动特性计算工况

编　号	车速/$(km \cdot h^{-1})$	风速/$(m \cdot s^{-1})$	风向角 β/(°)
GV400	400	30,25,20,15,10	90
GV380	380	30,25,20,15,10	90
GV350	350	30,25,20,15,10	90
GV350	350	15	10～90,100,110,120,150
GV350	350	0	0
GV320	320	30,25,20,15,10	90
GV300	300	30,25,20,15,10	90
GV250	250	30,25,20,15,10	90
GV200	200	30,25,20,15,10	90
BV350	350	25,20,15	90
EV350	350	25,20,15	90

注：风速为“0”表示无横风。

高速列车在行驶时，由于空气黏性作用，列车将带动列车周围空气随之运动，形成空间速度场和压力场。在无横风条件下（工况 GV350-0-0），列车周围流场结构具有一定的对称性，如图 3-8 所示。有横风作用时，原来列车周围对称流动受到干扰，流场结构和列车表面压力分布规律发生改变，从而改变列车绕流的气动特性，气动荷载也相应地变化。

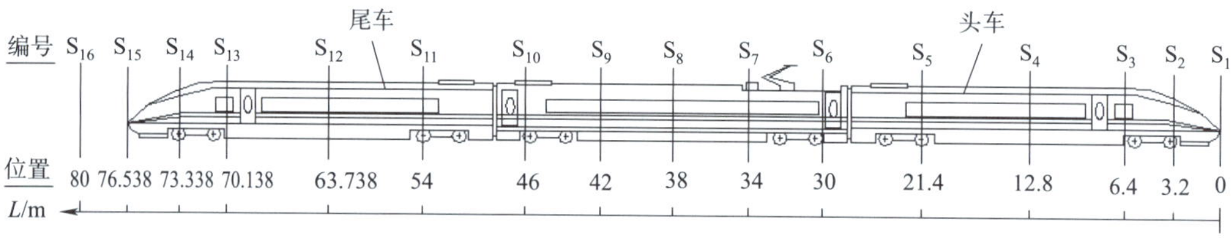

(a)列车纵向横截面位置

(b)S_5：L/D=6.585(转向架)　(c)S_8：L/D=11.692(中车中心)　(d)S_{12}：L/D=19.612(尾车中心)

图 3-8　列车纵向不同位置横截面流线图(D=3.25 m，无横风)

3.2.1　横风作用下流场结构和压力分布规律

3.2.1.1　流场结构

图 3-8 所示对称性流场在横风作用下变化程度与偏航角有关，工况 GV200-30-90 偏航角最大为 28.369°；GV400-10-90 偏航角最小为 5.143°。大、小偏航角的流场结构存在一定差别，以 GV300 工况为例进行说明。

1. GV300-10-90 流场结构

GV300-10-90 工况横风风速较小，车速较高，合成风偏航角较小，是小偏航角工况。图 3-9 为沿列车纵向不同位置截面的流线图，截面位置见图 3-8。

图 3-8 和图 3-9 中有若干特殊截面 S_3 截面 L/D=1.969，是头车流线体段结束位置，即头车的车肩；S_{13}截面 L/D=21.581，是尾车流线体段起始截面(沿流动方向看)，即尾车的车肩；S_{15}截面 L/D=23.550，是尾车鼻锥所在截面；S_{16}截面 L/D=27.693，在列车之外、离尾车鼻锥 3.462 m 截面。S_2、S_3、S_5、S_6、S_{11}、S_{13}、S_{14}等截面处有转向架；S_{10}截面处有受电弓基槽和转向架。

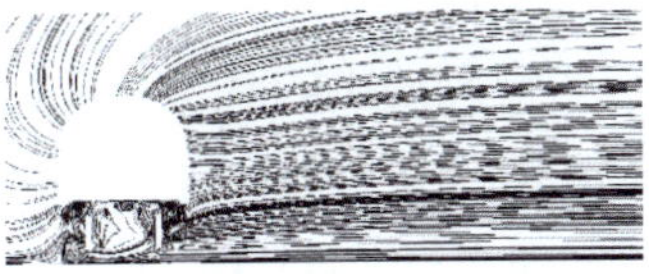

(a)S_2：L/D=0.985

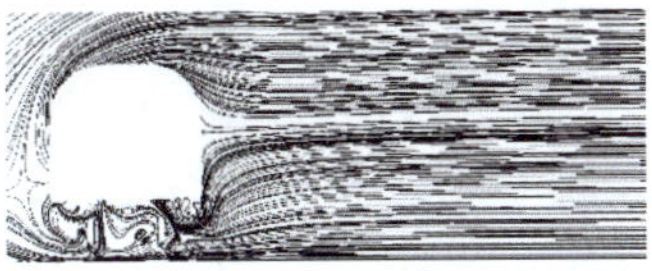

(b)S_3：L/D=1.969

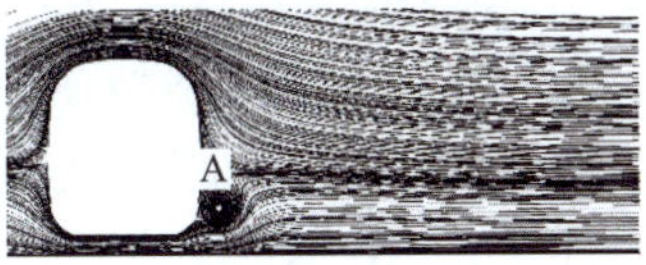

(c)S_4：L/D=3.938

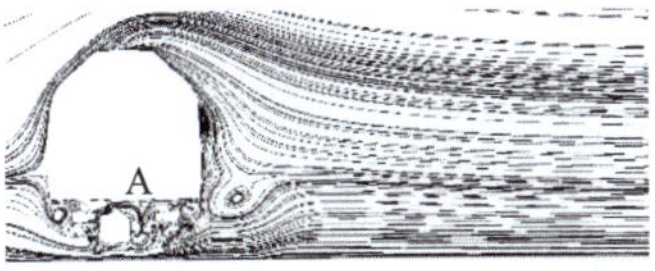

(d)S_5：L/D=6.585

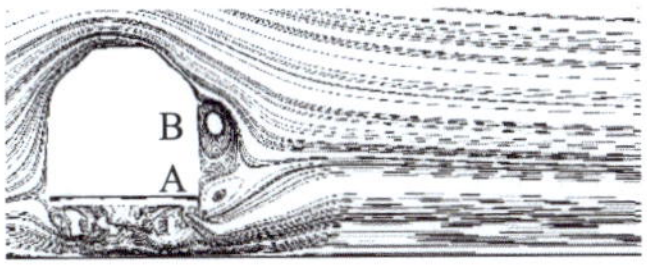

(e)S_6：L/D=9.231

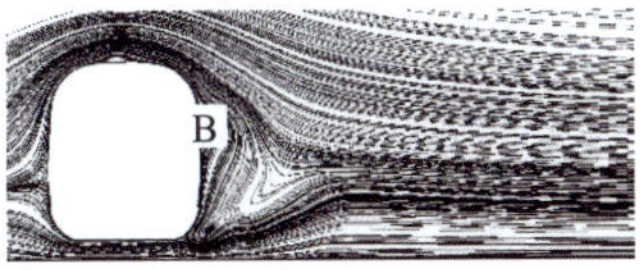

(f)S_7：L/D=10.462

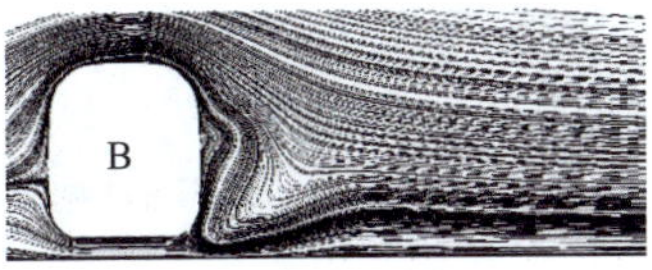

(g)S_8：L/D=11.692

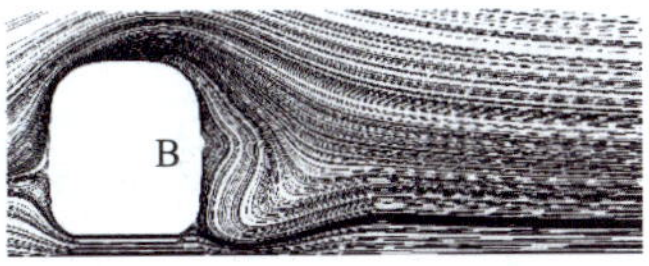

(h)S_9：L/D=12.923

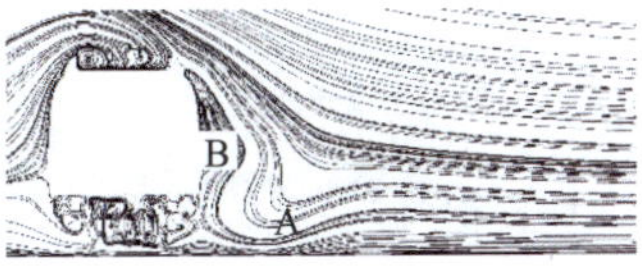

(i)S_{10}：L/D=14.154

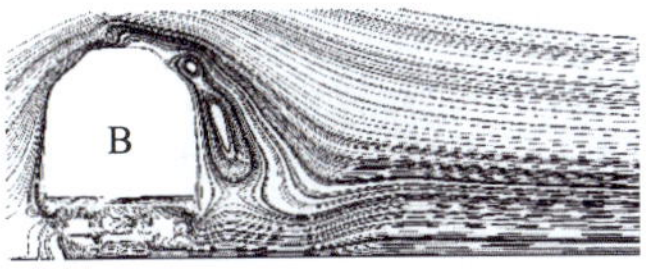

(j)S_{11}：L/D=16.615

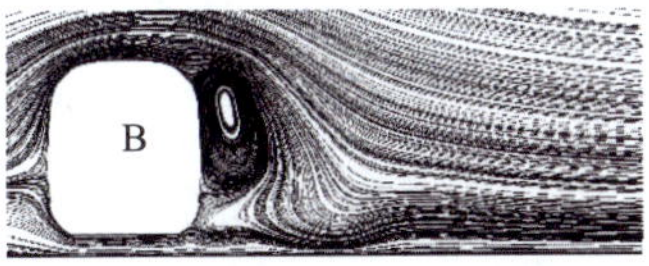

(k)S_{12}：L/D=19.612

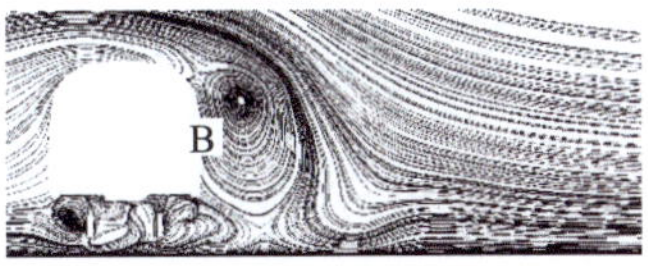

(l)S_{13}：L/D=21.581

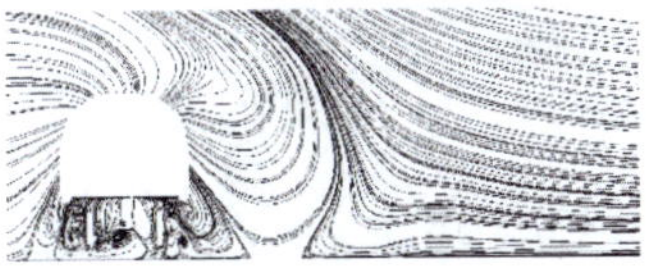

(m)S_{14}：L/D=22.565

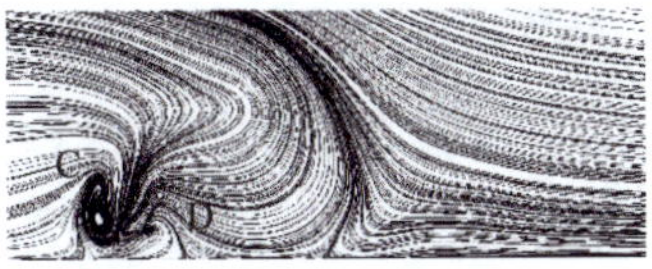

(n)S_{15}：L/D=23.550

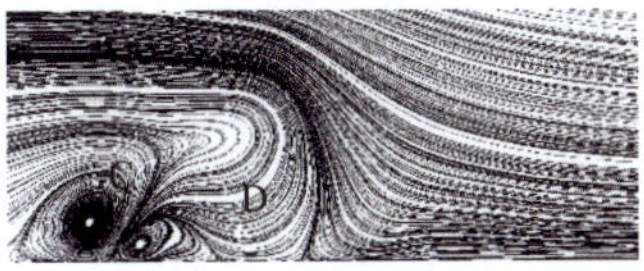

(o)S_{16}：L/D=27.693

图 3-9　工况 GV300-10-90 列车横截面流线图（偏航角 α=6.843°，横风由左向右）

对于 GV300-10-90 小偏角工况，在纵向距离从 L/D=1.969 到 L/D<6.858 即头车范围内，背风侧的下方一直只有一个较小尺度的分离涡 A 产生，在 L/D=6.858 时背风侧中间高度位置有第二个分离涡发生的趋势；到 L/D=9.231 即中车的前段位置时，第二个分离涡 B 已经形成，从而在背风侧出现了两个旋转方向相反的分离涡 A 和 B。随后，在从 L/D=10.462 到 $L/D \leqslant$14.154 中车范围内，背风侧下方第一个分离涡 A 在气流卷吸作用下逐渐伸展并失去涡特征，离开背风侧壁面；小涡 B 则沿壁面高度方向被上下拉伸，向上到达侧面与车顶的过渡位置，向下扩展到达原来小涡 A 所在的壁面位置。在尾车断面 L/D=16.615 处，小涡 B 演化为大尺度的分离涡。

随着纵向距离的进一步增大，在 L/D>16.615 到 L/D=21.581 范围内，分离涡 B 的涡核虽然变小但作用尺度逐步扩大，作用尺度在尾车的流线体段起始断面 L/D=21.581 达到最大。随后，在尾车流线体段，由于车身截面逐渐平滑收缩变小，对流动的影响减弱，绕流的分离流动也逐渐减弱，至 L/D=22.565 处在车身壁面附近已无明显的分离涡；在尾车鼻锥 L/D=23.550 处由于气流脱离列车表面而在鼻锥处出现较小的非对称性分离涡 C 和 D，这对分离涡随后在尾车鼻锥下游的列车尾流中（例如 L/D=27.693）逐步扩大，直至在远处破碎为更小的湍流涡。其中，S_{10} 截面 L/D=14.154 处受电弓基座处出现明显的小尺度分离涡。

2. GV300-30-90 流场结构

GV300-30-90 工况横风风速较高，合成风偏航角较大，是大偏航角工况。图 3-10 为沿列车纵向不同位置截面的流线图，截面位置参见图 3-8。

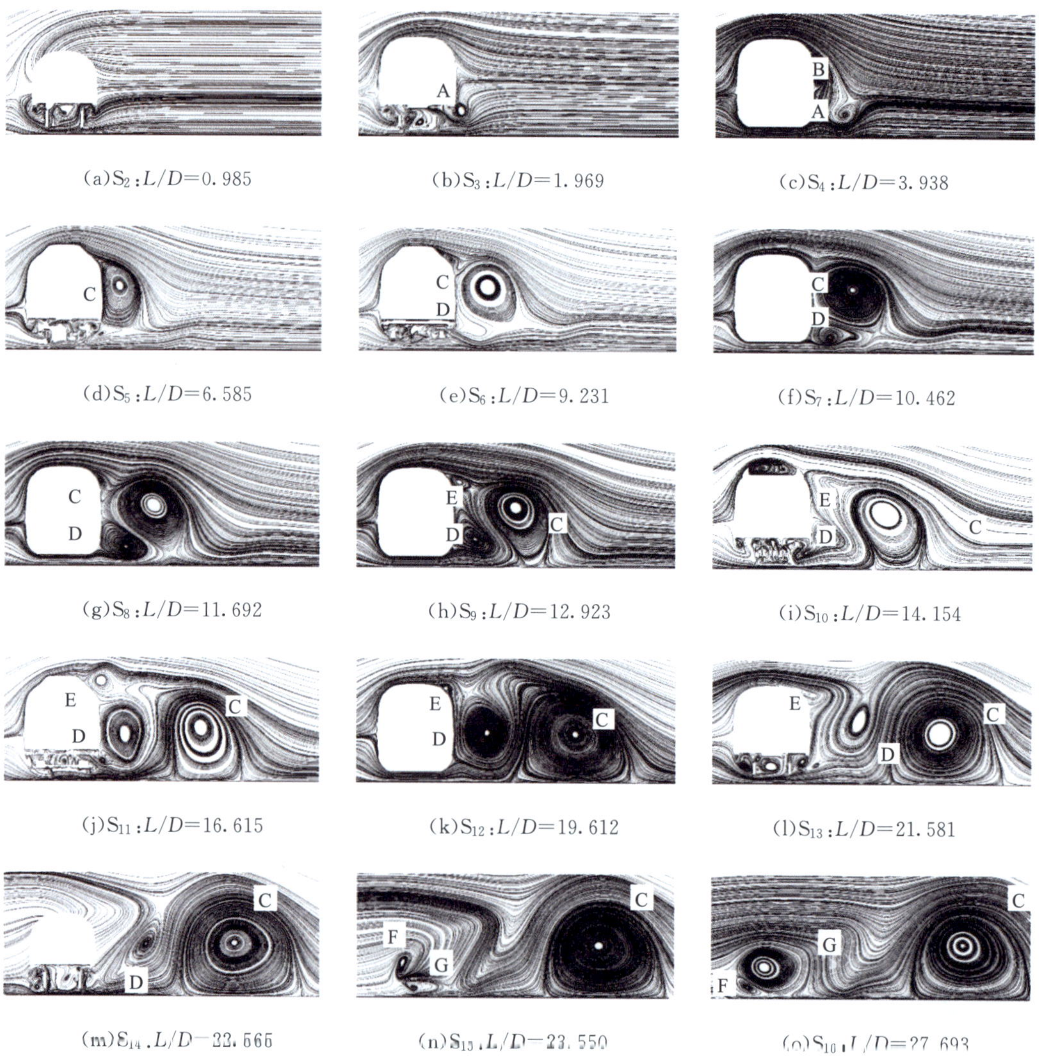

(a)S_2: L/D=0.985　(b)S_3: L/D=1.969　(c)S_4: L/D=3.938

(d)S_5: L/D=6.585　(e)S_6: L/D=9.231　(f)S_7: L/D=10.462

(g)S_8: L/D=11.692　(h)S_9: L/D=12.923　(i)S_{10}: L/D=14.154

(j)S_{11}: L/D=16.615　(k)S_{12}: L/D=19.612　(l)S_{13}: L/D=21.581

(m)S_{14}: L/D=22.565　(n)S_{15}: L/D=23.550　(o)S_{16}: L/D=27.693

图 3-10　工况 GV300-30-90 列车横截面流线图（偏航角 α=19.799°，横风由左向右）

对于 GV300-30-90 大偏角工况，在纵向距离 $L/D=1.969$ 即头车流线体段结束截面位置，背风侧下方一直只有一个较小尺度的分离涡 A 产生；到 $L/D=3.938$ 处时已产生第二个分离涡 B(与涡 A 的旋向相反)；随后，在 $L/D=3.938$ 至 $L/D=6.858$ 范围内，A、B 两涡逐步掺混形成新的分离涡 C。分离涡 C 则从头车尾部 $L/D=6.585$ 开始一直保持到列车尾部尾流区 $L/D=27.693$，只是其几何尺度和离开背风侧壁面的距离逐步增大，几何尺度在尾车流线体段起始断面 $L/D=21.581$ 处达到最大。

分离涡 C 在 $L/D=9.231$ 处离开背风侧壁面时牵连出初始分离涡 D，分离涡 D 在 $L/D=10.462$ 处完全形成并一直保持到列车尾部截面 $L/D=22.565$ 处，并基本保持在背风侧壁面下部位置，几何尺度先增大、后又减小，处于不稳定状态。另外，在有受电弓基座或空调进排风口罩的截面处，列车背风侧右上角出现了附加的分离涡 E。在尾车流线体段，由于车身截面逐渐平滑收缩变小，对流动的影响减弱，绕流的分离流动也逐渐减弱，分离涡 D 在 $L/D=21.581$ 到 $L/D=22.565$ 范围内逐渐减小，直至在尾车鼻锥 $L/D=23.550$ 处消失。

由于气流脱离列车表面而在鼻锥处出现较小的非对称性分离涡 F 和 G，这对分离涡随后在尾车鼻锥下游的列车尾流中(例如 $L/D=27.693$)逐步扩大，直至在远处破碎为更小的湍流涡。其中，S_{10} 截面 $L/D=14.154$ 处受电弓基座处出现明显的小尺度分离涡。

3. 流场结构对比分析

由图 3-9 和图 3-10 可知，在 GV300-10-90 小偏角工况和 GV300-30-90 大偏角工况中，在列车头部流线体段即 $L/D<1.969$ 的范围内，横风和列车风形成的合成气流均比较平滑地斜向绕流过列车头部，列车顶部和背风侧均没有产生明显的涡流，只是在列车底部转向架处出现紊乱的涡流。

随着纵向距离的增加，在 $L/D=1.969$ 时，两种工况的迎风侧出现明显的分流点，气流分别从列车底部和顶部绕流车身，小偏角工况背风侧仍未出现涡流，但在背风侧下方有涡发生的趋势，而大偏角工况背风侧开始出现涡流，且在背风侧下方产生一小尺度涡。

在 $L/D>1.969$ 后，两种工况的涡流情况出现明显的不同。两种工况背风侧出现了明显的分离涡，小偏角工况的涡尺度远小于大偏角工况的；前者始终有一个分离涡附着在背风侧壁面附近并演化，而后者开始也是附着于壁面，但随着沿车身纵向推进而逐渐脱离壁面，出现了稳定的 2～3 个大尺度主分离涡。

图 3-9 和图 3-10 显示了列车背风侧尾迹区涡的产生、发展以及与列车表面脱离的情况。沿车身向后，各个涡的起始位置在车侧面的底部、中部和顶部交替变化，并有伴生涡出现。此外，在 S_2、S_3、S_5、S_6、S_{11}、S_{13}、S_{14} 等有转向架或受电弓的区域，流场十分紊乱，无疑对流场结构和气动特性会产生一定的影响，而且随着速度的提高，这一影响会更加明显。在高速列车模拟计算中，过度简化列车几何外形、忽略转向架作用可能会引起较大的误差。

3.2.1.2 压力分布规律

列车周围的压力场与流场结构相关，列车表面压力大小及其分布情况直接影响列车各个部分气动力的大小。

1. 流动滞止点压力

首先分析头车鼻锥附近滞止点的压力，其表达式为 $p_t=0.5\rho v_\infty^2$，见式(2-44)。

列车在无风条件下运行时，来流速度为车速，头车鼻锥尖点为流动滞止点，由式(2-44)可计算出工况 GV350-0-0 中滞止点的压力为 5 694.93 Pa，数值模拟结果为 5 705.6 Pa；列车在横风中运行时，来流速度是车速与风速的合速度，流动滞止点因横风的作用而从头车鼻锥尖点向鼻锥迎风侧附近偏移，如工况 GV350-15-90 来流速度为 98.373 m/s，由式(2-44)得到滞止点的压力为 5 830.23 Pa，数值模拟结果为 5 867.0 Pa。两种工况的数值模拟结果与理论公式计算值非常接近，如图 3-11 所示。

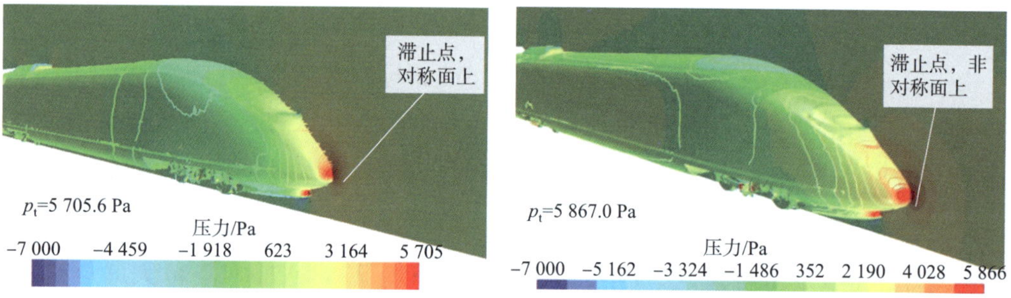

(a)工况 GV350-0-0　　(b)工况 GV350-15-90

图 3-11 列车头车鼻锥附近压力分布及流动滞止点

2. 列车周围和列车表面压力分布

以工况 GV300-30-90 为例进行分析，图 3-12 为沿列车纵向不同位置截面列车周围的压力分布云图和等值线。由于空气具有黏性，空气流过头部鼻锥和导流板凹槽时因气流被滞止，附近气流速度近乎为零，压力最大；在受电弓处表面压力升高；在列车连接处端部，由于风挡和间隙存在，使列车端部表面压力改变；在列车尾端，空气流速加快，列车尾部压力减小。受到横风作用时，列车迎风面宽度增加，会有更多的气流流向车身底部，造成车身底部气流阻力增大，速度降低，压力升高。流向车身顶部的气流虽然也有所增加，但由于流向顶部的气流在与底部的气流汇合前流经的路程较长，速度变大，压力反而降低。

由图 3-12(i)和图 3-12(j)可知，从 S_{13} 截面即尾车车肩(变截面结束的位置)处开始，列车断面尺寸开始变小，速度开始降低，列车背风侧压力逐步开始恢复，到 S_{14} 截面，尾车出现了背风侧压力大于迎风侧压力的现象，使尾车横向力有可能与横风方向相反，即列车尾车部分区域受到了与横风方向相反的“吸引力”。显然，这是由于列车高速运动造成的，若列车静止，就不会出现这种现象。

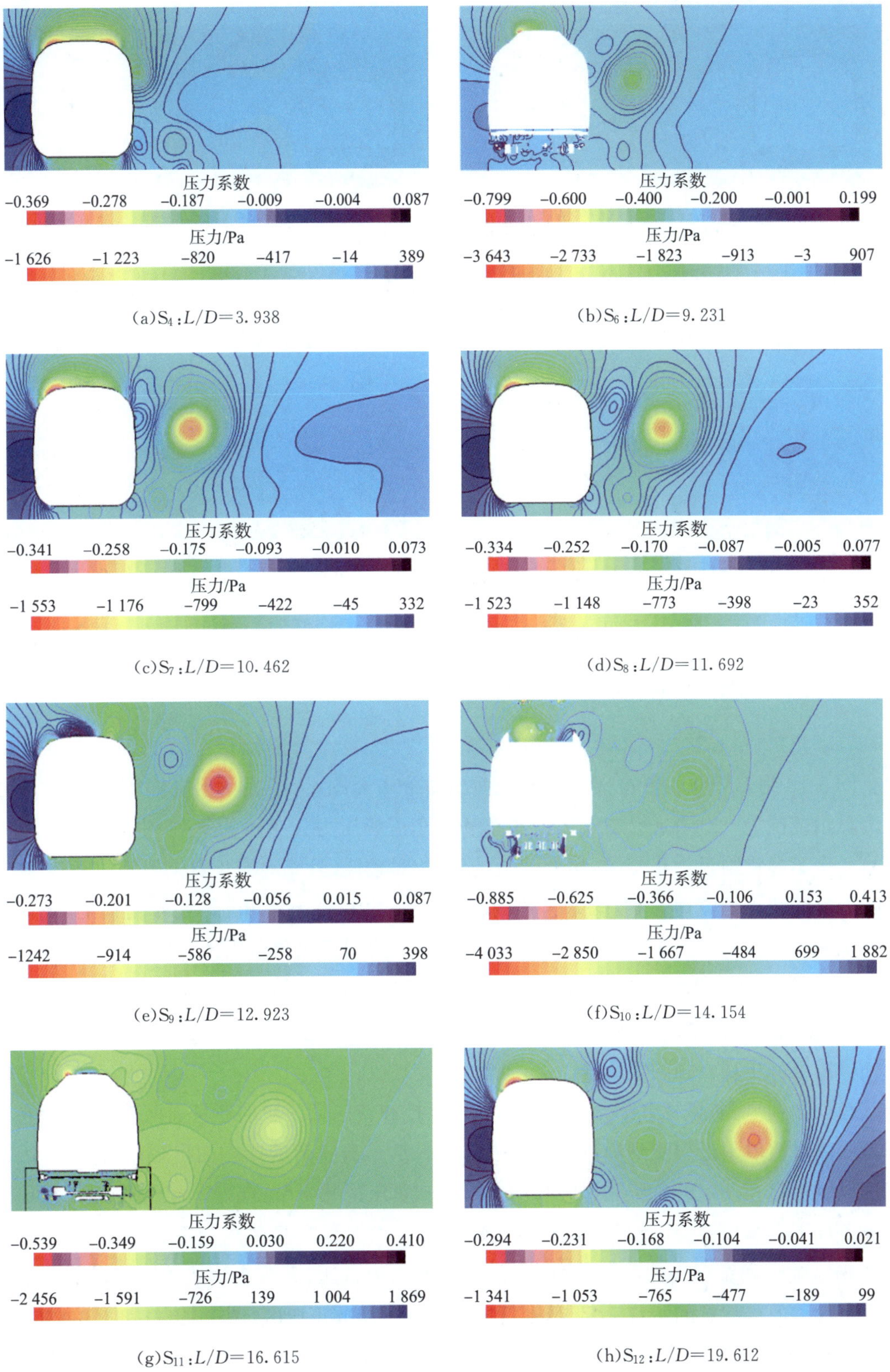
压力系数
-0.369 -0.278 -0.187 -0.009 -0.004 0.087
压力/Pa
-1 626 -1 223 -820 -417 -14 389
(a)S4:L/D=3.938
压力系数
-0.799 -0.600 -0.400 -0.200 -0.001 0.199
压力/Pa
-3 643 -2 733 -1 823 -913 -3 907
(b)S6:L/D=9.231
压力系数
-0.341 -0.258 -0.175 -0.093 -0.010 0.073
压力/Pa
-1 553 -1 176 -799 -422 -45 332
(c)S7:L/D=10.462
压力系数
-0.334 -0.252 -0.170 -0.087 -0.005 0.077
压力/Pa
-1 523 -1 148 -773 -398 -23 352
(d)S8:L/D=11.692
压力系数
-0.273 -0.201 -0.128 -0.056 0.015 0.087
压力/Pa
-1242 -914 -586 -258 70 398
(e)S9:L/D=12.923
压力系数
-0.885 -0.625 -0.366 -0.106 0.153 0.413
压力/Pa
-4 033 -2 850 -1 667 -484 699 1 882
(f)S10:L/D=14.154
压力系数
-0.539 -0.349 -0.159 0.030 0.220 0.410
压力/Pa
-2 456 -1 591 -726 139 1 004 1 869
(g)S11:L/D=16.615
压力系数
-0.294 -0.231 -0.168 -0.104 -0.041 0.021
压力/Pa
-1 341 -1 053 -765 -477 -189 99
(h)S12:L/D=19.612

图　3-12

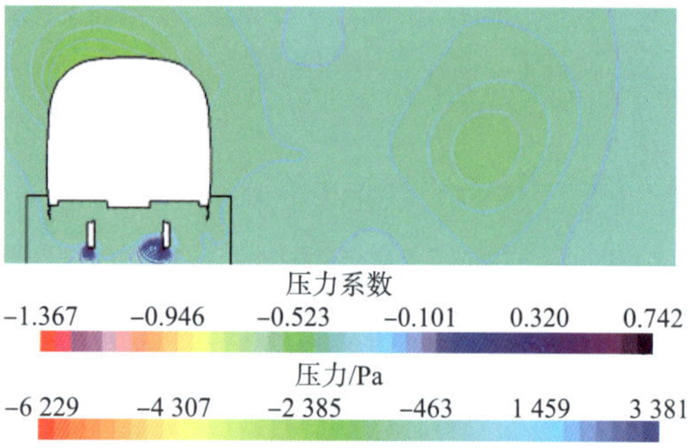

(i)S_{13}:L/D=21.581

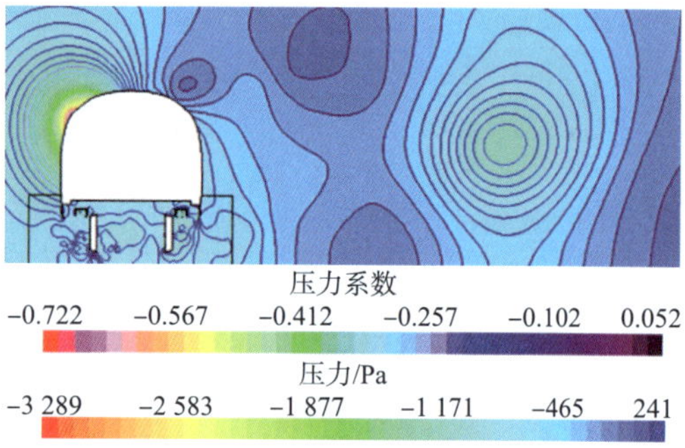

(j)S_{14}:L/D=22.565

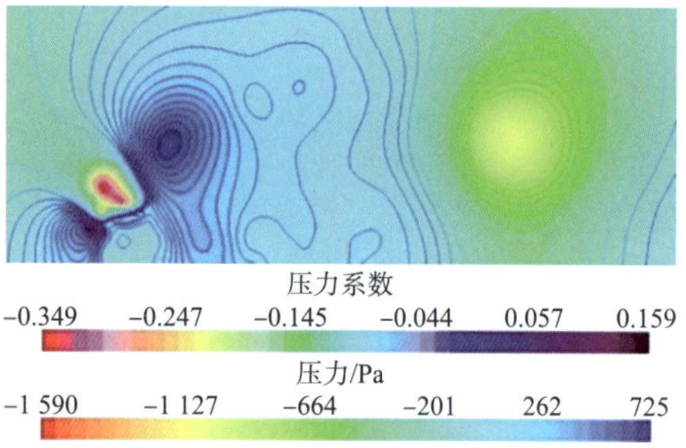

(k)S_{15}:L/D=23.550

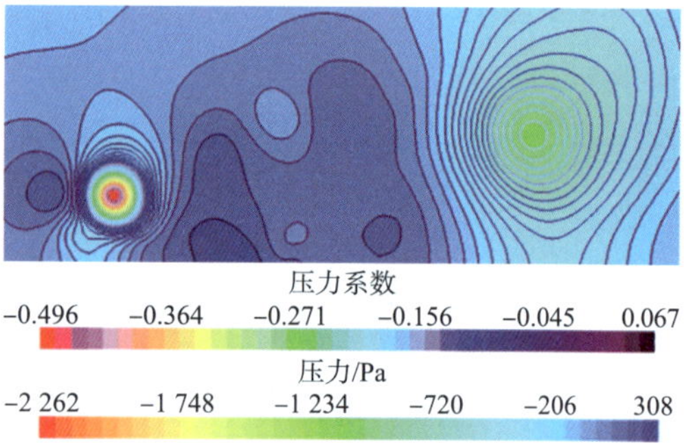

(l)S_{16}:L/D=27.693

图 3-12　工况 GV300-30-90 列车横截面压力分布(偏航角 α=19.799°,横风由左向右)

图 3-13 为 GV300-30-90 工况列车表面压力分布云图,为了显示出局部压力特性,图中压力显示范围为−2 000～2 000 Pa。头车和尾车流场压力分布较为复杂,中间段变化相对较小。头车鼻锥附近为正压区,压力较高,流速相对较低,且流动滞止点位于其中,但不在鼻锥尖处。滞止点的流速为零,压力达到最大,可由式(2-44)计算出来。沿车身向后,随着流动的加速,压力降低,头车流线体段结束的地方即车肩附近出现负压区。气流沿车身继续流动,遇到凸出车体表面的空调罩和受电弓装置后再次出现流动滞止区和脱流尾涡引起的负压区,这些凸出物会增加空气阻力和横向力。气流在流经尾车车肩后因产生明显的分离涡而使鼻锥区域出现较强的负压区。

在列车迎风侧,车身大部分区域包括靠近风挡和转向架区域的车身表面为正压,但在尾车流线体过渡段附近因受到鼻锥区存在强分离涡从车身脱落的影响而出现较大负压,因此在迎风侧也存在一定的负压区,从图 3-13(a)可知负压区并不小;在列车背风侧,由于横风对无风条件下列车边界层流动的影响,存在较多的分离涡从车身脱离向下游移动(图 3-9 和图 3-10),中车和头车表面、尾车表面大部分区域均为负压,且头车流线体过渡段的背风侧负压最大。值得注意的是,在尾车鼻锥背风侧出现了局部正压区,图 3-12(i)和图 3-12(j)也可以看到,其原因在前文已进行了分析。

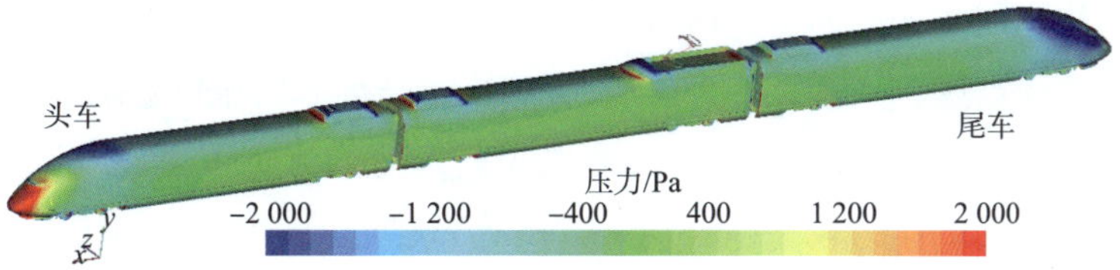

(a)迎风侧列车表面

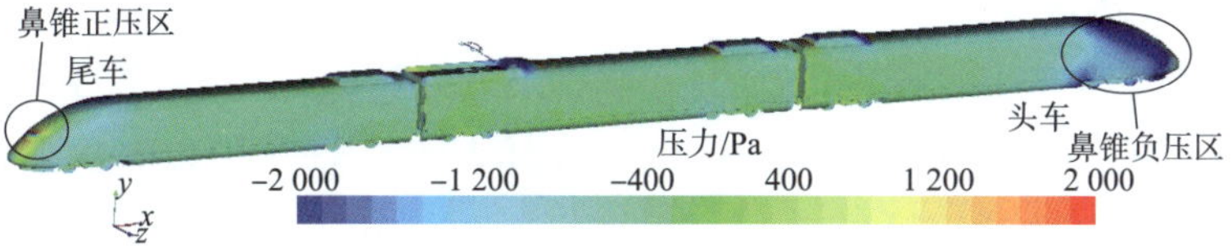

(b)背风侧列车表面

图 3-13　列车在横风作用下表面压力分布云图

图 3-14 为转向架表面压力分布云图，其压力分布变化范围很大，正负压力峰值为 ±2 000 Pa，而且转向架凸出于列车底部，对高速运行列车的阻力、横向力和升力等气动特性会有一定的影响。

图 3-15 为工况 GV350-15-90 列车迎风侧和背风侧表面压力沿高度和纵向变化趋势曲线。在迎风侧表面，压力随高度的增加而逐渐减小，靠近地面的压力较高（如高度 y=1.5 m 处）且为正压，靠近列车侧面向顶面过渡位置（如高度 y=3.0 m 处）压力较低并大多为负压。同时，列车迎风侧表面压力随着纵向距离的增加而逐步降低，各个监测点在头车和尾车鼻锥附近出现非常大的、几乎相等的顺压梯度：在头车鼻锥附近，各个高度监测点压力随纵向距离增加迅速下降，可由最大正压（y=1.5 m 处压力为 4 250 Pa）在约 7 m 范围内剧变为负压；在尾车鼻锥附近，位于尾车鼻锥附近监测点压力迅速地由较小正压降低到最大负压（y=3.0 m 处压力为−2 760 Pa）。在列车等截面段，车体表面压力随纵向距离的增加变化

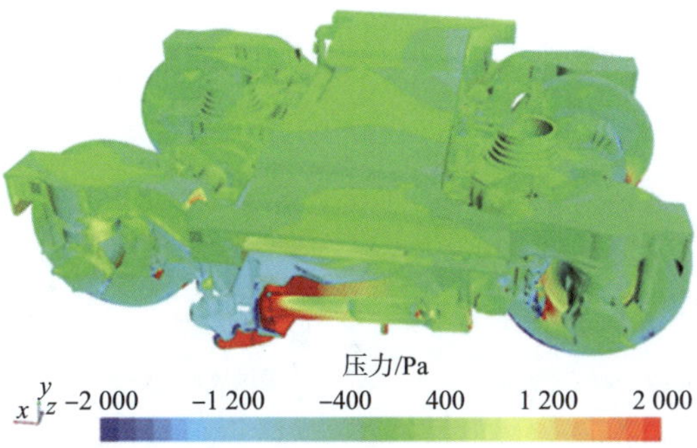

图 3-14　复杂转向架表面压力分布云图

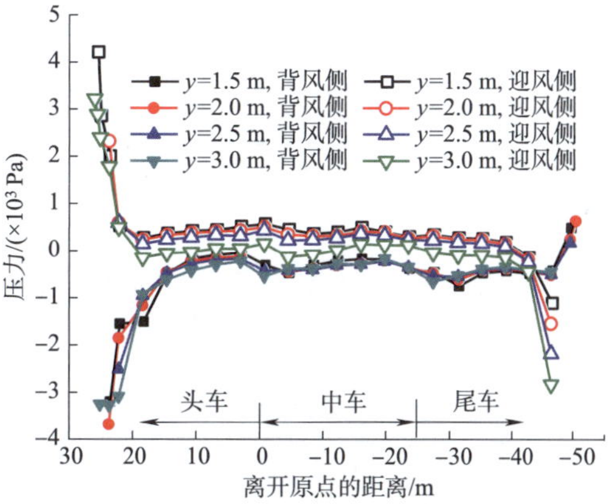

图 3-15　列车表面压力变化

较为平慢，压力梯度较小。沿列车纵向，位于高度 $y=3.0$ m 监测点压力均为负压，而高度 $y<3.0$ m 位置监测点压力一直保持为正压，直到尾车分离涡区域迅速降低为负压。

在背风侧表面，除列车尾部之外，各监测点表面压力均为负压，且基本上随高度的增加而逐渐减小；靠近地面的压力较高(如 $y=1.5$ m 处)，靠近列车侧面向顶面过渡位置(如 $y=3.0$ m 处)压力较低。同时，背风侧表面压力总体变化趋势是随着纵向距离的增加而逐步增大，各个监测点在头车和尾车鼻锥附近出现较大的逆压梯度：在头车鼻锥附近，各个高度监测点压力随纵向距离增加迅速升高，可由最大负压($y=2$ m 处压力为−3 700 Pa)在约 20 m 范围内变为正压；在尾车鼻锥附近，位于尾车鼻锥附近监测点压力也由较小负压上升为正压($y=2$ m 处压力为 700 Pa)。在列车等截面段，车体表面压力均为负压，压力随纵向距离的增加变化较为平慢，压力梯度较小。

此外，迎风侧最大压力的绝对值大于背风侧负压的绝对值。迎风侧头车和尾车压力梯度绝对值均大于背风侧相应位置压力梯度绝对值。

3.2.2 横风风速对列车气动特性影响

一般地，横风风向角为 90°时，风速大小对横向气动力特性的影响较大，对列车横风安全性最为不利。通过对表 3-5 中工况模拟计算，可得到各工况下头车、尾车和中间拖车以及全列列车的气动特性参数。每节车辆上均作用 6 个气动作用力分量，将其转换成 6 个气动作用力系数，得到图 3-16 关系曲线。

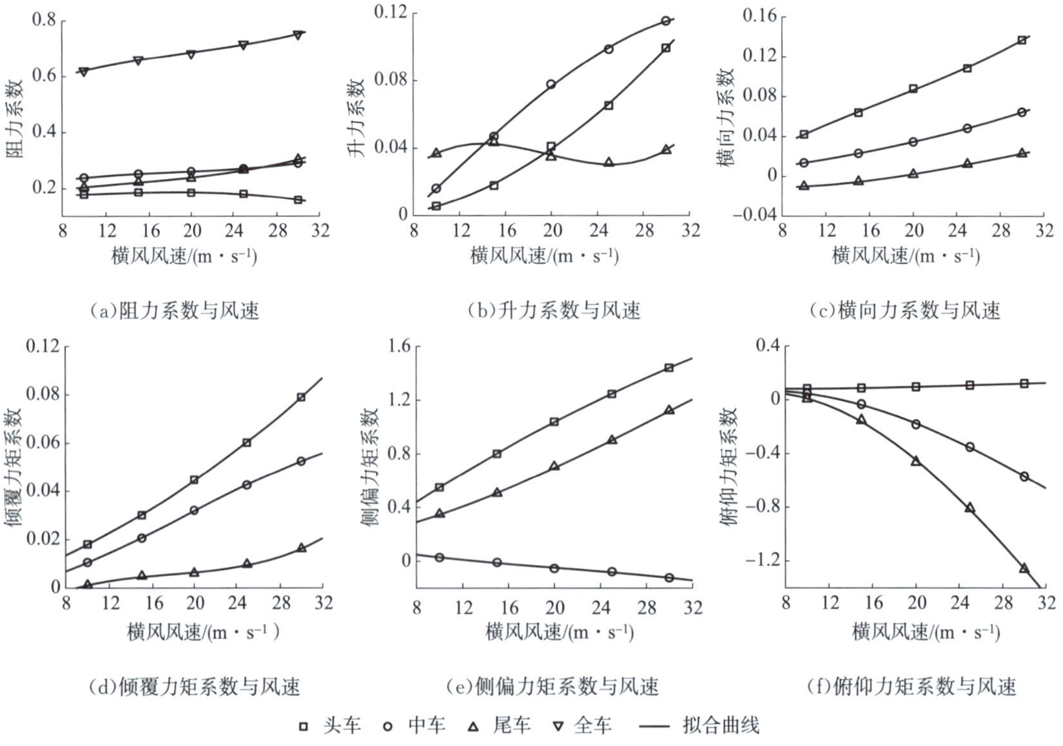

图 3-16 气动力系数与横风风速大小关系曲线(车速为 350 km/h)

(1)中车和尾车阻力系数随着横风风速的增加而增大,头车阻力系数略有不同,但总的阻力系数随着风速的增加而增大,全车阻力系数在风速达到 30 m/s 时不超过 0.75。其中,头车阻力系数最小,风速较低时,中车阻力系数大于尾车的。

(2)头车和中车升力系数随着横风风速的增加而增大,尾车阻力系数略有不同,但总的升力系数随着风速的增加而增大,全车升力系数在风速达到 30 m/s 时不超过 0.26。其中,在风速较高时,中车升力系数最高,其次是头车,尾车最低。

(3)各节车和全车的横向力系数、倾覆力矩和侧偏力矩系数均随着风速的增加而增大。其中,头车横向力系数和倾覆力矩系数最大,中车居中,尾车最小。尾车横向力在风速低于 18 m/s 时为较小的负值,随着风速的增加即偏航角的增大而逐渐变成正值。

(4)头车和中车的俯仰力矩系数均随着风速的增加而减小,尾车的俯仰力矩系数随着风速的变化很小。其中,头车俯仰力矩系数最大,尾车最小。

根据计算结果,风速与各作用力系数关系均可以用多项式三次函数进行曲线拟合。气动作用力系数和作用力矩系数的表达式为

$$C_{F_i n}=a_{3_i n}v_w^3+a_{2_i n}v_w^2+a_{1_i n}v_w+r_{F_i n} \tag{3-2}$$

$$m_{M_i n}=b_{3_i n}v_w^3+b_{2_i n}v_w^2+b_{1_i n}v_w+s_{M_i n} \tag{3-3}$$

式中　F_i——阻力(x 方向)、升力(y 方向)和横向力(z 方向);

M_i——倾覆力矩(x 方向)、侧偏力矩(y 方向)和俯仰力矩(z 方向);

n——头车、尾车和中车。

其余符号为各节车辆不同作用力系数所对应的多项式系数,见表 3-6,通过第 2 章公式可以计算出相应的气动作用力。

表 3-6　气动力系数与横风速度回归关系式

待定系数		车体部位			
		头　车	中　车	尾　车	全　车
阻　力	$a_{3_i n}$	-4.720×10^{-6}	9.447×10^{-6}	9.020×10^{-6}	1.375×10^{-5}
	$a_{2_i n}$	1.052×10^{-4}	-5.295×10^{-4}	-3.915×10^{-4}	-8.157×10^{-4}
	$a_{1_i n}$	9.659×10^{-4}	0.012	0.009	0.021
	$r_{F_i n}$	0.163	0.167	0.146	0.476
升　力	$a_{3_i n}$	-4.467×10^{-7}	-3.007×10^{-6}	1.749×10^{-5}	—
	$a_{2_i n}$	1.547×10^{-4}	7.260×10^{-5}	−0.001	—
	$a_{1_i n}$	-9.203×10^{-4}	0.006	0.019	—
	$r_{F_i n}$	-4.340×10^{-4}	−0.048	−0.063	—
横向力	$a_{3_i n}$	3.873×10^{-6}	5.133×10^{-7}	-1.300×10^{-6}	—
	$a_{2_i n}$	-2.034×10^{-4}	1.340×10^{-5}	1.194×10^{-4}	—
	$a_{1_i n}$	0.008	0.001	−0.001	—
	$r_{F_i n}$	−0.020	−0.002	−0.006	—

续上表

待定系数		车体部位			
		头车	中车	尾车	全车
倾覆力矩	$b_{3_i n}$	5.000×10^{-7}	-1.310×10^{-6}	3.560×10^{-6}	—
	$b_{2_i n}$	1.100×10^{-5}	7.510×10^{-5}	-1.910×10^{-4}	—
	$b_{1_i n}$	0.002	7.970×10^{-4}	0.004	—
	$s_{M_i n}$	−0.003	−0.004	−0.021	—
侧偏力矩	$b_{3_i n}$	1.810×10^{-6}	-8.350×10^{-6}	-1.060×10^{-5}	—
	$b_{2_i n}$	-5.240×10^{-4}	5.140×10^{-4}	0.001	—
	$b_{1_i n}$	0.063	−0.017	0.012	—
	$s_{M_i n}$	−0.032	0.159	0.134	—
俯仰力矩	$b_{3_i n}$	-2.850×10^{-6}	1.243×10^{-5}	2.970×10^{-5}	—
	$b_{2_i n}$	2.280×10^{-4}	−0.002	−0.004	—
	$b_{1_i n}$	−0.003	0.018	0.040	—
	$s_{M_i n}$	0.098	0.017	−0.064	—

3.2.3 横风风向角对列车气动特性影响

以 GV350-15 工况为例，对不同风向角的气动特性参数进行了分析，图 3-17 为其关系曲线。除了阻力系数外，其他荷载系数均在某风向角出现负值。

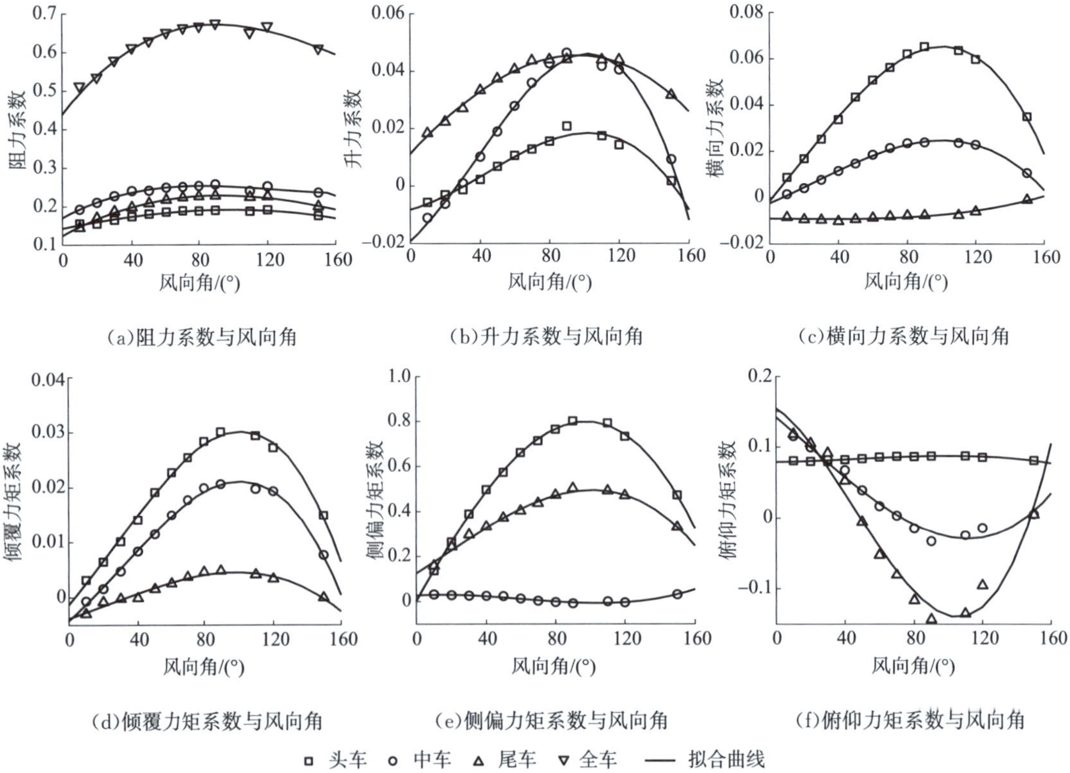

(a)阻力系数与风向角　(b)升力系数与风向角　(c)横向力系数与风向角

(d)倾覆力矩系数与风向角　(e)侧偏力矩系数与风向角　(f)俯仰力矩系数与风向角

图 3-17　气动力系数与横风风向角关系曲线

(1)阻力系数、升力系数、倾覆力矩系数均随风向角的增加先逐步增大后逐步减小,存在某一最大作用力系数,且所对应的风向角不超过 90°,风向角超过 90°后开始减小。这三个系数在 0°～60°风向角范围内对风向角正向梯度较大。头车、中车、尾车阻力系数梯度比较接近,而且中车阻力系数最大,为 0.25,尾车次之;中车升力系数梯度最大,尾车次之,而且各个风向角下都是尾车升力系数最大,其中最大值为 0.045;头车倾覆力矩系数梯度最大,中车次之,且头车倾覆力矩系数最大,为 0.03,尾车最小,远小于头车和中车。

(2)头车、中车横向力系数及尾车横向力系数的绝对值均随风向角的增加而增大,至 90°时达到最大,随后逐步减小。头车的横向力系数增加较快,梯度较大,系数最大值为 0.06,远大于中车。三节车中,尾车横向力系数基本为负值,在风向角小于 90°范围内变化不大,横向力系数最大绝对值为 0.01,对应风向角不是 90°,而是在 40°左右。

(3)头车、尾车侧偏力矩系数均随风向角的增加而增大,至 90°时达到最大,随后逐步减小。头车侧偏力矩系数梯度较大,系数最大值为 0.8,远大于尾车。中车侧偏力矩系数随风向角的变化较平缓,在风向角大于 80°后出现负值,到 120°以后开始变为正值,最大负值对应的风向角是 90°。

(4)头车俯仰力矩系数随风向角变化很小,基本不随风向角变化。风向角小于 90°时,中车和尾车俯仰力矩系数随风向角的增加而单调递减,从 50°时开始变成负值,至 90°达到其极值;随后该系数随风向角的增加而单调递增,从 150°后开始又变成正值。系数正、负的变化说明俯仰力矩的方向发生改变。

根据计算结果,横风风向角与各作用力系数的关系可用多项式三次函数进行曲线拟合。头车和中车拟合曲线相关系数为 0.987 49～0.999 97,尾车拟合曲线相关系数为 0.956 41～0.998 88。气动作用力和作用力矩系数的表达式为

$$C_{F_in}=a_{3_in}\beta^3+a_{2_in}\beta^2+a_{1_in}\beta+r_{F_in} \tag{3-4}$$

$$m_{M_in}=b_{3_in}\beta^3+b_{2_in}\beta^2+b_{1_in}\beta+s_{M_in} \tag{3-5}$$

式中,各节车辆的不同作用力系数列于表 3-7,通过第 2 章公式可以计算出相应的气动作用力。

表 3-7 气动力系数与风向角回归关系式

待定系数		车体部位			
		头车	中车	尾车	全车
阻力	a_{3_in}	-2.730×10^{-9}	5.990×10^{-8}	2.692×10^{-8}	4.080×10^{-8}
	a_{2_in}	-3.850×10^{-6}	-2.230×10^{-5}	-1.725×10^{-5}	-3.225×10^{-5}
	a_{1_in}	9.190×10^{-4}	0.0024	0.003	0.005
	r_{F_in}	0.143	0.171	0.125	0.461

续上表

待定系数		车体部位			
		头　车	中　车	尾　车	全　车
升　力	$a_{3_i n}$	-3.395×10^{-8}	-6.829×10^{-8}	-6.839×10^{-9}	—
	$a_{2_i n}$	4.105×10^{-6}	7.686×10^{-6}	-2.397×10^{-6}	—
	$a_{1_i n}$	1.654×10^{-4}	5.676×10^{-4}	6.508×10^{-4}	—
	$r_{F_i n}$	−0.008	−0.019	0.011	—
横向力	$a_{3_i n}$	-4.126×10^{-8}	-2.124×10^{-8}	3.318×10^{-9}	—
	$a_{2_i n}$	1.745×10^{-6}	1.605×10^{-6}	-1.220×10^{-7}	—
	$a_{1_i n}$	-9.060×10^{-4}	3.230×10^{-4}	-4.850×10^{-6}	—
	$r_{F_i n}$	−0.001	−0.003	0.009	—
倾覆力矩	$b_{3_i n}$	-2.402×10^{-8}	-2.154×10^{-8}	-6.316×10^{-9}	—
	$b_{2_i n}$	1.832×10^{-6}	1.883×10^{-6}	3.840×10^{-7}	—
	$b_{1_i n}$	3.713×10^{-4}	2.803×10^{-4}	1.085×10^{-4}	—
	$s_{M_i n}$	−0.001	−0.004	−0.004	—
侧偏力矩	$b_{3_i n}$	-2.394×10^{-7}	1.048×10^{-7}	-1.936×10^{-7}	—
	$b_{2_i n}$	-3.674×10^{-5}	-1.886×10^{-5}	1.483×10^{-6}	—
	$b_{1_i n}$	0.014	4.999×10^{-4}	0.006	—
	$s_{M_i n}$	0.002	0.027	0.118	—
俯仰力矩	$b_{3_i n}$	-1.353×10^{-8}	8.034×10^{-8}	3.473×10^{-7}	—
	$b_{2_i n}$	1.914×10^{-6}	-4.002×10^{-6}	-4.687×10^{-5}	—
	$b_{1_i n}$	2.852×10^{-5}	−0.002	−0.002	—
	$s_{M_i n}$	0.079	0.142	0.155	—

3.2.4 不同车速下列车横风气动特性

车速变化会使列车前方来流偏航角发生改变，从而影响 3.2.1 节中所描述的流场结构和压力分布。由于 90°风向角横风对列车气动性能影响最大，本节分析该风向角下车速与气动特性参数之间的关系。图 3-18 为各气动作用力、作用力矩及其系数与车速的关系曲线，其随列车车速变化的趋势不尽相同。

图 3-18(a)和(d)表明，各节车辆阻力随车速变化趋势相同，但大小各不相同。头车阻力最小，中车最大，尾车居中；全车及各节车辆阻力均随车速的增加而迅速增大。而阻力系数

则随车速的增加略有下降的趋势，且变化平滑，并在一定车速时趋于稳定值。原因是：车速增加，雷诺数也增大，流动到达完全阻力平方区时，阻力系数不再与雷诺数相关，而仅与几何结构尺度相关。

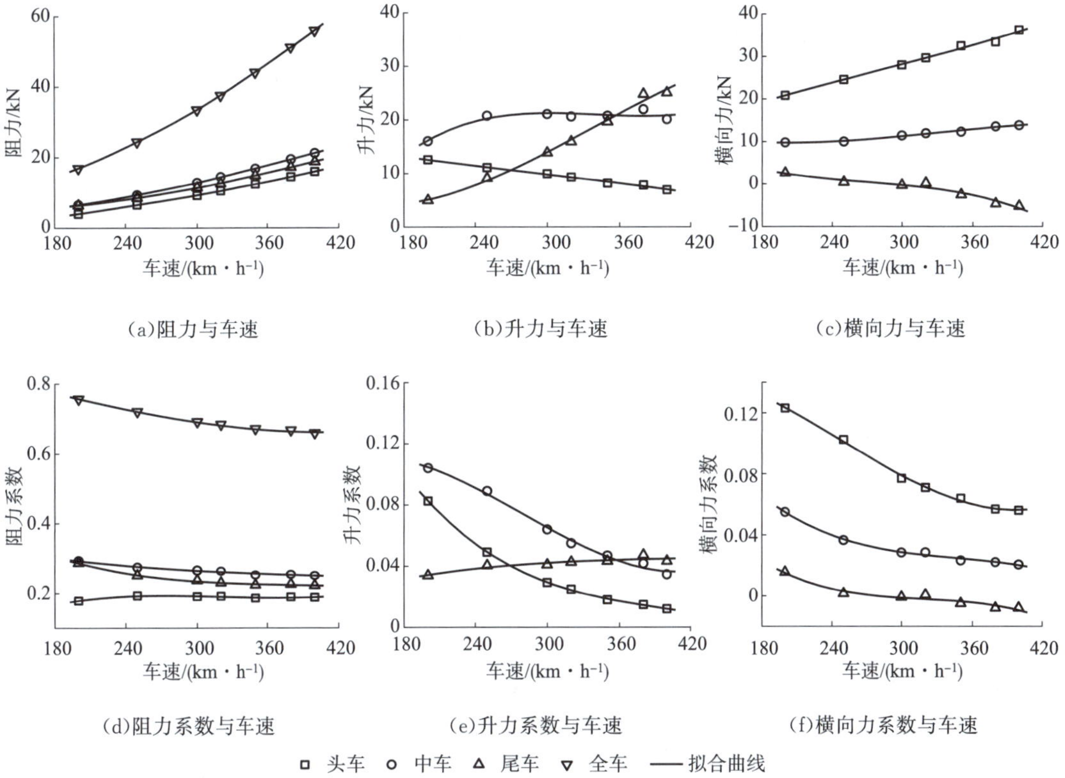

图 3-18 气动作用力与列车车速关系曲线

图 3-18(b)和(e)表明，各节车辆升力大小及其随车速变化的趋势各不相同。头车升力和升力系数均随车速增加而减小，原因是头车流线体段向下的表面压力随着车速的增大而增加较快。中车升力随车速增加变化不大，其升力和升力系数均大于头车，且升力系数随车速的增加而减小，原因是中车升力主要是由列车底部和顶部之间形成的向上的形状阻力，这一阻力的方向与列车的运动方向垂直，对车速的变化并不敏感。尾车升力在车速较低时小于头车和中车，但随着速度的增大而迅速增大，在车速为 350 km/h 时超过头车和中车的升力，这主要是由于尾车流线体段表面压力随着车速增加和分离流动加剧而减小的缘故。尾车升力系数的变化与此类似。

图 3-18(c)和(f)表明，各节车辆横向力与横向力系数及其随车速变化的趋势各不相同。头车所受横向力最大，中车其次，尾车最小。随着车速增加，头车和中车横向力逐步增大，而尾车横向力则由于尾迹区分离涡导致尾车后段迎风侧也出现负压、车速越高负压越大这一效应的影响而逐渐减小。头车和中车横向力系数与横向力随车速变化的趋势是相反的，即

随车速的增加而减小，其原因是横向力系数 $C_z=F_z/(0.5\rho S_z v^2)$ 中，作用力随速度增大的增量不如车速平方项的增量大。尾车横向力系数的变化与尾车横向力的变化类似。值得注意的是，当车速达到某一值（如 300 km/h）时，尾车横向力及其系数变成负值，说明尾车横向力的方向发生改变。这是因为，风速不变，随着车速的提高，列车前方来流的偏航角减少，尾车背风侧的分离涡流动减弱，表面压力升高，而且尾车的纵向分离涡运动随着车速的增加而加强，尾车鼻锥迎风侧附近的负压进一步下降，使得尾车的横向力由原来与横风同向变为逆向。

作用力矩、作用力矩系数随列车车速变化的趋势与作用力、作用力系数的变化规律也是不尽相同的，图 3-19 给出了力矩与车速的关系。

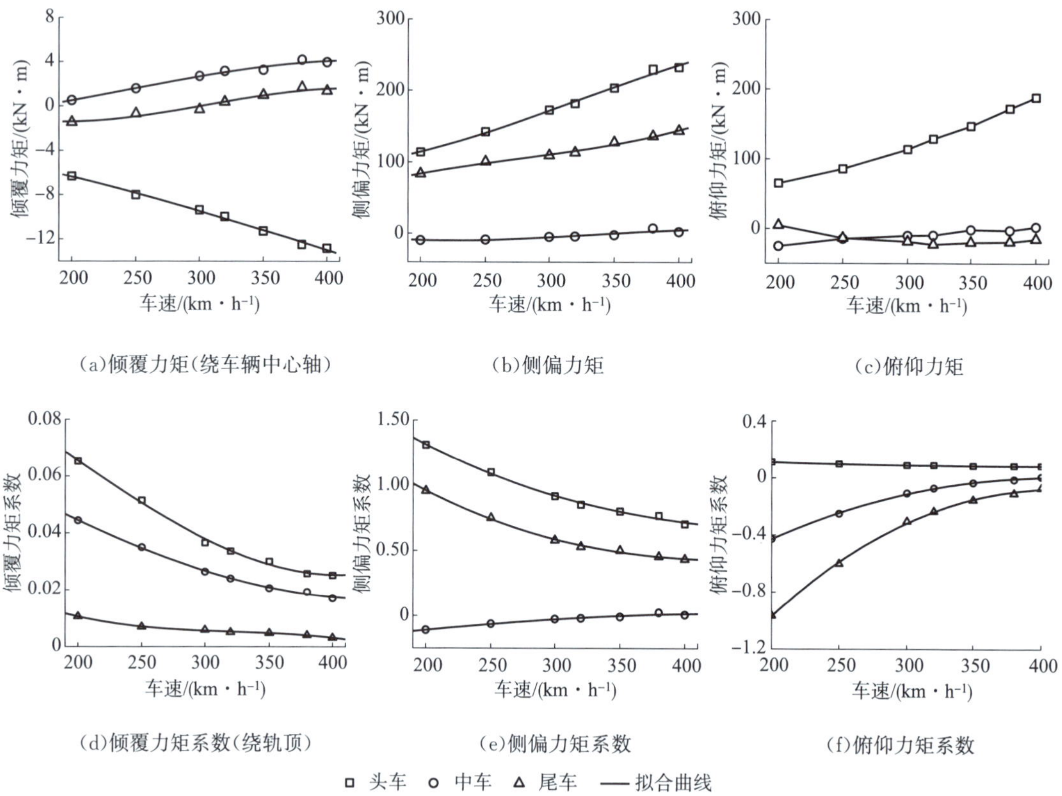

（a）倾覆力矩（绕车辆中心轴） （b）侧偏力矩 （c）俯仰力矩

（d）倾覆力矩系数（绕轨顶） （e）侧偏力矩系数 （f）俯仰力矩系数

图 3-19　气动作用力矩及其系数与列车车速关系曲线

由图 3-19 可知，头车受到的绕车辆中心纵轴的倾覆力矩最大，尾车最小，中车居中，且一直保持为正值。随着车速增加，倾覆力矩绝对值增大，而且头车增加幅度最大，这与头车横向力特征相似。对于侧偏力矩，头车最大，尾车次之，中车最小（不超过 20 kN·m）且对车速变化不敏感。侧偏力矩随着车速的增加而增大，头车增幅最大。对于俯仰力矩，头车最大，尾车和中车比较接近，且均对车速变化不敏感。头车俯仰力矩则随车速的增加而迅速增加。

根据计算结果，车速与各作用力关系可用多项式三次函数进行曲线拟合。气动作用力

和作用力矩(绕车体中心)的表达式为

$$F_{in}=a_{3_in}v_t^3+a_{2_in}v_t^2+a_{1_in}v_t+\Delta F_{in} \tag{3-6}$$

$$M_{in}=b_{3_in}v_t^3+b_{2_in}v_t^2+b_{1_in}v_t+\Delta M_{in} \tag{3-7}$$

式中,各节车辆不同作用力所对应的多项式系数列于表 3-8。

表 3-8　气动力系数与列车车速回归关系式(绕车体中心)

待定系数		车体部位			
		头　车	中　车	尾　车	全　车
阻　力	a_{3_in}	1.502×10^{-7}	-1.960×10^{-7}	-1.431×10^{-7}	-1.889×10^{-7}
	a_{2_in}	-6.508×10^{-5}	2.817×10^{-4}	2.525×10^{-4}	4.691×10^{-4}
	a_{1_in}	0.057	−0.041	−0.049	−0.033
	r_{F_in}	−5.952	4.960	7.284	6.291
升　力	a_{3_in}	-7.023×10^{-8}	2.216×10^{-6}	-1.337×10^{-6}	—
	a_{2_in}	6.028×10^{-5}	−0.002	0.001	—
	a_{1_in}	−0.044	0.764	−0.331	—
	r_{F_in}	19.558	−63.625	28.102	—
横向力	a_{3_in}	2.702×10^{-7}	-5.747×10^{-7}	-1.538×10^{-6}	—
	a_{2_in}	−2.246	5.713×10^{-4}	0.001	—
	a_{1_in}	0.134	−0.161	−0.359	—
	r_{F_in}	0.770	23.77	36.64	—
倾覆力矩	b_{3_in}	5.444×10^{-8}	-2.152×10^{-7}	-5.540×10^{-7}	—
	b_{2_in}	-6.899×10^{-5}	1.553×10^{-4}	5.082×10^{-4}	—
	b_{1_in}	−0.007	−0.015	−0.135	—
	s_{M_in}	−2.690	−0.949	9.693	—
侧偏力矩	b_{3_in}	-4.520×10^{-6}	-3.270×10^{-6}	5.330×10^{-6}	—
	b_{2_in}	0.004	0.003	−0.004	—
	b_{1_in}	−0.755	−0.960	1.467	—
	s_{M_in}	126.38	79.000	−75.28	—
俯仰力矩	b_{3_in}	-1.270×10^{-6}	3.527×10^{-6}	-2.924×10^{-6}	—
	b_{2_in}	0.002	−0.003	0.004	—
	b_{1_in}	−0.457	1.161	−1.748	—
	s_{M_in}	71.489	−151.26	212.86	—

根据计算结果,车速与各作用力系数的关系可用多项式三次函数进行曲线拟合,气动作用力和作用力矩系数(绕轨顶)的表达式为

$$C_{F_in}=a_{3_in}v_t^3+a_{2_in}v_t^2+a_{1_in}v_t+r_{F_in} \tag{3-8}$$

$$m_{M_in}=b_{3_in}v_t^3+b_{2_in}v_t^2+b_{1_in}v_t+s_{M_in} \tag{3-9}$$

式中，各节车辆的不同作用力系数列于表 3-9。

表 3-9　气动力系数与列车车速回归关系式(绕轨顶)

待定系数		车体部位			
		头　车	中　车	尾　车	全　车
阻　力	a_{3_in}	1.309×10^{-8}	-1.732×10^{-9}	-7.954×10^{-9}	3.406×10^{-9}
	a_{2_in}	-1.261×10^{-5}	2.262×10^{-6}	9.171×10^{-6}	-1.166×10^{-6}
	a_{1_in}	0.004	−0.001	−0.004	-7.330×10^{-4}
	r_{F_in}	−0.211	0.432	0.702	0.923
升　力	a_{3_in}	-6.215×10^{-9}	9.162×10^{-9}	6.68×10^{-10}	—
	a_{2_in}	7.384×10^{-6}	-7.710×10^{-6}	-8.562×10^{-7}	—
	a_{1_in}	−0.003	0.002	3.793×10^{-4}	—
	r_{F_in}	0.445	−0.004	−0.013	—
横向力	a_{3_in}	6.886×10^{-9}	-6.397×10^{-9}	-7.511×10^{-9}	—
	a_{2_in}	-5.097×10^{-6}	6.646×10^{-6}	7.169×10^{-6}	—
	a_{1_in}	7.945×10^{-4}	−0.002	−0.002	—
	r_{F_in}	0.113	0.314	0.252	—
倾覆力矩	b_{3_in}	2.093×10^{-9}	4.540×10^{-10}	-1.923×10^{-9}	—
	b_{2_in}	-1.138×10^{-6}	2.530×10^{-8}	1.859×10^{-6}	—
	b_{1_in}	-1.043×10^{-4}	-2.771×10^{-4}	-6.139×10^{-4}	—
	s_{M_in}	0.115	0.095	0.074	—
侧偏力矩	b_{3_in}	-1.039×10^{-8}	-2.186×10^{-9}	-1.101×10^{-8}	—
	b_{2_in}	1.883×10^{-5}	7.000×10^{-9}	2.122×10^{-5}	—
	b_{1_in}	−0.011	0.001	−0.012	—
	s_{M_in}	2.914	−0.339	2.649	—
俯仰力矩	b_{3_in}	-1.805×10^{-9}	3.463×10^{-9}	8.740×10^{-9}	—
	b_{2_in}	2.373×10^{-6}	-1.315×10^{-5}	-2.870×10^{-5}	—
	b_{1_in}	−0.001	0.009	0.019	—
	s_{M_in}	0.243	−1.745	−3.740	—

3.2.5　阻力系数与车速、风速、风向角关系

设列车在风速为 v_w、风向角为 β 的横风风场中以速度 v_t 高速运行，则列车的全车阻力 F_D 与 v_w、v_t、β 以及空气密度 ρ、动力黏性系数 μ、断面特征尺寸 h、列车长度 L、列车表面当量粗糙度 k_s 等有关，其关系可以表述为

$$f(F_D, v_t, v_w, \beta, \rho, \mu, h, L, k_s)=0 \tag{3-10}$$

式中，风向角 β 单位为度(°)，在公式推导过程中使用不方便，因此用三角函数代替之。选择车速 v_t、密度 ρ、断面特征尺寸 h 为基本物理量，由量纲分析 π 定理得

$$f\left(\frac{F_D}{\rho v_t^2 h^2}, \frac{v_w}{v_t}, \frac{1}{Re_t}, \frac{L}{h}, \frac{k_s}{h}, \cos\beta\right)=0 \tag{3-11}$$

$$\frac{F_D}{0.5\rho v_t^2 A}=f\left(\frac{v_w}{v_t}, Re_t, \frac{L}{h}, \frac{k_s}{h}, \cos\beta\right) \tag{3-12}$$

式中，风速 v_w 与车速 v_t 的比值是无量纲量，定义为风速车速比 $\lambda_{wt}=v_w/v_t$，则有

$$C_D=\frac{F_D}{0.5\rho v^2 A}=\left(\frac{v_t}{v}\right)^2 f\left(\frac{v_w}{v_t}, Re_t, \frac{L}{h}, \frac{k_s}{h}, \cos\beta\right) \tag{3-13}$$

风向角为 β 时，合速度关系 $v^2=v_t^2+v_w^2+2v_t v_w\cos\beta$，带入式(3-13)得

$$C_D=\frac{v_t^2}{v_t^2+v_w^2+2v_t v_w\cos\beta} f\left(\frac{v_w}{v_t}, Re_t, \frac{L}{h}, \frac{k_s}{h}, \cos\beta\right)$$

或

$$C_D=\frac{1}{1+\lambda_{wt}^2+2\lambda_{wt}\cos\beta} f\left(\lambda_{wt}, Re_t, \frac{L}{h}, \frac{k_s}{h}, \cos\beta\right) \tag{3-14}$$

当列车以时速 200～350 km 高速运行时，雷诺数 $Re=1.15\times10^7\sim2.01\times10^7$，流动进入自模区，阻力系数与雷诺数无关。对于同一列车，其车头形状是确定的，相对粗糙度 k_s/h 也是确定的，列车横断面水力直径 h 由断面面积和周长决定，$h=3.2498$ m，由它们产生的常数并入公式中。于是，式(3-14)可简化为

$$C_D=\frac{f(\lambda_{wt}, \cos\beta)}{1+\lambda_{wt}^2+2\lambda_{wt}\cos\beta} \tag{3-15}$$

图 3-16 和图 3-18 均为 90°风向角条件下曲线，应保证经验公式在 $\beta=90°$ 时 C_D 仅与 λ_{wt} 有关。同时根据图 3-17，C_D 随风向角改变，因此令 $f(\lambda_{wt}, \cos\beta)=a\lambda_{wt}^b[1+m\cdot\lambda_{wt}^c(\cos\beta)^n]$，带入式(3-15)得阻力系数为

$$C_D=\frac{a\lambda_{wt}^b(1+m\cdot\lambda_{wt}^c\cos^n\beta)}{1+\lambda_{wt}^2+2\lambda_{wt}\cos\beta} \tag{3-16}$$

式中 a, b, m, n 均为待定系数，通过数据拟合处理，求出 $a=1.22$、$b=0.304$、$c=3.75$、$m=3$、$n=1.5$，从而有

$$C_D=\frac{1.22\lambda_{wt}^{0.304}(1+3\lambda_{wt}^{3.75}\cos^{1.5}\beta)}{1+\lambda_{wt}^2+2\lambda_{wt}\cos\beta} \tag{3-17}$$

式(3-17)即为列的全车阻力系数与列车车速、横风风速和风向角之间的关系表达式，为半经验公式。由式(3-17)计算的列车阻力系数与数值模拟样本数据的差值绝大多数在 5%范围内(样本数据由图 3-16～图 3-18 提供)，表明该式作为半经验公式具有较好的准确性。对于横风风速为零的情况则需另做处理。

3.3 不同长度高速列车横风作用下气动特性

本节以表 3-10 中 4～8 节车辆编组 CRH 型高速列车为对象，根据其真实外形建模，对列车在平原上横风中运行时气动特性进行数值计算，进而对 16 节车辆以内编组列车的气动特性进行外推式分析，并探讨使用 3 节车辆编组列车模型对更多车辆编组的列车进行气动安全性评估的可行性。

表 3-10 列车编组长度及计算域几何尺寸

编组方式	头车长度/m	尾车长度/m	列车全长/m	计算域宽度/m	计算域长度 L/m	网格数量/万
3 节	25.675	25.675	76.125	420	420.000	3 126
4 节	25.675	25.675	100.900	420	444.775	4 146
5 节	25.675	25.675	125.675	420	469.550	5 268
6 节	25.675	25.675	150.450	420	494.325	6 388
7 节	25.675	25.675	175.225	420	519.100	7 508
8 节	25.675	25.675	200.000	420	543.875	8 828

计算域的总体尺寸为 L(m)×420 m×100 m，列车在计算域内的断面阻塞比不超过 0.03%。图 3-20 为 8 节车辆编组的几何计算模型及面网格划分情况。模拟计算时，计算域网格和边界层网格的处理与前文相同。

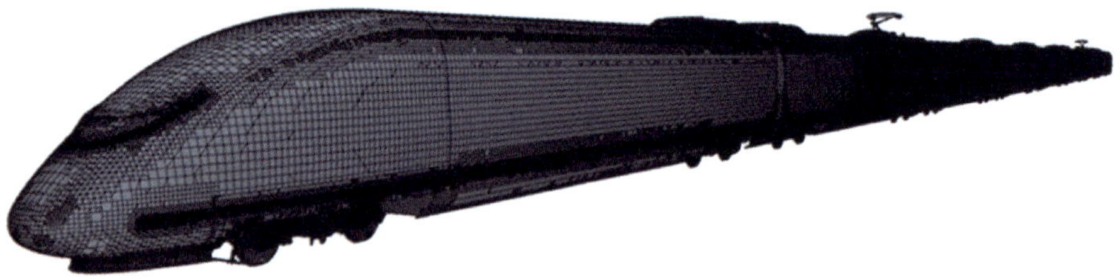

图 3-20　8 节车辆编组列车几何模型及其网格划分

3.3.1 不同编组时列车全车气动特性

1. 气动力系数与横风风速和编组车辆数量关系

图 3-21 为不同编组列车在 90°风向角横风作用下气动特性，各个编组列车全车阻力系数、升力系数、横向力系数和倾覆力矩系数等四个主要气动力系数均随着横风风速的增加而增大，但随着编组车辆数量的增加而变化的趋势则有所不同。

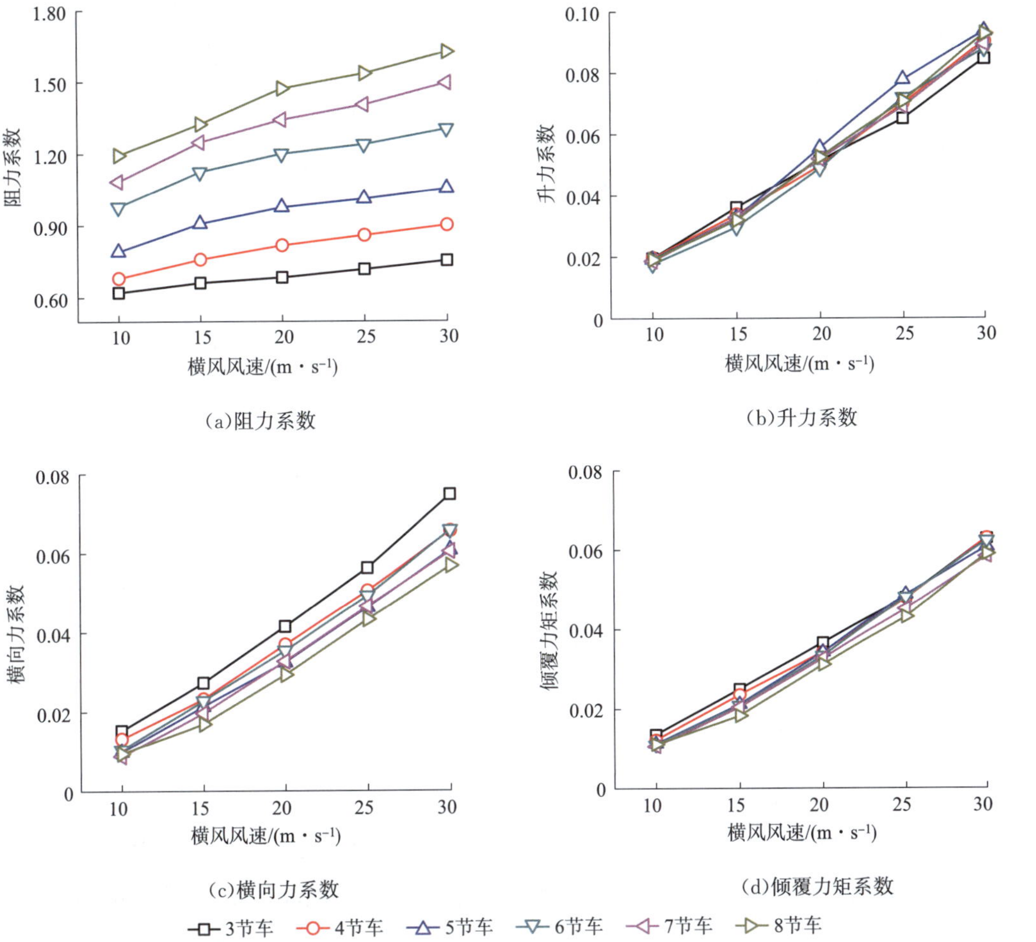

图 3-21　列车全车作用力系数随横风风速和车辆数量变化(车速 v_t=97.22 m/s)

(1)由于列车编组数量增加,列车长度和风挡数量也相应增加,使得列车表面摩擦阻力和风挡处局部阻力增加,全车阻力系数随着车辆编组数量的增加而增大,3 节车辆编组与 8 节车辆编组的阻力系数相差可达 1 倍以上,编组数量对阻力系数的影响十分显著。

(2)同一横风风速下,升力系数随车辆数量变化情况并不确定。风速为 10 m/s 时,各编组列车升力系数几乎相等;风速为 15 m/s 时,3 节车辆编组升力系数最大;风速超过 25 m/s 时,3 节车辆编组升力系数最小,5 节车辆编组最大,8 节车辆编组居中。各编组列车升力系数相差值比阻力系数相差值小。

(3)横向力系数和倾覆力矩系数基本随着车辆数量的增加而减小,3 节车辆编组横向力系数和倾覆力矩系数最大,8 节车编组最小,两者横向力系数最大相差 20%左右,倾覆力矩系数最大相差 30%左右。

在列车气动作用力参数中,阻力系数对确定列车运行阻力和牵引功率至关重要,其他作用力系数对分析列车的全车气动安全性并不是最恰当的。列车的气动安全性需要通过编组中各节车辆的气动性能来评估。因此，后文将先分析列车全车的气动阻力特性，然后讨论各列车编组中各节车辆的气动特性。

2. 全车气动阻力特性与列车编组数量关系

根据分析，阻力 F_D 与车速 v_t、风速 v_w、空气密度 ρ、动力黏性系数 μ、断面特征尺寸 h、列车长度 L、列车表面当量粗糙度 k_s 等有关，见式(3-10)～式(3-12)。

设长细比 $\lambda_l=L/h$，则有

$$C_D=\frac{F_D}{0.5\rho v^2 A}=\left(\frac{v_t}{v}\right)^2 f\left(\lambda_{wt}, Re_t, \lambda_l, \frac{k_s}{h}\right) \tag{3-18}$$

当列车以时速 200～350 km 高速运行时，雷诺数 $Re=1.15\times10^7\sim2.01\times10^7$，$h=3.249\ 8$ m，式(3-18)可以简化为

$$C_{D90^\circ}=\frac{1}{1+(v_w/v_t)^2}f(\lambda_{wt},\lambda_l) \quad 或 \quad C_{D90^\circ}=\frac{1}{1+\lambda_{wt}^2}f(\lambda_{wt},\lambda_l) \tag{3-19}$$

式中，车长 $L=2l_0+nl_p$，头车和尾车的长度相同，均为 l_0；拖车长度为 l_p；n 为拖车编组数量，全列列车车辆数为 $N=n+2$。可见，阻力系数是风速车速比以及列车长细比的二元函数。根据 C_{D90° 的数值模拟的结果，可以构造函数关系：

$$f(\lambda_{wt},\lambda_l)=[a(\lambda_{wt})^m+b](\lambda_l)^q \tag{3-20}$$

式中，系数 a、b、m、q 等系数通过图 3-21 样本数据确定。通过 MATLAB 软件编程处理，求出$a=0.079\ 1$、$b=0.013\ 6$、$m=0.460\ 7$、$q=0.821\ 9$，从而有

$$C_{D90^\circ}=\frac{(0.079\ 1\lambda_{wt}^{0.460\ 7}+0.013\ 6)\lambda_l^{0.821\ 9}}{1+\lambda_{wt}^2} \tag{3-21}$$

式(3-21)即为列车受到风向角为 90°横风作用时全车阻力系数的表达式。利用式(3-21)计算了 3～8 节车辆编组列车在不同横风风速下全车阻力系数，并与数值模拟结果进行对比，二者差值绝大多数在 5%范围内，表明式(3-21)作为半经验公式具有较好的准确性，而对于横风风速为零的情形另作考虑。

由式(3-21)可以求出 9～16 节车辆编组列车在 90°风向角横风作用下气动阻力系数。16 节车辆编组列车长度 $L_{16}=398.2$ m，表 3-11 为 16 节车辆以及 8 节车辆、3 节车辆编组列车在不同横风风速下的阻力系数，3 节车辆编组与 8 节车辆和 16 节车辆编组列车全车阻力系数相差很大，不能相互代替。

表 3-11　十六节车辆编组列车的阻力系数(车速 $v_t=97.22$ m/s)

横风风速 v_w/(m·s^{-1})		10	15	20	25	30
阻力系数 C_D	16 节编组	2.129	2.391	2.585	2.729	2.833
	8 节编组	1.287	1.408	1.494	1.553	1.592
	3 节编组	0.566	0.619	0.657	0.683	0.700

3.3.2　不同编组时各车辆气动特性

1. 头车气动特性

图 3-22(a)为 3～8 节车辆编组列车头车阻力系数在不同横风风速作用下变化情况，各编组列车头车阻力系数随着横风风速的变化趋势基本相同，并不是随着横风风速的增加而增大，而是在某个中间风速如 15～20 m/s 时达到最大。在相同横风风速下，各编组列车头车阻力系数相差不大，最大相差值在 10%以内，并且 3 节车的头车阻力系数略大于其他编组列车。3 节车编组与 8 节车编组的头车阻力系数比较接近。可以预计，各编组列车的头车阻力系数与 16 节车编组列车的头车阻力系数也会相近。

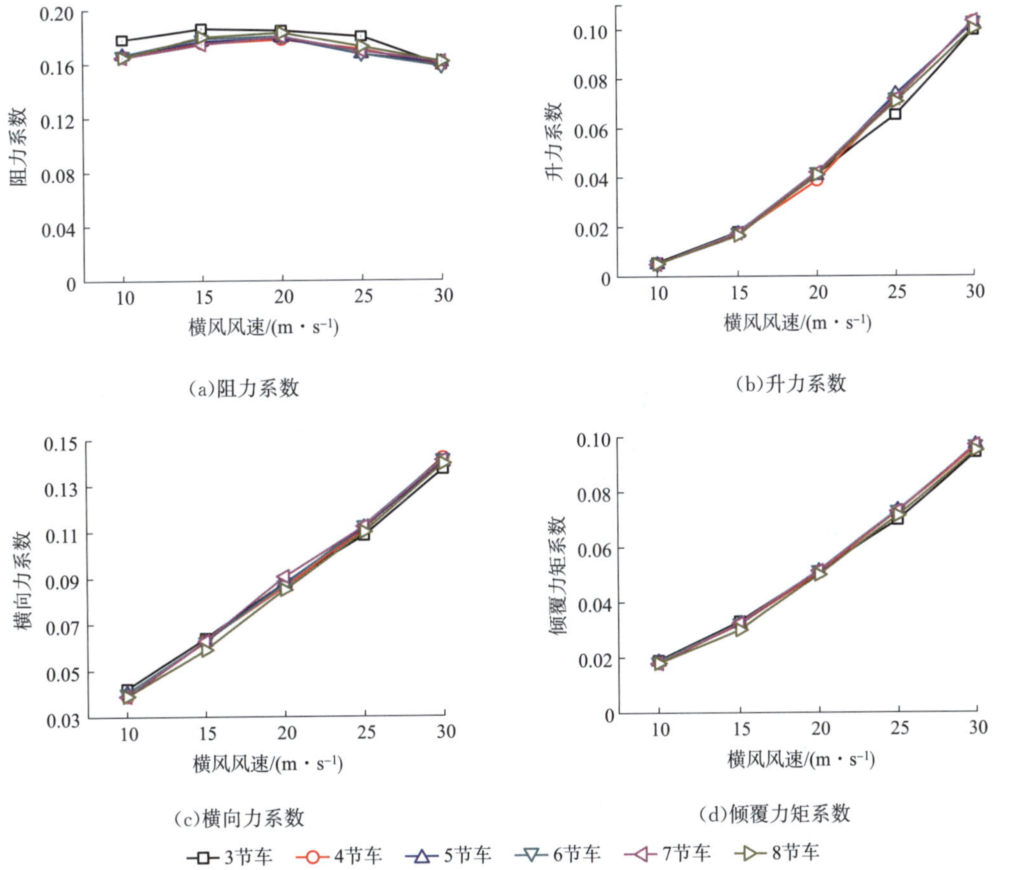

图 3-22　各编组列车头车气动力系数随风速变化情况(车速 v_t=97.22 m/s)

由图 3-22(b)～图 3-22(d)可知，在相同风速下，不同编组列车头车升力系数、横向力系数、倾覆力矩系数随着车辆编组数量的增加变化很小，3 节车辆编组列车的与 8 节车辆编组的几乎相同。可以推知，它们与 16 节车编组列车的也相同。

尽管列车车辆编组数量不同，列车风和横风的合成气流均是从头车开始绕流整个列车;在相同车速和风速条件下,头车外部绕流流场结构基本相同。通过分析 3 节车辆编组列车的头车气动特性,可以预计 8 节和 16 节车辆编组列车的头车气动特性,而且偏于安全。由于在各编组列车中均以头车的气动安全性最差,因此上述结论对于通过 3 节车辆编组列车的安全性评估来掌握更多车辆编组列车的气动安全性具有重要意义。

需要指出的是,对于大偏航角情况(如车速较低,而风速很高;风向角超过 90°),头车边界层剪切层方程会近似于椭圆型方程,下游流场对上游流场的影响不能判断,此时不同编组数量列车的头车的气动特性可能就不再相同。

2. 尾车气动特性

与列车其他位置车辆相比,尾车气动特性是最不稳定的,列车外部绕流的流动分离作用在尾车上表现得最为明显,如图 3-23 所示。

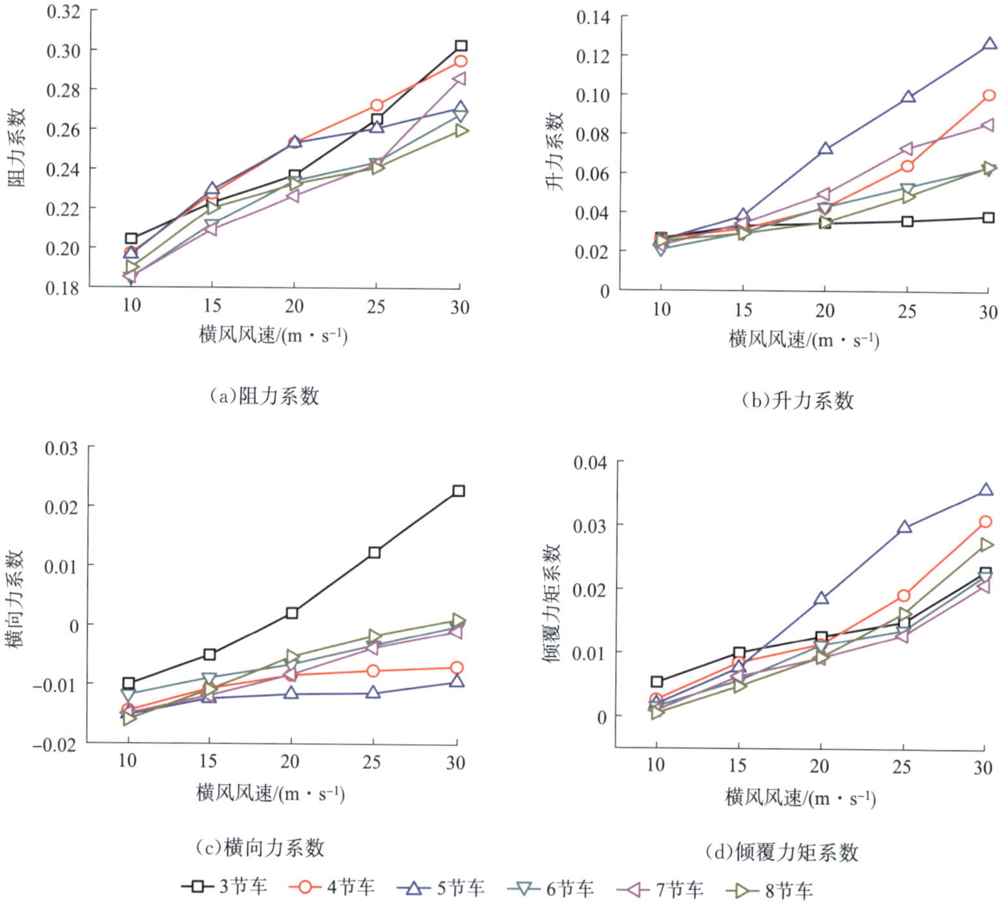

图 3-23 列车尾车气动力系数随风速变化规律

图 3-23 表明,尾车阻力系数、升力系数、横向力系数和横向力矩系数等均随着横风风速

的增加而增大。与头车的不同，尾车的气动力系数并未随着编组数量的增加而增大，而是表现出明显的不规律性。尾车横向力系数甚至出现负值，表明部分不同编组列车的尾车受到逆风向的横向力。原因是：对各编组列车而言，头车和尾车是相同的，只是中间部分增加车辆数量，列车风和横风的合成气流总会在尾车的后部和背风侧产生明显的大分离流动，这一强非线性过程引起了尾车附近流场和表面压力分布的随机变化，而且这种变化不会随着拖车数量的增加而明显改变。从后面的分析发现，尾车比头车的气动安全性强，因此尾车气动荷载复杂的、随机变化的情况并不影响对列车运行安全性的评估。

3. 气动特性比较

表 3-12 给出了列车速度 350 km/h、横风风向角 90°条件下，各编组列车头车、尾车和拖车等三个部分的作用力系数。虽然各个编组列车的全车气动性能不同，但其头车气动性能却基本相同，尾车各项作用力系数均产生较大变化，各中车辆的作用力系数随着编组车辆数量变化的幅度不大；3 节车辆编组列车的头车气动作用规律适用于 8 节车乃至 16 节车辆编组列车，但其尾车的气动作用规律则并不适合于后者。各编组列车中仍以头车的气动安全性受横风的影响最大，3 节车辆编组列车的横风气动安全性分析基本适用于 3 节车辆以上编组的列车。因此，后文列车交会、轮轨动力学分析等仍然主要以 3 节车辆编组的列车为对象进行分析。

表 3-12　各编组列车作用力系数的构成

编组方式	列车部位	风速 15 m/s				风速 20 m/s			
		阻力系数	升力系数	横向力系数	倾覆力矩系数	阻力系数	升力系数	横向力系数	倾覆力矩系数
3 节车	头车	0.186	0.018	0.064	0.033	0.184	0.041	0.087	0.051
	尾车	0.222	0.043	−0.005	0.011	0.237	0.034	0.002	0.045
	中车	0.251	0.046	0.023	0.028	0.261	0.077	0.034	0.012
4 节车	头车	0.175	0.017	0.063	0.032	0.177	0.038	0.086	0.050
	尾车	0.227	0.031	−0.010	0.008	0.253	0.042	−0.008	0.011
	中车 1	0.236	0.046	0.021	0.000	0.248	0.080	0.031	0.045
	中车 2	0.117	0.039	0.020	0.000	0.135	0.036	0.036	0.029
5 节车	头车	0.176	0.017	0.062	0.032	0.179	0.040	0.087	0.051
	尾车	0.229	0.038	−0.012	0.007	0.253	0.072	−0.011	0.018
	中车 1	0.238	0.044	0.022	0.028	0.251	0.083	0.031	0.046
	中车 2	0.121	0.037	0.020	0.022	0.137	0.034	0.037	0.029
	中车 3	0.140	0.025	0.014	0.014	0.153	0.046	0.022	0.025

续上表

编组方式	列车部位	风速 15 m/s				风速 20 m/s			
		阻力系数	升力系数	横向力系数	倾覆力矩系数	阻力系数	升力系数	横向力系数	倾覆力矩系数
6 节车	头车	0.178	0.017	0.062	0.032	0.180	0.042	0.087	0.051
	尾车	0.211	0.029	−0.009	0.005	0.234	0.042	−0.006	0.011
	中车 1	0.237	0.044	0.022	0.028	0.249	0.084	0.032	0.046
	中车 2	0.116	0.038	0.020	0.023	0.132	0.037	0.035	0.029
	中车 3	0.148	0.023	0.015	0.014	0.153	0.041	0.025	0.025
	中车 4	0.230	0.024	0.024	0.020	0.249	0.045	0.037	0.035
7 节车	头车	0.174	0.017	0.062	0.032	0.179	0.042	0.090	0.051
	尾车	0.209	0.034	−0.012	0.006	0.226	0.049	−0.008	0.009
	中车 1	0.236	0.046	0.021	0.028	0.253	0.082	0.031	0.045
	中车 2	0.120	0.039	0.019	0.022	0.136	0.037	0.035	0.029
	中车 3	0.138	0.026	0.013	0.014	0.148	0.048	0.024	0.026
	中车 4	0.140	0.032	0.012	0.016	0.150	0.066	0.015	0.029
	中车 5	0.226	0.033	0.020	0.022	0.243	0.046	0.039	0.038
8 节车	头车	0.180	0.016	0.059	0.030	0.183	0.041	0.085	0.050
	尾车	0.220	0.029	−0.011	0.004	0.232	0.035	−0.005	0.009
	中车 1	0.221	0.044	0.020	0.026	0.248	0.089	0.031	0.048
	中车 2	0.113	0.038	0.017	0.021	0.134	0.041	0.034	0.029
	中车 3	0.133	0.025	0.012	0.013	0.155	0.048	0.022	0.025
	中车 4	0.125	0.033	0.010	0.016	0.144	0.066	0.015	0.026
	中车 5	0.123	0.036	0.009	0.016	0.145	0.062	0.012	0.026
	中车 6	0.206	0.032	0.019	0.021	0.245	0.036	0.039	0.033

3.4 横风作用下高速列车气动力构成及分布规律

掌握高速列车气动力的构成及分布情况，有助于优化列车的气动外形设计和提高列车在横风中的运行安全性。

3.4.1 列车气动力构成

各节车辆受到的气动作用力包括阻力、升力、横向力、倾覆力矩、侧偏力矩和俯仰力矩，均由压差作用力和黏性摩擦力两部分构成。表 3-13～表 3-16 为 CRH 型高速列车在 GV350-15 工况、不同横风风向角条件下气动力构成情况，图 3-24 为列车各车辆压差作用力占总气动力百分比。黏性摩擦力未在表中列出，可计算得到。受电弓装置包括受电弓、绝缘子和受电弓导流罩三部分，头车、中车和尾车的转向架各包括前、后两个转向架。

表 3-13　列车气动阻力构成/kN

风向角	全　车		头　车		中　车		尾　车		受电弓＋绝缘子＋导流罩		头车转向架		中车转向架		尾车转向架	
	总力	压差	总力	压差	总力	压差	总力	压差	总力	压差	总力	压差	总力	压差	总力	压差
10°	41.78	33.83	13.21	10.04	16.31	13.82	12.26	9.97	5.070	4.810	6.06	5.95	1.66	1.62	2.29	2.24
20°	44.93	36.79	13.04	9.91	17.61	15.02	14.28	11.86	5.000	4.710	5.89	5.78	2.91	2.85	4.10	4.03
30°	47.74	39.52	13.60	10.49	18.71	16.09	15.43	12.94	4.995	4.708	6.24	6.12	4.01	3.93	4.88	4.79
40°	49.20	40.95	13.99	10.90	19.31	16.67	15.90	13.38	5.025	4.746	6.48	6.35	4.55	4.46	5.26	5.16
50°	49.10	40.88	14.07	11.02	18.79	16.19	16.24	13.67	4.772	4.521	6.62	6.50	4.59	4.50	5.63	5.53
60°	48.94	40.76	13.95	10.95	18.69	16.07	16.3	13.74	4.772	1.502	6.74	6.61	4.90	4.80	5.78	5.67
70°	47.75	39.74	13.62	10.71	18.05	15.46	16.08	13.57	4.588	4.320	6.49	6.35	4.80	4.71	5.68	5.57
80°	45.84	38.13	12.93	10.14	17.39	14.89	15.52	13.10	4.417	4.168	6.21	6.09	4.66	4.57	5.56	5.45
90°	44.06	36.68	12.41	9.75	16.79	14.38	14.86	12.55	4.186	3.942	5.89	5.77	4.49	4.40	5.43	5.33
110°	36.91	30.56	10.96	8.56	14.03	11.97	11.92	10.03	3.454	3.242	5.41	5.31	3.67	3.60	4.28	4.20
120°	36.99	30.66	10.57	8.28	13.93	11.90	12.49	10.48	3.541	3.331	5.12	5.02	3.68	3.60	4.43	4.33
150°	29.38	24.19	8.46	6.52	11.32	9.66	9.60	8.01	2.877	2.707	3.94	3.87	2.69	2.63	3.25	3.19

表 3-14　列车气动升力构成/kN

风向角	头　车		中　车		尾　车		受电弓		头车转向架		中车转向架		尾车转向架	
	总力	压差	总力	压差	总力	压差	总力	压差	总力	压差	总力	压差	总力	压差
10°	−1.49	−1.57	−6.43	−6.38	10.61	10.62	2.401	2.393	−1.32	−1.34	−0.170	−0.174	−0.330	−0.338
20°	−1.74	−1.82	−3.56	−3.52	12.76	12.76	2.669	2.664	−1.57	−1.59	−0.275	−0.277	−0.590	−0.602
30°	−0.72	−0.81	0.61	0.65	15.17	15.15	3.610	3.590	−1.47	−1.50	−0.397	−0.405	−0.676	−0.692
40°	1.24	1.15	5.60	5.62	18.29	18.25	4.798	4.791	−1.49	−1.52	−0.340	−0.350	−0.272	−0.696
50°	3.61	3.52	10.09	10.07	19.90	19.81	5.882	5.866	−1.58	−1.60	−0.466	−0.478	−0.712	−0.730
60°	5.42	5.33	14.32	14.28	20.84	20.73	6.746	6.729	−1.26	−1.29	−0.410	−0.420	−0.709	−0.727
70°	6.29	6.19	17.74	17.68	21.47	21.34	7.590	7.570	−1.24	−1.27	−0.426	−0.440	−0.731	−0.748
80°	7.27	7.17	20.10	20.03	20.65	20.51	7.932	7.922	−1.16	−1.18	−0.425	−0.430	−0.830	−0.850
90°	8.18	8.08	20.74	20.66	19.63	19.50	8.034	8.020	−1.44	−1.46	0.744	0.741	−0.997	−1.015
110°	6.94	6.86	16.77	16.70	17.56	17.44	6.576	6.565	−0.98	−1.00	−0.251	−0.260	−0.742	−0.756
120°	5.40	5.32	15.39	15.33	16.64	16.53	6.210	6.199	−1.07	−1.09	−0.270	−0.283	−0.744	−0.760
150°	0.57	0.51	3.047	3.053	10.42	10.39	2.770	2.762	−0.85	−0.867	−0.136	−0.140	−0.428	−0.439

表 3-15　列车气动横向力构成/kN

风向角	头车		中车		尾车		受电弓		头车转向架		中车转向架		尾车转向架	
	总力	压差	总力	压差	总力	压差	总力	压差	总力	压差	总力	压差	总力	压差
10°	5.62	5.55	0.96	0.94	−3.22	−3.28	0.252	0.265	3.890	0.540	0.170	0.169	0.050	0.040
20°	10.71	10.57	2.68	2.61	−0.60	−0.61	0.601	0.611	0.840	0.830	0.380	0.370	0.172	0.061
30°	15.79	15.60	4.98	4.87	−6.03	−6.15	0.885	0.891	1.142	1.135	0.740	0.733	0.293	0.287
40°	20.58	20.33	7.31	7.17	−0.69	−0.70	1.164	1.170	1.260	1.250	0.909	0.898	0.341	0.334
50°	25.83	25.54	9.07	8.96	−5.56	−5.71	1.185	1.193	1.670	1.650	1.054	1.045	0.508	0.500
60°	29.11	28.78	10.98	10.85	−5.03	−5.17	1.405	1.412	1.887	1.875	1.190	1.185	0.608	0.601
70°	30.89	30.53	12.21	12.06	−4.04	−4.20	1.491	1.163	2.028	2.008	1.181	1.174	0.653	0.647
80°	32.54	32.16	12.75	12.60	−2.94	−3.10	1.522	1.529	2.140	2.120	1.170	1.163	0.790	0.778
90°	32.49	32.11	12.30	12.14	−2.53	−2.68	1.491	1.498	4.060	4.030	1.131	1.155	0.853	0.848
110°	28.38	28.05	10.95	10.82	−3.84	−3.95	1.324	1.326	1.816	1.800	0.987	0.979	0.577	0.573
120°	25.26	24.96	10.01	9.89	−2.58	−2.71	1.197	1.203	1.470	1.460	0.940	0.935	0.598	0.594
150°	12.86	12.72	4.04	3.98	−3.82	−3.91	0.547	0.551	0.771	0.766	0.540	0.537	0.192	0.187

表 3-16 列车气动倾覆力矩构成/(kN·m)

风向角	头车		中车		尾车		受电弓		头车转向架		中车转向架		尾车转向架	
	总力	压差	总力	压差	总力	压差	总力	压差	总力	压差	总力	压差	总力	压差
10°	−2.10	−2.16	0.71	0.64	0.800	0.680	0.898	0.915	−1.05	−1.04	−0.208 4	−0.208	−0.110	−0.115
20°	−3.82	−3.91	1.22	1.07	1.170	0.980	1.729	1.730	−1.34	−1.34	−0.660	−0.660	−0.181	−0.179
30°	−5.82	−5.95	1.82	1.60	1.030	0.830	2.514	2.500	−1.56	−1.55	−1.203	−1.201	−0.516	−0.511
40°	−7.87	−0.81	2.53	2.25	0.889	0.659	3.152	3.138	−1.87	−1.86	−1.407	−1.403	−0.564	−0.557
50°	−9.16	−9.35	2.94	2.77	1.020	0.830	3.407	3.394	−2.38	−2.36	−1.645	−1.642	−0.740	−0.732
60°	−10.38	−10.60	3.32	3.12	1.400	1.220	3.991	3.961	−2.66	−2.64	−1.810	−1.800	−0.850	−0.845
70°	−10.81	−11.00	3.35	3.14	1.323	1.157	4.081	4.059	−2.74	−2.72	−1.821	−1.816	−1.066	−0.960
80°	−11.25	−11.46	3.47	3.27	1.249	1.104	4.217	4.188	−2.98	−2.95	−1.810	−1.800	−1.138	−1.133
90°	−11.28	−11.50	3.27	3.04	0.995	0.862	4.061	4.044	−3.03	−3.0	−1.716	−1.710	−1.257	−1.252
110°	−9.65	−9.85	2.70	2.50	0.480	0.370	3.355	3.328	−2.61	−2.58	−1.434	−1.430	−0.866	−0.862
120°	−8.72	−8.90	2.87	2.72	1.060	0.940	3.295	3.278	−2.09	−2.07	−1.460	−1.450	−0.904	−0.899
150°	−4.44	−4.54	1.36	1.26	0.470	0.340	1.64	1.629	−0.12	−0.12	−0.855	−0.853	−0.343	−0.337

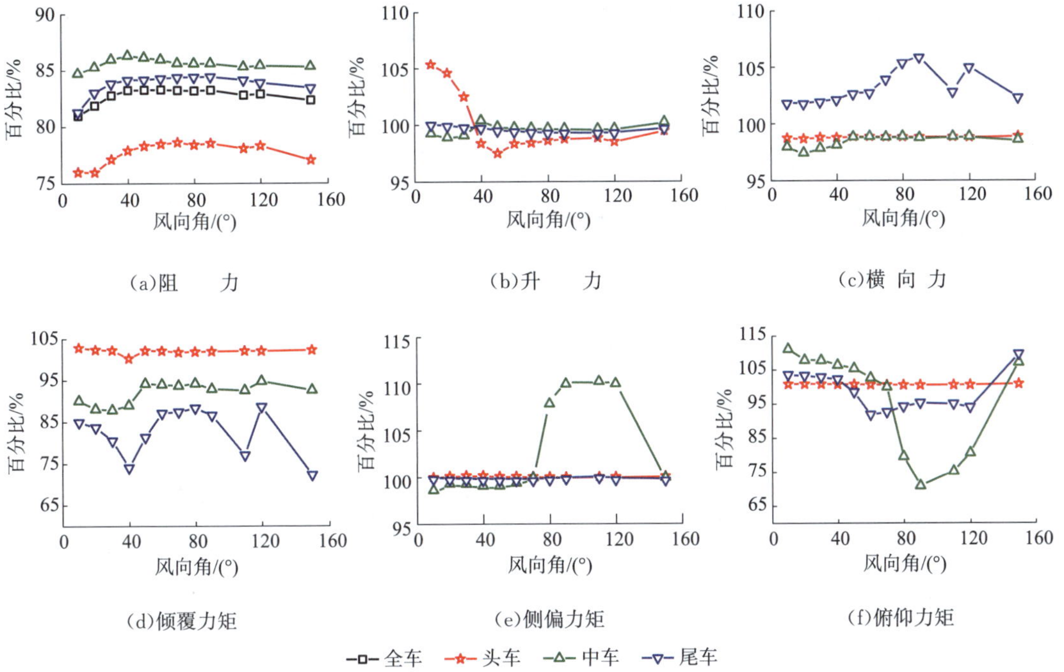

图 3-24　列车各车辆压差作用力占总气动力百分比

(1)气动阻力:各节车辆总的阻力和压差阻力随风向角的变化较大,黏性摩擦力随风向角的变化不大。压差阻力在总阻力中占主要部分,其所占比例为 75%～85%,远高于黏性摩擦阻力的比例。后者最大可占到总阻力的 20%左右,因此在计算总阻力时,摩擦阻力不宜忽略。

(2)气动升力:各节车辆总升力和压差升力随风向角变化较大,压差升力所占比例在 97%以上。其中,头车压差升力随风向角的变化比较明显,其所占比例在风向角低于 30°范围内均超过 100%,说明该风向角范围内摩擦力在垂直方向产生了负升力。中车和尾车压差升力随风向角变化不大,所占比例保持在 97%～100%。因此,计算总升力时,头车摩擦力引起的升力不宜忽略;而对于中车和尾车,其摩擦力引起的升力在允许误差范围内可以忽略。

(3)气动横向力:头车和中车总横向力和压差横向力随风向角变化不大,压差横向力所占比例在 97%～99%以上。尾车压差横向力随风向角变化则比较明显,其所占比例在风向角小于 90°时随风向角的增大而递增,超过 90°后递减,说明摩擦力在横风方向上产生了负横向力。因此,计算总升力时,尾车摩擦力引起的横向力不宜忽略;而对于头车和中车,其摩擦力引起的横向力在允许误差范围内可以忽略。

(4)倾覆力矩:头车压差倾覆力矩随风向角的变化不大,占总倾覆力矩的 100%～103%以上,说明黏性摩擦力引起的倾覆力矩(对车体中心轴取矩)为负。中车和尾车的压差倾覆力矩随风向角的变化则比较明显,且趋势一致。尾车压差倾覆力矩占其倾覆力矩的 74%～94%,中车压差倾覆力矩占其倾覆力矩的 88%～95%。因此,计算车辆倾覆力矩时,中车和尾车摩擦力引起的倾覆力矩不宜忽略;而对于头车,其摩擦力引起的倾覆力矩在允许误差范围内可以忽略。

(5)侧偏力矩和俯仰力矩:头车压差侧偏力矩和压差俯仰力矩所占比例分别是100%和101%左右,且基本不随风向角的变化而变化。尾车压差侧偏力矩所占比例为99%左右,也基本不随风向角变化;压差俯仰力矩所占比例则随风向角的变化较大,变化范围是91%~110%,黏性摩擦力在风向角为40°~130°范围内产生反向的俯仰力矩。中车压差侧偏力矩所占比例在风向角小于70°时为98%左右,超过70°后随风向角的变化则比较明显,最大比例为110%,黏性摩擦力产生了反向的侧偏力矩。中车的压差俯仰力矩和摩擦俯仰力矩所占俯仰力矩的比例随风向角的变化比较明显,前者在71%~111%范围内随风向角的大小而变化,出现了反向的俯仰力矩。

因此,计算车辆的侧偏力矩和俯仰力矩时,头车摩擦力引起的侧偏力矩和俯仰力矩在允许误差范围内可以忽略,而中车和尾车的摩擦力引起的侧偏力矩和俯仰力矩不能忽略。

3.4.2 气动力分布规律

列车是大长细比流线体,但列车转向架、受电弓装置等局部区域则不具备流线型的外形,绕流经过这些区域时其流线会发生改变或出现流动分离现象。因此,它们对列车及各节车辆的气动特性产生影响,特别是横风作用所造成的影响更是如此。因此,分析这些局部区域的气动作用力对列车或车辆的气动特性的贡献,对于优化列车的气动外形和提高列车自身的抗风能力十分有益。仍以CRH型高速列车在GV350-15工况、不同横风风向角条件下气动特性为例进行分析,见图3-25、图3-26及表3-17。

对于气动阻力,在各个风向角下,头车转向架的阻力占头车阻力的45%左右,中车占10%~25%,尾车占19%~36%,头车转向架份额最大、尾车次之、中车最小。受电弓装置位于中车,其份额为10%左右,且不随风向角变化。

对于气动升力,头车转向架份额与风向角密切相关,风向角为10°时,其份额为头车升力的95%左右,随着风向角增加,头车转向架份额迅速减小,风向角为90°左右时,份额减少到17%左右;中车和尾车占1%~6%,基本不随风向角变化。受电弓装置占中车的份额随风向角的变化也比较明显,当风向角10°时为38%,当风向角40°时达到最大份额值81%左右。

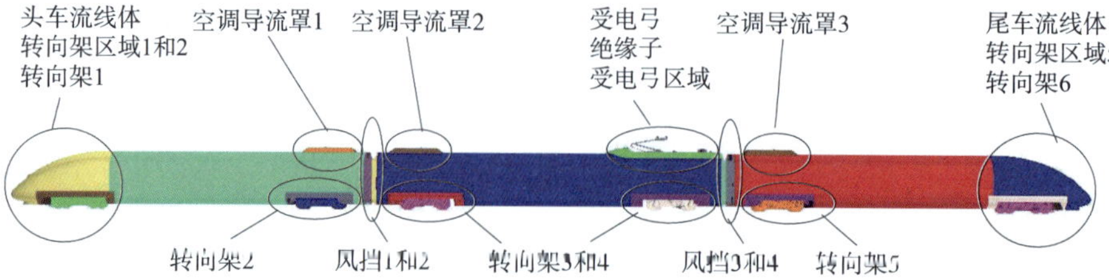

图3-25 列车各组成部分的气动荷载分区示意

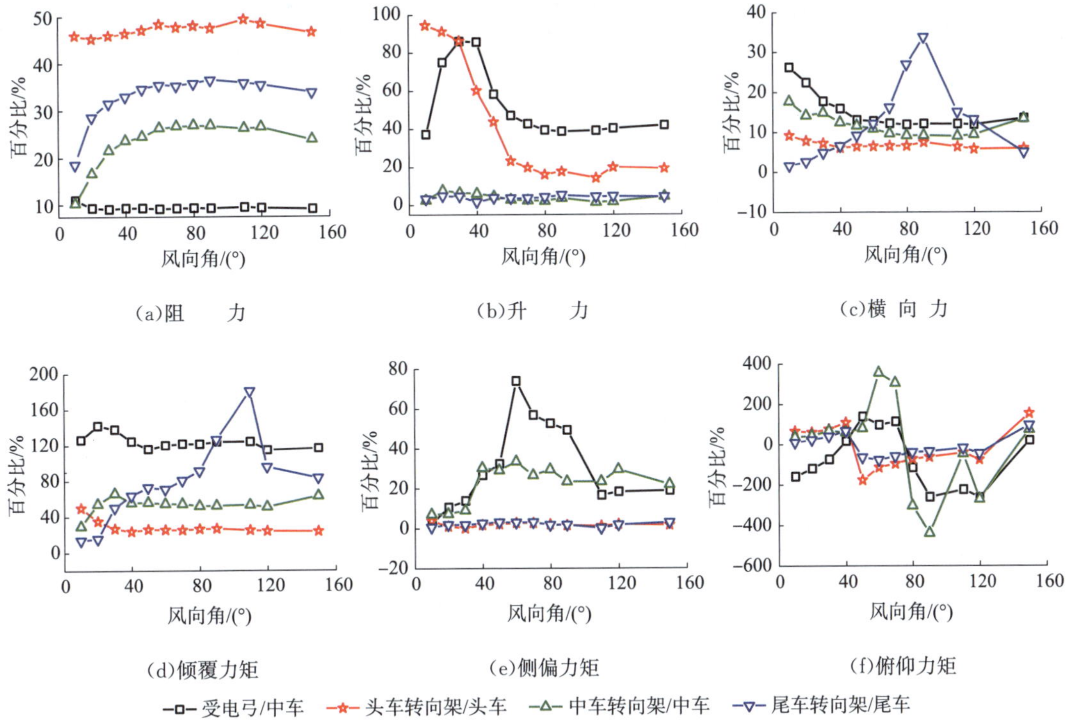

图 3-26　列车零部件的作用力占各车辆气动力的百分比

表 3-17　列车零部件的作用力占各车辆气动力的百分比(GV350-15-90)

车辆	组成部分	阻　　力		升　　力		横 向 力		倾覆力矩		侧偏力矩		俯仰力矩	
		总力	压差	总力	压差	总力	压差	总力矩	压差	总力矩	压差	总力矩	压差
头车	流线体段	2.86	2.25	10.46	10.40	18.92	18.83	−5.97	−6.05	188.75	187.96	−51.85	−51.01
	等截面段	1.73	−0.02	1.15	1.13	8.16	7.93	−0.32	−0.45	0.35	0.92	15.72	15.94
	空调导流罩 1	0.74	0.66	7.35	7.34	0.21	0.18	0.28	0.21	−1.13	−0.89	66.23	66.34
	转向架 1	3.18	3.12	−0.87	−0.88	0.94	0.94	−1.57	−1.54	8.08	8.00	11.64	11 .64
	转向架 2	2.71	2.65	−0.34	−0.36	1.28	1.27	−1.46	−1.45	−11.15	−11.09	1.01	0.83
	转向架区域 1	1.23	1.18	−11.00	−11.00	2.78	2.76	−1.97	−1 94	20.76	20.68	90.54	90.48
	转向架区域 2	0.43	0.37	1.51	1.52	0.25	0.25	−0.30	−0.29	−2.30	−2.24	14.32	14.30
	风挡 1	−0.47	−0.48	−0.08	−0.08	−0.05	−0.05	0.03	0.02	0.20	0.21	−0.43	−0.44

续上表

车辆	组成部分	阻力		升力		横向力		倾覆力矩		侧偏力矩		俯仰力矩	
		总力	压差	总力	压差	总力	压差	总力矩	压差	总力矩	压差	总力矩	压差
中车	等截面段	2.08	0.23	4.46	4.40	8.51	8.38	0.74	0.58	−1.02	−0.91	13.46	13.87
	空调导流罩 2	0.68	0.61	6.58	6.58	0.25	0.23	0.32	0.29	3.03	2.89	−62.91	−62.71
	转向架 3	1.96	1.92	−0.23	−0.23	0.57	0.57	−0.79	−0.78	4.80	4.77	4.70	4.69
	转向架 4	2.53	2.48	−0.14	−0.15	0.58	0.58	−0.93	−0.93	−5.33	−5.30	2.73	2.59
	转向架区域 3	0.34	0.28	0.89	0.89	0.58	0.58	0.04	0.04	4.59	4.57	−10.81	−10.91
	转向架区域 4	0.62	0.54	1.08	1.09	0.19	0.18	−0.21	−1.97	−1.60	−1.55	11.01	10.94
	风挡 2	2.54	2.54	−0.28	−0.27	0.25	0.25	0.11	0.09	2.81	2.76	1.90	1.79
	风挡 3	1.85	1.85	0.34	0.33	−0.11	−0.12	−0.09	−0.09	0.78	0.79	3.42	3.32
	受电弓	1.56	1.52	−0.18	−0.18	0.40	0.39	1.01	0.99	−2.90	−2.84	−5.76	−5.63
	绝缘子	0.71	0.68	0.14	0.14	−0.04	−0.04	−0.08	−0.07	0.58	0.53	0.05	0.11
	受电弓区域	1.93	1.75	8.08	8.06	1.13	1.14	3.13	3.12	−8.02	−8.2	40.52	40.74
尾车	流线体段	6.81	6.40	15.01	15.00	−8.66	−8.68	1.18	1.13	81.30	81.45	112.11	112.39
	等截面段	1.76	1.12	7.75	7.66	5.36	5.26	0.68	0.64	32.76	32.97	−19.78	−19.00
	空调导流罩 3	0.36	0.30	5.54	5.54	−0.20	−0.22	0.01	−0.02	−1.52	−1.66	−51 92	−51.74
	转向架 5	2.69	2.64	−0.47	−0.48	0.56	0.55	−0.83	−0.82	−2.73	−2.74	7.88	7.87
	转向架 6	0.06	0.06	−0.52	−0.53	0.29	0.29	−0.43	−0.43	4.88	4.82	−0.63	−0.81
	转向架区域 5	−0.25	−0.31	−0.53	−0.53	0.43	0.43	0.18	0.18	6.00	6.02	1.16	1.08
	转向架区域 6	0.71	0.67	−7.62	−7.63	−0.64	−0.64	0.17	0.17	3.66	3.62	−64.16	−64.26
	风挡 4	0.06	0.06	0.48	0.47	0.33	0.32	0.04	0.02	3.28	3.14	−4.78	−4.71

注：表中力的单位为千牛(kN)；力矩单位为千牛米(kN·m)。

对于气动横向力，头车转向架份额随风向角平缓变化，为头车横向力的 6%～9%；中车随风向角的增加而先单调递减然后单调增加，在 90°时达到最小份额值 9%左右，而其最大份额为 18%。受电弓装置份额随风向角的变化趋势与中车转向架相似，份额值为 12%～26%。

对于倾覆力矩，头车转向架份额随风向角平缓变化，为头车横向力的 20%～45%；中车随风向角的增加而先单调递减然后单调增加，在 30°时达到最大份额值 62%左右，而其最小份额为 30%。受电弓装置的份额随风向角的变化趋势与中车转向架的相似，在 20°时份额值为140%，超过100%，原因是中车的分力矩有正有负，合力矩很小。

对于侧偏力矩，头车和尾车转向架占各自所在车辆的份额随风向角平缓变化，在±1%～±2%范围内波动；中车随风向角的增加而先单调递减然后单调增加，在60°时达到最大份额值32%左右，而其最小份额为8%。受电弓装置份额随风向角的变化趋势与中车转向架的相似，在60°时份额值为78%。

对于俯仰力矩，头车转向架的份额随风向角而变化，在150°时达到最大值150%，在50°时达到最小值−180%；中车随风向角而变化，在60°时达到最大值350%，在90°时达到最小值−430%；尾车在风向角为150°时达到最大值85%，最小为10%左右。

3节车辆上的六个转向架的气动荷载份额并不相同，而且在有的工况相差很大。既有研究的绝大多数数值模拟在高速列车的几何建模时将转向架和受电弓予以忽略或充分简化。在列车低速运行时，这一处理对列车气动特性分析的影响并不明显；但当列车高速运行时，影响则可能比较突出。

第4章 恒定风场作用下高速列车非定常气动特性

事实上，即使来流为定常流动，对于具有分离旋涡运动特征的列车外部绕流来说，旋涡的周期性脱落是必然的，而受到定常横风平均风作用，列车尾流流动也会表现出一定的非定常性，从而使得整场流动为非定常流动。因此，为了分析列车绕流的非定常特性，研究分离涡频率与列车自振频率的关系，进一步评估高速列车气动安全性，本章将按照真实的非定常流动对列车恒定横风绕流的气动特性进行分析。

4.1 非定常流动暂态大涡模拟方法

4.1.1 大涡模拟基本方法

4.1.1.1 基本思想

大涡模拟法基本思想可概括为：湍流流动模拟中，计算区域尺寸应大到足以包含湍流运动中最大涡，离散网格尺度应小到足以分辨最小涡的运动。大涡模拟法用非稳态 N-S 方程直接模拟大尺度涡，但不直接计算小尺度涡；小尺度涡对大尺度涡的影响通过近似的模型来考虑，通过对大涡模拟的运动进行修正，得到接近于实际的近似湍流场。

湍流的脉动与混合主要是由大尺度涡造成的。大尺度涡从主流中获得能量，具有高度的各向异性，且随流动的情形而异。大尺度涡通过相互作用把能量传递给小尺度涡，小尺度涡的主要作用是耗散能量，几乎是各向同性的，且不同流动中的小尺度涡有许多共性。当流动的雷诺数很大时，湍动能谱 $E(k)$ 和耗散谱 $2\upsilon k^2 E(k)$ 几乎完全分离，如图 4-1(a)所示（k_{in}、k_d 为含能波数和耗散波数）。若视各种波数的脉动成分为不同尺度的湍涡，可形象地示于图 4-1(b)，则有一股能量以 $T(k)$ 的速率从大尺度涡向小尺度涡传输。

直接计算的大尺度脉动常称为可解尺度湍流；不直接计算的小尺度脉动常称为不可解尺度或亚格子尺度湍流。因此，首先需要区分大尺度涡和小尺度涡，即进行滤波处理。

需要指出的是，对于很多绕钝体湍流流动，通常认为流动不是统计定常的，它们的时均值是随时间变化的，一个合适的雷诺平均方程（RANS）模拟方法是依赖于时间的。非定常雷诺平均方程（unsteady Reynolds averaged Navier-Stokes，URANS）模拟方法相当于通过对周期性流动的每个周期相同相位上的流场进行大量统计平均，且统计平均结果是随时间变化的，而不是对湍流暂态流场进行计算。大涡模拟通过过滤小涡的网格（尺度）实现空间平均，虽然在小涡尺度上得出的是一种平均结果，但是在大尺度流动上得出的却是暂态结果。因此，一般认为大涡模拟得到的是暂态的，可视为湍流脉动的非定常特性。

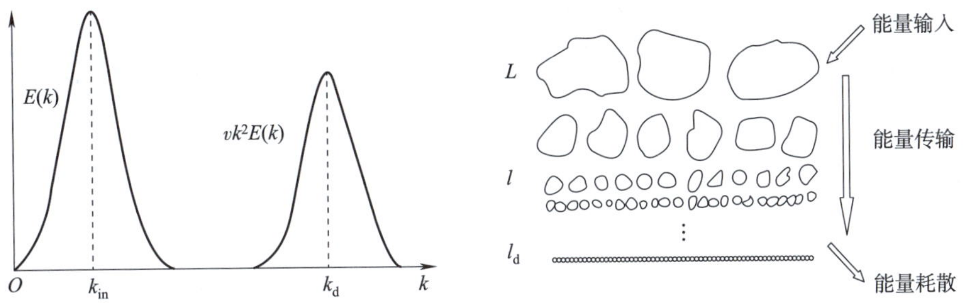

（a）湍动能能谱和湍动能耗散谱　　（b）湍动能传输链

图 4-1　高雷诺数不可压缩各向同性湍流的湍能输运

4.1.1.2　滤波方法

滤波就是将一切流动变量划分成大尺度量与小尺度量。物理空间中分离可解尺度和亚格子尺度湍流的尺度称为过滤尺度，用 Δ 表示。也可以在谱空间中进行分离，分离点被称为截断波数，用 k_c 表示。为了与湍流流动时均化处理中的脉动流动相区别，在物理空间中大涡数值模拟的物理量采用以下符号：

$$\phi(x_i,t)=\overline{\phi}(x_i,t)+\phi''(x_i,t) \tag{4-1}$$

式中，$\phi(x_i,t)$ 为任一瞬时流动变量，空间平均后被分解为大涡部分 $\overline{\phi}$（直接求解）和小涡部分 ϕ''（湍流模拟）。采用低通滤波均匀过滤器分解，则大尺度量可以通过一个在物理空间区域上的加权积分来表示。

$$\overline{\phi}(x_i,t)=\int_{-\infty}^{+\infty}G(x_i-y_i,\Delta_i)\phi(y_i,t)\mathrm{d}y_i \tag{4-2}$$

式中　$G(x_i-y_i,\Delta_i)$——过滤器，亦称为滤波函数；

Δ_i——各个方向上的过滤长度；

$\mathrm{d}y_i$——体积元，积分运算为体积分。

式(4-2)两边做傅里叶变换得

$$\hat{\overline{\phi}}(\boldsymbol{k})=\hat{A}(\boldsymbol{k})\hat{G}(\boldsymbol{k}) \tag{4-3}$$

瞬时量与大尺度量之差为

$$\phi''(x_i,t)=\phi(x_i,t)-\overline{\phi}(x_i,t)=\phi(x_i,t)-\int_{-\infty}^{+\infty}\phi(y_i,t)G(x_i-y_i)\mathrm{d}y_i \tag{4-4}$$

式(4-4)反映了小尺度运动对物理量 ϕ 的贡献，也称为 ϕ 的亚格子分量或小尺度量。亚格子分量对应的傅里叶变换为

$$\hat{\phi}''(\boldsymbol{k})=\hat{\phi}(\boldsymbol{k})-\hat{\bar{\phi}}(\boldsymbol{k})=[1-\hat{G}(\boldsymbol{k})]\hat{\phi}(\boldsymbol{k}) \tag{4-5}$$

式中　$\boldsymbol{k}$——湍流谱理论中的波数向量。

常用物理空间里的滤波函数参见表 4-1。

表 4-1　三种常见的一维滤波器

过　滤　器	物理空间内的表达式	谱空间中的表达式
盒式过滤器（平顶帽过滤器）	$G(x-\xi,\Delta)=\dfrac{\theta\left(\dfrac{\Delta}{2}-\lvert x-\xi\rvert\right)}{\Delta}$ θ 为台阶函数：$\theta(\eta)=1,\eta>0;\theta(\eta)=0,\eta\leqslant 0$	$\hat{G}(k)=\dfrac{\sin(k\Delta/2)}{k\Delta/2}$
高斯过滤器	$G(x-\xi,\Delta)=\left(\dfrac{6}{\pi\Delta^2}\right)^{1/2}\exp\left(-\dfrac{6\lvert x-\xi\rvert^2}{\Delta^2}\right)$	$\hat{G}(k)=\exp\left(-\dfrac{\Delta^2k^2}{24}\right)$
谱空间低通过滤器	$G(x-\xi,\Delta)=\dfrac{\sin(\pi\lvert x-\xi\rvert/\Delta)}{\pi\lvert x-\xi\rvert/\Delta}$	$\hat{G}(k)=\theta(k_c-\lvert k\rvert)$

均匀多维过滤器可用乘积方法构成，均匀三维各向同性盒式过滤器为

$$G(x_i-y_i,\Delta)=\frac{\theta\left(\dfrac{\Delta}{2}-\lvert x_1-\xi_1\rvert\right)\theta\left(\dfrac{\Delta}{2}-\lvert x_2-\xi_2\rvert\right)\theta\left(\dfrac{\Delta}{2}-\lvert x_3-\xi_3\rvert\right)}{\Delta^3} \tag{4-6}$$

在实际流动的大涡模拟计算中，常常采用均匀过滤器，但并非各向同性的网格。这时，在各个方向上的过滤长度不相等，则三维均匀各向异性滤波器用乘积方法构成如下：

$$G(x_1-\xi_1,x_2-\xi_2,x_3-\xi_3,\Delta_i)=\frac{\theta\left(\dfrac{\Delta_1}{2}-\lvert x_1-\xi_1\rvert\right)\theta\left(\dfrac{\Delta_2}{2}-\lvert x_2-\xi_2\rvert\right)\theta\left(\dfrac{\Delta_3}{2}-\lvert x_3-\xi_3\rvert\right)}{\Delta_1\Delta_2\Delta_3} \tag{4-7}$$

在式(4-6)中，大尺度量 $\bar{\phi}$ 实际上是在以 x_i 为中心的长方体单元上的体积平均值，故这种滤波方法也称为 Deardorff 的 Box 方法，即盒式过滤器。

高斯滤波器的傅里叶变换也是高斯型函数。在物理空间与谱空间均有很好的性能，可以微分任意次。虽然高斯滤波器性能最好，但计算较为麻烦，现阶段用得较多的还是盒式滤波器，简单方便。有些情况下用谱方法解流动方程，采用非标准傅里叶展开，如在计算槽道中流动时，常在垂直方向采用 Chebychev 多项式展开，于是滤波函数也可定义在展开函数的指标空间中。滤波器宽度 Δ_i 并不必须与数值计算所用的网格间距相联系。原则上计算网格的尺寸应小于滤波器宽度。

4.1.1.3　大涡模拟控制方程与亚格子雷诺应力

1. 大涡模拟控制方程

假定过滤过程和求导运算可以交换，将上述滤波运算用于 N-S 方程，得

$$\frac{\partial\rho}{\partial t}+\frac{\partial(\rho\overline{u_i})}{\partial x_i}=0 \tag{4-8}$$

$$\frac{\partial(\rho\overline{u_i})}{\partial t}+\frac{\partial(\rho\overline{u_iu_j})}{\partial x_j}=-\frac{\partial\overline{p}}{\partial x_i}+\mu\frac{\partial^2\overline{u_i}}{\partial x_j\partial x_j} \tag{4-9}$$

令$\overline{u_iu_j}=\overline{u_i}\ \overline{u_j}+(\overline{u_iu_j}-\overline{u_i}\ \overline{u_j})$，则滤波后的 N-S 方程可写成：

$$\frac{\partial(\rho\overline{u_i})}{\partial t}+\frac{\partial(\rho\overline{u_i}\ \overline{u_j})}{\partial x_j}=-\frac{\partial\overline{p}}{\partial x_i}+\mu\frac{\partial^2\overline{u_i}}{\partial x_j\partial x_j}+\frac{\partial(\rho\overline{u_i}\ \overline{u_j}-\rho\overline{u_iu_j})}{\partial x_j} \tag{4-10}$$

方程式(4-10)和雷诺方程类似形式，右端含有不封闭项亚格子雷诺应力$\overline{\tau_{ij}}$：

$$\overline{\tau_{ij}}=\rho\overline{u_i}\ \overline{u_j}-\rho\overline{u_iu_j} \tag{4-11}$$

$$\rho\overline{u_iu_j}=\rho\overline{(\overline{u_i}+u_i'')(\overline{u_j}+u_j'')}=\rho\overline{\overline{u_i}\ \overline{u_j}}+\rho\overline{\overline{u_i}u_j''}+\rho\overline{u_i''\overline{u_j}}+\rho\overline{u_i''u_j''} \tag{4-12}$$

将式(4-12)带入式(4-11)得：

$$\overline{\tau_{ij}}=\left(\rho\overline{u_i}\ \overline{u_j}-\rho\overline{\overline{u_i}\ \overline{u_j}}\right)-\left(\rho\overline{\overline{u_i}u_j''}+\rho\overline{u_i''\overline{u_j}}+\rho\overline{u_i''u_j''}\right) \tag{4-13}$$

亚格子雷诺应力表达式(4-13)的右边前两项完全依赖于流场的大尺度分量，可在求解方程过程中计算出来；而后面三项内包含有不可解的小尺度量，必须建立其模型。因此，亚格子应力模式是实现大涡模拟的关键。

将式(4-11)带入式(4-10)中得到滤波后的 N-S 方程为

$$\frac{\partial(\rho\overline{u_i})}{\partial t}+\frac{\partial(\rho\overline{u_i}\ \overline{u_j})}{\partial x_j}=-\frac{\partial\overline{p}}{\partial x_i}+\mu\frac{\partial^2\overline{u_i}}{\partial x_j\partial x_j}+\frac{\partial\overline{\tau_{ij}}}{\partial x_j} \tag{4-14}$$

2. 亚格子雷诺应力模式

在引入亚格子雷诺应力$\overline{\tau_{ij}}$模型以后，方程式(4-14)要与连续式(4-8)联立求解。因此，需对亚格子雷诺应力进行模化，使用较为广泛的是涡黏模型：

$$\tau_{ij}=2\mu_t\overline{S_{ij}}+\delta_{ij}\tau_{kk}/3 \tag{4-15}$$

式中　μ_t——亚格子湍流黏性系数；

$\overline{S_{ij}}$——亚格子尺度的应变率张量，定义为

$$\overline{S_{ij}}=\frac{1}{2}\left(\frac{\partial\overline{u_i}}{\partial x_j}+\frac{\partial\overline{u_j}}{\partial x_i}\right)$$

对于μ_t，常采用 Smagorinsky-Lilly 模型，是在亚格子模型的基础上由 Smagorinsky 提出并由 Lilly 进一步完善的。涡黏性系数采用式(4-16)方式模化：

$$\mu_t=\rho L_S^2|\overline{S}|\quad 或\quad \nu_t=L_S^2|\overline{S}| \tag{4-16}$$

$$|\overline{S}|=\sqrt{2\overline{S_{ij}}\ \overline{S_{ij}}} \tag{4-17}$$

式中　L_S——亚格子混合长度，等于过滤长度 Δ，

$$L_S=\min\{\kappa d, C_S V^{1/3}\}$$

其中　C_S——Smagorinsky 常数，

κ——von Karman 常数，

d——到最近壁面的距离，

V——计算单元的体积。

在 Smagorinsky-Lilly 模型中，C_S 值取为 0.1，对管流流动来说能够提供较好结果，对外流则不一定；C_S 值取为 0.18，在实际应用中又明显偏大；在 Smagorinsky-Lilly 动力模型中，Lilly 推导了惯性子区均匀各向同性湍流的 C_S 值为 0.23，然而这个值在平均剪切力出现时或流场过渡区会引起很大尺度的阻尼振动，故使用动态值 $C_S=0\sim0.23$。

Nicoud 和 Ducros 给出了修正的涡黏性系数模化表达式，即所谓的壁面自适应局部涡黏 WALE 模型(wall-adaptinglocal eddy-viscosity model)。

$$\nu_t=C_W L_S^2\frac{(S_{ij}^d S_{ij}^d)^{3/2}}{(\overline{S_{ij}}\ \overline{S_{ij}})^{5/2}+(S_{ij}^d S_{ij}^d)^{5/4}} \tag{4-18}$$

$$L_S=\min\{\kappa d, C_W V^{1/3}\} \tag{4-19}$$

湍流时间尺度为

$$t=\frac{C_t}{2C_S^2|\overline{S}|} \tag{4-20}$$

$$S_{ij}^d=\frac{1}{2}(\overline{g_{ij}}^2+\overline{g_{ji}}^2)-\frac{1}{3}\delta_{ij}\overline{g_{kk}}^2 \tag{4-21}$$

$$\overline{g_{ij}}=\frac{\partial \overline{u_i}}{\partial x_j}$$

常数 C_t 的最小缺省值为 0.025，C_W 的缺省值为 0.544，该值已经被证明适用于较宽范围的湍流流动，其他变量与 Smagorinsky 模式相同。WALE 模型能够合理地描述流动在壁面限界处的渐近行为。此外，WALE 模型确认层流剪切流动中的零湍流黏性，使得计算域中的层流区得到正确处理。而 Smagorinsky-Lilly 则正好相反，产生非零湍流黏性。因此，WALE 模型优于 Smagorinsky-Lilly 模型。本书在大涡模拟中采用 WALE 模型。

4.1.2 大涡模拟初始条件和边界条件

在确定亚格子应力模型，使大涡模拟控制方程封闭以后，还需要确定适定的初始条件和边界条件。湍流是一种随机过程，描述湍流的理论 N-S 方程和 LES 方程都是随机偏微分方程。严格地讲，大涡模拟开边界上的速度应当是任意瞬间的样本速度，包括平均速度和脉动速度，而脉动速度随时间的变化是无法预知其随机分布规律的；同样地，初始流场也有类似困难，无法预知脉动速度场的空间随机分布。因此，大涡模拟只能近似地给出恰当的、近似的，不违反流动控制方程和相关物理约束条件的初始条件和边界条件。在这些恰当的条件下，数值积分推进 M 步(往往达上万步)以后，流动进入比较真实的湍流状态，然后继续推进足够的时间步，直到获得足够的统计样本为止。因为脉动速度场的长时间相关总等于零，所以经过足够长时间后初始场的随机状态对湍流脉动场的发展几乎没有影响。关于边界条件也是如此，脉动速度场的远距离相关总等于零，因此可以将计算的边界向外扩展，较为真实的湍流从计算边界的下游某截面开始。

1. 初始条件

对于切变湍流，理想的初始条件是从层流状态开始，加上适当的扰动，让流动自然发展到湍流。这种设想看起来非常合理，但是采用大涡模拟方法计算自然转捩过程十分困难。一是流动转捩到湍流的过程不清楚；二是即使给定的扰动能够转捩到湍流，也需要很长时间；三是湍流转捩的最后阶段流动十分复杂，要求数值耗散非常小，网格分辨率和计算精度甚至比直接数值模拟湍流还要高。

理论上，大涡数值模拟属于高雷诺数充分发展的湍流的数值计算方法，如何定义层流或转捩阶段亚格子应力是一个问题。对于湍流数值模拟来说，可以不考虑转捩的真实性，只是把它作为一种近似给定初始条件的方法。在复杂湍流的大涡模拟中，难以给出初始速度场，但可以从初始速度场等于零开始计算，当流动达到充分发展湍流状态后继续计算，直到得到足够多样本，然后进行统计平均。

2. 边界条件

(1)固体壁面条件：采用无滑移条件，与雷诺平均方法相同。

(2)周期条件：如果湍流脉动在某一方向是统计均匀的，那么在该方向上可以采用周期条件。本书列车风和横风形成的非对称三维流场中，只有在离开列车足够远的地方才在列车尾流表现出一定的湍流均匀性，需要非常大的计算域尺度，不适合使用周期条件。

(3)进口条件：进口条件属于开边界条件。对于空间发展的流动，简单地给定计算边界上的瞬时速度分布，往往得不到正确结果。将进口截面向上游移动，并在其上给定时间上随机的速度分布。这样做时间推进时，流动在下游相当长距离后，发展到真实的湍流状态；这段长度大约是进口平均位移厚度的 50 倍。对于本书三维复杂湍流绕流，将列车前方来流和横风来流的进口截面上移，列车来流为恒定流速，横风来流既可以是定常的，也可以是非定常的。

(4)出口条件：出口也属于开边界，出口的脉动量是随机的。对于流向发展的湍流，必须采用非定常的出口条件，一种近似的条件是$\frac{\partial \eta}{\partial t}+u_{\text{out}}\frac{\partial \eta}{\partial x}=0$，$\eta$ 为任意流动变量。对于湍流运动，该式是近似边界条件，在出口附近的湍流场不是真实流动，因此可将数值出口边界移到真实出口下游一定距离处。本章在列车尾流后留出足够空间，在计算域出口处采用压力出口边界条件。

4.2　非定常流动大涡模拟适用性验证

对于来流非定常情况，无疑可以采用非定常雷诺平均方法进行分析研究；对于来流定常、绕过某个钝体后产生的非定常流动情况，采用大涡模拟能够得到准确结果是国内外学者的共识。高速列车横风绕流与此类似，为了保证模拟方法正确性，对大涡模拟方法适用性进行验证。

三维方柱绕流是截面为正方形的细长柱体在来流作用下(攻角一般为 0°)产生的复杂流动,具有不稳定的涡脱落、流动分离和再附着、尾迹的形成与发展等流场特征,这种流动现象与自然界中的许多流动问题有关。鉴于方柱绕流的资料和成果较为丰富,可以雷诺数为 22 000 的三维方柱绕流作为 LES 模型的验证算例,得到典型统计量,与已有的数值和试验结果进行对比分析。

1. 数值模型

三维方柱绕流的滤波方法和亚格子模型如前所述。计算域及边界条件如图 4-2 所示,入口边界采用速度进口,出口采用压力出口,方柱表面采用无滑移壁面条件,计算域展向及横向采用对称边界条件。

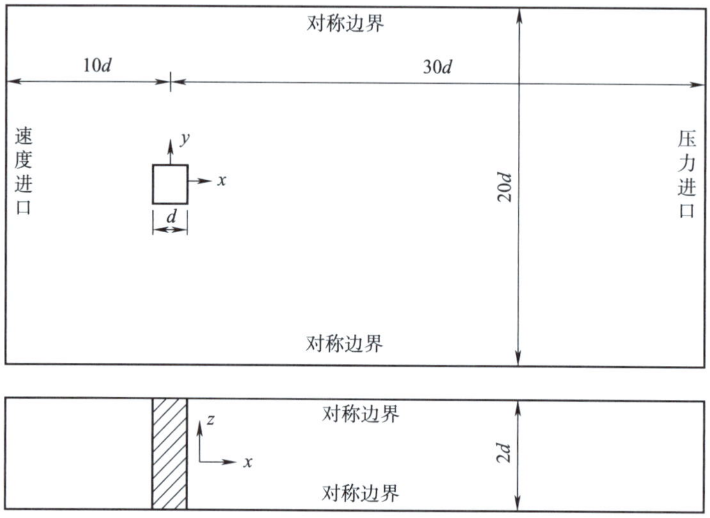

图 4-2 三维方柱计算区域及网格划分示意

方柱的尾迹区和侧面脱流区进行网格加密,计算网格总数为 300 万;时间步长为 0.000 5 s,计算时间共 18 s。

2. 计算结果

方柱绕流研究中主要考察的全局统计量有:旋涡脱落频率 St、升力系数平均值 $\overline{C}_L$ 及脉动均方根 C'_L、阻力系数平均值 $\overline{C}_D$ 及脉动均方根 C'_D。通过数值模拟计算,得到了阻力系数和附加升力系数的时程曲线,如图 4-3 所示。由图 4-3 可知,阻力系数和升力系数具有典型的脉动性,但均围绕某一确定值脉动,这是由方柱尾迹区分离涡的非定常性质引发的。

对本节所计算结果在统计时间内进行平均,得到全局统计量,与已有的试验和数值计算结果一起列于表 4-2 中。由表 4-2 可知,本书结果与其他数值模拟结果基本吻合。斯特劳哈尔数 St 与试验结果非常接近,误差小于 5%;平均阻力系数位于 Lyn 试验值范围内,也介于 Grigoriadis 和朱伟亮模拟结果之间，可能是亚格子模型的差异造成的，但偏差也很小。平均升力系数与其他结果相差较大，可能是 $\overline{C}_L$ 很小，接近于零，这一偏差可通过增加统计时长消除；升力系数的脉动均方根与其他结果偏差稍大，但也在可接受范围内，可能是计算域和边界条件的影响造成。

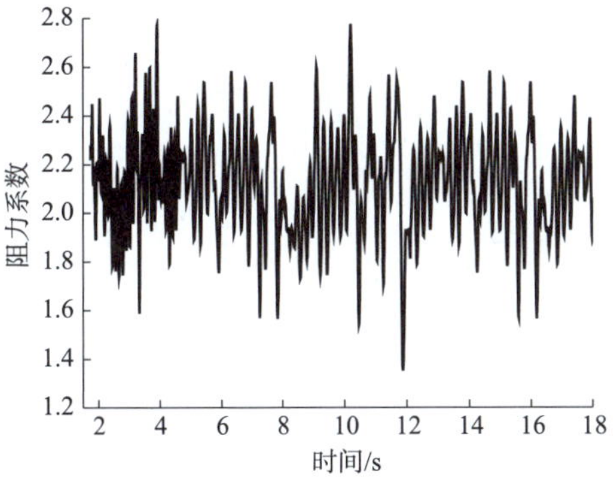

(a)阻力系数时程曲线

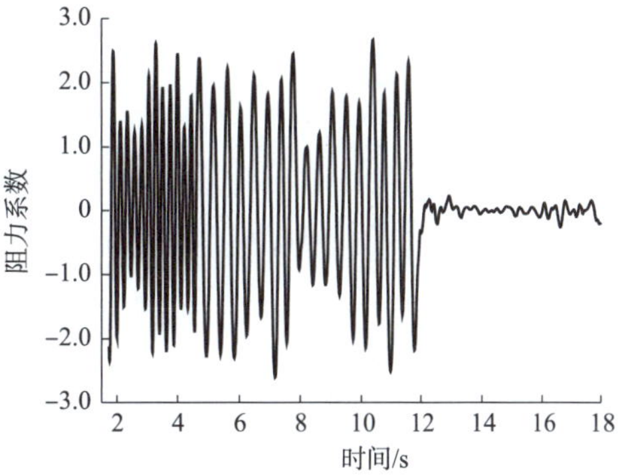

(b)升力系数时程曲线

图 4-3　阻力系数和升力系数时程曲线

表 4-2　三维方柱绕流大涡模拟各参量值

工况	St	$\overline{C}_D$	C'_D	$\overline{C}_L$	C'_L
Lyn	0.135	2.05～2.23	—	—	—
Durao	0.139	2.21	0.18	0	1.21
Murakami	0.132	2.09	0.13	—	1.60
Grigoriadis	0.132	1.95	0.11	−0.004	1.03
朱伟亮	0.132	2.29	0.18	−0.003	1.43
本书	0.133	2.13	0.22	−0.001	1.51

注：Durao(1988 年)试验 Re=14 000；Lyn(1995 年)试验 Re=22 000；Grigoriadis(2003 年)数值模拟 Re=22 000；朱伟亮(2011 年)数值模拟 Re=22 000；本书(2012 年)数值模拟 Re=22 000。

综上，通过方柱大涡模拟计算，大涡模拟方法能够得到验证，后面高速列车流场的非定常数值模拟即采用类似的方法和之前的 RANS 方法相结合进行模拟计算。

4.3　非定常流动分离涡模拟方法

在模拟附面层中大量小尺度脉动运动时，若采用大涡模拟(LES)方法，需在附面层内设置非常细密的网格，因而计算量巨大。若在湍流附面层内采用 RANS 方法，而在其他区域采用 LES 方法，可大大降低计算时间、减少计算资源占用；同时，其计算结果与 RANS 方法相比也有所改善。

分离涡模拟(DES)方法最初由 Spalart 提出,是把大涡模拟与常规 RANS 方法结合起来进行分离涡模拟的一种新方法。本章尝试采用基于 Menter k-ω SST 两方程湍流模型的 DES 方法求解 N-S 方程,模拟横风作用下高速列车周围非定常绕流流场。

1. 湍流模型方程

Menter k-ω SST 两方程湍流模型方程为

$$\frac{\partial(\rho k)}{\partial t}+u_i\frac{\partial(\rho k)}{\partial x_i}=P_k-\frac{\rho k^{3/2}}{l_{k\text{-}\omega}}+\frac{\partial}{\partial x_i}\left[\left(u_l+\frac{u_t}{u_k}\right)\frac{\partial k}{\partial x_i}\right] \tag{4-22}$$

$$\frac{\partial(\rho\omega)}{\partial t}+u_i\frac{\partial(\rho\omega)}{\partial x_i}=C_\omega P_\omega-\beta_\omega\rho\omega^2+\frac{\partial}{\partial x_i}\left[\left(u_l+\frac{u_t}{\sigma_k}\right)\frac{\partial k}{\partial x_i}\right]+2\rho(1-F_1)\times\frac{1}{\sigma_{\omega2}}\frac{1}{\omega}\frac{\partial k}{\partial x_i}\frac{\partial\omega}{\partial x_i} \tag{4-23}$$

$$\mu_t=\min\left\{\frac{\rho k}{\omega},\frac{a_1\rho k}{\Omega F_2}\right\} \tag{4-24}$$

式中 P_k,P_ω——湍流生成项,根据文献[92]取模型方程中的常数。

2. 分离涡模拟方法

在 k-ω SST 湍流模型 k 方程的耗散项中,湍流尺度参数 $l_{k\text{-}\omega}$ 的表达式为

$$l_{k\text{-}\omega}=k^{1/2}/\beta_k\omega \tag{4-25}$$

DES 方法中,$l_{k\text{-}\omega}$ 将由 $\min\{l_{k\text{-}\omega},C_{DES}\Delta\}$ 代替,$\Delta=\max\{\Delta_x,\Delta_y,\Delta_z\}$ 为网格单元的最大边长,常数 $C_{DES}=0.65$。在靠近物面的边界层中,$l_{k\text{-}\omega}\leqslant\Delta$,该模型充当 k-ω SST 湍流模型;当远离物面 $l_{k\text{-}\omega}>C_{DES}$ 时,该模型为大涡模拟中的亚格子雷诺应力模型。

4.4 恒定横风作用下高速列车暂态气动特性

以 CRH 型高速列车为典型对象,根据其真实外形建立三维模型,以 GV300-20-90 为典型工况,采用分离涡模拟法进行大规模并行计算,分析高速列车在恒定横风作用下横风绕流的非定常暂态特性。

4.4.1 列车外流场非定常性质

1. 列车外流场流线谱

列车外流场的非定常性质可通过不同时刻的流场结构反映出来。在头车、中车和尾车上各取若干截面,对其流线图进行分析,如图 4-4~图 4-6 所示。总体上看,同一横截面在各个时刻的非定常流动与定常流动的流线趋势是一致的,但不同时刻的流场与定常流动的流场在细部结构上存在较为明显的差别。

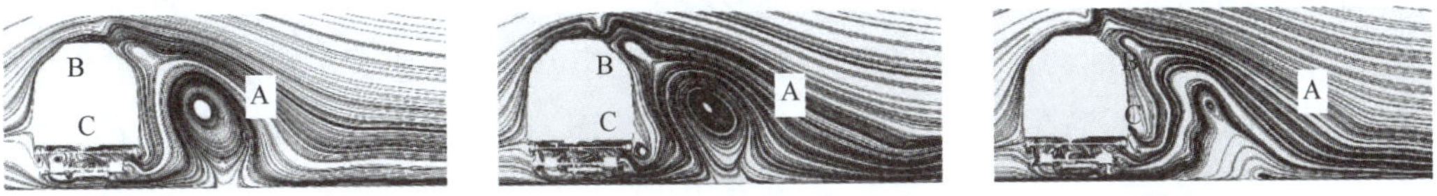

(a)定常流动　　(b)t=0.1 s　　(c)t=0.5 s

(d)t=1.0 s　　(e)t=1.4 s　　(f)t=2.0 s

图 4-4　列车上横截面 S_{11} 定常与非定常流动流线图

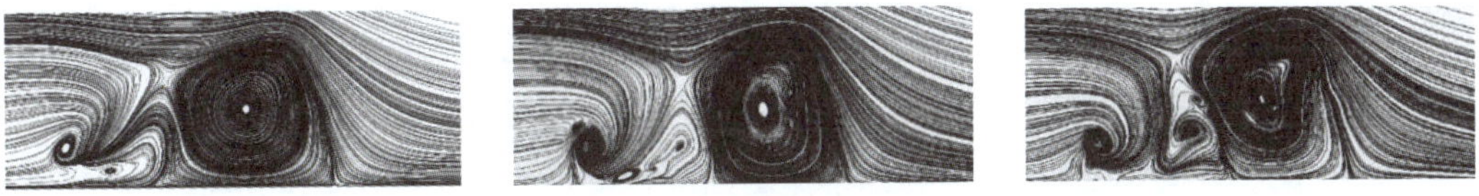

(a)定常流动　　(b)t=0.1 s　　(c)t=0.5 s

(d)t=1.0 s　　(e)t=1.4 s　　(f)t=2.0 s

图 4-5　列车上横截面 S_{15} 定常与非定常流动流线图

(a)定常流动　　(b)t=0.1 s　　(c)t=0.5 s

(d)t=1.0 s　　(e)t=1.4 s　　(f)t=2.0 s

图 4-6　列车上横截面 S_{16} 定常与非定常流动流线图

采用分离涡模拟得到的流场信息比雷诺平均模拟的要细致得多。在非定常流动各个时刻的流线图中，t=0.1 s 的与定常流动的最接近。但随着时间的推进，与定常流动的相比，几乎全部截面在各个时刻的背风侧分离涡的几何尺度和位置均发生变化，而且分离涡的数量也发生改变，两种流动流场结构的差异逐步增大。

如果视定常流动的结果为非定常流动的起始时刻(t=0 s)，那么在整个时间进程中，可以看到背风侧涡流的演化过程。如图 4-4 中 S_{11} 截面，在整个过程中始终存在着主流分离涡 A，但其形状、尺寸和位置发生变化，并伴生出附加的小尺度分离涡。在 t=0 s时，背风侧壁面上下转角处开始形成小分离涡 B 和 C；小涡 C 在 t=0.1 s时形成，在 t=0.5 s时破碎扩散，在 t=1.0 s时又重新开始构造，至 t=1.4 s时完全形成；而小涡 B 在 t=1.0 s时初现雏形，在 t=1.4 s时完全形成，在 t=2.0 s时又破碎扩散。其间，在 t=1.4 s时，生成了小涡 D，一共有 4 个分离涡初现，该时刻是背风侧出现分离涡相对最多的时刻，随后又恢复到3 个。类似的现象同样也出现在其他截面，而且一般随着列车纵向距离即来流绕流距离的增加而愈加明显。相对而言，头车的扰流流场比中车和尾车的要稳定些。可见，列车的非定常绕流流场是不稳定的，特别是中车和尾车的更加突出。

此外，在列车上各个截面中，有、无转向架和受电弓等局部构件的截面流场与定常流动的差异程度有所不同。前者的流场结构比后者紊乱得多，转向架所在截面的车体底部存在较多不稳定的小分离涡，而且会影响到车体侧面下方的流场，伴生出一些分离涡，而在无转向架的截面，车体底部未见有明显的分离涡。这一现象说明，转向架、受电弓基座等局部构件的扰动对非定常流动影响较大，也是引起局部非定常流动的因素。

在列车的尾流区，如尾车鼻锥处截面 S_{15} 和位于下游距鼻锥 3.462 m 处截面 S_{16}，与定常流动的流线图相比，涡流随着时间的推进而演化的不稳定性也是十分明显的。两个主涡虽然一直保持，但其形状、尺度和位置却是变化的。而且，在它们之间有一个不稳定的小尺度涡周期性地产生和消失。

2. 列车外流场涡量分布

列车外流场分离涡强度变化可以由不同时刻涡量图表征，涡量强度由式(4-26)求出。

$$\boldsymbol{\omega}=\nabla\times\boldsymbol{u}=\begin{vmatrix} \boldsymbol{i} & \boldsymbol{j} & \boldsymbol{k} \\ \dfrac{\partial}{\partial x} & \dfrac{\partial}{\partial y} & \dfrac{\partial}{\partial z} \\ u & v & w \end{vmatrix} \tag{4-26}$$

在头车、中车和尾车上以及尾车尾迹区各取若干截面，对其涡量及涡量分布情况进行分析，如图 4-7～图 4-9 所示。总体上看，同一横截面分离涡的涡量在不同时刻分布规律大体相同，但不同时刻最大涡量位置有所不同，涡核在一定区域内变化。相对而言，头车截面涡量变化程度较小，变化区域集中在背风侧壁面下部位置附近(图 4-7)；中车截面涡量变化范围较大，涉及背风侧壁面整个高度，而且向背风侧尾流下游扩展(图 4-8)；尾车截面涡量变化范围最大，不仅涉及背风侧壁面整个高度，而且向右上方和背风侧尾流下游扩展，分布和变化的范围更大(图 4-9)。

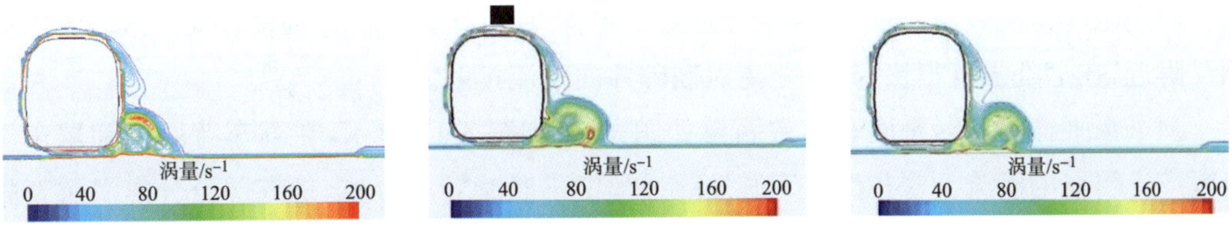

(a)t=0.1 s　(b)t=0.5 s　(c)t=1.0 s

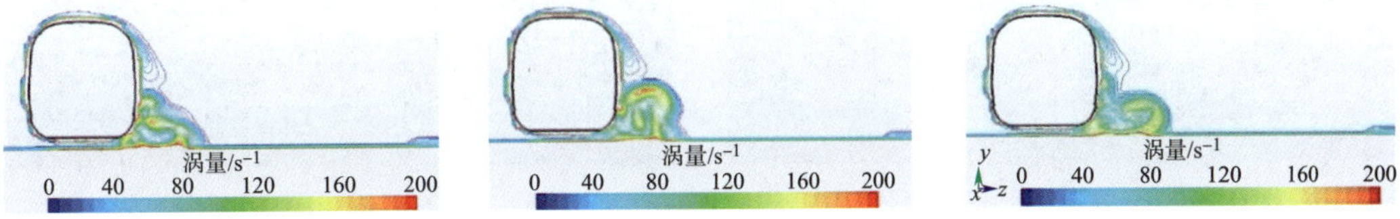

(d)t=1.4 s　(e)t=1.8 s　(f)t=2.0 s

图 4-7　列车头车上横截面 S_4 非定常涡量图

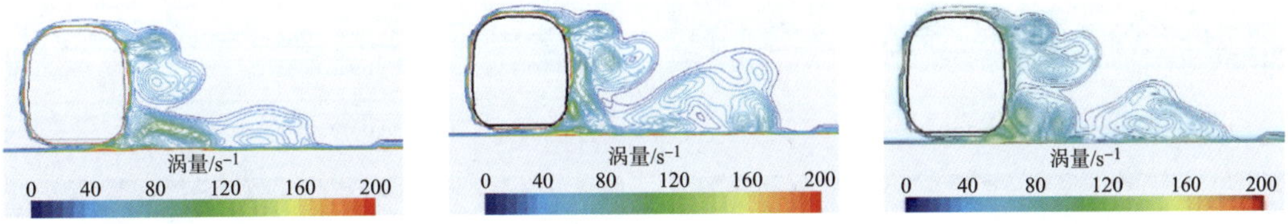

(a)t=0.1 s　(b)t=0.5 s　(c)t=1.0 s

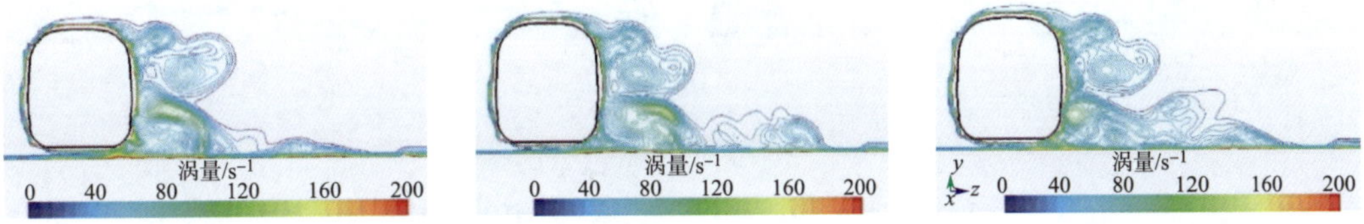

(d)t=1.4 s　(e)t=1.8 s　(f)t=2.0 s

图 4-8　列车中车上横截面 S_8 非定常涡量图

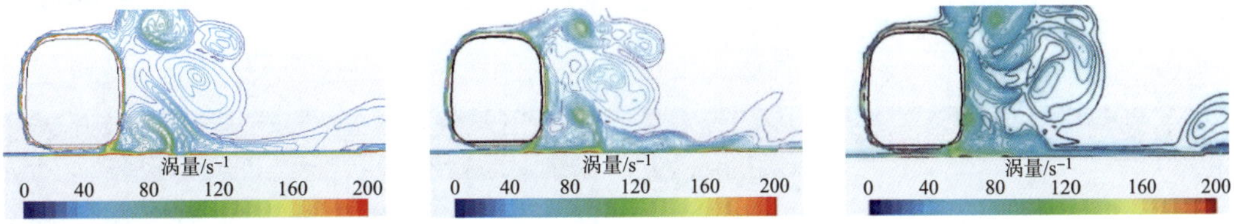

(a)t=0.1 s　(b)t=0.5 s　(c)t=1.0 s

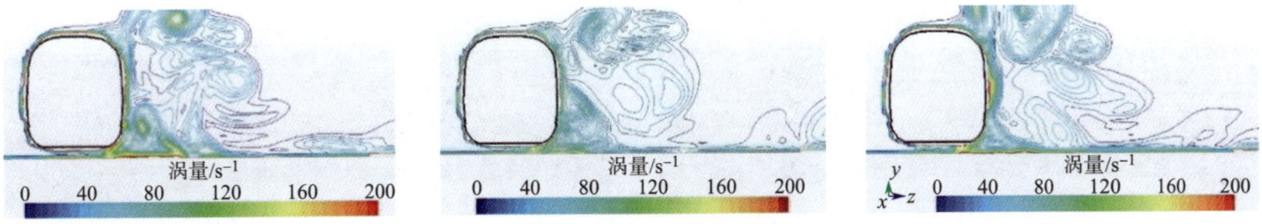

(d)t=1.4 s　(e)t=1.8 s　(f)t=2.0 s

图 4-9　列车尾车上横截面 S_{12} 非定常涡量图

由于尾车是流线体，流体分离情况远好于钝体，所以尾流区涡量强度较大的区域集中在轴线附近，在远处强度很快降低，分离涡破碎并向下流扩散。

列车水平截面和铅垂面非定常涡量如图 4-10 和图 4-11 所示，在列车背风侧和尾车尾流区产生明显的涡流。这些涡在下游发展过程中不断旋转和分离，也有部分分离涡重新附着于车体壁面上。这一过程具有间断性、周期性，是列车受到非定常气动荷载的原因。

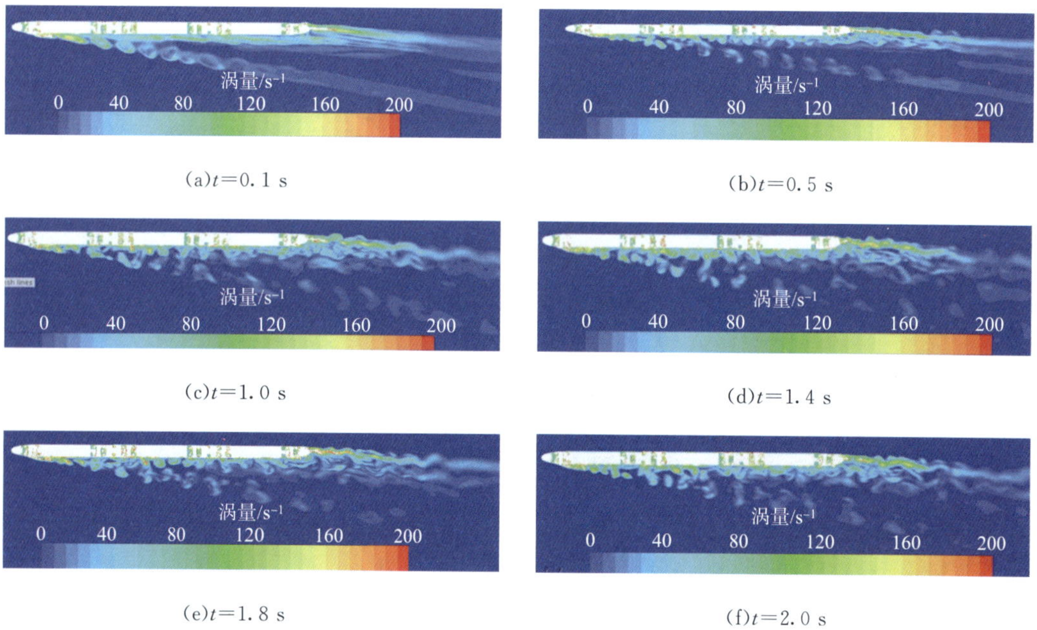

(a)t=0.1 s (b)t=0.5 s

(c)t=1.0 s (d)t=1.4 s

(e)t=1.8 s (f)t=2.0 s

图 4-10　列车水平截面非定常涡量图

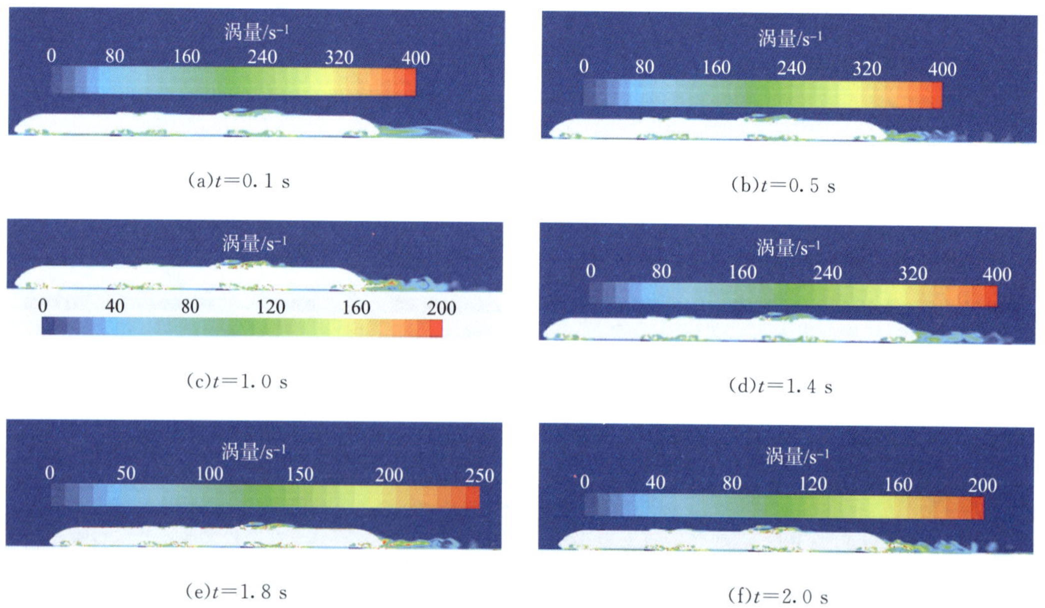

(a)t=0.1 s (b)t=0.5 s

(c)t=1.0 s (d)t=1.4 s

(e)t=1.8 s (f)t=2.0 s

图 4-11　列车铅垂面非定常涡量图

列车绕流在不同时刻的涡量分布大体相同，越靠近列车，涡量越大。涡量分布和强度有所不同。沿着偏航角，列车背风侧下游在 $t=0.1$ s 时存在着一个明显的涡列，该涡列随时间不同而逐渐分散，伴生出新的涡列，并在 $t=1.0$ s 时基本稳定下来，形成 3～4 个涡列。涡的强度和位置随时间略有不同，但都表现出一定的周期性。此外，在转向架、受电弓基座、空调整流罩以及尾车的尾流区域都存在明显的涡流，离这些构件或区域越近，涡流强度越大，如图 4-11 所示。

可见，高速列车背风侧和尾车的尾流区流动十分复杂，存在许多涡量强度不同、空间几何尺度各异的分离涡。它们不断从车体产生、脱落、附着、分离、合并，并向下游运动，涡的运动及相互之间的位置关系具有明显的随机性和脉动性。湍流流动的非定常性、脉动性、随机性和拟序结构是恒定风场形成非定常流动的根本原因。

涡从车身分离后在气流的顺流方向产生较长距离的尾涡区，并形成比较规则的涡系——卡门涡。由于准周期性涡的产生，尾流区流场是不稳定的，各点物理量均随车身的涡分离频率 f 变化，对应的无量纲频率，即斯特劳哈尔数(Strouhal number)St 为

$$St=\frac{fD}{v_\infty} \tag{4-27}$$

式中　D——特征长度，用列车横截面的水力直径表示，$D=3.25$ m。

计算出 St 后，可通过式(4-27)计算出尾涡的频率 f。

4.4.2　列车气动荷载时域及频域特性

由于列车外流流场结构的非定常性，列车表面压力分布具有明显的脉动性质，因此列车所受的气动荷载也是非定常的，分析其时域特性可以得到气动荷载随时间变化的规律；分析其频域特性可以发现气动力峰值频率与车辆系统固有振动模态频率之间的关系，有助于列车的气动安全性的深入研究。

4.4.2.1　列车表面压力分布

为了分析压力波的时程变化情况，在列车表面和周围布置若干压力监测点，如图 4-12 所示。

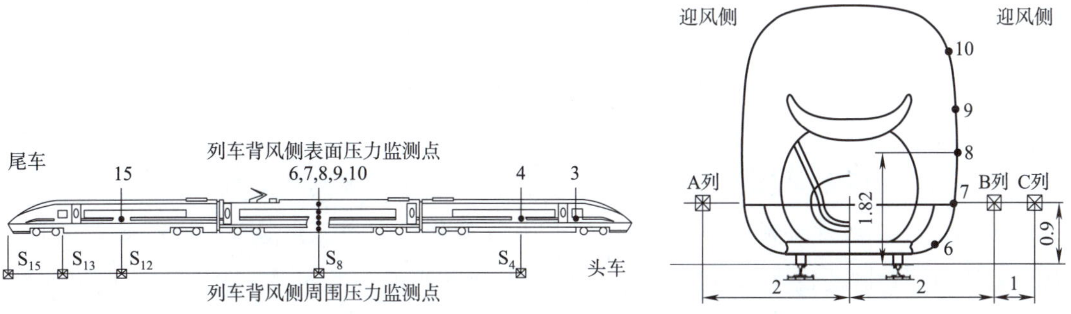

图 4-12　列车的表面及其周围压力监测点分布(尺寸单位：m)

压力监测点3、4位于头车上，点6、8、10、7、9位于中车上，点15位于尾车上，是列车表面上压力监测点，其中监测点3、4、6、8、10均位于背风侧的壁面上；点8距轨顶面1.82 m，是列车横截面的最宽处。监测点S_4、S_8、S_{12}、S_{13}、S_{15}是列车周围压力监测点，共有A、B、C三列，A列布置在迎风侧，B列和C列布置在背风侧，沿纵向分布，与头车鼻锥高度相同，距轨顶面0.9 m。

图4-13为列车背风侧表面监测点压力变化曲线，表面压力波围绕某一平均值脉动，并具有一定的脉动周期，但各点脉动周期并不完全相同。脉动程度最大的是中车监测点6，压力在正压和负压之间变化，最大压差可达350 Pa，其次是监测点8和10；其余监测点压力均为负压，尾车上监测点15压力脉动幅度最小；头车监测点3、4压力脉动幅度位于中车和尾车之间。同一横截面，离列车底部越近，受到的扰动越大，压力波脉动幅度越大。

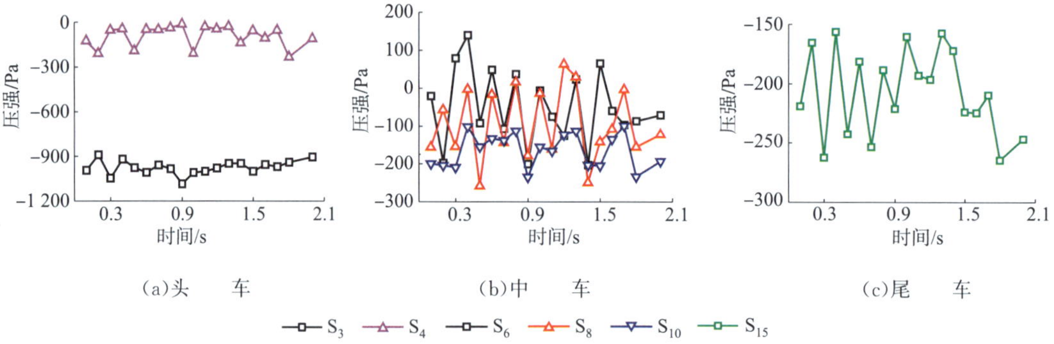

图4-13　列车背风侧表面监测点压力时程曲线

由此可知，列车迎风侧＋头车和背风侧＋尾车的表面压力大小和分布区域均随时间进程有一定的变化，表现出一定的非定常性。因此，通过压力和切应力积分得到的气动作用力和力矩也应表现出一定的非定常性。

4.4.2.2　列车周围监测点压力脉动

图4-14为不同时刻列车周围压力分布，不同时刻的压力分布大体相同，但分布区域和范围以及压力值大小存在差别。特别是在尾车的流线体段附件，压力分布在不同时刻有比较明显的变化。

为了详细分析列车周围压力波变化情况，在流场中选取若干点监测其压力变化，监测点位置与图4-13的一致，其压力波变化情况如图4-15所示，时间间隔为0.1 s。由图4-15可知，部分监测点压力脉动较小，脉动幅值在200 Pa以内，如迎风侧A列S_4、S_8、S_{12}点，背风侧B列S_{12}、S_{13}、S_{15}点，背风侧C列S_4、S_8、S_{13}，其中A列和C列中S_8点脉动幅值不超过50 Pa；部分监测点压力脉动较大，如迎风侧A列S_{13}点脉动幅值最大可达600 Pa，S_{14}点也达到400 Pa，背风侧B列S_8、S_4点压力脉动幅值分别超过400 Pa和300 Pa，背风侧C列S_{12}、S_{15}点压力脉动幅值均在300 Pa左右。可见，列车周围压力波都处于随机变化状态，大部分区域的压力围绕平均值变化,但也有偏离平均值很远的情况,而且脉动周期也是多变的。

(a)t=0.1 s

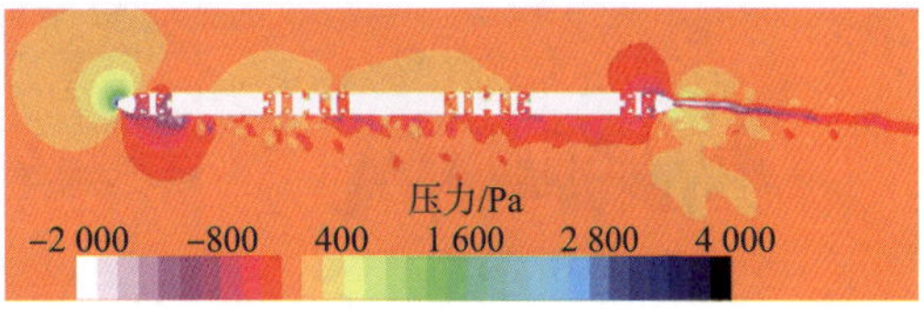

(b)t=0.5 s

(c)t=1.0 s

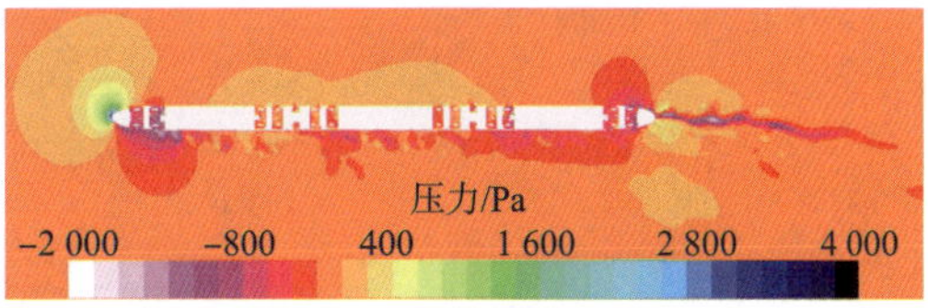

(d)t=1.4 s

(e)t=1.8 s

(f)t=2.0 s

图 4-14　不同时刻列车周围压力分布(通过头车鼻锥水平截面)

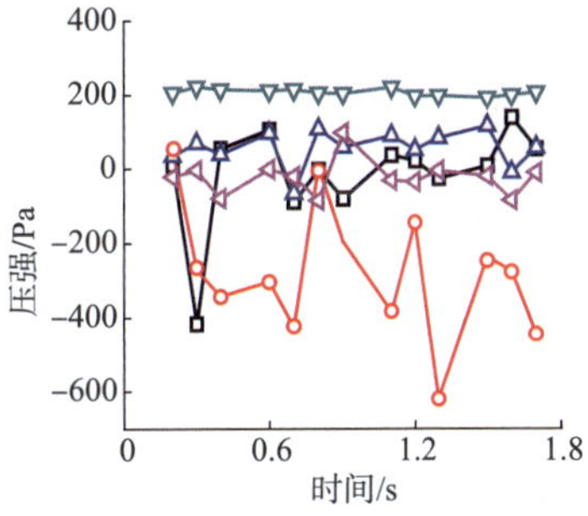

(a)迎风侧,A 列

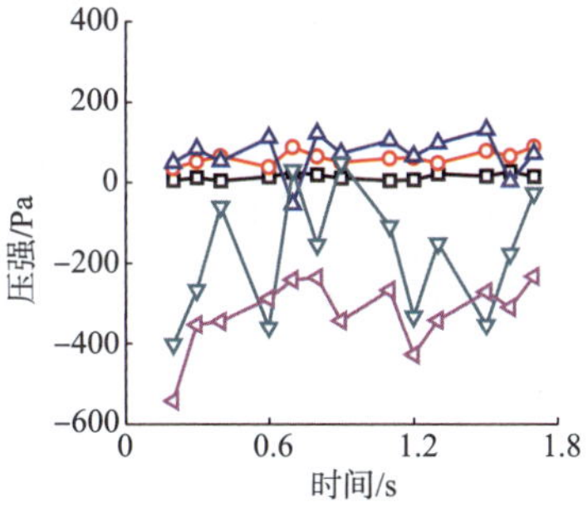

(b)背风侧,B 列

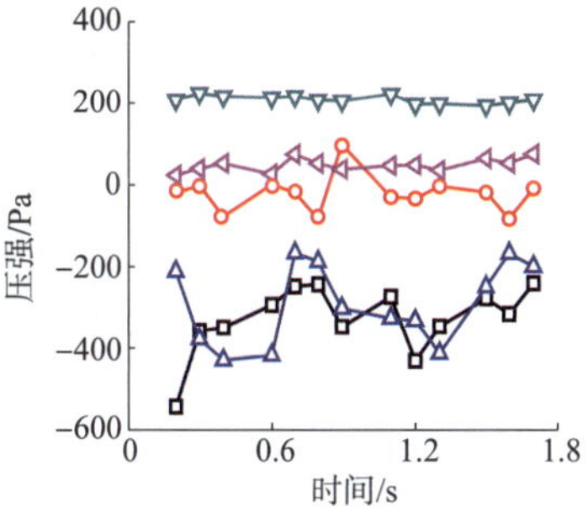

(c)背风侧,C 列

S_4　S_8　S_{12}　S_{13}　S_{15}

图 4-15　列车周围监测点压力时程曲线

4.4.2.3　列车气动荷载时域特性

压力变化的随机性和脉动性必然使得列车气动荷载也表现出相应的、比较明显的非定常性质。图 4-16 是工况 GV300-20-90 在非定常条件下采用分离涡模拟得到的气动力和力矩的时程曲线,各节车辆气动力和力矩均具有明显的非定常性质,并且围绕某一时均值上下脉动。虽然如此,但作用于各节车辆的气动力时均值的关系与第 3 章按定常流计算所得到的结果是一致的。

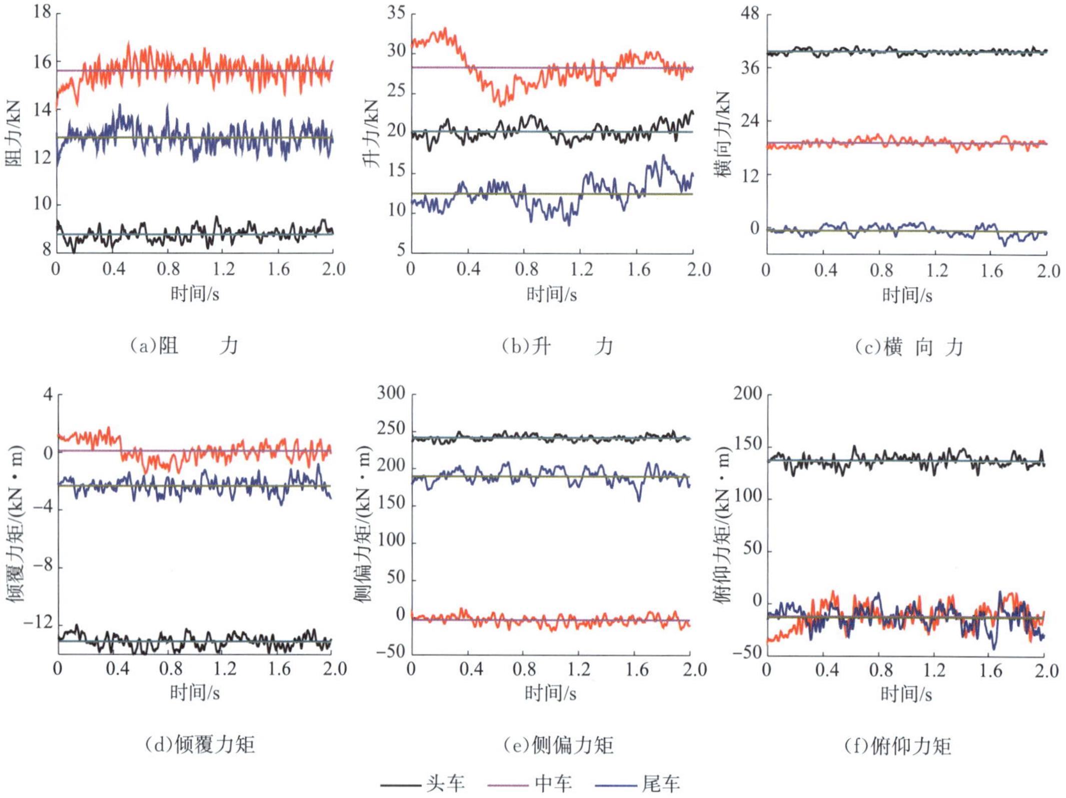

图 4-16　高速列车(3 节车编组)气动作用力变化时程曲线

为了分析流动非定常性质对气动力和力矩数值模拟结果的影响，表 4-3 给出了工况 GV300-20-90 在定常条件下采用雷诺平均法模拟得到的气动力和力矩与其在非定常条件下采用分离涡模拟得到的气动力和力矩的比较情况。

表 4-3　工况 GV300-20-90 非定常气动力平均值与定常气动力比较

车辆	阻　力			横向力			升　力			倾覆力矩		
	定常	非定常	差值	定常	非定常	差值	定常	非定常	差值	定常	非定常	差值
头车	9.20	8.78	4.62	40.47	39.62	2.11	21.39	20.26	5.28	−12.97	−13.10	−1.02
中车	13.91	15.61	−12.24	17.87	19.06	−6.71	32.49	28.27	13.01	1.96	0.11	94.41
尾车	13.31	12.83	3.61	3.48	−0.74	121.20	10.78	12.46	−15.55	−2.56	−2.34	8.68
全车	36.42	37.22	2.20	61.82	57.94	6.28	64.66	60.99	5.68	13.57	15.33	12.97

注：表中非定常为平均值；阻力、横向力和升力单位为千牛(kN)，倾覆力矩单位为千牛米(kN·m)；差值为百分比(%)。

定常流动模拟的气动力和力矩与非定常流动模拟的相比，二者存在一定的差异，相对差值一般在 15%以内，只有尾车横向力和中车倾覆力矩的相对差值在 100%左右。从流动结构角度看，具有定常流动的流场与非定常流动的流场具有大体相同的结构，总体涡流的趋势一致，所以气动力计算在流场结构相对稳定的地方不至于相差很大，但在流场结构不太稳定的地方，非定常流动的脉动性加强，气动力计算结果相差较大。

头车气动力平均值相对差值最大 5.28%，最小仅 1.02%，说明定常流动与非定常流动时均流动的结果吻合得较好。而恰好头车是三节车辆中气动安全性最差的，并且尾车横向力和中车倾覆力矩都很小，因此在列车横风安全性评估中，头车的气动特性是关键。此外，尽管部分局部荷载相差较大，但从全车的气动荷载看，按定常流动与按非定常流动计算的结果却相差较小，作用力最大偏差为 6.28%，作用力矩最大偏差为 12.97%，在可接受的围之内。

需要指出的是，虽然整场定常流动与整场非定常流动的时间平均效果是基本一致的，但非定常流动中荷载峰值却比荷载平均值高出较多。如果峰值荷载持续时间较长，也就是说频率较低，就将会对列车气动安全性产生影响。

4.4.2.4　列车气动荷载频域特性

1. 频谱分析

对于非周期性函数 $f(t)$，将其进行傅里叶变换，得到 $f(t)$的频谱函数 $F(\omega)$。

$$F(\omega)=\int_{-\infty}^{+\infty} f(t)\mathrm{e}^{-\mathrm{i}\omega t}\,\mathrm{d}t \quad 或 \quad f(t)=\frac{1}{2\pi}\int_{-\infty}^{+\infty} F(\omega)\mathrm{e}^{\mathrm{i}\omega t}\,\mathrm{d}\omega \tag{4-28}$$

式中　ω——圆频率，$\omega=2\pi f$。

频谱函数的模$|F(\omega)|$是 $f(t)$的振幅函数，亦即振幅频谱。由图 4-16 可知，气动力和力矩均可视为时间的非周期性离散函数，将其进行快速傅氏变换，可得到主要气动荷载的频谱分布情况。

图 4-17 为列车各节车辆的气动荷载频谱（力的频谱密度单位为 N/Hz，力矩的频谱密度单位为 N·m/Hz），非定常气动荷载分布大都在 0～150 Hz 范围内，荷载频谱主要出现在 0～40 Hz 范围内，主要峰值频率集中在 0～10 Hz 范围内。在 0～20 Hz 范围内，随着频率的增加，振幅频谱峰值迅速衰减到最大峰值的 1/10 甚至更低，说明由定常横风所导致的列车所受非定常气动荷载主值的频率较低。头车、中车和尾车的最大振幅频谱峰值所对应的频率并不相同，阻力、升力、横向力和倾覆力矩的最大振幅频谱峰值频率也各不相同。

图 4-17 表明，对于阻力和升力，头车的峰值振幅频谱极值最小，中车最大，尾车居中，这一趋势与头车的迎流流场比中车和尾车的流场要稳定些的性质是一致的（图 3-12 也可证明这一点）。而对于横向力和倾覆力矩，头车的峰值振幅频谱极值最大，尾车最小，中车居中。而且，头车倾覆力矩的频谱比中车的和尾车均要宽，说明其在横风作用下与车体自身频率耦合的范围较宽，危险性更大，这一趋势与第 3 章中结论也是一致的。此外，尾车升力、横向力和倾覆力矩的频谱在 40 Hz 内最不稳定，脉动性比另外两节车更强。

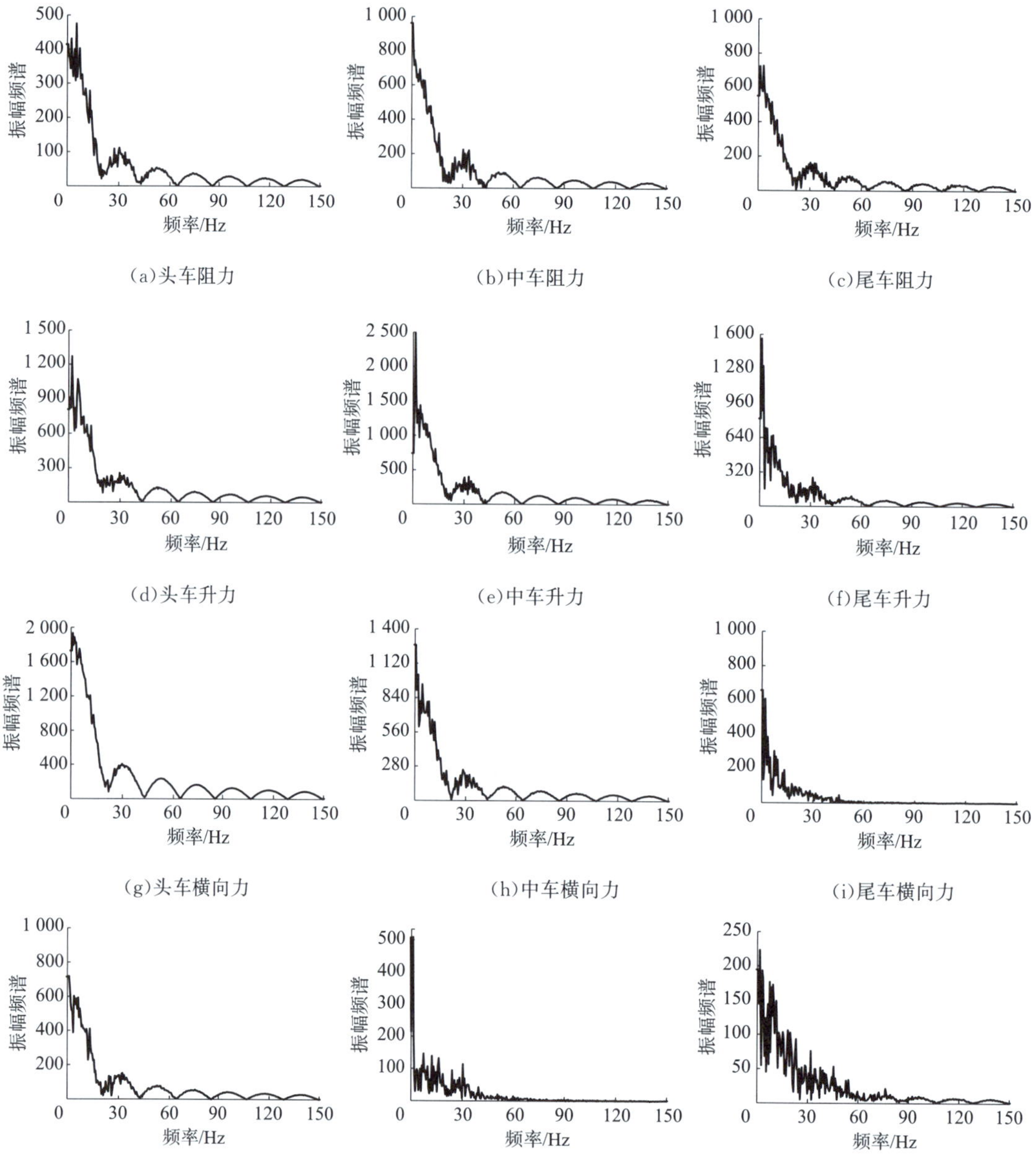

(a)头车阻力　(b)中车阻力　(c)尾车阻力

(d)头车升力　(e)中车升力　(f)尾车升力

(g)头车横向力　(h)中车横向力　(i)尾车横向力

(j)头车倾覆力矩　(k)中车倾覆力矩　(l)尾车倾覆力矩

图 4-17　气动作用力和力矩频谱密度

为了进一步分析，将频率分为两段，参见表 4-4。在第一频段(0～20 Hz)内，荷载振幅频谱峰值出现的频率范围是 0.49～5.37 Hz，第 1 峰值与第 2 峰值相差不大，但对应的频率却一般相差 1～3 倍；荷载振幅频谱在该频段内的总体下降趋势虽然十分明显，但仍然存在多个峰值，其中有的与最大峰值(第 1 峰值)比较接近。而在第二频段(20～40 Hz)内，荷载振幅频谱峰值远低于第一频段内的峰值，二者相差 2～4 倍。该频段内的峰值对应的频率范围是 21.97～33.69 Hz，最大峰值多数出现在 30.27 Hz 附近，该频率范围内的峰值相差不大;第 1 峰值和第 2 峰值对应的频率也比较接近。

表 4-4　各种荷载峰值振幅频谱密度与频率的对应关系

荷载类型	车辆位置	第一频段(0~20 Hz)				第二频段(20~40 Hz)			
		第 1 峰值	频率 1	第 2 峰值	频率 2	第 1 峰值	频率 1	第 2 峰值	频率 2
阻　力	头　车	475.60	5.37	431.60	2.44	111.62	30.27	100.23	29.79
	中　车	962.31	0.49	811.23	0.98	224.74	30.27	220.17	33.69
	尾　车	727.78	2.93	724.67	0.98	163.98	30.27	159.46	32.71
升　力	头　车	1 271.11	1.95	1 071.62	5.37	167.47	30.27	253.20	29.79
	中　车	2 486.68	1.46	1 669.27	0.98	386.96	30.27	397.31	32.71
	尾　车	1 562.29	0.98	1 304.62	1.95	181.94	30.27	267.56	31.25
横 向 力	头　车	1 932.74	0.98	1 886.97	1.95	384.57	30.27	404.84	29.79
	中　车	1 271.25	0.49	1 027.50	1.95	106.34	30.27	233.16	28.81
	尾　车	657.66	0.49	607.92	1.95	43.48	30.27	90.33	21.97
倾覆力矩	头　车	718.31	0.98	714.68	0.49	139.51	30.27	151.79	32.23
	中　车	508.59	0.98	507.00	0.49	113.79	30.27	94.62	23.93
	尾　车	223.41	1.46	194.76	0.49	22.60	30.27	76.10	31.74

可见,在恒定横风作用下,非定常流动中频谱峰值大、对频率变化敏感的荷载集中在0~20 Hz 的第一频段内,最大峰值的频率范围是 0~6 Hz,而且头车、中车、尾车的最大峰值对应的频率并不完全相同。该频率范围内的气动荷载波动比较大,与列车系统本身存在的一些固有振动模态频率接近。在 0~6 Hz 范围内总能找到与滚摆模态频率和摇头频率相耦合的频率。因此,对于工况 GV300-20-90,即使按恒定横风和整场定常流动进行模拟得到的气动荷载不影响列车气动安全性,也不能完全断定列车一定处于安全运行状态。由恒定横风和列车风形成的大雷诺数湍流绕流具有明显的非定常性质,仍然存在因列车车身周期性分离涡而引起列车局部共振、进而导致列车倾覆的可能性。

2. 功率谱分析

从能量贡献的角度看,需要对气动荷载的时域随机信号进行功率谱计算。根据 Parseval 定理,信号傅氏变换模的平方被定义为能量谱,能量谱密度在时间上平均就得到了功率谱。实际上,它也是自相关函数的傅里叶变换,表述为

$$s(\omega)=|F(\omega)|^2=\int_{-\infty}^{+\infty}f^2(t)\mathrm{e}^{-i\omega t}\mathrm{d}t \quad 或 \quad \int_{-\infty}^{+\infty}f^2(t)\mathrm{d}t=\frac{1}{2\pi}\int_{-\infty}^{+\infty}|F(\omega)|^2\mathrm{d}\omega \tag{4-29}$$

为了使计算结果具有普遍性,频域特性的横坐标用式(4-27)定义的斯特劳哈尔数 St 表示。可通过数值模拟求出各气动荷载的功率谱密度与 St 的关系曲线,再通过 St 求出气动力频率 f。

图 4-18 给出了各气动荷载的功率谱密度与频率的关系,各气动荷载功率谱密度在频率范围内的分布情况有所不同,表明能量集中在不同的频率范围内。各自功率谱密度峰值及其对应的频率列于表 4-5 中。

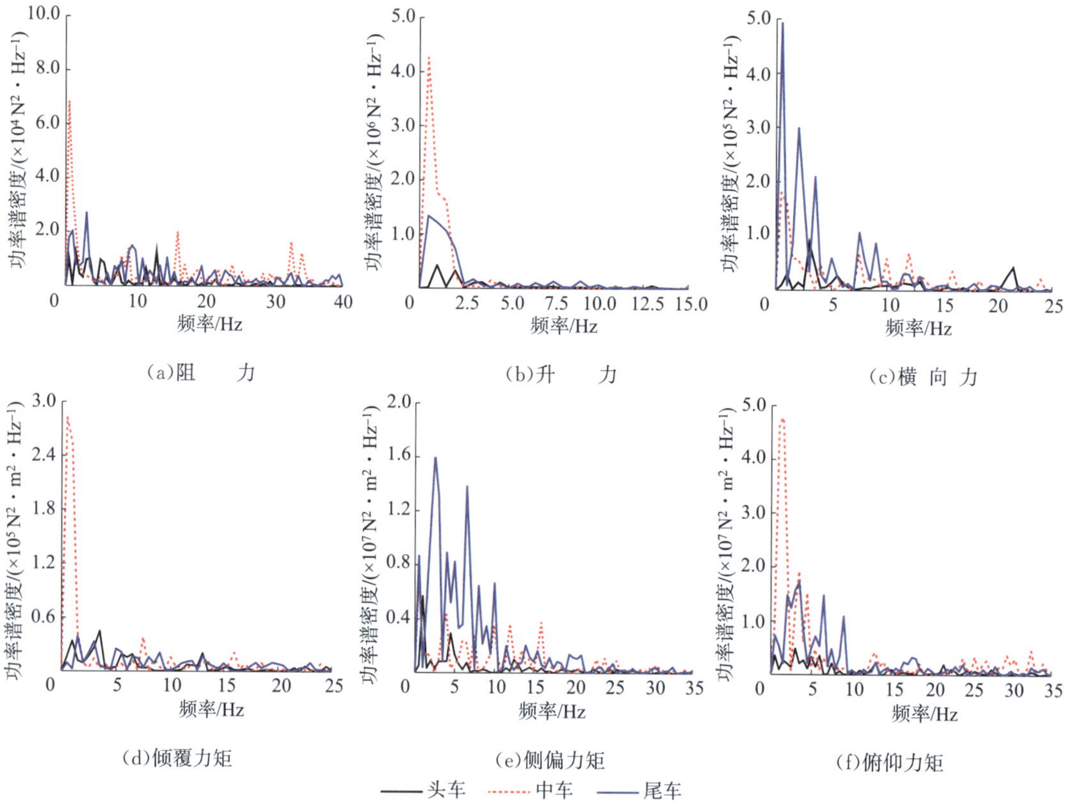

图 4-18　气动荷载功率谱与频率之间关系

表 4-5　各种荷载功率谱密度峰值与频率对应关系

荷载类型	车辆位置	峰值/($\times10^5$ N² · Hz⁻¹)	频率/Hz	荷载类型	车辆位置	峰值/($\times10^5$ N² · m² · Hz⁻¹)	频率/Hz
阻　　力	头　车	0.122	1.5	倾覆力矩	头　车	0.448	3.5
	中　车	0.681	0.5		中　车	2.821	0.5
	尾　车	0.270	3.0		尾　车	0.384	1.5
升　　力	头　车	4.240	1.0	侧偏力矩	头　车	5.699	1.0
	中　车	42.600	0.5		中　车	7.142	0.5
	尾　车	13.300	0.5		尾　车	16.205	2.5
						13.830	6.5
横 向 力	头　车	0.297	1.0			13.080	3.0
	中　车	1.798	0.5	俯仰力矩	头　车	4.835	3.0
	尾　车	4.920	0.5		中　车	47.704	1.5
		2.984	2.0		尾　车	17.158	3.5
		2.089	3.5				

由表 4-5 可知，功率谱密度峰值集中在 0.5～3.5 Hz 的主频范围内，说明气动荷载的能量集中在该频率范围内，该范围与表 4-4 给出的振幅频谱峰值对应的频率范围基本相同，但

由功率谱密度和振幅频谱得到的头车、尾车和中车非定常气动荷载的频率不完全相同。振幅频谱分析说明了气动荷载波动程度与频率的关系，如果波动朝着收敛的方向进行，那么不会对车体的稳定性造成不利影响，波动程度大一些并不会破坏车体的稳定性；若波动是朝着发散的方向进行，则可能导致车体失稳。功率谱密度分析表征了气动荷载能量与频率的关系，能量越大，所对应的频率如果与系统固有频率耦合，则会使车体失稳。不过，各节车辆的六个气动荷载功率谱密度峰值所对应的频率并不相同。

4.4.3　转向架气动荷载时域及频域特性

列车在横风条件下高速运行时，转向架受到的气动荷载在车辆气动荷载中占有一定的比例，而且这一气动荷载即使是在恒定风场作用下也是随机脉动的，如果脉动频率与转向架或其中某个零部件的固有振动频率一致，则对转向架的安全运转是十分不利的。因此，对转向架在时域和频域内的气动特性进行分析是必要的。

以工况 GV300-20-90 为例进行分析，转向架非定常气动力平均值与定常气动力比较见表 4-6。从总体上看，按定常流动和非定常流动模拟得到的转向架气动荷载时均值差别不大，全部转向架的阻力、横向力、升力等各自合力的偏差分别为 2.2%、9.16%、4.0%（均以定常流动的作用力为基准）；全部转向架倾覆力矩合力矩的偏差为 12.96%。但从局部荷载看，各个转向架部分本身数值并不大的气动荷载还存在比较明显的差别，如各节车辆转向架阻力、横向力定常和非定常结果的时均值非常接近，但中车升力定常和非定常结果的时均值则相差 1～3 倍；尾车后转向架的倾覆力矩相差近 2 倍。

表 4-6　转向架非定常气动力平均值与定常气动力比较

气动力		车辆转向架						
		头车		中车		尾车		全车
		前	后	前	后	前	后	
阻力	定常	2.65	2.15	1.48	2.28	2.55	2.07	13.18
	非定常	2.41	2.20	1.68	2.39	2.76	2.03	13.47
	差值	9.06	−2.33	−13.51	−4.82	−8.24	1.93	−2.20
横向力	定常	1.66	1.25	0.80	0.95	1.15	0.85	6.66
	非定常	1.57	1.44	0.83	1.33	1.16	0.94	7.27
	差值	5.42	−15.20	−3.75	−40.00	−0.87	−10.59	−9.16
升力	定常	−0.51	−0.18	−0.36	−0.13	−0.47	−0.60	−2.25
	非定常	−0.56	0.08	−1.16	0.43	−0.13	−1.00	−2.34
	差值	−9.80	144.40	−222.20	430.80	72.34	−66.67	−4.00
倾覆力矩	定常	0.37	0.88	0.38	0.61	0.54	0.23	3.01
	非定常	0.56	1.16	−0.29	1.29	0.98	−0.30	3.40
	差值	−51.35	−31.82	176.32	−111.48	−81.48	230.43	−12.96

注：表中非定常为平均值；阻力、横向力和升力单位为千牛（kN），倾覆力矩单位为千牛米（kN·m）；差值为百分比（%）。

出现较大偏差的原因是在定常流动中未考虑分离涡的随机性和脉动性。对于转向架这样复杂的部件，流体绕流其表面时，流速场、涡量场和压力场的非定常性质对气动荷载的作用是比较明显的。因此，转向架的流场对车辆整体的流场和气动荷载分布均有一定的影响。即使是按定常流动计算也是如此，第3.4节的分析也说明了这一点。

需要指出的是，虽然定常流动与总体非定常流动的时间平均效果是基本一致的，但非定常流动中荷载峰值却比荷载平均值高出较多，而且波幅较大。如果峰值荷载较大且持续时间较长，也就是说频率较低、能量集中，就将会对转向架的稳定运行产生影响。

第 5 章 明线交会环境中高速列车气动特性

事实上，两列列车高速交会时所诱发的空气动力学问题更加突出。此时，列车周围空气受到强烈扰动，尤其是车头或车尾通过瞬间，会引起另一车交会侧的表面空气产生显著的压力冲击，即形成列车交会暂态压力波，同时产生横向气动作用力。这一暂态压力和横向气动作用力会造成车体的横向摆动，对列车头部前窗、中部车厢玻璃以及空调进排风阀口等结构造成危害，严重影响列车行驶安全性和旅客舒适度。本章将考虑转向架、受电弓装置等局部结构，按照 CRH 型高速列车真实几何外形建模，采用滑移网格技术处理列车相对运动，对真实模型与简化模型的列车交会横风气动特性进行对比分析。

5.1 高速列车交会计算模型与计算方法

高速列车交会外流场适用于第 2 章给出的流动控制方程，湍流模型采用 SST k-ω 两方程模型，近壁区流动的处理方法同前述。在模拟过程中，地面静止、列车处于运动状态。

5.1.1 相对运动边界的滑移网格处理方法

当两个运动体相向运动时，运动体及其周围的网格按照规定方向和规定速度移动，计算区域边界不断发生变化，为保证流场通量守恒，采用滑移网格处理技术来模拟运动体的交会过程。

滑移网格处理技术的基本思想是：将两个运动体划分为区域 A 和区域 B，随着 A、B 两区域的运动，区域边界网格在交界面处相互滑移，两个流场的信息之间通过中间的交界面进行传递，求解进入两区域单元的通量，如图 5-1 和图 5-2 所示。

整个网格区域划分成不同的子区域并形成子区域边界，物理变量在网格交界面上是连续的。在图 5-1 中，单元 1-2-3 和单元 4-5 为两个不同的子区域，A-B-C 和 D-E-F 为两个子区域与滑移面重合的边界面，且边界上网格节点位置不完全重合。计算过程中，面 A-B、B-C 和面 F-E、E-D 形成边界面并相对滑动而形成交换面，面 A-B-C 和面 D-E-F 互相切割形成公共面 a-f-b-e-c-d，同时流场信息从单元 5 通过面 f-b-e 传递到单元 1 和 3。

在任意控制体中，模拟移动边界的滑移网格时广义标量 φ 的积分守恒方程为

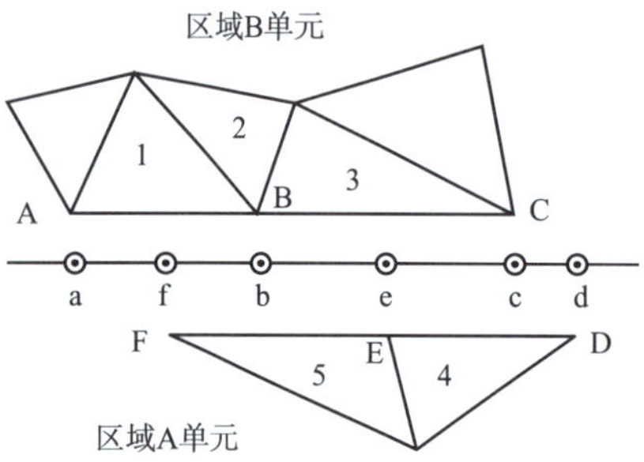

图 5-1　数据交换面信息交换示意

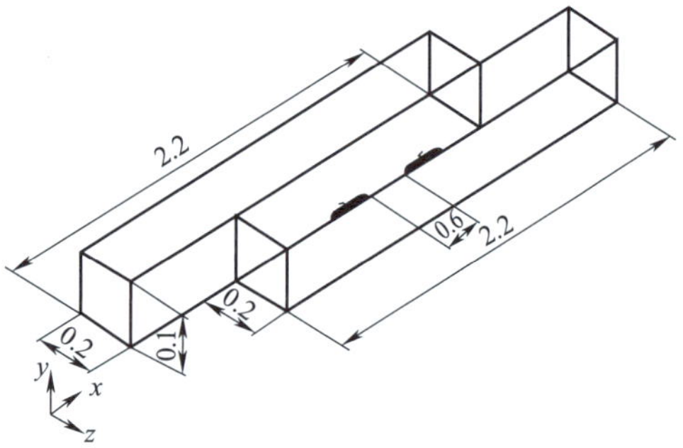

图 5-2　无横风列车明线交会计算域(单位:km)

$$\frac{\mathrm{d}}{\mathrm{d}t}\int_V \rho\varphi \mathrm{d}V + \int_{\partial V} \rho\varphi(\boldsymbol{U} - U_{\mathrm{g}})\mathrm{d}A = \int_{\partial V} \Gamma \nabla\varphi \mathrm{d}A + \int_V S_\varphi \mathrm{d}V \tag{5-1}$$

式中　∂V——控制体 V 的边界;

$\boldsymbol{U}$——速度向量;

U_{g}——滑移网格的滑移速度;

Γ——扩散系数;

S_φ——源项。

方程中的时间导数项,用一阶向后差分格式写成:

$$\frac{\mathrm{d}}{\mathrm{d}t}\int_V \rho\varphi \mathrm{d}V = \frac{(\rho\varphi V)^{n+1} - (\rho\varphi V)^n}{\Delta t} \tag{5-2}$$

n 和 $n+1$ 代表不同的时间层,n 层的 V^{n+1} 由式(5-3)计算。

$$V^{n+1} = V^n + \Delta t \mathrm{d}V/\mathrm{d}t \tag{5-3}$$

$\mathrm{d}V/\mathrm{d}t$ 是控制体的时间导数,为了满足网格守恒定律,控制体的时间导数由式(5-4)计算。

$$\frac{\mathrm{d}V}{\mathrm{d}t} = \int_{\partial V} U_{\mathrm{g}} \mathrm{d}A = \sum_j^{n_f} U_{\mathrm{g}\cdot j}\boldsymbol{A}_j \tag{5-4}$$

式中　n_f——控制体的表面数;

$\boldsymbol{A}_j$——面 j 的面积向量,

$$U_{\mathrm{g}\cdot j}\boldsymbol{A}_j = \delta V_j/\Delta t \tag{5-5}$$

其中　δV_j——控制体积表面 j 在时间间隔 Δt 中扫过的空间体积。

5.1.2　列车交会计算域网格与计算方法

首先考虑高速列车在无横风环境中的交会情况,仍以 CRH 型高速列车为例,采用三节车辆编组模型,参见图 2-7 和图 3-8,两条轨道线间距为 5 m。对于高速列车的交会运动,根据滑移网格原理进行处理,列车交会模拟计算域参见图 5-2,即将两个运动的列车划分为区域 A 和区域 B，随着 A、B 两区域的运动，区域边界网格在交界面处相互滑移，两个流场的信息之间通过中间的交界面进行传递，进而求解进入两区域单元的通量 φ，如图 5-3 所示。

图 5-3 中，对于无横风的列车交会，为了尽量准确地计算列车交会的绕流流场，考虑到动车组尾部存在较强的横向流动，且有一对称纵向旋涡产生，计算域的下游边界设置在离动车组尾部较远的地方，保证出口有平直且远离回流的区域。对于有横风的情况，列车背风侧存在较长的尾流区，需将计算区域扩大。最后的计算域尺寸取为 2 200 m×400 m×100 m，以同时适应有、无横风场景的计算。对于无横风时列车交会情况，截面 CDNM 和截面 GIQP 设置为压力进口条件；截面 ABEF、截面 HGLK 和两流域外侧及上顶面设置为压力出口边界条件；区域 A 和区域 B 设为运动边界条件，在 x 方向速度按两列车的运行速度分别给定，在 y、z 方向速度分量均为零；两交会列车车身表面和计算域下底面为无滑移边界条件，两列车的交界处为滑移网格。

对于有横风作用时列车交会情况，截面 CDNM 和截面 GIQP 仍设置为压力进口条件；截面 ABEF、截面 HGLK 和两流域外侧及上顶面设置为压力出口边界条件；区域 A 和区域 B 设为运动边界条件，在 x 方向速度按两列车的运行速度分别给定，在 y 方向（垂直方向）速度分量为零，在 z 方向速度分量为横风风速值（假定风向角为 90°）；两交会列车车身表面和计算域下底面为无滑移边界条件，两列车的交界处为滑移网格，如图 5-4 所示。

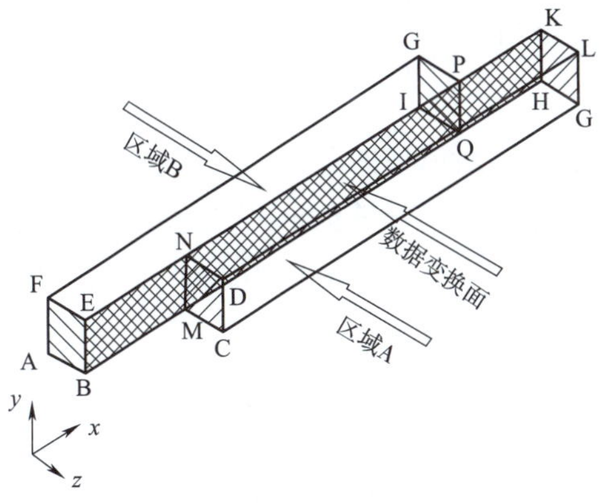

图 5-3　列车明线交会流场分区（无横风）

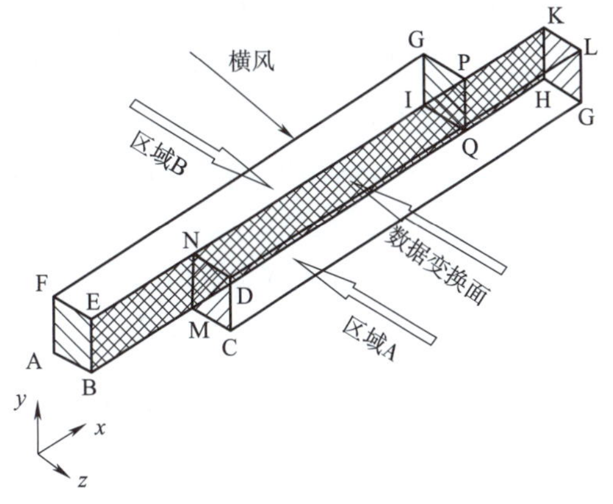

图 5-4　列车明线交会流场分区（有横风）

由于采用移动网格技术，两列列车几何外形都十分复杂，因此计算量比列车相对静止的工况增加很多。采用 Trim 网格，在车体表面及地面处生成边界层网格，第一层网格的厚度计算值为 0.2 mm；共设置 3 层边界层网格，增长比为 2.5。加密尾流、列车表面和受电弓等流场变化较大区域的网格。计算域的网格总数约为 1 600 万，图 5-5 为含列车的明线交会计算域的网格剖面图。

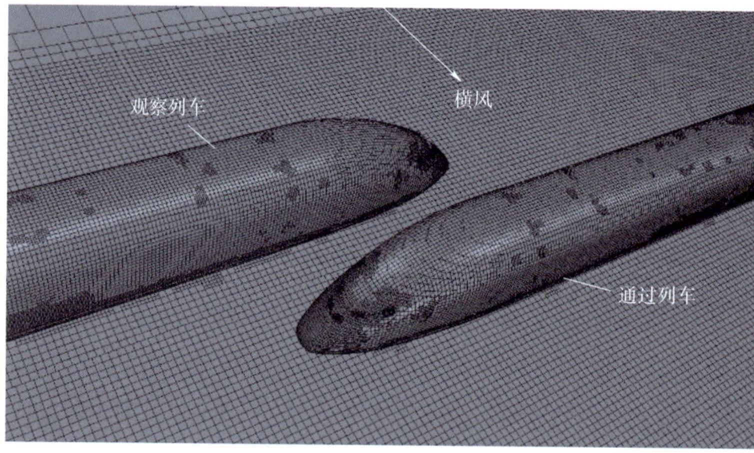

图 5-5　明线列车交会的计算域网格

列车交会计算条件与单列列车有所不同。单列列车采用相对运动进行计算，其基本计算条件在第 2 章已经阐述。列车交会的外流流动属于绝对运动的非定常流动问题，包括边界条件在内的其他计算条件设定如下：

(1)列车表面、地面设置为无滑移的壁面，即 wall 边界条件，空气在列车表面与地面不发生相对移动。无横风时，计算域顶部和侧面均离列车非常远，对列车附近空气流动影响很小；同时，计算域前后两个边界与列车运行方向垂直，空气在这两个边界上有流体流入和流出，因此将其均设置为压力出口边界条件。有横风时，计算域顶部、计算区域前后两个边界设置为压力出口，而侧面有横风来流。侧面的入口设为速度边界条件，出口设为压力边界条件。

(2)将两个网格区域上重叠的两个面设置为信息交互面(interface)；对超出重叠面并离开计算区域的信息交互面改变为 wall 壁面，由于其已经远离计算区域，它对整个计算的影响可以忽略。计算时将两列车周围的网格区域设置为滑移网格(sliding mesh)，滑移速度为列车运行速度。

(3)交会运行的时间由列车运行速度决定，参见表 5-1。计算时间步长为 0.001～0.015 s，模拟计算时间为 6 s。

5.1.3　列车交会场景与压力监测

交会工况见表 5-1，编号方式是“GV(EV 或 BV)＋车速 1＋车速 2＋横风风速”，等速交会列车不必区分横风来流方向。为叙述方便，将两交会列车中的一列称为观察列车(车 1)，另一列称为通过列车(车 2)，参见图 5-5。无横风时，等速交会的两列列车压力波和气动特性完全一致；有横风时，则有所不同，需分别分析迎风车和背风车。在各交会速度下，即使两车交会前的观察距离相同，两车交会的时间和位置也不同。

表 5-1　高速列车交会时场景和计算工况

有横风工况（风向角为 90°）	无横风工况	列车模型	线路条件	交会运行时间/s
GV250+250+15	GV250+250	复　杂	平　地	1.102 120
GV300+300+15	GV300+300	复　杂	平　地	0.918 434
GV350+350+15	GV350+350	复　杂	平　地	0.787 250
GV300+300+15	GV300+300	简化 1	平　地	0.918 434
GV300+300+15	GV300+300	简化 2	平　地	0.918 434
EV300+300+15	EV300+300	复　杂	路　堤	0.918 434
BV300+300+15	BV300+300	复　杂	桥　梁	0.918 434

为了便于分析，表 5-2 给出了列车在等速交会场景中的 8 个相对位置，与左边单元格里的时间相对应。以两列车车头相遇为观察的零时刻，即 $t=0$ 时，对应表中的第③个状态；车头相遇之前时间为负。列车起始间距保证两列车流场无干扰，即状态①；为了评估列车交会前气流特性，对车头相距 10 m 的状态②也进行分析。状态④为车头到达交会列车 1/2 长度的情形；状态⑤为交会列车完全重叠，即列车首尾正好平齐的情形；状态⑥为车尾到达交会列车 1/2 长度的情形；状态⑦为列车车尾平齐、交会即将结束的情形。在列车尾部平齐、完全分离后，交会过程结束，即状态⑧。但考虑到列车尾流的影响，列车尾车相距一定距离后再停止计算。列车在平地、路堤和桥梁上交会，两列车的相对位置均可按照表 5-2 来描述。

表 5-2　高速列车交会时相对位置

交会时间 t/s			列车相对位置/m
GV250+250	GV300+300	GV350+350	
−4.320 0	−3.600 0	−3.085 7	①
−0.072 0	−0.060 0	−0.051 4	②
0	0	0	③
0.274 1	0.228 4	0.195 8	④
0.548 1	0.456 8	0.391 5	⑤
0.822 2	0.685 1	0.587 3	⑥
1.096 2	0.913 5	0.783 0	⑦
1.168 2	0.973 5	0.834 4	⑧

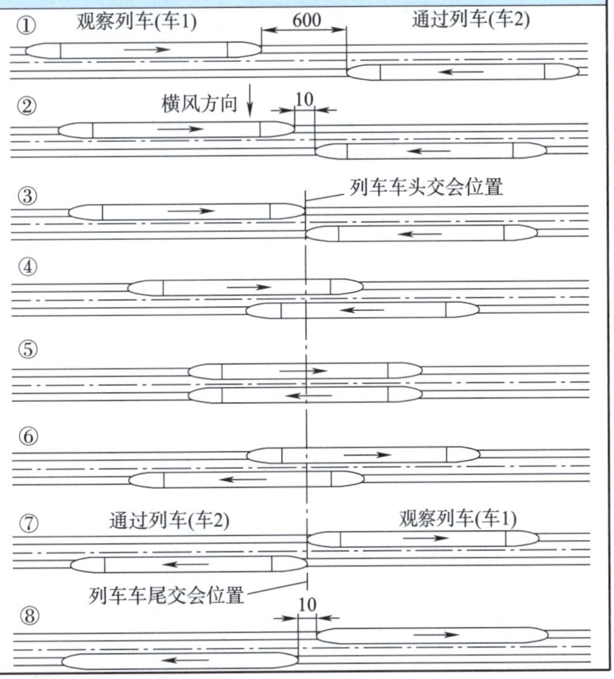

为研究列车交会时在车身上形成的交会压力波，在观察列车和通过列车上布置压力监测点。选取的监测点至少包括：在列车交会侧车体最宽处布置较多点，以便分析交会过程中最大压力波变化规律，因为该高度位置交会空间最窄，压力值比同断面上其他高度位置大；在列车交会侧车窗高度位置布置监测点，以便分析压力波对玻璃窗的冲击压力。

每列列车上从车头开始向后布置 18 个压力监测点。在观察列车上，监测点 1 和 18 分别位于车头鼻锥和车尾鼻尖处；监测点 2 和 17 分别位于头车和尾车侧面圆弧处，其离轨顶距离为 900 mm；监测点 3、4、5、8、13、14、15、16 沿纵向等距离分布于会车侧面，位于车体最宽处，离轨顶高度为 1 820 mm；过监测点 8 的横断面上布置监测点 6～13，其中点 6～10 沿高度方向分布于会车侧面上，点 11 位于车顶，点 12 位于非会车侧面上，与点 8 高度相同；点 13 位于列车底部中轴线上。同样地，在通过列车上相同位置亦做相应的布置，如图 5-6 所示。

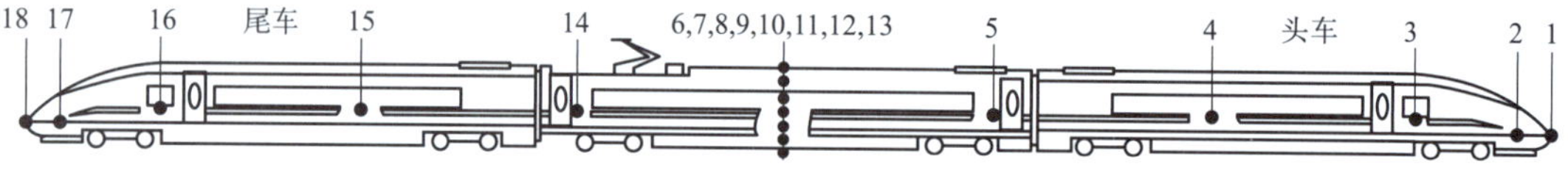

(a)观察列车及其表面测点(实心黑点表示可见)

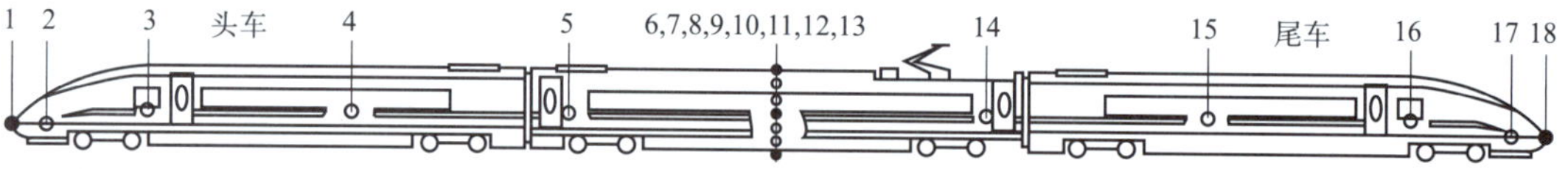

(b)通过列车及其表面测点(空心圆点表示在列车的另一侧，不可见)

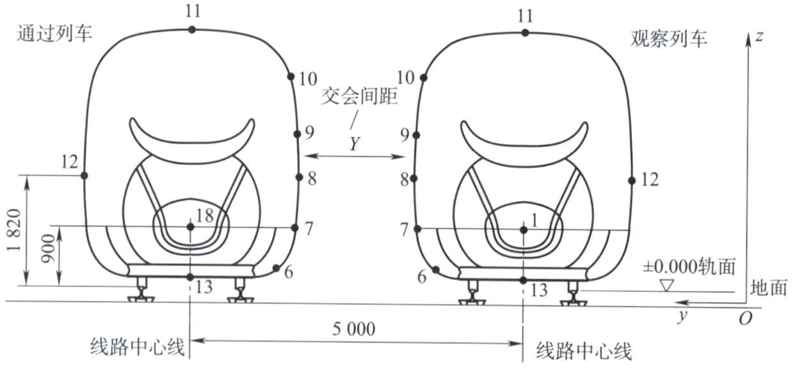

(c)通过列车 A-A 断面及观察列车 B-B 断面上测点

图 5-6　列车上压力监测点分布示意(单位：mm)

5.1.4　列车交会压力波基本特性

列车交会是典型的非定常过程。列车交会时，通过列车的头部到达观察列车的监测点前，压力开始增加，当通过列车头部鼻尖到达监测点时，压力达到最大值 Δp_+ 或 p_{max}^+。头车车肩到达时，压力迅速降至极小值 Δp_- 或 $p_{\min}^-$。因此，通过列车的车头经过监测点时，在极短的时间 Δt 内产生一正、负压力脉冲波，称为“头波”。通过列车的头部通过后，监测点压力开始等幅波动，直到车尾经过时，其在极短的时间内依次产生一负、正压力脉冲波，即“尾波”。描述列车交会压力波大小的物理量是交会压力波幅值，即监测点受到的头波和尾波，称为全波，用 Δp 表示，如图 5-7 所示。

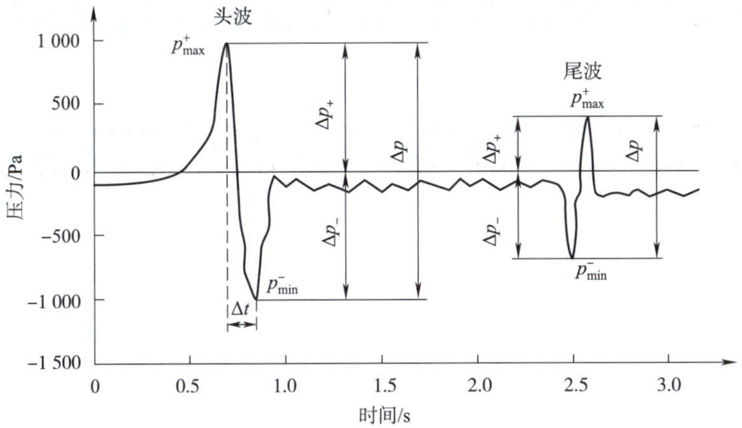

图 5-7　列车交会压力波全波时程示意

全波幅值等于交会压力波正波幅值 Δp_+ 与负波幅值 Δp_- 之和，表达式为

$$\Delta p = |\Delta p_+| + |\Delta p_-| \tag{5-6}$$

一般地，列车交会侧壁面受到的头波幅值高于尾波幅值。描述列车交会压力波强弱的物理量是压力波的时间梯度，即

$$\text{grad}\ \Delta p = \Delta p / \Delta t \tag{5-7}$$

压力波特征时间 Δt 表示两个峰值 $p_{\max}^+$ 与 $p_{\min}^-$ 之间的时间间隔，可以按式(5-8)计算。

$$\Delta t = \Delta l / (v_1 + v_2) \tag{5-8}$$

式中　v_1，v_2——观察列车和通过列车的速度；

Δl——列车在压力波正负峰值所对应的特征时间 Δt 内的纵向行驶距离，主要取决于通过列车头部变截面部分长度 ΔL。戚振宕经过计算认为，$\Delta l \approx \Delta L$，其他因素影响较小。

5.2　列车—轨道模型对高速列车交会特性影响

如前所述，既有研究中一般对真实列车模型进行简化，去掉了受电弓、转向架和轮对、空调导流罩和风挡，并把转向架部位的空腔抹平，得到几何外形完全光滑的简化模型，如

图 5-8 所示。同时，简化模型在数值模拟时将列车整体下降一定高度，使列车底部平面处于轨道的轨顶高度位置，因此常用简化模型有图 5-8(d)和图 5-8(e)所示的 A、B 两种模型，它们的列车底面到地面的间距不同，前者略小，车体下移高度 $\Delta h=0.43$ m，后者与真实模型的相同。

(a)真实列车模型

(b)光滑体列车模型(常用)

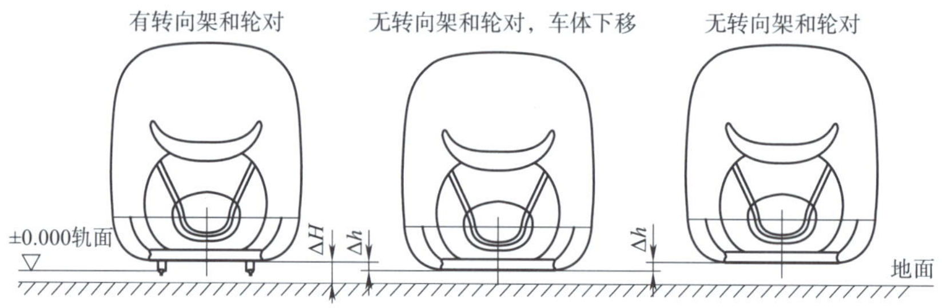

(c)真实模型横断面　(d)常用简化模型 A 横断面　(e)改进型简化模型 B 横断面

图 5-8　计算域中真实列车与简化列车模型对比(以单列列车表示)

为了分析列车—轨道几何模型对列车交会压力波的影响，合理地选择适当的列车几何模型进行详细的数值模拟，以便准确地分析交会压力波和列车气动特性。首先对真实列车模型及 A、B 两种简化列车模型交会气动特性进行数值模拟和对比分析，计算工况是列车在无横风和有横风条件下等速交会工况，交会车速均为 300 km/h，横风采用 15 m/s 大气边界底层速度型风场，风向角为 90°。简化模型列车在交会过程中相对位置、监测点布置与真实模型一致。

5.2.1　不同模型交会时压力波特性

由图 5-8 可知，三个模型最明显的差别是在列车底部、顶部和风挡等部位，由于它们部分地改变了列车交会的流场结构，相应地，交会压力波也会有所不同。

1. 无横风时列车交会压力波

图 5-9 为头车上监测点 P_1 和中车上监测点 P_8 的压力波时变曲线，三种模型交会压力波随时间变化的趋势是一致的，头波、尾波峰值出现的时刻均相同，但具体数值有一定的差距。如 P_1 点压力始终为正压，真实模型 P_1 点头波的正波、负波峰值均最大，全波幅值居中；尾波

正波峰值最小、负波峰值最大，全波幅值最小。总体而言，简化模型 A 全波幅值最大，改进型简化模型 B 最小。原因是 P_1 点在图 5-8 不同模型中的离地高度不完全相同，其压力会受到离地高度和头车第一个转向架滞流区回流的影响，离地高度越小，受列车与地面之间间隙流动影响较大，压力变化比较敏感，波幅就越大。

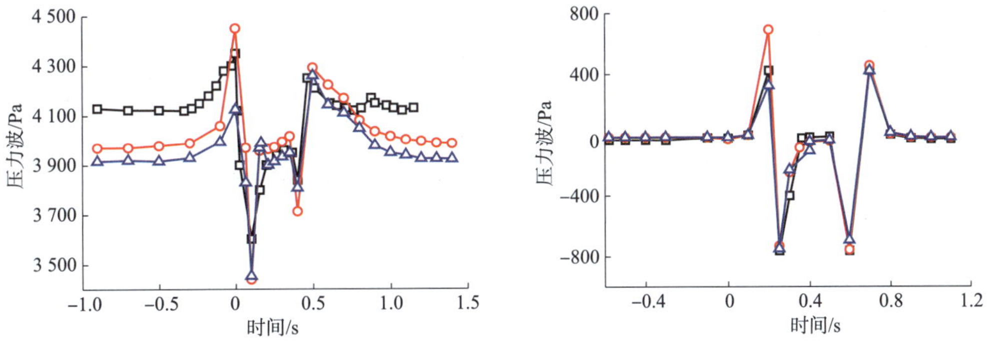

(a)监测点 P_1(头车鼻锥处)　　(b)监测点 P_8(车体侧面最宽处，会车侧)

真实模型　简化模型A　改进型简化模型B

图 5-9　真实列车交会与简化列车交会压力波对比

P_8点头波、尾波均出现正、负波峰值，其头波和尾波均是正波峰值最小、负波峰值绝对值最小，因而头波、尾波全波幅值均最小。简化模型 A 全波幅值最大，改进型简化模型 B 居中。原因与 P_1 点的相似，P_8点的压力波动也受离地高度的影响。简化模型 A 离地高度最小，改进型简化模型 B 与真实模型离地高度相同，但简化模型无转向架，因此改进型简化模型 B 的全波波幅只是比简化模型 A 更接近但并不等于真实模型波幅。

表 5-3 给出了三种模型的两列车在无横风条件下等速交会时，观察列车上各压力监测点的压力波峰值、波幅以及以真实模型的计算结果为参照值的偏差值(真实模型的为零)。

表 5-3　无横风条件下交会列车表面压力波及波幅(GV300＋300)

测点	模型	头波压力				尾波压力			
		正波峰值	负波峰值	全波幅值	全波幅值偏差	正波峰值	负波峰值	全波幅值	全波幅值偏差
P_1	真实	4 350.00	3 603.41	746.59	—	4 250.00	3 810.00	440.00	—
	A	4 450.00	3 439.18	1 010.82	35.39	4 292.07	3 713.00	579.07	31.61
	B	4 125.00	3 455.00	670.00	−10.26	4 260.47	3 808.70	451.77	2.68
P_2	真实	450.00	−860.00	1 310.00	—	−461.00	−992.00	531.00	—
	A	475.30	−998.78	1 474.08	12.53	−351.00	−1 587.00	1 236.00	132.77
	B	460.00	−956.00	1 416.00	8.09	−494.79	−1 629.43	1 134.64	113.68

续上表

测点	模型	头波压力				尾波压力			
		正波峰值	负波峰值	全波幅值	全波幅值偏差	正波峰值	负波峰值	全波幅值	全波幅值偏差
P_3	真实	37.55	−1 164.80	1 202.35	—	−477.00	−1 630.00	—	—
	A	75.33	−1 623.30	1 698.59	41.27	−226.17	−1 995.00	1 768.83	53.41
	B	76.20	−1 513.20	1 589.39	32.19	−224.90	−1 672.31	1 447.41	25.53
P_4	真实	366.00	−750.00	1 116.00	—	170.48	−488.00	658.48	—
	A	391.96	−610.04	1 002.00	−10.22	495.93	−924.40	1 420.33	115.70
	B	349.19	−683.00	1 032.19	−7.51	447.07	−838.69	1 285.76	95.26
P_5	真实	407.00	−777.49	1 184.49	—	241.00	−456.00	697.00	—
	A	586.00	−754.07	1 340.07	13.13	682.83	−814.20	1 497.03	114.78
	B	425.00	−688.00	1 113.00	−6.04	450.86	−718.59	1 169.45	67.78
P_6	真实	476.00	−567.33	1 043.33	—	248.00	−341.00	589.00	—
	A	842.51	−857.40	1 699.91	62.93	513.53	−749.78	1 263.31	114.48
	B	452.00	−646.73	1 098.73	5.31	468.82	−597.07	1 065.89	80.97
P_7	真实	471.00	−638.24	1 109.24	—	275.00	−363.00	638.00	—
	A	704.89	−846.30	1 551.19	39.84	501.16	−770.87	1 272.03	99.38
	B	421.00	−566.00	987.00	−11.02	453.55	−667.21	1 120.76	75.67
P_8	真实	424.00	−761.24	1 185.24	—	239.00	−428.00	667.00	—
	A	690.68	−886.60	1 577.28	33.08	455.14	−755.20	1 210.34	81.46
	B	325.00	−658.00	983.00	−17.06	421.68	−691.15	1 112.83	66.84
P_9	真实	636.00	−513.34	1 149.34	—	199.00	−437.00	636.00	—
	A	732.00	−725.00	1 457.00	26.77	374.07	−668.64	1 042.71	63.95
	B	495.00	−425.00	920.00	−19.95	361.61	−639.06	1 000.67	57.34
P_{10}	真实	301.00	−699.10	1 000.10	—	155.00	−327.00	482.00	—
	A	752.00	−490.00	1 242.00	24.19	262.35	−465.40	727.75	50.99
	B	345.00	−440.00	785.00	−21.51	249.60	−431.71	681.31	41.35
P_{11}	真实	224.00	−242.24	466.24	—	89.90	−135.00	224.9	—
	A	202.30	−213.38	415.68	−10.84	117.00	−212.78	329.78	46.63
	B	235.00	−205.27	440.27	−5.57	114.25	−182.19	296.44	31.81
P_{12}	真实	121.10	−158.94	280.04	—	3.53	−64.40	67.93	—
	A	116.89	−67.50	184.39	−34.16	10.31	−69.43	79.74	17.39
	B	139.59	−67.72	207.31	−25.97	12.36	−63.68	76.04	11.94

续上表

测点	模型	头波压力				尾波压力			
		正波峰值	负波峰值	全波幅值	全波幅值偏差	正波峰值	负波峰值	全波幅值	全波幅值偏差
P_{13}	真实	315.00	−460.24	775.24	—	120.00	−222.00	342.00	—
	A	395.00	−470.78	865.78	11.68	277.64	−404.45	682.09	99.44
	B	256.00	−442.95	698.95	−9.84	259.76	−343.49	603.25	76.39
P_{14}	真实	473.00	−672.00	1 145.00	—	251.00	−400.00	651.00	—
	A	711.94	−331.73	1 043.67	−8.85	450.00	−739.00	1 189.00	82.64
	B	654.22	−558.50	1 212.72	5.91	384.82	−669.69	1 054.51	61.98
P_{15}	真实	463.00	−676.04	1 139.04	—	279.11	−406.00	685.11	—
	A	560.99	−620.18	1 181.17	3.70	280.40	−933.75	1 214.15	77.22
	B	491.94	−627.90	1 119.84	−1.69	247.47	−584.47	831.94	21.43
P_{16}	真实	−68.10	−1 160.00	1 091.90	—	−67.70	−530.00	462.30	—
	A	−596.50	−1 874.50	1 278.00	17.04	−290.00	−1 139.80	849.80	83.82
	B	−157.37	−1 120.50	963.13	−11.79	−146.39	−973.21	826.82	78.85
P_{17}	真实	53.00	−985.00	1 038.00	—	4.88	−453.00	457.88	—
	A	40.31	−945.77	986.08	−5.00	40.31	−945.77	986.08	115.36
	B	48.50	−968.90	1 017.40	−1.98	45.22	−512.00	557.22	21.70

注：压力值单位为帕(Pa)；偏差幅值单位为百分比(%)。

由表 5-3 可知，简化模型的头波的幅值偏差一般小于尾波的幅值偏差，前者最大为 62.93%，出现在 P_6 点，后者最大为 132.77%，出现在 P_2 点。这两个点离地高度小，而且 P_6 点靠近车体底部，P_2 点位于转向架附近。另外，简化模型 A 与真实模型偏差值一般远高于改进型简化模型 B 偏差值，说明车体高度与压力监测点的正波、负波的波幅关系很大。此处简化模型 A 的车体下移了 $\Delta h=0.43$ m，较大程度地加强了气流流经车底与地面之间的空间时的地面效应，两列车交会侧面之间气流由车底向外流动的阻力增加，压力升高，从而引起压力波峰值升高、压力波波动加强，波幅增加。因此，这一较大的车体下移量是引起压力波偏差的主要原因。转向架、受电弓装置和风挡等是另一个原因，是次要因素。

对于同一截面上位于交会侧 P_6～P_{10} 点，简化模型 A 与真实模型的头波幅值偏差随着监测点高度的增加而减小，改进型简化模型 B 则与之相反；简化模型 A、B 的尾波幅值偏差则均随监测点高度的增加而减小。对于车顶 P_{11} 点和车底 P_{13} 点，均是简化模型 A 的头波、尾波波幅偏差较大。由于这两点不在列车交会侧，受列车交会影响相对较小，故其波幅偏差小于交会侧监测点的波幅偏差，而且 P_{11} 点偏差小于 P_{13} 点偏差。P_{12} 位于非交会侧，受列车交会气流影响更小，波幅值最小，仅为 200 Pa 左右，即使它在简化模型里波幅偏差较大也不会对总体的压力波特性产生影响。

需要指出的是，三种模型的全波幅值的偏差大，并不一定说明正波峰值和负波峰值的偏差就一定都大，反之亦然。以 P_1 点头波为例，简化模型 A、B 与真实模型全波幅值偏差分别为 35.39%和 10.26%，但其正波峰值偏差却分别为 2.38%和 −5.17%，负波峰值偏差为−4.56%和−4.12%（百分数为负表示简化模型峰值低于真实模型峰值）。出现这种情况的原因主要是波峰值相对很大，而波幅值相对较小。

2. 有横风时列车交会压力波

图 5-10 给出了两列车在横风中等速交会时，观察列车（迎风车）上监测点 P_1、P_8 的压力波随时间变化的曲线。在横风条件下，三种模型交会压力波随交会时间或距离变化的趋势仍保持一致，但具体的数值有一定的差距。

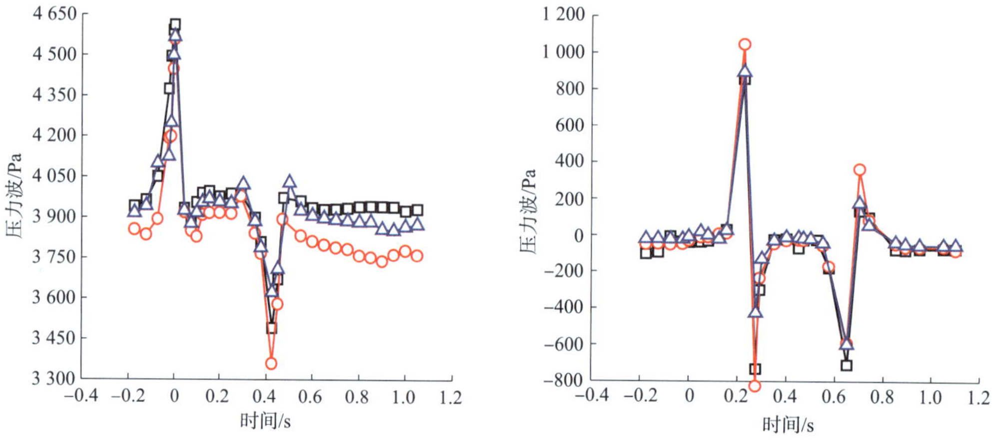

(a) 监测点 P_1（头车鼻锥处） (b) 监测点 P_8（车体侧面最宽处，会车侧）

图 5-10 真实列车与简化列车模型压力波对比（迎风车）

表 5-4 给出了三种模型的两列车在横风风速为 15 m/s 条件下等速交会时，观察列车上各压力监测点的压力波峰值、波幅以及以真实模型的计算结果为参照值的偏差值。在横风条件下，简化模型头波的幅值偏差一般小于尾波的幅值偏差，前者最大绝对值为 34.72%，出现在简化模型 A 的 P_{15} 点，后者最大为 104.39%，出现在简化模型 A 的 P_4 点。这两个点分别位于尾车、头车的等截面段，与真实模型的波幅偏差较大，说明在横风作用下，车体高度与压力监测点的正波、负波的波幅关系仍很大，原因与无横风的情况相同。

表 5-4 横风条件下交会列车表面压力波及波幅(GV300+300+15+90)

测点	模型	头波压力				尾波压力			
		正波峰值	负波峰值	全波幅值	全波幅值偏差	正波峰值	负波峰值	全波幅值	全波幅值偏差
P_1	真实	4 611.80	3 976.28	635.52	—	3 919.72	3 490.14	429.58	—
	A	4 560.00	3 830.00	730.00	14.87	3 890.00	3 360.00	530.00	23.38
	B	4 568.21	3 878.44	689.77	8.54	4 020.78	3 623.39	397.39	−7.49
P_2	真实	292.00	−961.00	1 253.00	—	−612.95	−1 422.53	809.58	—
	A	152.00	−1 294.00	1 446.00	15.40	−917.00	−2 493.36	1 576.36	94.71
	B	77.76	−1 268.57	1 346.33	7.45	−945.16	−2 463.29	1 518.13	87.52
P_3	真实	17.73	−1 283.47	1 301.20	—	−829.97	−1 913.33	1 083.36	—
	A	70.10	−1 512.19	1 582.29	21.60	−657.00	−2 576.72	1 919.72	77.20
	B	7.21	−1 365.04	1 372.25	5.46	−726.00	−1 989.00	1 263.00	16.58
P_4	真实	612.24	−677.00	1 289.24	—	112.21	−678.19	790.40	—
	A	870.11	−553.00	1 423.11	10.38	345.53	−1 270.00	1 615.53	104.39
	B	247.70	−1 164.1	1 411.80	9.51	315.00	−905.00	1 220.00	54.35
P_5	真实	762.81	−710.96	1 473.77	—	143.5	−752.27	895.77	—
	A	1 060.00	−421.00	1 481.00	0.49	35.39	−431.00	466.39	−47.93
	B	723.31	−406.50	1 129.81	−23.34	97.11	−807.86	904.97	1.03
P_6	真实	875.48	−699.54	1 575.02	—	155.28	−661.04	816.32	—
	A	1 025.00	−925.00	1 950.00	23.81	396.60	−519.00	915.60	12.16
	B	936.59	−288.45	1 225.04	−22.22	464.67	−415.77	880.44	7.85
P_7	真实	945.53	−698.74	1 644.27	—	174.38	−658.68	833.06	—
	A	1 110.00	−865.00	1 975.00	20.11	414.87	−503.00	917.87	10.18
	B	923.00	−404.83	1 327.83	−19.25	494.78	−288.65	783.43	−5.96
P_8	真实	860.13	−732.94	1 593.07	—	134.74	−709.09	843.83	—
	A	1 050.00	−825.00	1 875.00	17.70	366.35	−589.00	955.35	13.22
	B	896.00	−425.00	1 321.00	−17.08	178.00	−598.00	776.00	−8.04
P_9	真实	699.48	−663.44	1 362.92	—	107.34	−709.49	816.83	—
	A	780.00	−820.00	1 600.00	17.40	249.33	−435.00	684.33	−16.22
	B	869.00	−308.00	1 177.00	−13.64	96.91	−598.00	694.91	−14.93
P_{10}	真实	446.77	−543.44	990.21	—	2.01	−719.98	721.99	—
	A	625.00	−524.00	1 149.00	16.04	64.51	−385.00	449.51	−37.74
	B	368.00	−489.00	857.00	−13.45	159.13	−405.00	564.13	−21.86

续上表

测点	模型	头波压力				尾波压力			
		正波峰值	负波峰值	全波幅值	全波幅值偏差	正波峰值	负波峰值	全波幅值	全波幅值偏差
P_{11}	真实	37.31	−481.18	518.49	—	−180.42	−732.99	552.57	—
	A	20.80	−521.00	541.80	4.50	−223.23	−825.00	592.00	7.14
	B	23.45	−487.00	510.45	−1.55	−190.00	−701.00	520.00	−5.89
P_{12}	真实	127.86	−174.02	301.88	—	70.38	−301.73	372.11	—
	A	101.00	−108.00	209.00	−30.77	64.25	−18.90	83.15	−77.65
	B	134.52	−90.30	224.82	−25.53	75.56	−19.20	94.76	−74.53
P_{13}	真实	436.10	−417.38	853.48	—	29.94	−613.73	643.67	—
	A	455.00	−465.00	920.00	7.79	161.53	−536.00	697.53	8.37
	B	349.44	−454.00	803.44	−5.86	41.31	−556.00	597.31	−7.20
P_{14}	真实	881.65	−801.50	1 683.15	—	222.32	−708.23	930.55	—
	A	1 020.00	−393.00	1 413.00	−16.05	322.40	−522.31	844.71	−9.22
	B	909.96	−452.00	1 361.96	−19.08	305.26	−557.92	863.18	−7.24
P_{15}	真实	862.95	−824.15	1 687.10	—	238.01	−779.62	1 017.63	—
	A	406.35	−695.00	1 101.35	−34.72	144.03	−731.00	875.03	−14.01
	B	596.62	−734.31	1 330.93	−21.11	187.00	−715.00	902.00	−11.36
P_{16}	真实	325.89	−1 128.23	1 454.12	—	−255.73	−1 004.16	748.43	—
	A	298.00	−1 188.05	1 486.05	2.20	198.00	−1 320.00	1 566.05	102.82
	B	273.42	−1 125.11	1 398.53	−3.82	−177.04	−1 368.05	1 191.01	59.13
P_{17}	真实	134.21	−1 044.73	1 178.94	—	−97.37	−792.26	694.89	—
	A	118.00	−1 270.00	1 388.00	17.73	182.12	−837.79	1 019.91	46.77
	B	22.43	−1 192.08	1214.51	3.02	153.12	−830.99	984.11	41.62

注：压力值单位为帕(Pa)；偏差幅值单位为百分比(%)。

对于同一截面上位于交会侧的 P_6～P_{10} 点，简化模型 A 与真实模型的头波幅值偏差随着监测点高度的增加而减小，改进型简化模型 B 亦然。A、B 模型中最靠近地面的 P_6 点头波波幅偏差值最大，分别为 23.81%和−22.22%；最靠近顶面处 P_{10} 点尾波波幅偏差值最大，分别为−37.74%和−21.86%。对于车顶 P_{11} 点和车底 P_{13} 点，均是简化模型 A 的头波波幅偏差较大。由于这两点不在列车交会侧，受列车交会影响相对较小，故其波幅偏差小于交会侧监测点波幅偏差，而且 P_{11} 点偏差小于 P_{13} 点偏差。P_{12} 位于非交会侧，受列车交会气流的影响更小，波幅值最小(仅为 300 Pa 左右)，即使它在简化模型里的波幅偏差较大也不会对总体的压力波特性产生影响。

与无横风工况相似，三种模型的全波幅值的偏差大，并不一定说明正波峰值和负波峰值的偏差就一定都大，反之亦然。可见，列车简化模型由于车体下移，去掉了受电弓、绝缘子、空调导流罩、风挡和转向架等，并填充了相应的空腔，使交会气流在更小的空间里流动，压力波增大。真实模型中含有转向架和风挡，列车交会时有一部分气流在转向架和风挡处的空间内分流，起到了缓冲作用。总体上看，真实列车受到的压力波冲击相对较小。简化模型 A 因车体向下偏移 0.43 m 而使其与真实模型之间的偏差最大。

5.2.2 不同模型交会时气动力特性

1. 无横风时列车交会气动作用力系数

图 5-11 为无横风条件下，简化模型与真实模型气动阻力系数对比情况。由图 5-11(a)可知，两个简化模型阻力系数时变曲线几乎重合，与真实模型总阻力系数变化趋势有比较明显的差别，系数值也相差较大，而且简化模型在尾波出现了负阻力，真实模型的阻力系数在头波和尾波之间时段内有明显的波动。由图 5-11(b)～图 5-11(d)可知，头车、中车和尾车阻力系数变化规律并不相同，而且简化模型与真实模型变化趋势也不尽相同。对于头车，真实模型的阻力曲线有三个正波波峰、两个正波波谷，简化模型则有两个正波峰值、两个负波

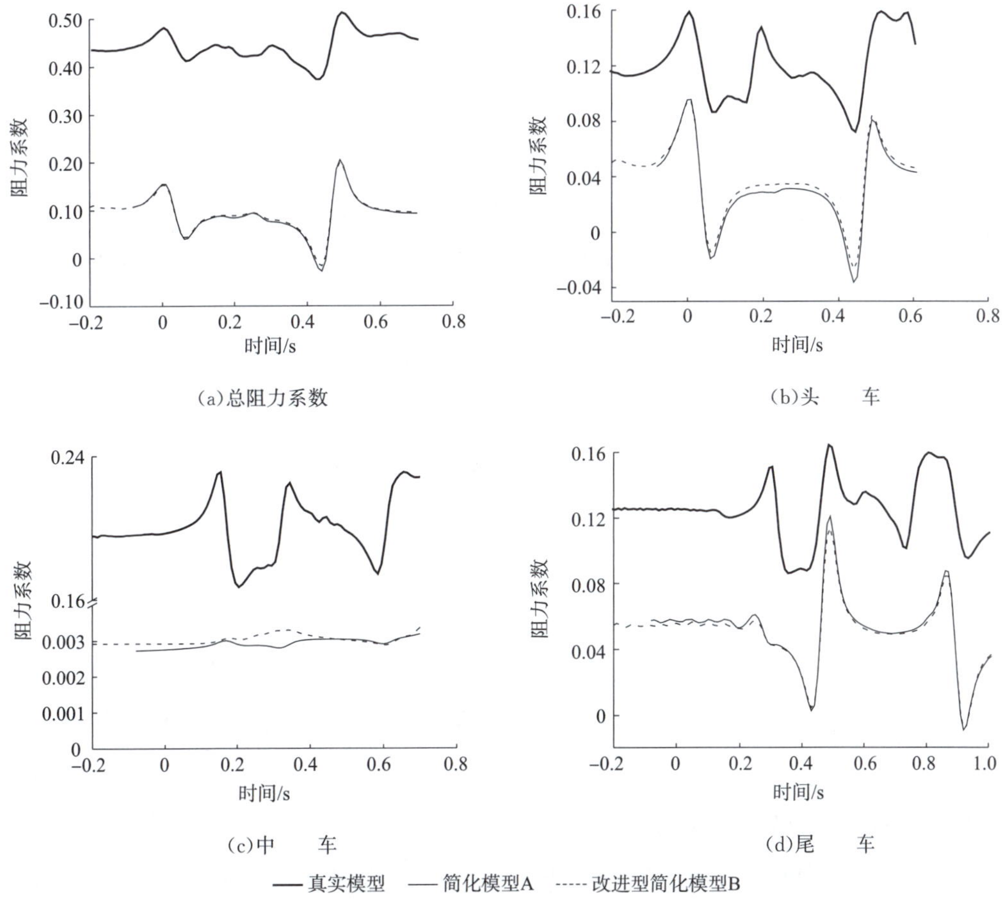

图 5-11 无横风条件下等速交会时气动阻力系数变化规律

峰值；对于中车，真实模型的阻力系数在交会过程中也是出现了三个正波波峰、两个正波波谷，而两简化模型仅有小幅波动；对于尾车，真实模型也有三个正波波峰、两个正波波谷，而简化模型有两个较大的正波波峰和一个很小的正波波峰、一个正波波谷和一个负波波谷，而且交会时先出现一个很小的正波波峰，随后是正波波谷。此外，真实模型的总阻力系数和头车阻力系数在列车车头相遇即状态时达到最大，中车阻力系数在通过列车的鼻锥到达中车车首风挡处时出现最大值，尾车阻力系数在通过列车的鼻锥到达尾车车首风挡处时出现最大值。这一现象不会在简化模型中出现。

图 5-12 为无横风条件下，简化模型与真实模型的气动升力系数对比情况。两个简化模型对应的各节车辆其升力系数时变曲线几乎重合，与真实模型升力系数变化趋势基本一致，均在相同时刻出现类似于压力波的头波和尾波，但系数值相差较大。真实模型三节车升力系数始终为正，而简化模型尾车出现了负升力；真实模型升力系数在头波和尾波之间时段内均有明显波动。此外，真实模型与简化模型升力系数相比，前者头车和尾车升力系数较大，后者中车升力系数较大。真实模型中未出现像阻力曲线那样明显的多峰值现象，说明升力不如阻力对交会过程那样敏感。

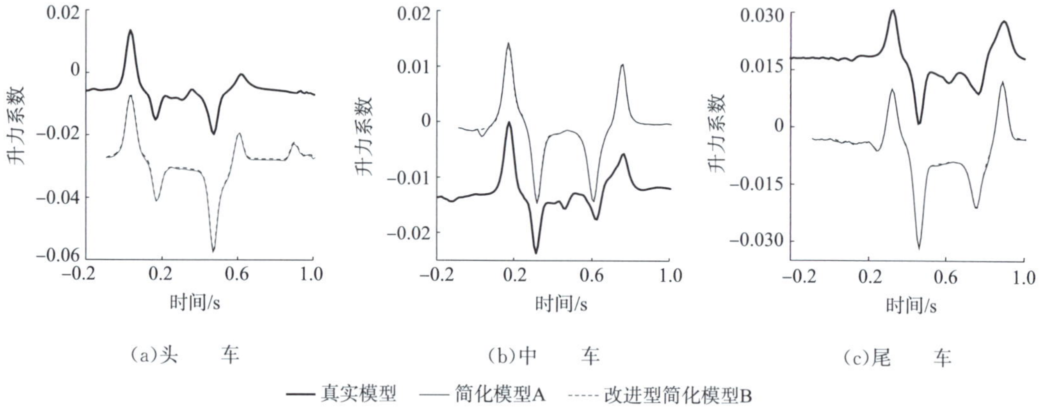

图 5-12　无横风条件下等速交会时气动升力系数变化规律

图 5-13 为无横风条件下，简化模型与真实模型气动横向力系数对比情况。两个简化模型对应的各节车辆其横向力系数时变曲线几乎重合，与真实模型升力系数变化趋势基本一致，均在相同时刻出现类似于压力波的头波和尾波，除了头波、尾波的横向力峰值系数值相差较大之外，其他系数值相差不大。真实模型横向力系数在头波和尾波之间时段内均有一定的波动。此外，真实模型与简化模型的头车均在两列车的头车鼻锥相遇即状态③时受到最大吸引力，中车和尾车在通过列车的车头到达其车首时受到最大吸引力。在交会过程中，三种模型的各节车辆都既受引力，又受到斥力。

图 5-14 为无横风条件下，简化模型与真实模型以轨顶为取矩轴的倾覆力矩系数对比情况。两个简化模型对应的各节车辆其倾覆力矩系数时变曲线几乎重合，与真实模型倾覆力

矩系数变化趋势基本一致，均在相同时刻出现类似于压力波头波和尾波，这些时刻与横向力出现峰值的时刻及曲线形状与横向力相同。

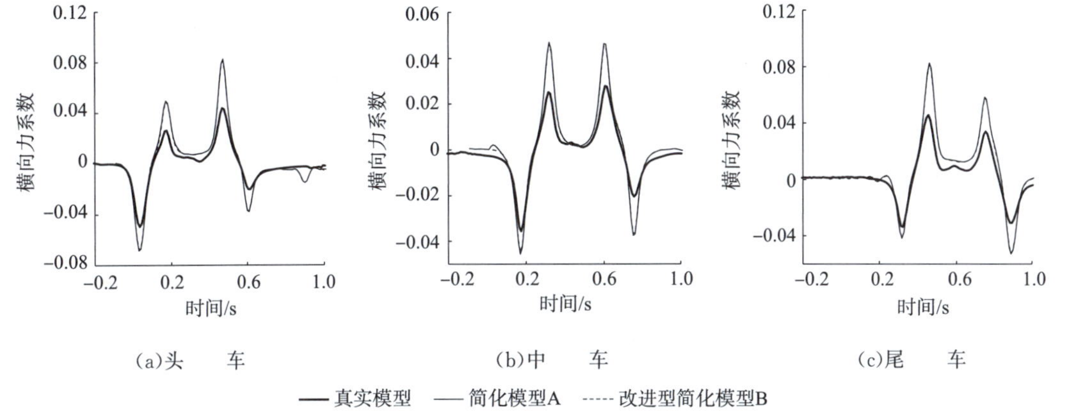

图 5-13　无横风条件下等速交会时气动横向力系数变化规律

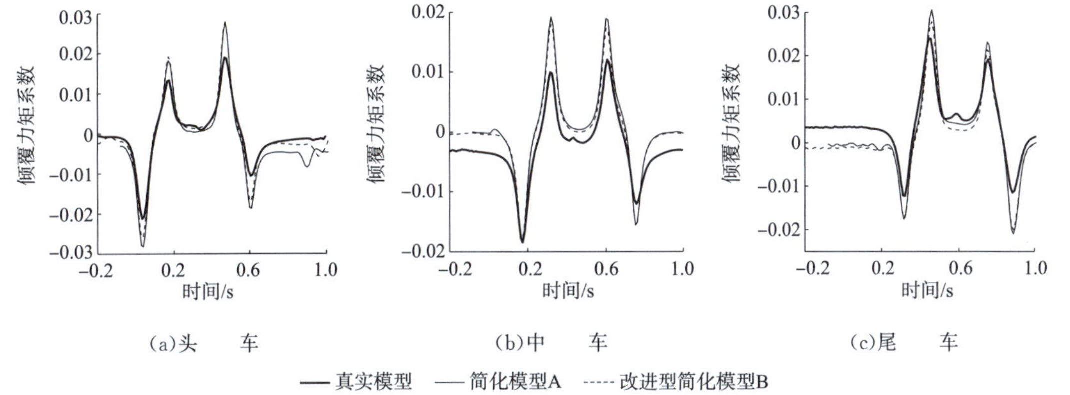

图 5-14　无横风条件下等速交会时气动倾覆力矩系数变化规律（以轨顶为取矩中心）

根据第 3 章的分析，转向架、受电弓装置和风挡气动力在总的气动力中占有相当的比例。此外，真实模型与简化模型车体的离地高度不尽相同，因此简化模型与真实模型气动力差别比较大。而且，在无横风条件下，列车-轨道几何模型对压力波和气动作用力系数的影响较大。

2. 有横风时列车交会气动作用力系数

图 5-15～图 5-17 为两列车在横风 15 m/s 指数律风环境中等速交会时，真实列车与简化列车模型气动力系数对比情况。横风使列车气动力特性曲线发生了比较明显的变化，各气动作用力系数绝对值均显著增大。

由图 5-15 可知，在横风作用下，两个简化模型总阻力系数时变曲线不再重合，与真实模型总阻力系数变化趋势有比较明显的差别。三种模型的头车和尾车阻力系数值比较接近，中车阻力系数相差较大。而且简化模型头车出现了负阻力，全车阻力出现了负波峰值，真实模型阻力系数始终为正。

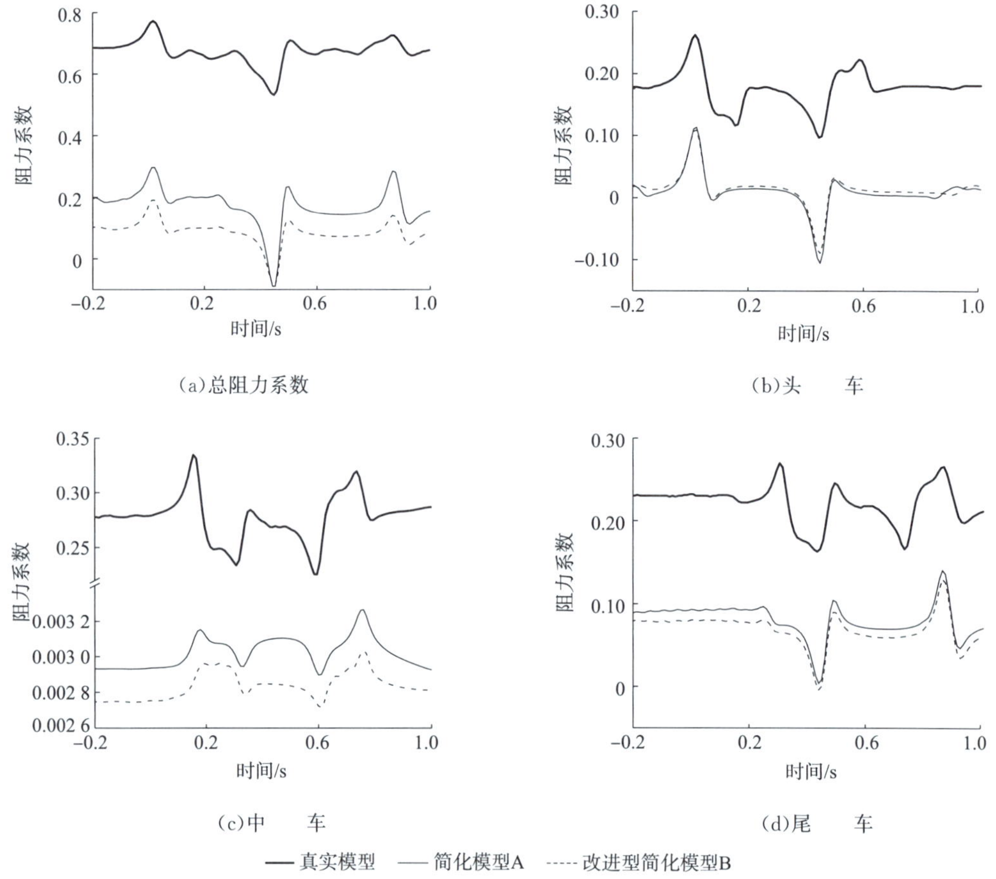

图 5-15　横风条件下等速交会时气动阻力系数变化规律

由图 5-16 可知，横风对升力系数曲线的影响很大，简化模型与真实模型的升力系数的偏差值增大。升力系数波形曲线变得不规则，各节车辆的升力系数都只有一个明显的波峰和波谷，头车和尾车升力系数波谷为负值，中车为正值。简化模型 A 升力系数比简化模型 B 大，更接近于真实模型升力系数，原因是简化模型 A 的车体离地高度较小，升力效应更大。

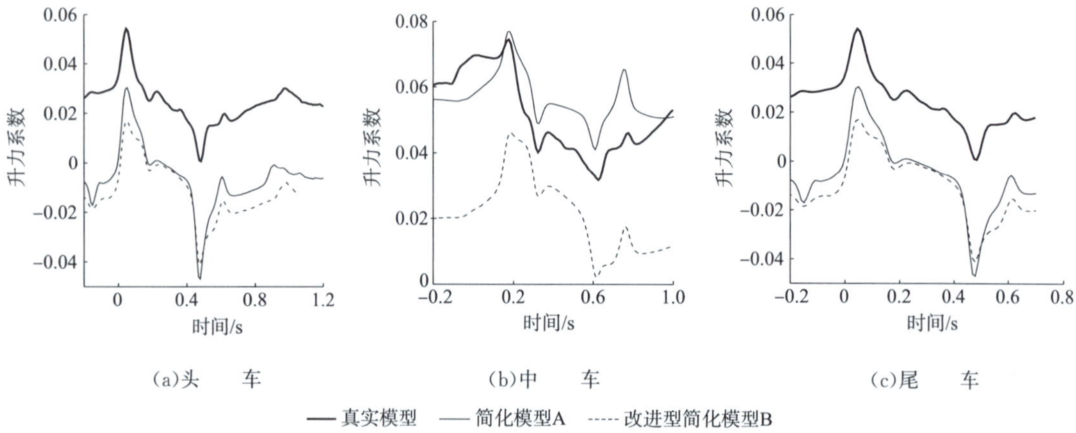

图 5-16　横风条件下等速交会时气动升力系数变化规律

由图 5-17 可知，横风对横向力系数曲线影响也比较大，简化模型与真实模型横向力系数变化趋势一致，且横向力系数值均因列车受到横风作用而增大。对于头车，简化模型横向力系数及其峰值均大于真实模型；对于中车，简化模型横向力系数峰值均大于真实模型，但非峰值系数小于真实模型；对于尾车，简化模型横向力系数及其峰值均小于真实模型，但负波峰值绝对值均大于后者。

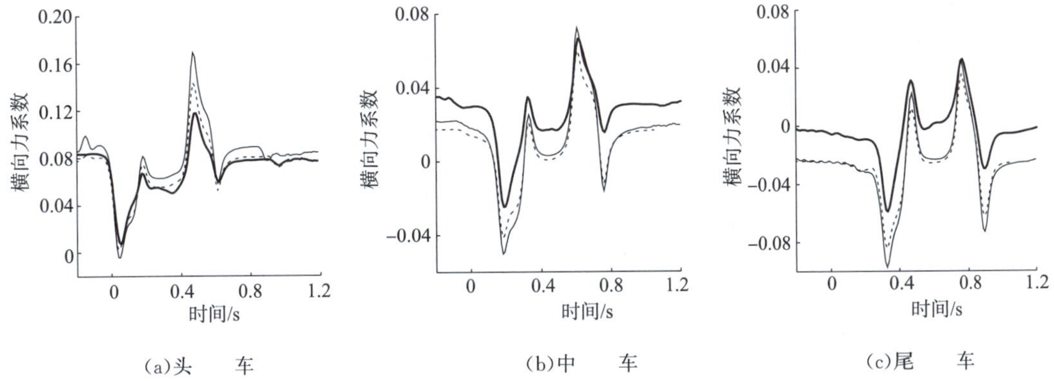

—— 真实模型　—— 简化模型A　----- 改进型简化模型B

图 5-17　横风条件下等速交会时气动横向力系数变化规律

根据上述不同模型列车交会压力波和车辆气动作用力特性对比分析可知，列车—轨道模型简化方法和简化程度对列车交会压力波和气动力特性曲线波形、波峰、波谷、波幅、压力波和气动力对时间的变化率等都有直接影响，影响程度与车辆位置和有无横风等条件均有关系。在各种计算几何模型中，车体离地高度是非常重要的参量，转向架、受电弓装置、风挡等作用也很明显。模型列车在无横风、有横风情况下交会时，使用简化模型进行数值模拟计算得到的均与真实模型结果存在较大差异。因此，在后文无横风 GV250＋250、GV300＋300、GV350＋350 和有横风 GV250＋250＋15、GV300＋300＋15、GV350＋350＋15 等六个等速交会工况数值模拟中，均采用真实模型对其交会气动特性进行分析，以便对交会列车气动安全性进行尽量符合实际情况的评估。

5.3　横风对高速列车交会压力波影响

5.3.1　等速交会时压力波特性

图 5-18 和图 5-19 分别是无横风和有横风条件下列车等速交会时速 350 km 时压力云图。在无横风条件下，两交会列车压力分布具有对称性，交会前、交会中及交会后的每一个相同时刻，其压力分布均相同，在对应部位产生的交会压力波与气动力均分别相等。但在有横风作用时，迎风车和背风车上压力分布和气动力不再相同。因此，对于无横风工况，只需

分析观察列车的压力波和气动力；而对有横风工况，应分别分析迎风车和背风车的压力波和气动力。从安全角度分析，迎风车更具危险性，若设定观察列车为迎风车，则也可只分析观察列车的压力波和气动力。

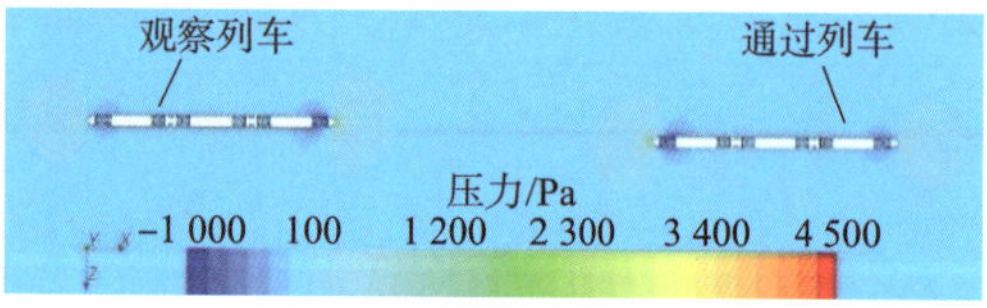

(a)状态①，$t=-3.0857$ s

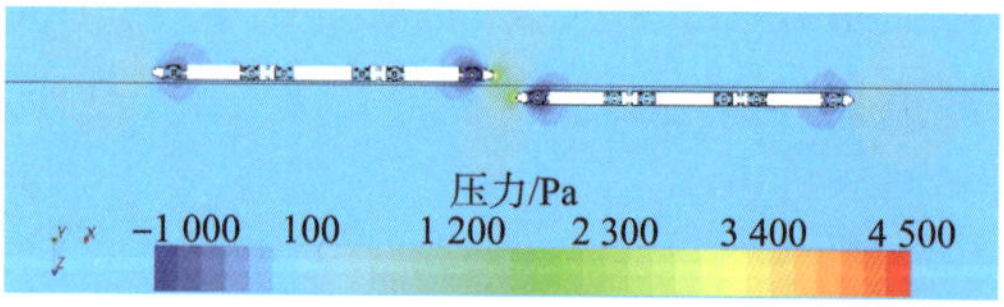

(b)状态②，$t=-0.0514$ s

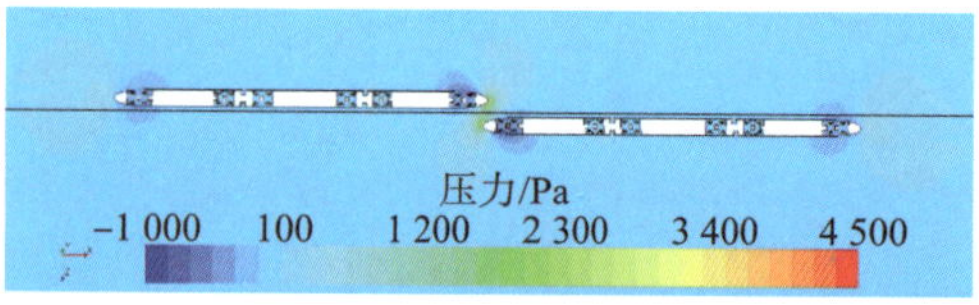

(c)状态③，$t=0$ s

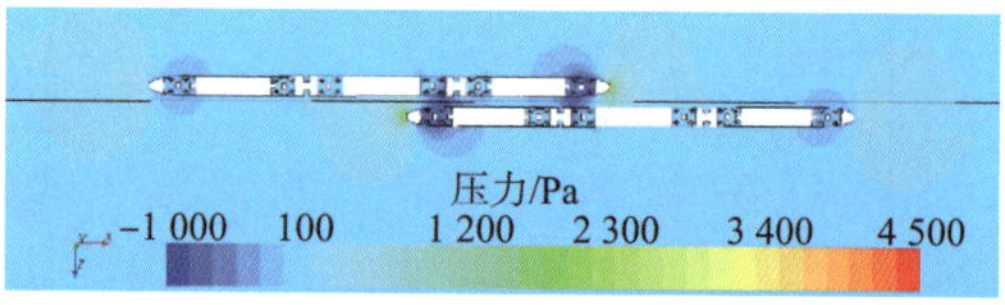

(d)状态④，$t=0.1958$ s

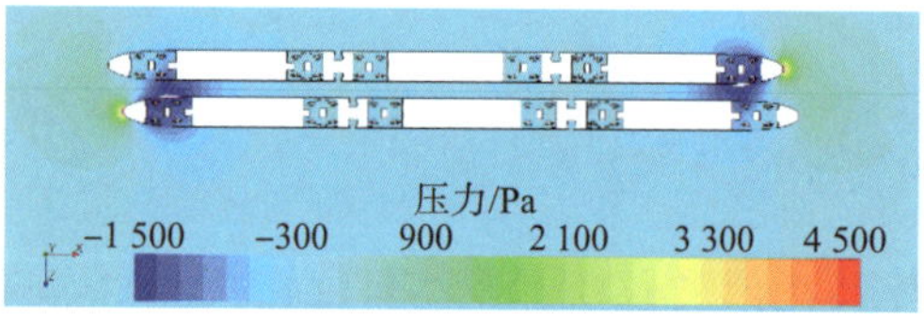

(e)状态⑤，$t=0.3905$ s

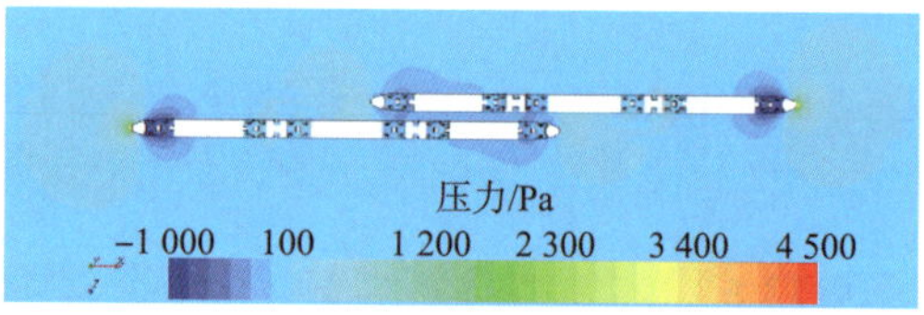

(f)状态⑥，$t=0.5873$ s

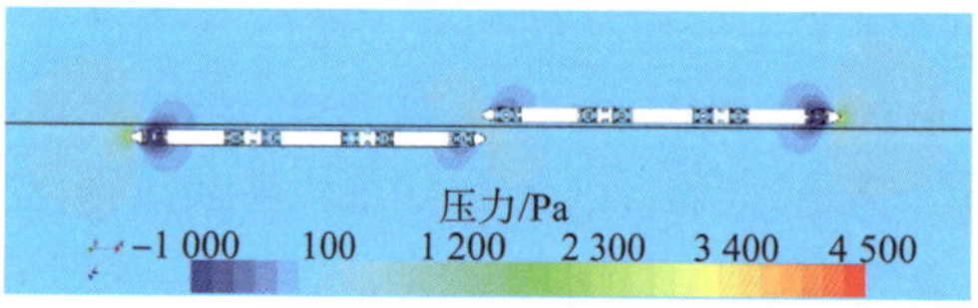

(g)状态⑦，$t=0.783$ s

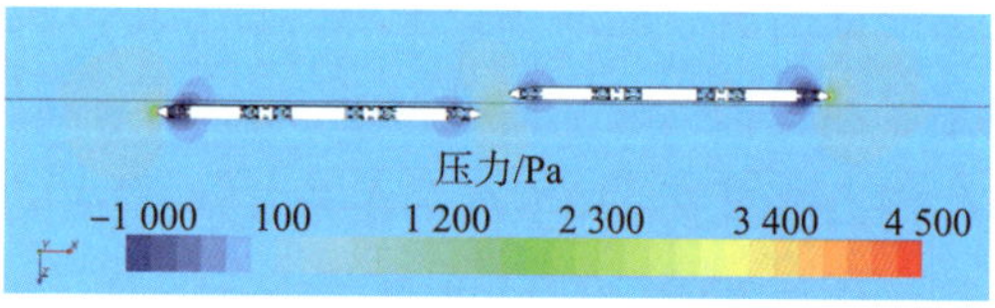

(h)状态⑧，$t=0.8344$ s

图 5-18　工况 GV350+350 的压力云图(过鼻锥)

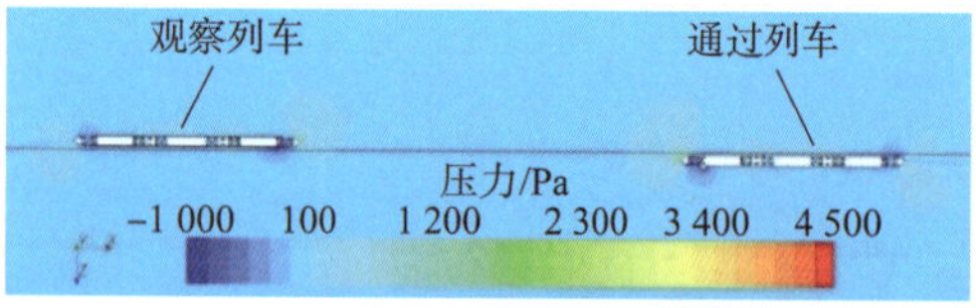

(a)状态①，$t=-3.0857$ s

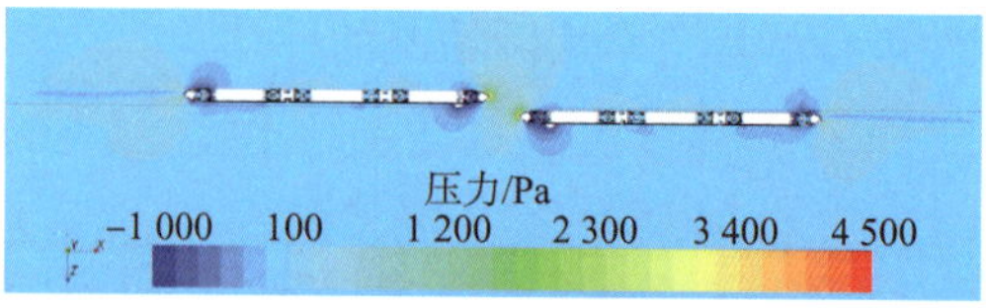

(b)状态②，$t=-0.0514$ s

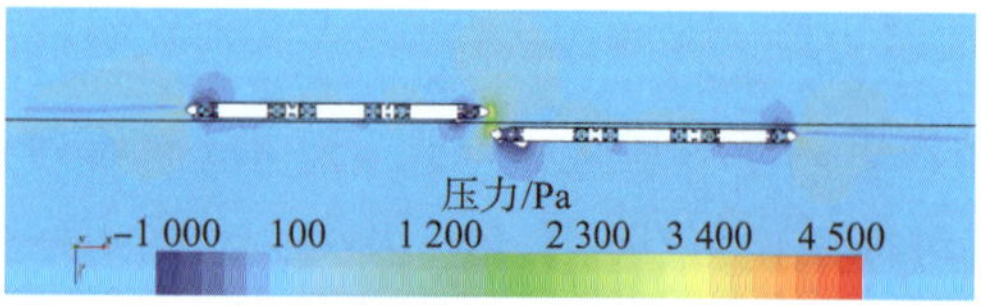

(c)状态③，$t=0$ s

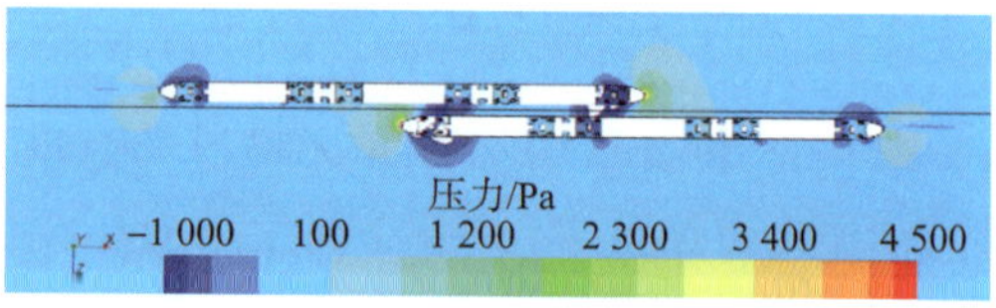

(d)状态④，$t=0.1958$ s

图　5-19

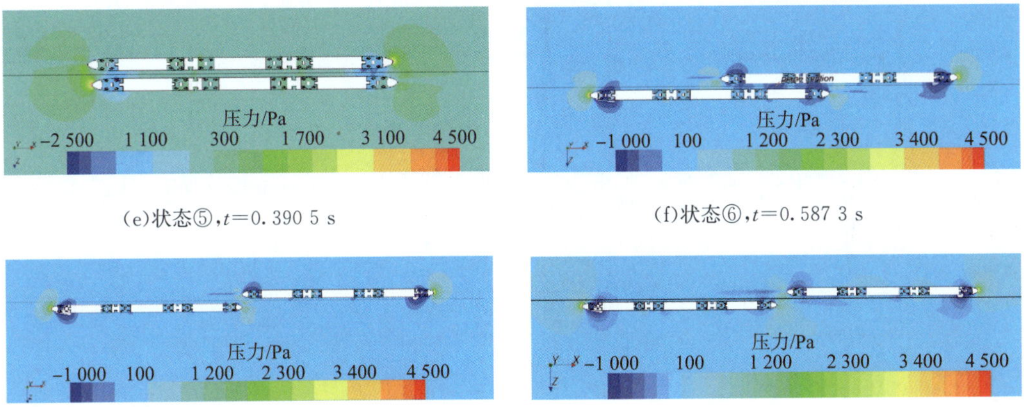

(e)状态⑤，$t=0.390\ 5$ s　　(f)状态⑥，$t=0.587\ 3$ s

(g)状态⑦，$t=0.783$ s　　(h)状态⑧，$t=0.834\ 4$ s

图 5-19　工况 GV350＋350＋15 的压力云图(过鼻锥)

此外，列车车体可分为头车流线体段、尾车流线体段和等截面段，其横截面形状和尺寸并不完全相同，列车交会时这三段车体与另一列列车的壁面间距也不相同，因此各点的压力波变化规律会有所不同。下文对图 5-6 中头部的 P_1、P_2、P_3、尾部的 P_{16}、P_{17}、P_{18} 点以及等截面段的 P_4～P_{15} 点的压力波变化规律进行分析。

1. 头车流线体段表面压力波变化规律

图 5-20 为列车在无横风和横风风速为 15 m/s、风向角为 90°条件下等速交会时观察列车头部压力波时程曲线。观察列车在有横风工况中也是迎风车，即列车交会侧是观察列车的背风侧，参见表 5-2 和图 5-6。由图 5-20(a)可知，P_1 点(鼻锥尖)压力波在有、无横风和不同交会速度条件下变化趋势均相似，其头波和尾波压力在交会前、后和交会过程中均始终为正压。车速越高，压力波越大。

在无横风条件下，交会前相距较远或交会结束后两列车远离后，头车压力波未相互影响，P_1 点是前方来流的滞止点，其压力值可由式(4-2)计算出来，其在车速 250 km/h、300 km/h 和 350 km/h 时压力波分别为 2 905.57 Pa、4 184.03 Pa、5 694.93 Pa，与数值模拟计算平均值相差较小。交会开始时，头波正波峰值出现在两列车鼻锥相遇的时刻，与表 5-2 中状态③相对应。通过列车车头的正压使 P_1 点压力骤然升高到峰值，峰值大小和升幅均与交会速度大小有关，速度越大，峰值越大、升幅越大。随后，P_1 点压力因通过列车鼻锥的高速离开、车肩负压区高速经过而迅速降低到波谷峰值，形成头波；车肩后，P_1 点压力逐步上升，在某一值附近波动。交会结束时，通过列车车尾的负压使 P_1 点压力突然降低，负波峰值(波谷值)出现在观察列车车头与通过列车车尾相遇的时刻，该时刻因交会速度的不同而不同，均与表 5-2 中状态⑤相对应。车头与车尾分离后，P_1 点压力迅速恢复到交会前大小。尾波负波峰值大小和降幅均与交会速度大小有关，速度越大，负波峰值越大、降幅越大。

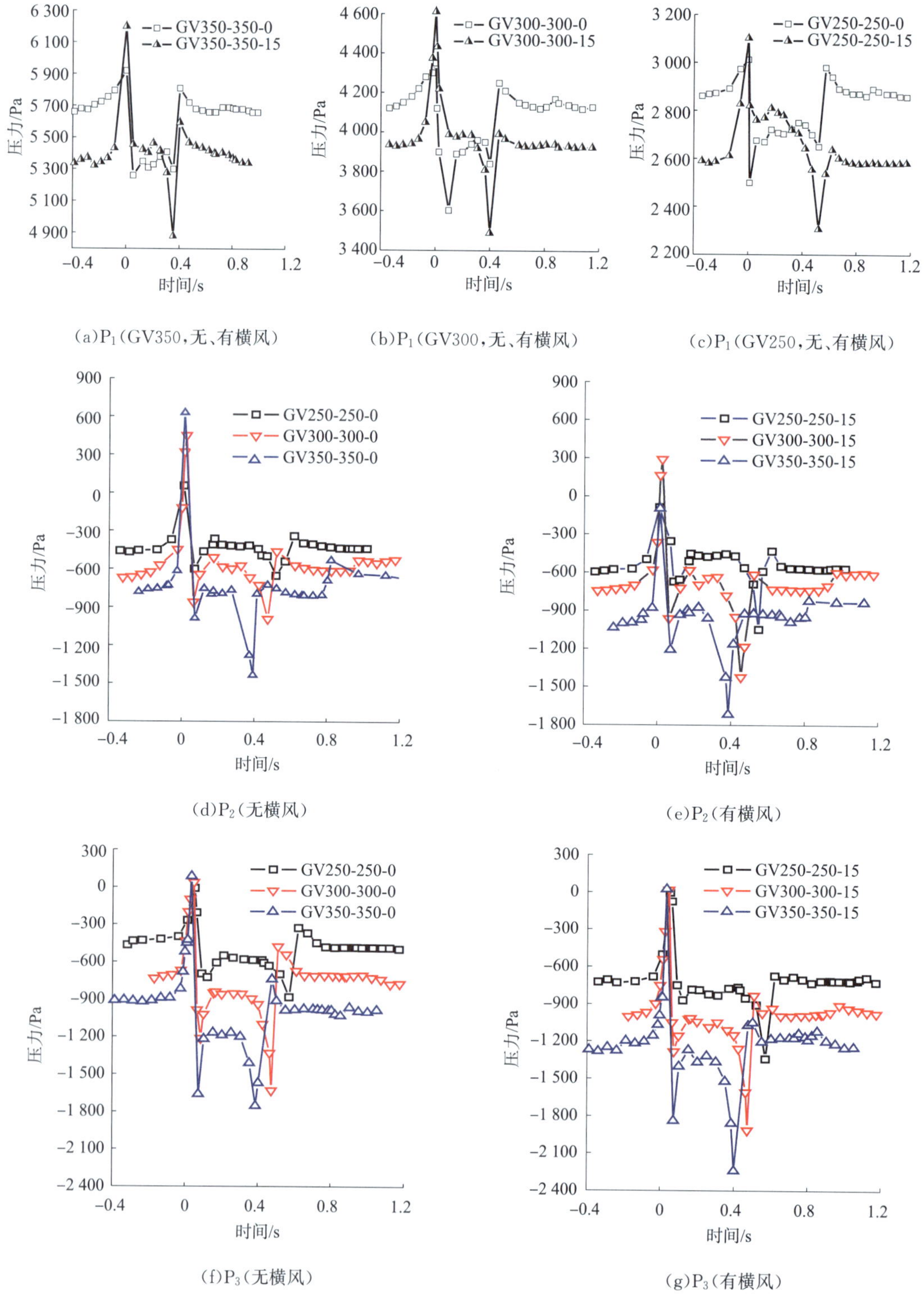

(a) P_1（GV350，无、有横风）

(b) P_1（GV300，无、有横风）

(c) P_1（GV250，无、有横风）

(d) P_2（无横风）

(e) P_2（有横风）

(f) P_3（无横风）

(g) P_3（有横风）

图 5-20　列车等速交会时头部压力波变化规律

列车交会前和交会后，P_1 点在无横风时压力波高于有横风时压力波，原因是横风使鼻锥表面压力分布产生变化，观察列车上最大压力点不再出现在鼻锥尖 P1 点处，而是向迎风侧偏移。同样，通过列车的最大压力点也不在鼻锥尖处，而是向迎风侧即观察列车的一侧偏移，使得通过列车的球形压力波向观察列车方向增大，因此在列车交会、头车相遇时，在压力波叠加区作用于观察列车 P_1 点压力波高于无横风压力波，即横风使 P_1 点交会压力波头波峰值升高，如图 5-21 所示。在同一风速下，交会速度越大，头波峰值及其升幅越大。

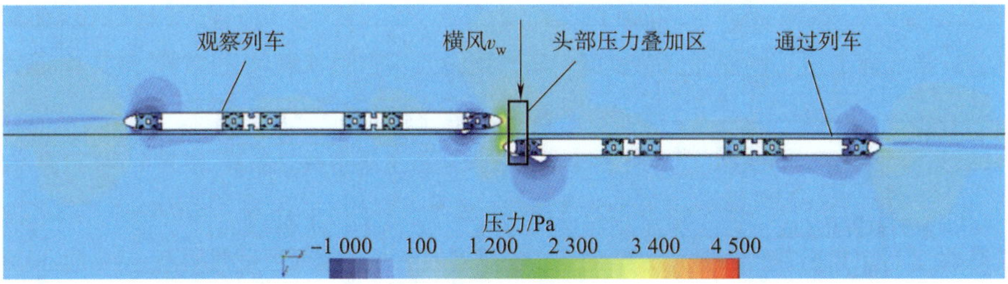

图 5-21　横风作用下列车等速交会时头部压力波变化规律

与 P_1 点在无横风工况中为来流滞止点不同，交会侧的观察列车 P_2、P_3 点在列车交会之前处于车头侧面的加速减压区域，均为负压。交会时，P_2、P_3 点因受到通过列车头车鼻锥球形正压波作用而使压力急剧升高，由负压变成正压，并在与头车鼻锥相遇时达到正压峰值，然后随鼻锥的离开而迅速减小，随后恢复到鼻锥经过前的负压，形成头波；随着交会过程的继续，P_2、P_3 点因受到通过列车尾车鼻锥区负压作用而使压力再次降低，并在与尾车鼻锥相遇时达到负压峰值，然后随鼻锥的迅速离开而使压力迅速升高，再次恢复到交会前负压状态，形成尾波。车速越高，正压峰值和负压峰值越大，负压绝对值也越大。此外，P_3 点的压力低于 P_2 点的压力。

由图 5-20(d)～图 5-20(g)表明，有横风作用时，观察列车 P_2、P_3 点因位于背风侧负压区而使压力变得更低。P_2、P_3 点压力波的变化趋势在有、无横风的条件下是一致的，只是横风使正压峰值减小，负压峰值增大。P_2、P_3 点除了在通过列车的头车鼻锥通过时达到正压外，其余时刻均为负压，P_2、P_3 点的尾波均为负值。与 P_1 点的情况类似，尾波的负压峰值(波谷值)因交会的速度不同而出现在不同的时刻，与表 5-2 中状态⑤～⑥之间的某个时刻相对应，即比通过列车车头与观察列车车尾相遇的时刻滞后一段时间，因为交会时，通过列车经过观察列车时，先到达 P_1 点，再依次经过 P_2、P_3 点。

2. 尾车流线体段表面压力波变化规律

图 5-22 为列车在无横风和横风风速为 15 m/s 条件下等速交会时列车尾部压力波时程曲线，随着通过列车车头渐次到达，P_{16}、P_{17} 和 P_{18}点压力波出现头波峰值和尾波峰值的时间均比 P_1 点的滞后一段时间。

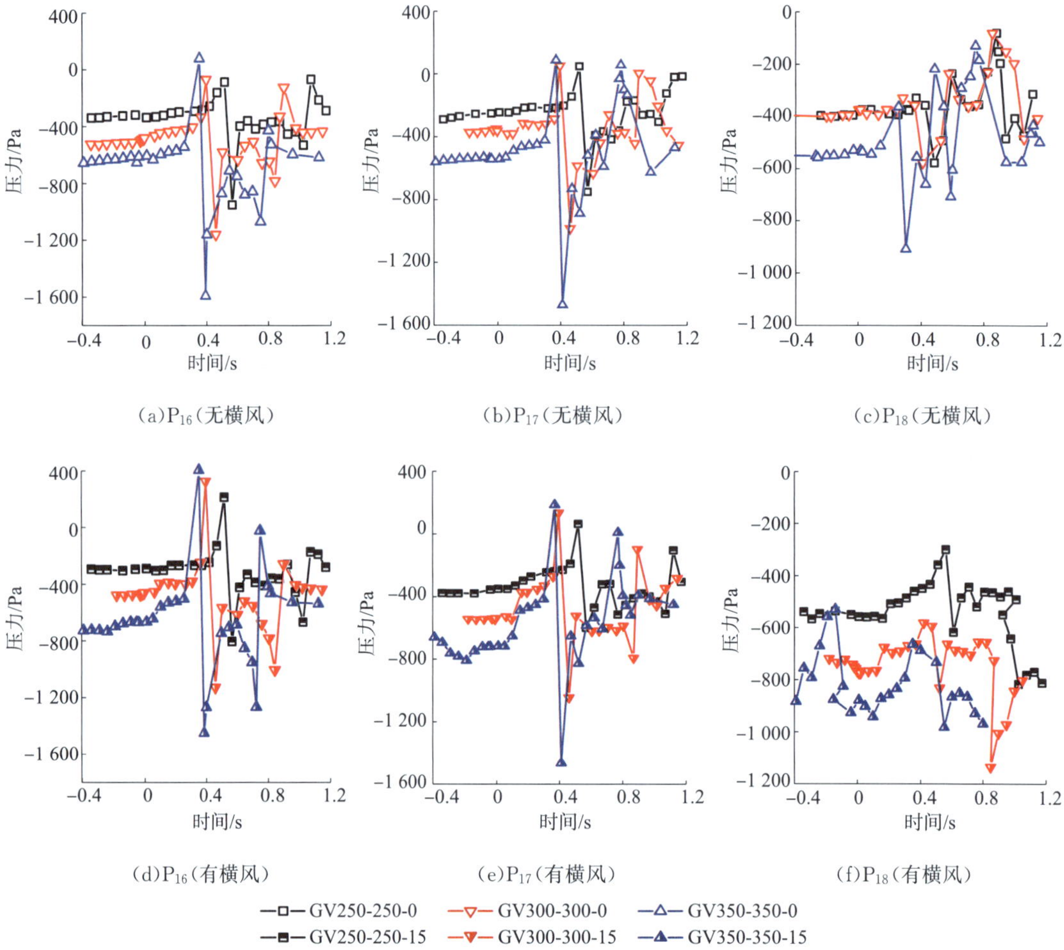

图 5-22 列车等速交会时尾部压力波变化

在无横风条件下，观察列车交会侧 P_{16}～P_{18}点在列车交会之前处于尾车流动分离区域，当通过列车车头到达时，P_{16}、P_{17}点压力在通过列车鼻锥球形正压波作用下骤然升高，由负压变成正压，但正压值不大；P_{18}点则因距通过列车交会侧壁面较远而使压力波升高的增量比另外两点的小，因而尾波波幅较小，一直处于负压状态。

受到横风作用时，交会速度越高，尾车 P_{16}～P_{18}点负压越大，压力波降幅和压力波波幅越大。P_{16}、P_{17}点压力波变化规律与尾车鼻锥处 P_{18}点略有不同，P_{18}点因处于尾流脱流区，负压较大而一直保持为负压状态。交会速度对 P_{18}点压力的影响很小。受到横风作用时，P_{16}、P_{17}点在交会各时刻的压力波上升较明显，P_{18}点的则变化不大，波幅值较小。

与 P_1 点规律相似，列车交会前和交会后，P_{16}和 P_{17}点在无横风时压力波高于有横风时压力波，原因是横风使观察列车背风侧压力更低；但头波和尾波峰值高于无横风交会的峰值。P_{18}点则由于处于存在大量分离涡的尾流区，其压力变得不稳定。可见，尾波的波幅偏差普遍高于头波的，这是尾车尾迹区流动的非定常性、随机性和脉动性所致。

3. 等截面段表面压力波变化规律

图 5-23 和图 5-24 分别是列车在无横风和横风风速为 15 m/s 条件下等速交会时列车等截面段上纵向监测点压力波时程曲线，各个测点压力波曲线是比较标准的头波-尾波交会曲线，其形状相似、波形参数相当，但出现在不同的时刻，沿时间轴产生了平移 Δt。

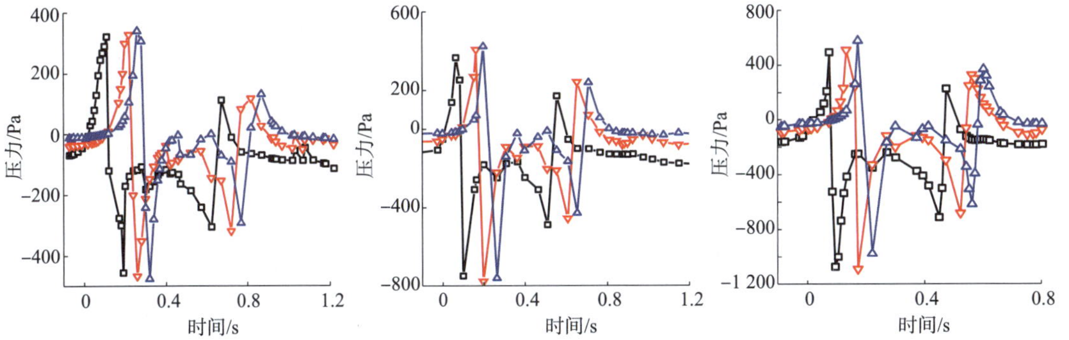

(a)会车速度 250 km/h　　(b)会车速度 300 km/h　　(c)会车速度 350 km/h

—□— P_4　—▽— P_5　—△— P_8

图 5-23　列车在无横风等速交会时等截面段纵向监测点压力波

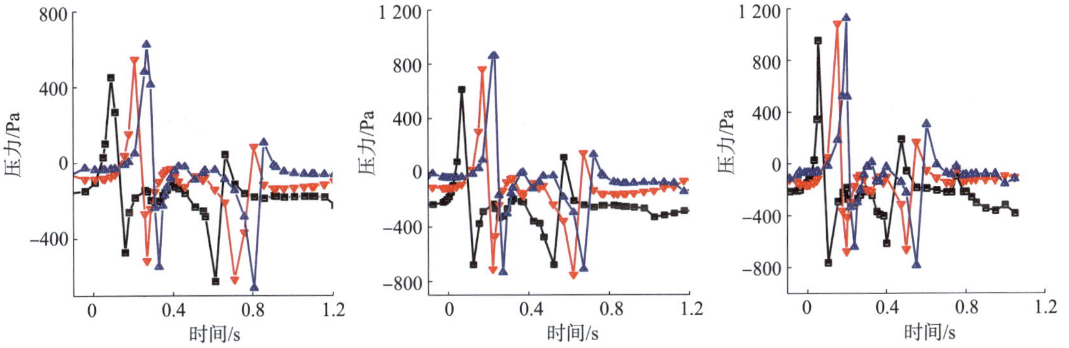

(a)会车速度 250 km/h　　(b)会车速度 300 km/h　　(c)会车速度 350 km/h

—■— P_4　—▼— P_5　—▲— P_8

图 5-24　列车在横风等速交会时等截面段纵向监测点压力波

与监测点 P_1～P_3 压力波变化规律相似，P_4、P_5、P_8、P_{14} 和 P_{15} 点头波正波峰值先后出现在通过列车头部鼻锥到达各监测点的时刻，负波峰值出现在通过列车鼻锥高速离开后车肩负压区高速经过的时刻，正、负波峰值的差值即为头波波幅。车肩离开监测点后，各点的压力逐步上升，在某一值附近波动，波动是由于真实列车模型的局部位置存在扰动，而简化而对光滑模型则没有波动，不符合实际情况。交会结束时，通过列车车尾负压使监测点压力突然降低，其负波峰值(波谷值)出现在观察列车车尾与监测点相遇的时刻，该时刻因交会速度的不同而不同。车尾与测点分离后，各测点的压力迅速恢复到交会前的大小。压力波峰值大小和升幅、降幅均与交会速度的大小有关。速度越大，峰值越高、升幅和降幅越大。此外，在同一个交会速度下，交会距离越长，波幅越大。

在交会前和交会后，各测点在有横风时压力波高于无横风时压力波。同一风速下，交会速度越大，头波峰值及其升幅越大。交会侧观察列车 P_4、P_5 和 P_8 点在列车交会之前处于列车侧面加速减压区域，均为负压。交会时，各测点因受到通过列车头车鼻锥球形正压波作用而使压力急剧升高，由负压变成正压，并在与头车鼻锥相遇时达到正压峰值，然后随鼻锥的离开而迅速减小，随后恢复到鼻锥经过前的负压，形成头波；随着交会过程的继续，各测点因受到通过列车的尾车鼻锥区的负压作用而使压力再次降低，并在与尾车鼻锥相遇时达到负压峰值，然后随鼻锥的迅速离开而使压力迅速升高，再次恢复到交会前的负压状态，形成尾波。车速越高，正压峰值和负压峰值越大，负压绝对值也越大。

图 5-25 是列车在无横风和横风风速为 15m/s 条件下等速交会时列车等截面段同一截面上 P_6～P_{13} 等 8 个监测点的压力波时程曲线。由于监测点 P_6～P_{13} 处于同一截面位置，其压力波发生变化的时刻完全相同，压力波时变曲线的变化趋势也相同，相当于沿压力轴上下

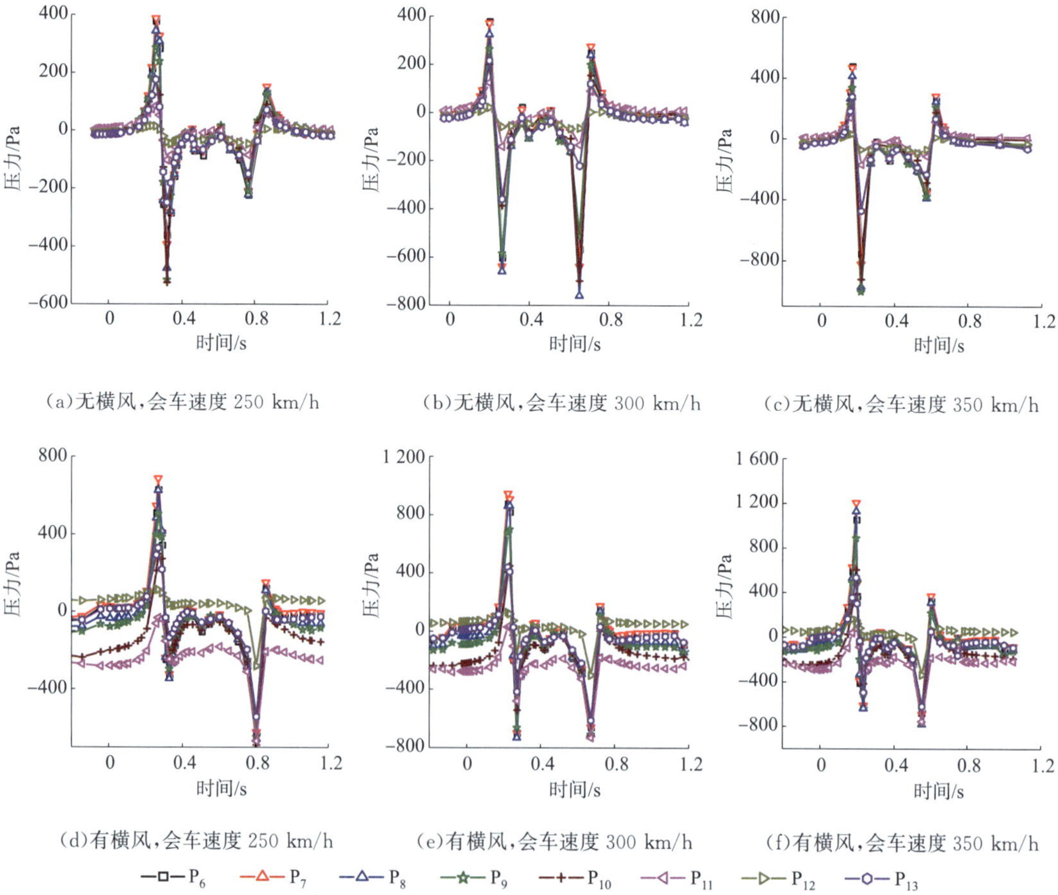

图 5-25 列车等速交会时同一截面上监测点压力波变化

偏移。这些监测点可分成两类：一是位于交会侧的 P_6～P_{10} 点；二是位于非交会侧的 P_{11}～P_{13} 点。第 1 类 P_6～P_{10} 点具有典型的头波-尾波特性，峰值和波幅较大；第 2 类 P_{11}～P_{13} 点峰值和波幅较小。

对于第 1 类监测点 P_6～P_{10}，其高度位置和交会间距均不相同，压力波峰值及波幅的大小与这两个几何量有一定的关联。图 5-25(a)、(b)、(c)表明，P_8 点头波压力波峰值和波幅最大，与其交会间距最小有直接关系。P_7 点交会间距比 P_8 点的大，但离地高度比 P_8 点的低，在某些情况下可能比 P_8 点压力波峰值和波幅要大。这说明交会间距和离地高度对交会侧压力波的峰值和波幅有明显的影响，前者作用更大。

对于第 2 类监测点 P_{11}～P_{13}，位于非交会侧壁面的 P_{12} 点与交会侧的 P_8 点等高，受列车交会侧纵向气流的影响最小。虽然其压力在通过列车的头车鼻锥经过时有一些波动，但没有明显的峰值，而在通过列车尾车鼻锥经过时出现一较小的负波峰值。因此，P_{12} 点波动及峰值是最小的，位于列车顶部的 P_{11} 点受到交会产生的影响比第 P_{12} 点大，其压力波峰值和波幅大于 P_{12} 点。P_{13} 点位于列车底部，受到交会气动力和地面升力效应的影响，其压力波的峰值波及其波幅在很多情况下为最大。

5.3.2　等速交会时压力波波幅计算

1. 无横风时列车交会压力波波幅

本节结合上述数值模拟结果，根据流动理论给出列车交会压力波幅与影响其大小的主要物理参量之间的一般性关系。图 5-26 为既有文献使用的边界层模型。

定义交会压力波波幅系数 ΔC_p 为

$$\Delta C_p=\frac{\Delta p}{0.5\rho v_r^2} \tag{5-9}$$

式中　v_r——相对速度，$v_r=v_1+v_2$，v_1，v_2 为通过列车和观察列车的车速，m/s。

影响列车交会压力波的主要参量有列车交会速度 v、流线体段长度 L_H、等截面段水力半径 R_H、线间距或交会侧两壁面之间间距 Y、监测点高度 z、车体离地高度 Δh、列车交会长度 x 以及流体密度 ρ 和动力黏性系数 μ 等参量，其间的关系可以表示为

$$\Delta p=f(v_1,v_2,L_H,R_H,Y,z,x,\Delta h,\mu,\rho) \tag{5-10}$$

由于列车交会侧会产生边界层，两列车之间湍流核心区自由流动的通道宽度应该减去边界层的位移厚度。

在式(5-10)中用有效间距 Y_f 代替 Y，得到

$$\Delta p=f(v_1,v_2,L_H,R_H,Y_f,z,x,\Delta h,\mu,\rho) \tag{5-11}$$

选取 R_H、v_1、ρ 为基本物理量进行无量纲处理，可得

$$\frac{\Delta p}{0.5\rho v_1^2}=f\left(\frac{v_2}{v_1},\frac{L_H}{R_H},\frac{Y_f}{R_H},\frac{z}{R_H},\frac{x}{R_H},\frac{\Delta h}{R_H},Re\right) \tag{5-12}$$

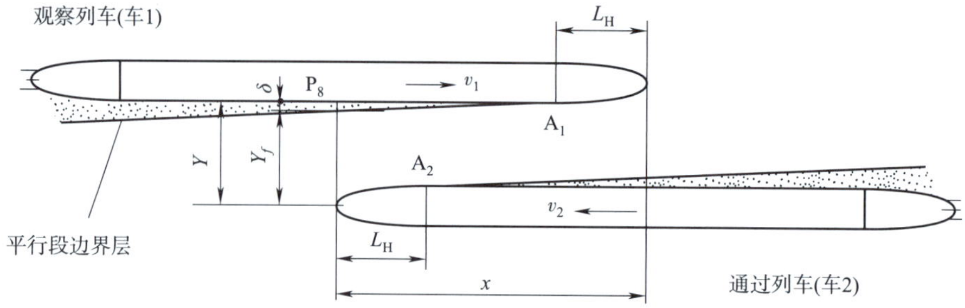

(a)t_1 时刻：头车鼻锥经过监测点 P_8

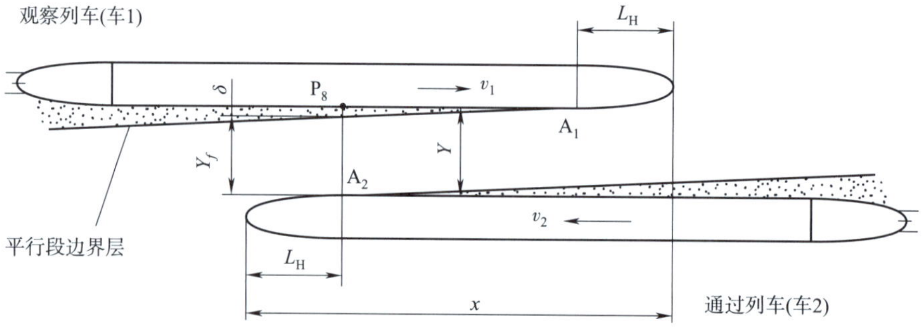

(b)t_2 时刻：头车流线体过渡断面经过监测点 P_8

图 5-26　既有文献列车交会侧壁面边界层模型(不考虑流线体段边界层)

考虑列车交会时中间气流相对速度为各自速度之和，将式(5-12)左边用相对速度代替观察列车的速度，则

$$\frac{\Delta p}{0.5\rho(v_1+v_2)^2}=\frac{1}{\left(1+\dfrac{v_2}{v_1}\right)^2}f\left(\frac{v_2}{v_1},\frac{L_H}{R_H},\frac{Y_f}{R_H},\frac{z}{R_H},\frac{x}{R_H},\frac{\Delta h}{R_H},Re\right) \tag{5-13}$$

定义车速比 $\lambda_v=v_2/v_1$，头型系数 $r=L_H/R_H$，无量纲有效间距 $\overline{Y}_f=Y_f/R_H$，无量纲高度 $\overline{z}=z/R_H$，无量纲交会距离 $\overline{x}=x/R_H$，无量纲离地间隙 $\Delta\overline{h}=\Delta h/R_H$，则式(5-13)变为

$$\frac{\Delta p}{0.5\rho v_r^2}=\frac{1}{(1+\lambda_v)^2}f(\lambda_v,r,\overline{Y}_f,\overline{z},\overline{x},\Delta\overline{h},Re) \tag{5-14}$$

将式(5-14)右边的 λ_v 并入 f 函数中，则有

$$\Delta C_p=f(\lambda_v,r,\overline{Y}_f,\overline{z},\overline{x},\Delta\overline{h},Re) \tag{5-15}$$

式(5-15)为压力波波幅的一般表达式。Steinheur 综合理论和许多试验研究成果，提出了计算交会压力波的无量纲经验公式(5-16)。其中，$\overline{Y}_f=Y_f/R_H$，$Y_f=Y-\delta^*$；δ^* 为位移厚度。

$$\Delta C_p=\frac{0.77(1+0.25\lambda_v)}{(1+\overline{Y}_f)^2}\left[1+0.65\,\frac{3.46-r}{(1+\overline{Y}_f)^2}\right] \tag{5-16}$$

边界层的位移厚度、动量厚度和形状因子分别定义为

$$\delta^*=\int_0^h\left(1-\frac{u}{u_e}\right)\mathrm{d}y \tag{5-17}$$

$$\theta=\int_0^h \frac{u}{u_e}\left(1-\frac{u}{u_e}\right)dy \tag{5-18}$$

$$H=\frac{\delta^*}{\theta} \tag{5-19}$$

设边界层名义厚度为 δ，一般地，湍流边界层内的速度分布符合指数律。

$$\frac{u}{u_e}=\left(\frac{y}{\delta}\right)^{\frac{1}{n}} \tag{5-20}$$

$$\frac{\delta^*}{\delta}=\frac{1}{1+n} \tag{5-21}$$

根据试验，在高雷诺数范围内，$n=7$ 的幂数律剖面与平板湍流边界层符合得很好，只在 $y=0$ 和 $y=\delta$ 附近给出不正确的 $\partial u/\partial y$，不过并不影响计算。Voss 以平板稳流边界层的 Prandtl 公式为基础，提出了计算列车边界层厚度的公式：

$$\delta=k\cdot z^{-0.37}xRe_x^{-\frac{1}{5}} \tag{5-22}$$

式中　k——计算系数，取 0.73；

z——距离地面的高度，m；

x——列车交会长度。

式(5-22)是不符合量纲和谐原理的经验公式，将式(5-22)代入式(5-21)得

$$\delta^*=\frac{1}{8}k\cdot z^{-0.37}xRe_x^{-\frac{1}{5}} \tag{5-23}$$

式中　Re_x——边界层雷诺数，$Re_x=v_2x/\nu$。

图 5-26 中壁面边界层的起始点是从车肩所在断面 A_1、A_2 开始的，未考虑头车流线体段边界层对平行段壁面边界层的影响。图 5-26(a)是通过列车鼻锥尖经过监测点 P_8 的情形，图 5-26(b)是通过列车流线体过渡断面 A_2 经过监测点 P_8 的情形，这两种情况均只考虑观察列车上壁面边界层位移厚度 δ^*。利用式(5-23)、式(5-16)和式(5-9)可计算出交会侧平行壁面的压力波幅值，但直接用于本书模型计算的压力波幅值与数值模拟值一般相差 15% 左右，需要进行修正。根据第 5.3.1 节数值模拟结果对其进行修正得到式(5-24)。

$$\Delta C_p=\frac{0.77(1+0.25\lambda_v)}{(1+\bar{Y}_f)^2}\left[1+0.65\frac{4.16-r}{(1+\bar{Y}_f)^2}\right] \tag{5-24}$$

式(5-24)的计算结果与数值模拟值比较接近，但普遍偏小。原因是在计算有效间距 Y_f 时忽略了头车流线体段边界层厚度，仅考虑了观察列车边界层厚度 δ_1^*，即式(5-17)的 $\delta^*=\delta_1^*$，既有文献一般均按此处理。另外，未考虑车体离地间隙的影响。由于交会列车壁面的有效间距对压力波波幅影响很大，间距越大，波幅越小，所以按这三个表达式计算的结果普遍偏低。

因此，本书按图 5-27 求解有效间距。鼻锥处的边界层实际上对后续的边界层厚度是有影响的。对于图 5-27 的状态，均需同时考虑两个边界层厚度。有效间距的表达式为

$$Y_f=Y-(\delta_1^*+\delta_2^*) \tag{5-25}$$

式中，δ_1^* 相当于图 5-27(a)中边界层从车肩断面开始的位移厚度，按式(5-23)计算；或相当于图 5-27(b)中通过列车车肩断面经过 P_8 点时对应的观察列车边界层厚度。δ_2^* 在图 5-27(a)中相当于观察列车车肩断面 A_1 处位移厚度，在图 5-27(b)中是通过列车车肩断面 A_2 处位移厚度，相当于观察列车车肩断面 A_1 处位移厚度。δ_2^* 可以通过变换交会距离得到，即假定车肩断面 A_1 与 A_2 相遇，相当于交会长度为 L_H时观察列车边界层厚度。将位移厚度 δ_1^*、δ_2^* 变换成满足量纲和谐原理的形式，得到表达式(5-26)和式(5-27)。

$$\delta_1^* = \frac{1}{8}k' \cdot \bar{z}^{-m} x Re_x^{-\frac{1}{5}} \tag{5-26}$$

$$\delta_2^* = \frac{1}{8}k' \cdot \bar{z}^{-m} L_H Re_{L_H}^{-\frac{1}{5}} \tag{5-27}$$

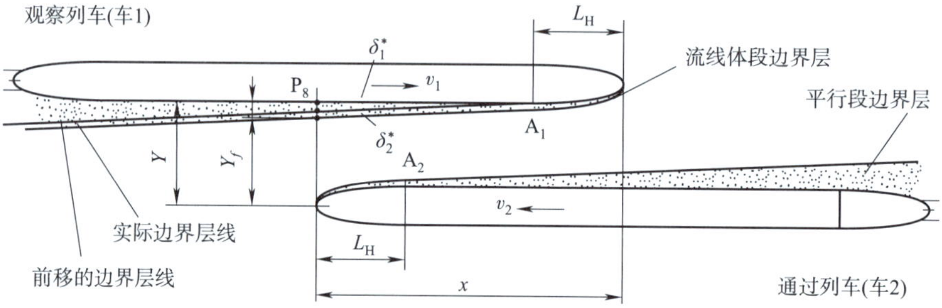

(a)t_1 时刻：头车鼻锥经过监测点 P_8

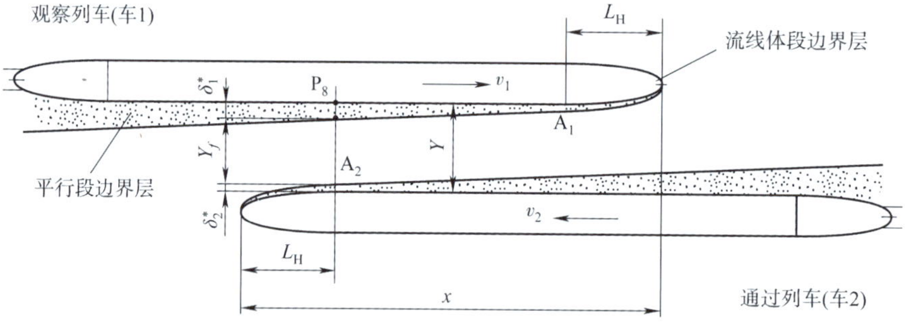

(b)t_2 时刻：头车流线体过渡断面经过监测点 P_8

图 5-27　本书使用的列车交会侧壁面边界层模型(考虑流线体段边界层)

由于边界层位移厚度 δ^* 与交会长度 x、监测点高度 z 有关，所以在式(5-15)中将 $\bar{x}$、$\bar{z}$ 均考虑在 δ^* 中。同时，由于列车侧壁面的边界层从头车的三维侧壁流线体段边界层算起，且在过渡断面出现分离泡，所以与平板边界层相比，流线体段边界层厚度会比平板增长得快一些，因此根据平板湍流边界层得到的式(5-26)中边界层雷诺数指数 $-1/5$ 可以再小一些，经过与三维流动数值模拟结果的和比较验算，确定该指数为 $-1/6$，无量纲高度指数确定为 $m=0.37$。另外，由于自由流动区雷诺数很高(在 10^7 量级)，流动处于湍流粗糙区，式(5-15)

中自由流的雷诺数不再影响气动特性，即 Re 的作用可以归并某一常数；离地间隙的作用这里未进行详细的对比分析，暂不考虑。仍借鉴式(5-16)，对部分参数进行调整，于是，波幅系数及边界层厚度的表达式可以变为

$$\Delta C_p = f(\lambda_v, r, \overline{Y}_f) \tag{5-28}$$

$$\Delta C_p = \frac{0.77(1+0.25\lambda_v)}{(1+\overline{Y}_f)^2}\left[1+0.65\frac{4.16-r}{(1+\overline{Y}_f)^2}\right] \tag{5-29}$$

$$\overline{Y}_f = \frac{Y-(\delta_1^* + \delta_2^*)}{R_{\mathrm{H}}} \tag{5-30}$$

$$\delta_1^* = \frac{1}{8}k' \cdot \overline{z}^{0.37} x Re_x^{-\frac{1}{5}} \tag{5-31}$$

$$\delta_2^* = \frac{1}{8}k' \cdot \overline{z}^{0.37} L_{\mathrm{H}} Re_{L_{\mathrm{H}}}^{-\frac{1}{4}} \tag{5-32}$$

式中，边界层厚度计算系数 $k'=0.073$。由式(5-28)～式(5-32)及式(5-9)可以计算出交会列车等截面段的监测点的压力波波幅。

表 5-5 为使用 Steinheur 原始经验公式、修正后 Steinheur 经验公式及本书提出的公式进行计算的结果。由表 5-5 可知，修正后 Steinheur 公式与原始 Steinheur 公式相比，更接近数值模拟结果，P_3、P_{16} 点偏差在 7%左右，其他点偏差多在 3%～4%，且普遍偏小；使用本书提出的公式进行计算，P_3、P_{16} 点偏差也在 7%左右，但其他点偏差多在 0.5%～2%。修正后 Steinheur 公式计算结果偏小的原因是其未考虑流线体段边界层厚度。由表 5-5 还可知，如果不考虑，在大多数工况中引起的偏差还在工程可接受范围内。

表 5-5　压力波波幅与速度的关系(无横风)

测点	会车速度/(km·h⁻¹)	数值模拟	Steinheur 公式		Steinheur 公式修正		本书公式计算	
		波幅/Pa	波幅/Pa	计算偏差/%	波幅/Pa	计算偏差/%	波幅/Pa	计算偏差/%
P_3	250	715.60	684.54	−4.34	760.63	6.29	776.09	8.45
	300	1 202.34	985.50	−18.04	1 094.90	−8.94	1 116.52	−7.14
	350	1 645.71	1 341.10	−18.51	1 489.84	−9.47	1 518.54	−7.73
P_4	250	778.00	687.90	−11.58	766.35	−1.50	781.64	0.47
	300	1 116.00	990.17	−11.27	1 102.85	−1.18	1 124.24	0.74
	350	1 569.02	1 347.29	−14.13	1 500.34	−4.38	1 528.74	−2.57
P_5	250	795.82	695.02	−12.67	779.26	−2.08	794.04	−0.22
	300	1 184.49	1 000.13	−15.56	1 120.80	−5.38	1 141.52	−3.63
	350	1 601.32	1 360.50	−15.04	1 524.05	−4.83	1 551.62	−3.10
P_6	250	735.60	635.93	−13.55	689.32	−6.29	700.52	−4.77
	300	1 043.33	914.85	−12.31	991.42	−4.98	1 007.06	−3.48
	350	1 401.20	1 244.21	−11.20	1 348.10	−3.79	1 368.84	−2.31

续上表

测点	会车速度/(km·h⁻¹)	数值模拟	Steinheur 公式		Steinheur 公式修正		本书公式计算	
		波幅/Pa	波幅/Pa	计算偏差/%	波幅/Pa	计算偏差/%	波幅/Pa	计算偏差/%
P_7	250	776.00	670.82	−13.55	738.79	−4.79	751.46	−3.16
	300	1 109.24	965.09	−13.00	1 062.49	−4.21	1 080.21	−2.62
	350	1 460.00	1 312.59	−10.10	1 444.65	−1.05	1 468.17	0.56
P_8	250	816.33	697.92	−14.51	784.92	−3.85	799.43	−2.07
	300	1 185.24	1 004.20	−15.27	1 128.69	−4.77	1 149.05	−3.05
	350	1 555.00	1 365.92	−12.16	1 534.49	−1.32	1 561.60	0.42
P_9	250	799.11	685.66	−14.20	762.51	−4.58	780.20	−2.37
	300	1 149.34	986.20	−14.19	1 096.09	−4.63	1 120.87	−2.48
	350	1 512.00	1 341.05	−11.31	1 489.74	−1.47	1 522.70	0.71
P_{10}	250	698.00	629.85	−9.76	681.22	−2.40	701.59	0.51
	300	1 000.10	905.33	−9.48	978.78	−2.13	1 007.22	0.71
	350	1 355.00	1 230.42	−9.19	1 329.81	−1.86	1 367.50	0.92
P_{14}	250	808.79	700.18	−13.43	789.60	−2.37	803.84	−0.61
	300	1 145.00	1 007.40	−12.02	1 135.21	−0.86	1 155.23	0.89
	350	1 555.00	1 370.21	−11.88	1 543.12	−0.76	1 569.80	0.95
P_{15}	250	812.32	704.70	−13.25	799.88	−1.53	813.42	0.14
	300	1 139.04	1 013.84	−10.99	1 149.56	0.92	1 168.67	2.60
	350	1 578.00	1 378.88	−12.62	1 562.14	−1.01	1 587.69	0.61
P_{16}	250	865.00	706.06	−18.37	803.33	−7.13	816.60	−5.60
	300	1 091.90	1 015.80	−6.97	1 154.39	5.72	1 173.14	7.44
	350	1 673.28	1 381.54	−17.44	1 568.55	−6.26	1 593.66	−4.76

由式(5-29)～式(5-32)可知，在车速比、头型系数确定的情况下，交会波幅系数由有效交会间距$\overline{Y}_f$或Y_f决定。Y_f与几何交会间距（名义交会间距）呈线性关系，监测点高度z出现在边界层厚度的表达式中，其指数为0.37。因此，监测点的交会几何间距Y比高度z对压力波幅的影响更大。

需要指出的是，上述推导是在假定薄边界层存在并保持、边界层未被破坏的情况下得到的。边界层紊乱、边界层分离或边界层被横风破坏后，上述公式不再适用。表5-5中给出的列车头尾车肩处压力波幅计算偏差较大就与边界层的近似性有关。

确定压力波波幅系数后，压力波幅可通过式(5-9)计算出来，即

$$\Delta p=\frac{1}{2}\Delta C_p\rho v_r^2 \tag{5-33}$$

根据式(5-28)～式(5-32)，对于等速交会，车速比 $\lambda_v=1$，$v_r=2v$，头波压力波波幅系数 $\Delta C_p=f(r,\overline{Y}_f)$ 与车速隐式相关，车速出现在边界层厚度中，虽然对波幅系数影响不是很大，但仍然存在。因此，压力波波幅值近似与速度的平方成正比。

2. 有横风时列车交会压力波波幅

如上所述，前面推导的压力波波幅计算公式不适用于有横风作用时列车交会工况。图 5-28 为列车在有横风(15 m/s)、无横风条件下交会时压力波波幅对比情况，各压力监测点的压力波波幅在有、无横风条件下交会的时程曲线变化趋势基本相同。

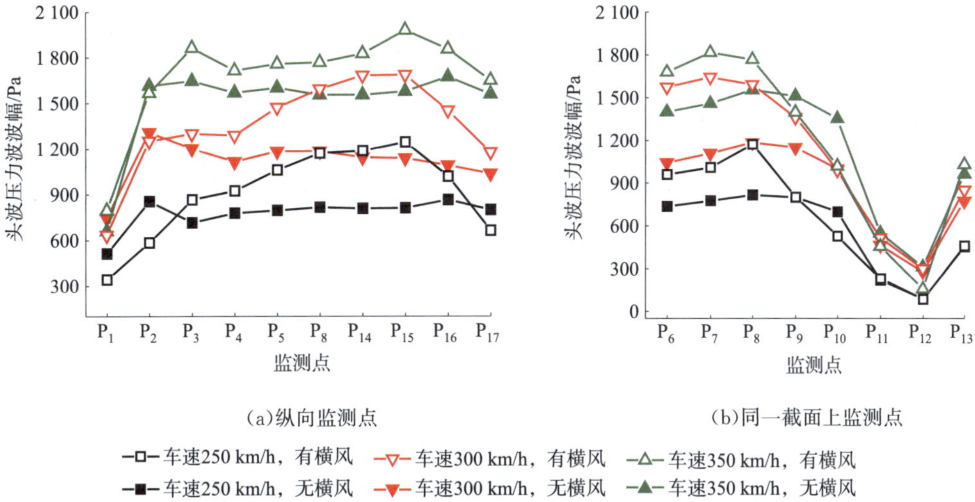

图 5-28　有、无横风条件下列车等速交会的压力波波幅比较

对于观察列车头车 P_1～P_3 点，由于其交会间距较大，波幅较小，横风对其影响相对较小。交会速度越高，列车风动能越大，受横风影响的幅度越小。横风使这 3 个点的压力略有下降，低于无横风时压力。P_3 点降幅最大，但不超过 200 Pa。

对于观察列车交会侧车身上纵向压力监测点 P_4、P_5、P_8、P_{14}、P_{15}，无横风时，各个点监测点压力波波幅比较接近，仅随交会距离有小幅变化。有横风作用时，横风改变了交会侧流场和车身纵向压力分布规律，因此，这些监测点压力变化程度也不尽相同。由于交会间距较小，等截面段压力波波幅大于头车、尾车流线体部分压力波波幅。有横风时，其交会压力波幅值的增幅随交会距离的增加而明显增大，最大增幅不超过 500 Pa。

对于同一截面上 P_6～P_{13} 点，P_{12} 点位于非交会侧，受交会气流和横风影响不大，其压力波波幅最小；列车顶部 P_{11} 点受到的影响大于 P_{12} 点，列车底部 P_{13} 点波幅大于 P_{12} 点，原因与无横风的情况相似。位于交会侧 P_6～P_{10} 点波幅受横风影响较大，与无横风时总是 P_8 点波幅最大的情况不同，P_8 点波幅不一定在各个车速下都是最大。对于尾车压力监测点 P_{16}、P_{17}，由于其交会间距增大，压力波波幅又变小，其压力波幅最大增幅不超过 150 Pa。

在压力波波幅表达式(5-10)中引入横风风速后，参考式(5-28)，可以构造 90°横风作用下的压力波波幅系数的经验公式。

$$\Delta C_p = f(\lambda_v, r, \overline{Y}_f, \lambda_{wt}) \tag{5-34}$$

借鉴式(5-29),在大量数值模拟基础上可以探讨横风作用下压力波波幅的计算表达式。

5.4 横风对高速列车交会气动力特性影响

列车在无风环境中交会时,两车之间空气受到挤压,形成暂态压力冲击。在这种暂态空气压力波影响下,列车受到了暂态变化的力及力矩。列车在横风环境中交会时,横风在已经交会的区域内产生涡流,与列车交会时两车之间的暂态流动相互影响,使列车周围流场的形态变化非常复杂,从而改变了列车交会时的表面压力分布规律,进而使列车交会的气动作用力特性也发生明显变化。

5.4.1 列车交会气动力特性分析

1. 列车交会气动阻力分析

图 5-29 为列车在无横风和有横风条件下等速交会时阻力时程曲线,列车在无横风、有横风环境中等速交会时,各节车辆的阻力时程曲线的波形均分别相似,具有明显的周期性,经历三个正波波峰和正波波谷。交会速度不同,达到峰值的时刻也不同。各节车辆的阻力均随交会速度的增大而增大,横风使各节车辆的阻力增大。

列车在无风环境中交会时,通过列车的头车运行到观察列车鼻锥附近时使观察列车的

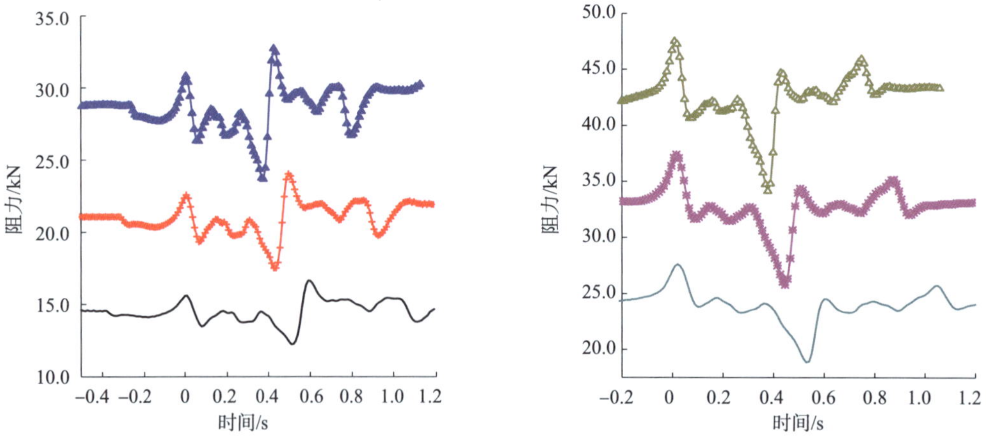

(a)总阻力-无横风　　(b)总阻力-有横风

图 5-29

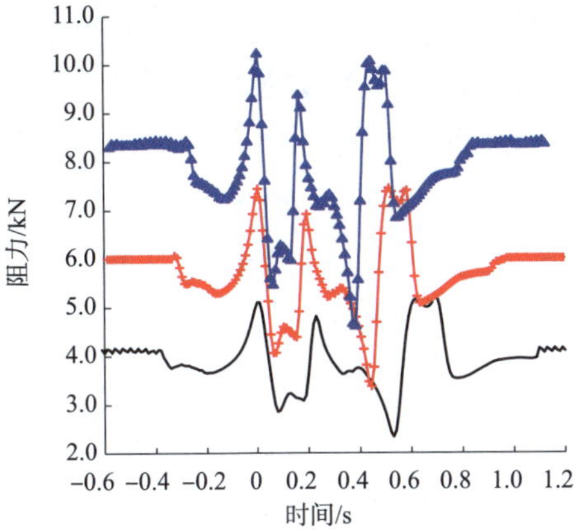

(c)头车-无横风

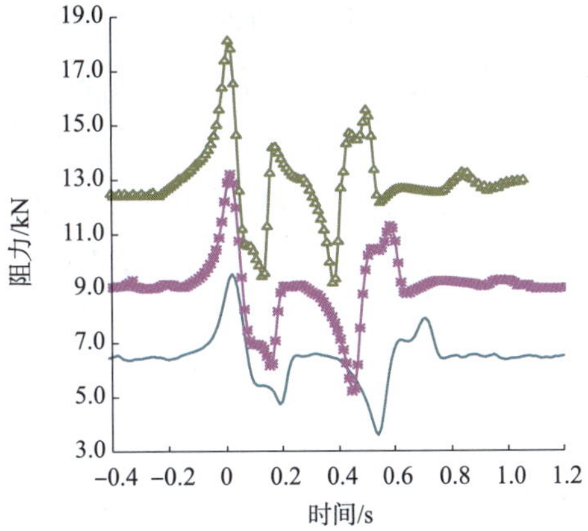

(d)头车-有横风

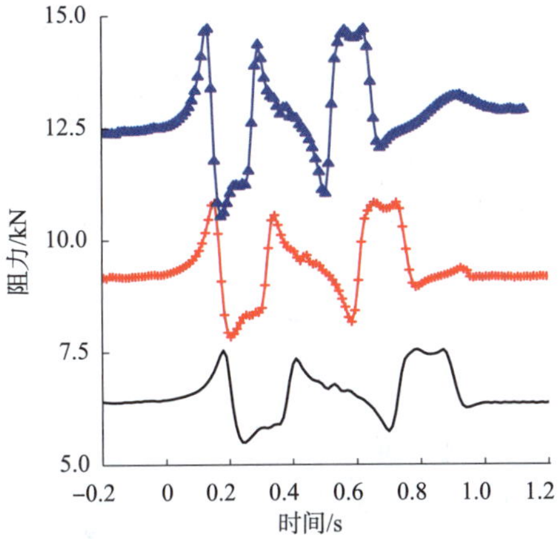

(e)中车-无横风

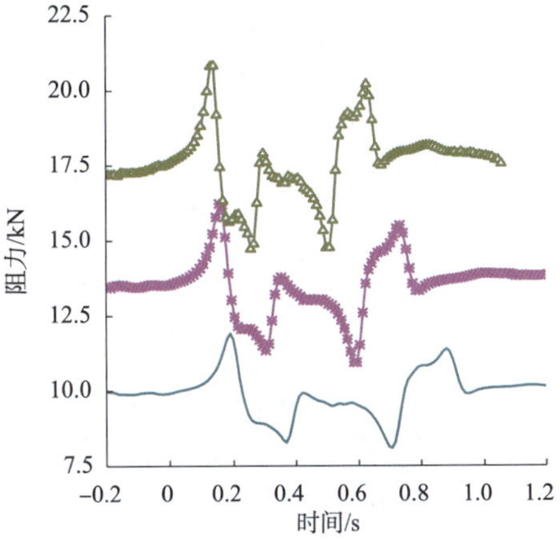

(f)中车-有横风

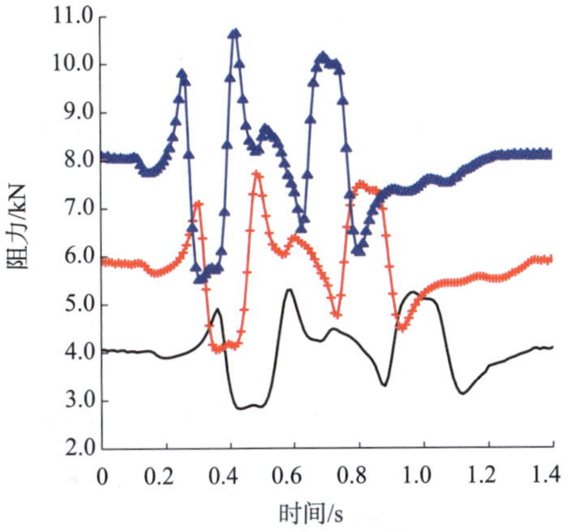

(g)尾车-无横风

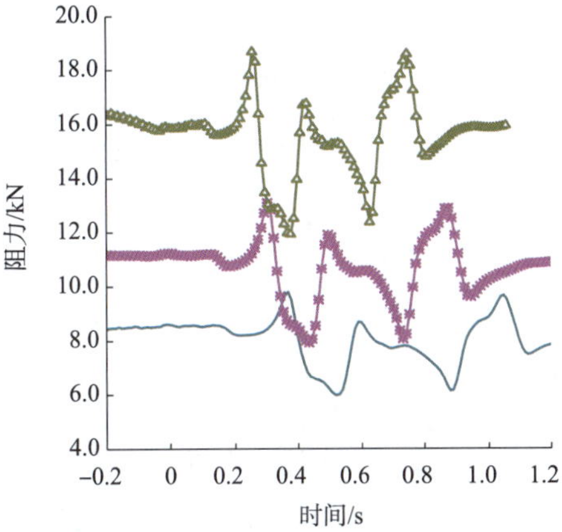

(h)尾车-有横风

250-250-0　300-300-0　350-350-0
250-250-15　300-300-15　350-350-15

图 5-29　列车等速交会时阻力时变过程

头车阻力逐渐升高并在列车鼻锥相遇时达到第一个波峰值 $F_{D,max1}$，离开观察列车鼻锥时，使其头车阻力快速下降并在通过列车走完观察列车头车的一半长度时出现第一个波谷值 $F_{D,min1}$。随后，观察列车的头车阻力值开始上升，在上升过程中因受头车第二个转向架及头车与中车连接处风挡影响而出现小的波动。通过列车鼻锥经过中车第一个转向架后达到第二波峰值 $F_{D,max2}$，在两车并行瞬间出现第二个波谷值 $F_{D,min2}$。该变化周期内，头车阻力在通过列车到达中车受电弓处时出现一个小的波谷，在尾车第一个转向架处达到另一个小的波谷。头车阻力在两车并行后又呈上升趋势，在通过列车尾车和观察列车头车的车肩相遇时达到第三波峰值 $F_{D,max3}$，在通过列车尾车经过观察列车的中车第一个转向架时出现第三波谷值 $F_{D,min3}$。头车阻力在通过列车的尾车经过观察列车头车的第二个转向架时也有小的波动。第四波峰值 $F_{D,max4}$ 出现在两列车尾车相遇时刻。

同样地，可对中车和尾车的阻力进行类似的分析。列车在横风中交会时，各节车辆的阻力影响距离大于无风环境，且随着交会速度的增大而增大。在无风条件下交会时，头车的阻力影响距离最大，尾车次之，中车最小；在有风环境下交会时，尾车阻力影响距离最大，中车次之，头车最小。

两列车在无风、有风环境中交会时，各节车辆的阻力变化幅值均随交会速度的增大而增大。无风且在同一速度下交会时，头车第二幅值最大，第三幅值最小；中车第一幅值最大，第三幅值最小。尾车第一幅值最大，第二幅值最小。有风且在同一速度下交会时，各车辆的第一幅值最大，第三幅值最小。在各个交会速度下，对于第一幅值和第二幅值，头车最大，尾车的次之，中车最小。对于第三幅值，尾车最大，头车次之，中车最小。

在同一车速下，各节车辆各个阻力波幅均是有风环境下的大。从已有的计算工况看，当列车以任意速度交会时，各辆车的气动阻力幅值与交会速度之间存在近似的线性关系，如图 5-30 所示。

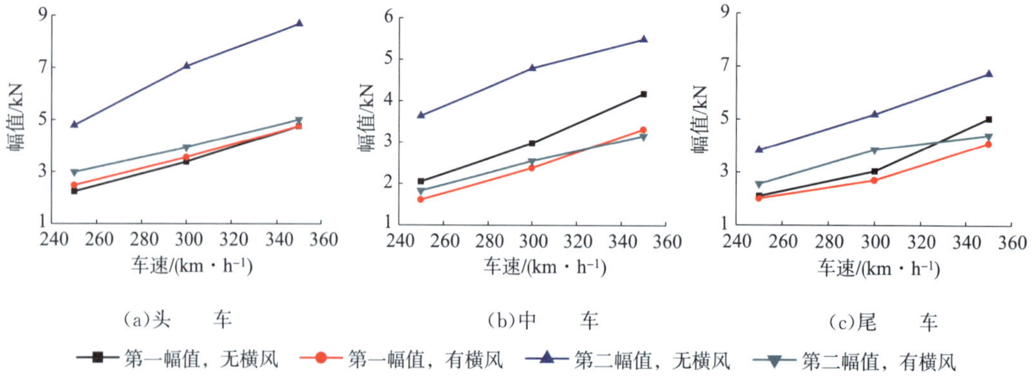

图 5-30　交会过程中车辆阻力气动幅值随车速变化规律

2. 列车交会气动横向力分析

图 5-31 和图 5-32 给出了交会过程中各车辆所受横向力的变化过程，正值表示列车受

到向内吸引的横向力，负值表示受到向外排斥的横向力。

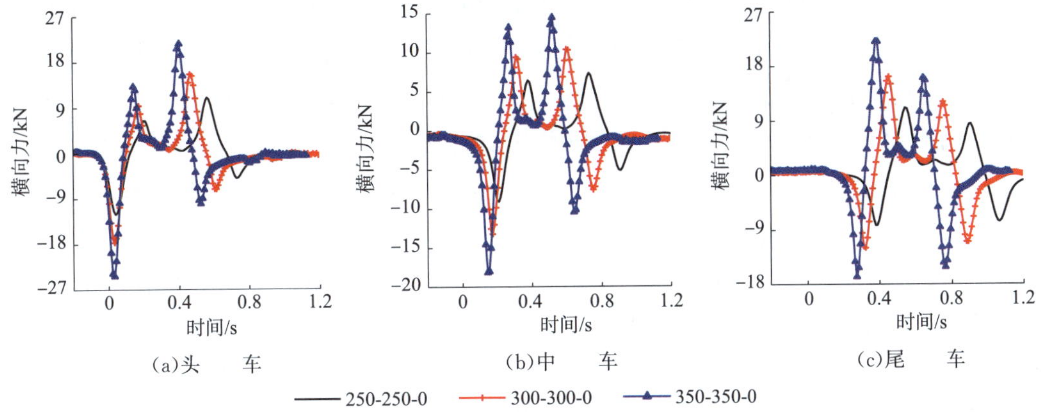

图 5-31　列车等速交会时各车辆横向力时变过程(无横风)

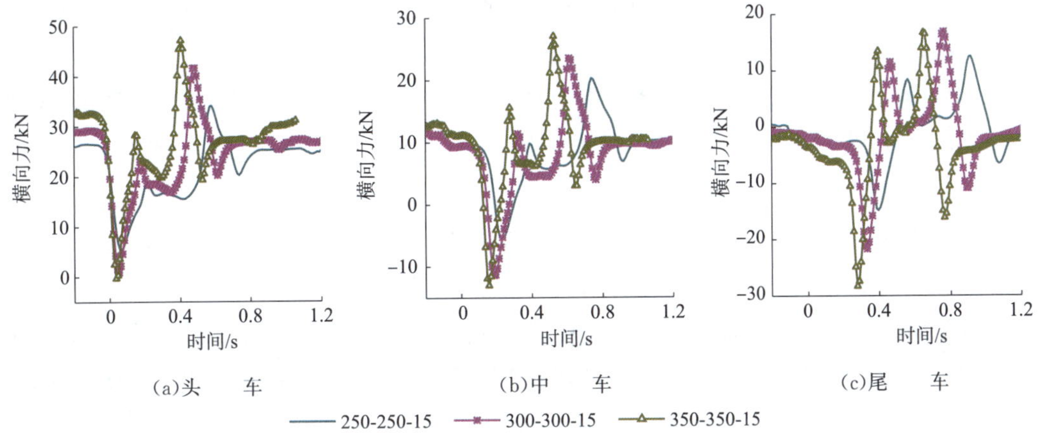

图 5-32　列车等速交会时各车辆横向力时变过程(有横风)

由图 5-31 可知，在列车交会前，各辆车气动横向力均为零，与实际情况相符，验证了数值模拟结果的正确性。列车在无风、有风环境中等速交会时，各节车辆横向力时程曲线的波形均分别相似，具有明显的周期性，经历三个正波波峰和正波波谷。交会速度不同，达到峰值的时刻也不同。各节车辆横向力均随交会速度的增大而增大，横风使各节车辆的横向力增大。

列车在无风环境中交会，通过列车头部经过观察列车时，观察列车各车辆均受到向外排斥的横向力，该横向力在 3 m 处出现第一个波谷值 $F_{S,min1}$，在 15 m 处达到一个向内吸引的横向力峰值 $F_{S,max1}$。随后，横向力值开始下降，在 39 m 处出现第二个波谷值 $F_{S,min2}$ 后横向力又开始上升，在 51 m 处达到第二波峰值 $F_{S,max2}$。接着，横向力开始下降并反向，先受到一个向内吸引的横向力，然后受到一个向外排斥的横向力，在观察列车尾车鼻锥处与通过列车头车鼻锥处相遇时，横向力出现第三个波谷值 $F_{S,min3}$。随后，观察列车横向力绝对值又逐渐减少，慢慢恢复到交会前不受横向力的状况。整个交会过程中观察列车分别出现“负—正—正—负”变化的横向力峰值，方向改变两次。

中车和尾车的横向力随时间的变化规律与头车一致，只是各自到达峰值的时间(距离)有差别。中车横向力在 15 m 处达到第一个波谷值，在 26.5 m 处达到第一个波峰值；在 41 m 处达到第二个波谷值，50.5 m 处达到第二个波峰值；在 63 m 处达到第三个波谷值，然后慢慢恢复到交会前不受横向力的状况。尾车横向力在 27 m 处达到第一个波谷值，在 38 m 处达到第一个波峰值；在 44.5 m 处达到第二个波谷值，50 m 处达到第二个波峰值；在 54.5 m 处达到第三个波谷值，然后慢慢恢复到交会前不受横向力的状况。

由图 5-32 可知，与在无风环境中交会不同，列车在有风环境中交会、观察列车与通过列车的头部交会时受到一个指向内侧的横向吸引力。横向力逐渐减少并在 4.5 m 处出现第一个波谷值，随后上升并在 15 m 处到第一个波峰值。之后，横向力开始减少，在 29 m 处出现第二个波谷值。横向力逐渐增大，至 40 m 处达到第二个波峰值；随后又开始减小，至 51 m 处出现第三个波谷值。之后，观察列车的横向力的绝对值又逐渐增大，慢慢恢复到交会前受到的横向力。中车和尾车的横向力随时间的变化规律与无风时一致，只是横向力起始值与各自到达峰值的时间(距离)有差别。

综上，横向力在横风中达到波峰波谷的时间比在无风环境中的滞后，即观察列车上出现波峰波谷的位置离鼻锥处的距离要大一些。同一风环境中，交会速度越大，横向力出现波峰或波谷的时间越小，波峰波谷的绝对值越大。

同时，各辆车横向力影响距离大于无风环境中的，且随交会速度的增加而增大。无风交会时，中车影响距离最大，头车最小；有风交会时，尾车影响距离最大，头车最小。同一车速下，各节车辆的第一、二、三幅值，其无风下的值均小于对应的有风环境下的值。从已有的计算工况看，当列车以任意速度在有无横风环境下交会时，各节车辆的气动横向力幅值与交会速度呈近似线性关系，如图 5-33 所示。

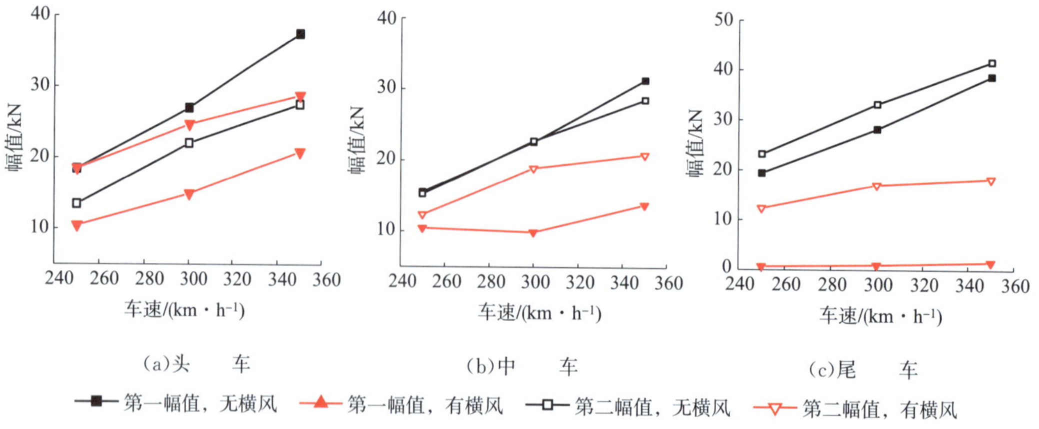

图 5-33　交会过程中车辆横向力幅值随车速变化规律

3. 列车交会气动升力分析

两高速列车交会时，气动升力在极短的时间内剧烈波动，导致列车垂向振动加剧，严重影响列车运行的安全性。列车在无风和有风环境中交会时各节车的气动升力时变规律如图 5-34和图 5-35 所示，列车在有风、无风环境中等速交会时，各车辆升力的绝对值随着交会速度的增大而增大；有风环境中各列车升力均大于相同交会速度下无风环境中的值，但各个车辆升力的时变规律类似，都出现了明显的气动升力峰值。

列车在无风环境中交会时，交会前头车和中车均受向下的负气动升力，尾车受向上的气动升力。交会速度越大，气动升力的绝对值越大。交会过程中，头车、中车和尾车气动升力的变化趋势一致。

由图 5-34 可知，在观察列车与通过列车头部交会前，气动升力值逐渐升高，交会时由向下的负升力变为正升力，且在 3 m 处升力达到第一个波峰值 $F_{L,max1}$。通过列车头部远离观察列车的鼻锥点后，头车升力绝对值快速下降并反向上升，在 14 m 处达到一个向下的负向升力峰值 $F_{L,min1}$。随后，升力值开始上升，在 18 m 处达到第二个波峰值 $F_{L,max2}$，然后升力又开始下降，在 25 m 处达到第二波谷值 $F_{L,min2}$。然后升力值开始上升，在 30 m 处达到第三个波峰值 $F_{L,max3}$，然后快速下降，在 40 m 处达到第三波谷值 $F_{L,min3}$。随后，升力又快速上升，在 51 m 处达到第四个波峰值 $F_{L,max4}$。之后，升力的绝对值又逐渐减少，慢慢恢复到交会前的状况。中车和尾车的气动升力随时间的变化规律与头车一致，只是各自到达峰值的时间（距离）和气动升力值的正负有差别。

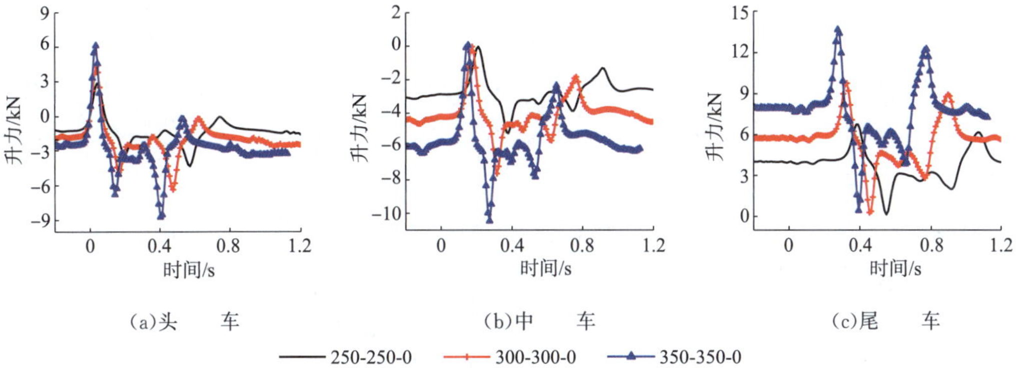

图 5-34　列车等速交会时各车辆升力时变过程（无横风）

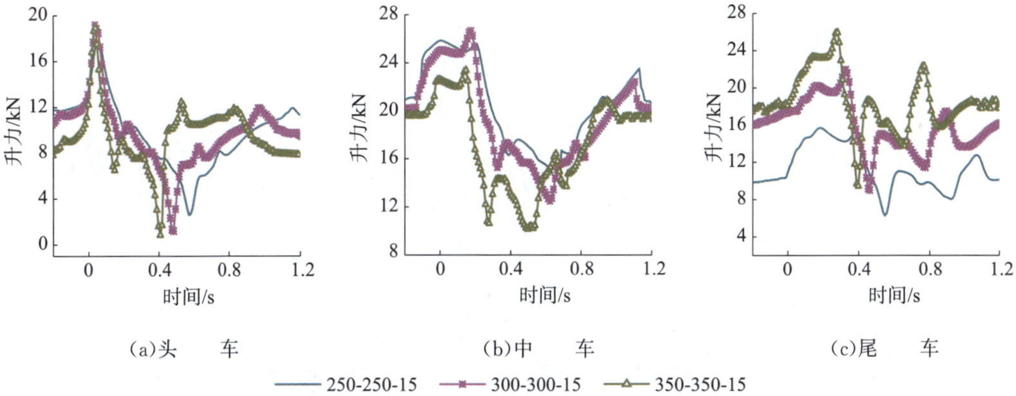

图 5-35　列车等速交会时各车辆升力时变过程（有横风）

由图 5-35 可知，列车在有风环境中交会时，交会前头车、中车和尾车均受正的气动升力，且交会速度越大，气动升力的绝对值越大。交会过程中，头车、中车和尾车气动升力的变化趋势一致。

两列车在无风环境中交会时，列车交会速度越大，升力波峰波谷的时间越短，幅值也越大，垂向振动越激烈。且在三个交会速度下，三节车的第一幅值最大，第三幅值次之，第二幅值最小，因此三节车均在各自的第一幅值时间间隔内最危险。在同一交会速度下，尾车受到的升力冲击最大，头车次之，中车最小。因此，就升力而言，头车在两车头车交会瞬间为最危险时刻，垂向振动最激烈；中车在通过列车头车鼻锥行驶到观察列车头车中部至中车这段时间最危险；尾车在通过列车头车鼻锥行驶到观察列车中车中部时最危险，且尾车最危险。

两列车在有风环境中交会时，与无风环境中交会相类似，各辆车的各个幅值均随交会速度的增大而增大。且在同一交会速度下，三节车均为第一幅值最大，且尾车最大，数值均大于无风环境中相应值。对于第一幅值，与无风环境中的中车最小不同，在有风下，头车变成了最小。

4. 列车交会气动倾覆力矩分析

在无风时，单列列车行驶时不受到倾覆力矩的作用，但是当两列列车交会时，两列车间的空气受到挤压，在交会侧面产生很大的压力冲击，使得列车振动加剧，产生倾覆的危险。图 5-36 和图 5-37 为列车在有风、无风状态下交会时各节车辆受到的倾覆力矩时变曲线，取矩中心为各节车辆的中心，正值表示列车受到向内倾覆的气动力矩，负值表示列车受到向外倾覆的气动力矩。列车在无横风环境中交会时，交会前各节车的倾覆力矩值基本为零，与实际情况相符合；而在有风环境中交会时，在交会前都受到稳定的倾覆力矩。另外，列车在有风、无风环境中等速交会时，各车辆的倾覆力矩均随着交会速度的增大而增大；有风环境中各列车的倾覆力矩均大于相同交会速度下无风环境中的值。

由图 5-36 可知，无风时，在通过列车头部鼻锥与观察列车头部鼻锥相遇前 0.1 s，两列车开始受到向外翻滚的倾覆力矩，随着通过列车的靠近，观察列车倾覆力矩的绝对值快速增

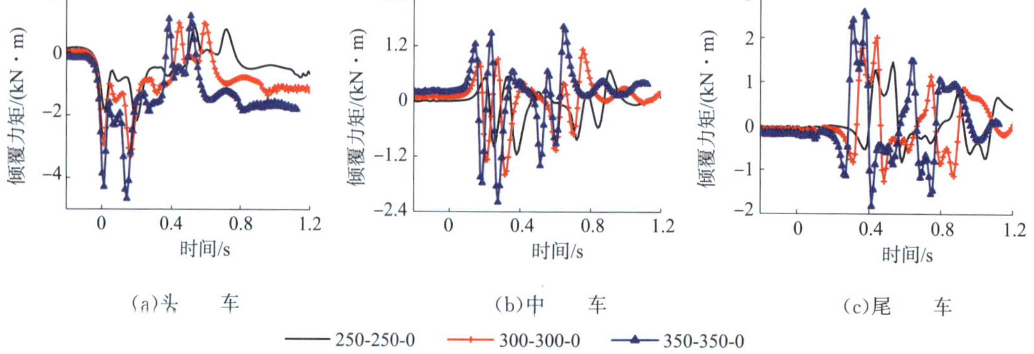

(a)头　　车　　(b)中　　车　　(c)尾　　车

图 5-36　列车等速交会时各车辆倾覆力矩时变过程(无横风)

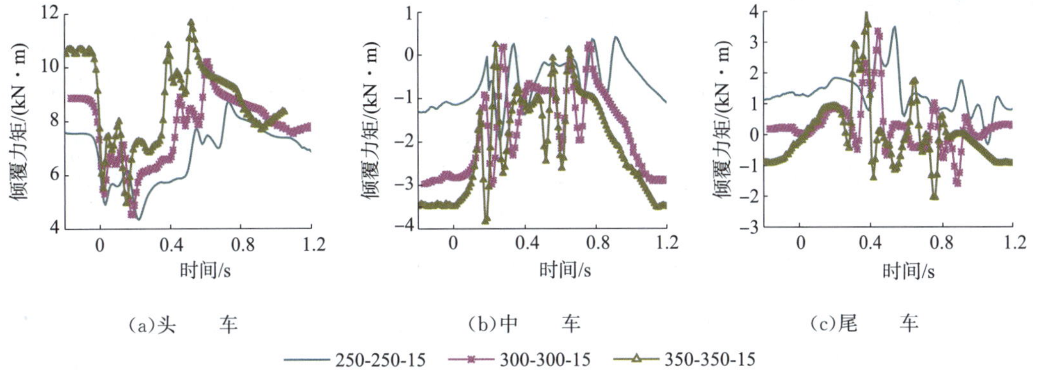

图 5-37　列车等速交会时各车辆倾覆力矩时变过程(有横风)

大,在两车鼻锥相遇后 0.02 s 达到负向波谷值 M_{min1}。之后,倾覆力矩开始增大(绝对值减少),0.04 s 后达到第一个波峰值 M_{max1}。通过列车头车鼻锥在经过观察列车车肩断面时出现一个小的波谷,在经过转向架截面处达到一个小的波峰。第二个波谷值 M_{min2} 出现在通过列车到达观察列车的头车中间位置,第二个波峰值 M_{max2} 在头车第二个转向架截面出现。倾覆力矩稳定一段时间后下降,在头车中车连接的风挡处达到第三个波谷值 M_{min3},在中车的一半长度时达到第三个波峰值 M_{max3};在第二个转向架和受电弓所在截面处出现第四个波谷 M_{min4},在中车和尾车连接风挡处达到第四个波峰 M_{max4},至尾车第一个转向架处出现第五个波谷,随后在稳定值附近做周期性变化。

在通过列车与观察列车头部鼻锥处交会瞬间,观察列车中车便受到向内的倾覆力矩,随着通过列车的靠近,倾覆力矩在 13.89 m 处增大到第一个波峰值 M_{max1},在 17.36 m 处出现第一个波谷值 M_{min1};在 22.92 m 处达到第二个波峰值 M_{max2},至 26.39 m 处出现第二个波谷值 M_{min2}。倾覆力矩在 34.72 m 处达到第三个波峰值 M_{max3},后在 38.19 m 处有小的波动,持续下降到 50 m 处出现第三个波谷值 M_{min3}。倾覆力矩的第四个波峰值 M_{max4} 出现在 54.17 m 处,至 58.33m 处时到达第四个波谷值 M_{min4};第五个波峰值 M_{max5} 出现在 63.19 m 处到达,在 73.61 m 处到达第五个波谷值 M_{min5}。第六个波峰值出现在 81.94 m 处,之后恢复到交会前的值。

在通过列车头部鼻锥处行驶到观察列车 12.5 m 处时,观察列车尾车开始受到向外翻滚的倾覆力矩,随着通过列车的靠近,倾覆力矩绝对值快速增大,在 26.39 m 处绝对值增大到最大值,即达到第一个波谷值 M_{min1}。之后倾覆力矩开始增大(绝对值减少),在 29.86 m 处达到第一个波峰值 M_{max1}。在 33.33 m 处达到第二个波谷值 M_{min2}。然后又继续上升,在 36.81 m 处到达第二个波峰值 M_{max2}。之后快速下降,至 40.28 m 处达到第三个波谷值 M_{min3},然后上升至 44.44 处有小的波峰波谷的波动,至 51.39 处达到第四个波谷 M_{min4},然后上升,至 56.94 m 处上升缓慢,从 58.33 m 处快速上升至达到第三个波峰值 M_{max3}。然后下降至 66.67 m 处达到一个第五个波谷 M_{min5},然后上升,至 69.44 m 处有一个小的波峰，然后下降，至 72.22 m 第六个波谷 M_{min6}，然后下降一段距离后，在定值附近做周期性变化。

由图 5-37 可知，两车在横风中交会前，头车、中车和尾车都已受到稳定的倾覆力矩。在临近交会时，倾覆力矩的稳定值开始受到交会压力波的影响，在一定范围内上下波动。各个交会速度下，倾覆力矩的时变规律相似，且交会速度越大，倾覆力矩在波峰波谷间转换的时间越短，变化幅值越大。

为了便于比较有风无风下倾覆力矩的时变规律，图 5-38 给出了两速度为 250 km/h 的列车在有风无风下交会时倾覆力矩的时变曲线。列车在横风中交会时，倾覆力矩的变化趋势和无风环境中是一致的。在横风的作用下，交会过程中合速度的方向发生改变，从而影响各个气动力合力的位置，各节车的倾覆力矩在横风下出现波峰波谷的时间比无风环境中延迟，延迟时间为 0.01 s。无风环境中交会前的倾覆力矩值几乎为零，交会过程中倾覆力矩的方向在短时间内在车体向内侧翻与向外侧翻中连续变化，致使车体在短时间内左右摆动，加剧了列车车体的振动。横风使各个波峰、波谷间的倾覆力矩幅值大于无风环境中的幅值。因此，有风环境中的列车在交会过程中受到的同一个方向的倾覆力矩值要大于无风环境下的值，列车发生倾覆的危险性大大增加。

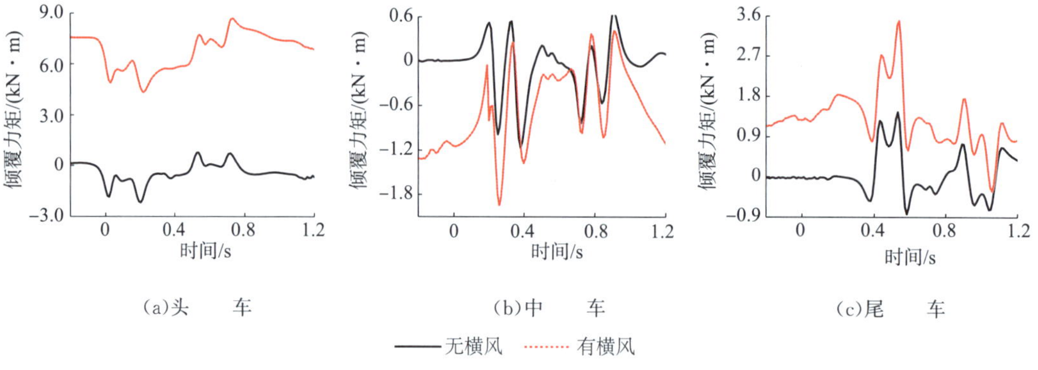

图 5-38　交会过程中车辆倾覆力矩时变过程(交会速度 250 km/h)

5.4.2　交会前气动作用力与定常气动力特性

在进行列车在横风环境中的交会计算时，把计算过程分为两个阶段。第一阶段令两车在交会的初始位置静止，分别给定速度边界和压力边界，计算两车的相对运动，方法与第 3 章相同，目的是使横风在流场区域内充分发展，给后面的会车提供一个合理的横风环境；同时，也为下一阶段中列车的绝对运动提供一个稳定的初始流场，有利于非定常流场的收敛。第二阶段，设定列车会车的时间步长和总的时间长度，进行列车的绝对运动计算，此处列车的运动分为交会前两车单独的明线运动—两车交会—交会后两车单独的明线运动三个过程。其中，第一过程中，两车初始距离为 600 m，在第一阶段稳定流场基础上，两车在运动一段距离后流场即达到收敛状态，整个流场的速度和压力均达到充分的稳定状态，各节车的气动力及气动力矩在某一值上下波动，由于两车的初始距离足够长，在交会前到达稳定流场时，两车距离较远，彼此的扰流互不干扰，产生的力可看作列车在明线上运动时的非定常气动力，与第 3 章得到的定常气动力相比较，结果参见表 5-6。

由表 5-6 可知，交会第一阶段得到的非定常气动力与第三章定常流动的结果非常接近，误差值大多在 5%之内，说明交会前的非定常流动与时均定常流动的结果吻合得较好。因此，验证了交会所用的计算方法的正确性。

表 5-6　交会前非定常气动力与定常值比较

气动力		车速/(km·h⁻¹)								
		250			300			350		
		尾车	头车	中车	尾车	头车	中车	尾车	头车	中车
阻力/kN	定　常	6.58	9.34	8.52	9.21	12.83	11.45	12.76	18.02	16.37
	交会前	6.35	9.96	8.38	9.08	13.36	11.24	12.47	17.17	16.31
	误　差	3.50	−6.64	1.64	1.41	−4.13	1.83	2.27	4.72	0.37
横向力/kN	定　常	24.54	10.00	0.41	27.97	11.42	−0.30	32.49	12.30	−2.53
	交会前	25.95	10.35	0.45	29.05	11.68	−0.32	32.54	12.87	−2.35
	误　差	−5.75	−3.50	−9.76	−3.86	−2.28	−6.67	−0.15	−4.63	7.11
升力/kN	定　常	11.08	21.76	9.07	9.93	21.06	13.85	8.18	20.74	19.63
	交会前	11.71	20.92	9.85	9.54	20.10	15.02	7.82	19.80	17.89
	误　差	−5.69	3.86	−8.60	3.93	4.56	−8.45	4.40	4.53	8.86
倾覆力矩/(kN·m)	定　常	7.89	−1.25	1.35	9.38	−2.70	0.31	11.28	−3.27	−1.00
	交会前	7.60	−1.32	1.25	8.87	−2.89	0.29	10.69	−3.48	−0.93
	误　差	3.68	−5.60	7.41	5.44	−7.04	6.45	5.23	−6.42	7.00

第 6 章　高速列车轮轨动力学性能

高速列车在轨道上运行时，车体与转向架之间关系、轮轨接触关系和轮轨之间作用力特性十分复杂，具有显著的非线性特征，进行解析求解非常困难。因此，需要将理论分析、数值模拟计算和试验分析等多种方法结合起来对高速列车的运行稳定性进行研究。本章将运用车辆轨道动力学原理和多体动力学仿真方法，将横风作用下气动荷载施加到运动的列车上，根据列车和轨道本身特性，结合列车在运行过程中所受到的外界激扰，分析其受力状态，从而准确地评估其运行稳定性和安全性。

6.1　横风作用下车辆—轨道系统动力学模型

6.1.1　列车系统模型结构

以横风作用下 CRH 型 3 节车辆编组列车为例，其动力学模型如图 6-1 所示，8 节车辆编组的与此类似。

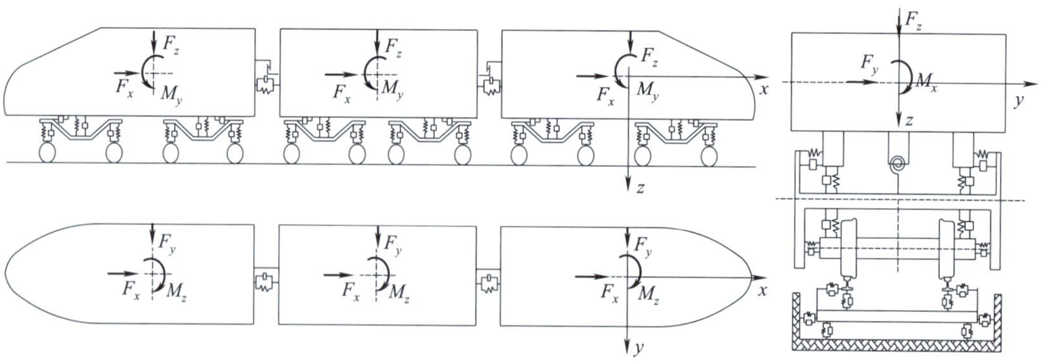

图 6-1　横风作用下高速列车运行动力学系统模型

每节车辆模型为车体—构架—轮对的组合。车体、转向架和轮对等部件由于其刚度远大于悬挂系统的刚度而被视为刚体，通过悬挂系统连接，悬挂系统由各种约束、弹簧和阻尼元件构成。车体和转向架均分别具有纵向 x、横向 y、垂向 z 及侧滚（绕 x 轴）、点头（绕 y 轴）、摇头（绕 z 轴）等 6 个方向自由度，轮对则具有横向、垂向、侧滚和摇头 4 个自由度。三节车之间通过车钩缓冲装置依次相连。

车辆模型由车体、构架、轮对、轴箱装置、驱动装置等组成，采用二系悬挂。各部件之间配有一二系弹簧和垂向减振器、二系横向减振器和抗蛇行减振器、抗侧滚扭杆以及电机吊架吊杆和电机吊架减振器。橡胶弹性悬挂元件刚度、液压减振器阻尼特性、各种弹性止挡采用线性化模型。不考虑纵向伸缩自由度，忽略轮对浮沉自由度。转向架由轴箱悬挂和中央悬挂两部分组成，如图 6-2 和图 6-3 所示。轴箱悬挂包括垂向、横向和纵向三个方向的刚度以及垂向阻尼，并且考虑每轴箱两组弹簧纵向和垂向距离差异；中央悬挂为空气弹簧，其悬挂参数主要包括垂向、横向和纵向三个方向的刚度和阻尼。另外，模型还包含有抗蛇行阻尼器、横向止挡和抗侧滚扭杆。车辆模型中考虑了 34 个自由度（表 6-1）。

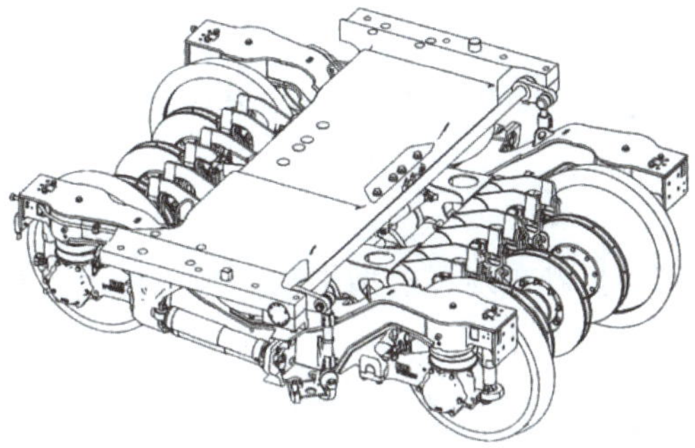

图 6-2　CRH 型动车组中车转向架真实结构

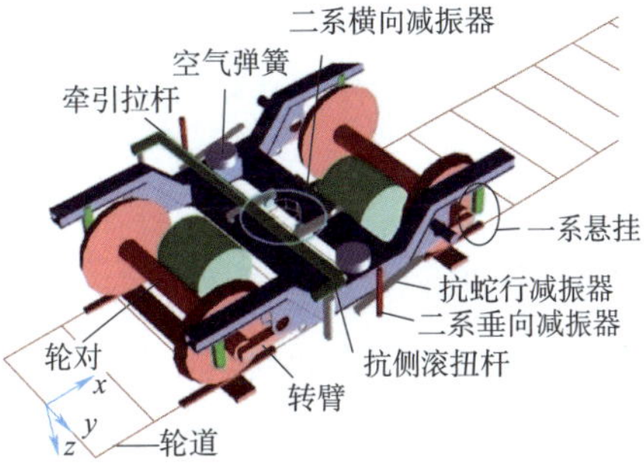

图 6-3　车辆转向架仿真模型

表 6-1　车辆系统模型刚体运动自由度

构建名称	运动形式					
	纵向	横向	垂向	侧滚	点头	摇头
车体	x_C	y_C	z_C	θ_C	β_C	ϕ_C
构架	x_B	y_B	z_B	θ_B	β_B	ϕ_B
轮对	x_W	y_W	—	—	β_W	ϕ_W

通过列车外流场的数值模拟得到动车组各节车辆上的表面压力分布。按照力的平移与等效原则，将表面分布压力合成为作用于各自体积中心的等效集中力，从而得到作用于各节车辆上的纵向力 F_x、横向力 F_y、升力 F_z、倾覆力矩 M_x、俯仰力矩 M_y 和侧偏力矩 M_z，作为车辆动力学仿真中外加气动荷载。通过仿真计算，可以得到横风作用下列车运行稳定性参数。

6.1.2　横风激扰加载

1. 主要附加荷载

列车运行中如果受到横风影响将会受到三个力和三个力矩的作用。其中横向力 F_y 作用方向垂直于列车运行方向，其大小直接关系列车运行的安全性；仰俯力矩 M_y 与列车不同区域升力大小的变化有关；侧偏力矩 M_z 和倾覆力矩 M_x 同 F_y 一样直接关系到列车的安全性。横风荷载分析采用的车辆坐标系如图 6-4 所示，横风从列车运行方向右侧垂直作用于车体；图 6-5 为 SIMPACK 动力学模型坐标系。两图中坐标系方向是不同的，为与 SIMPACK 坐标系统相匹配进行相应转换。为计算准确，动力学模型中输入所有气动力荷载。

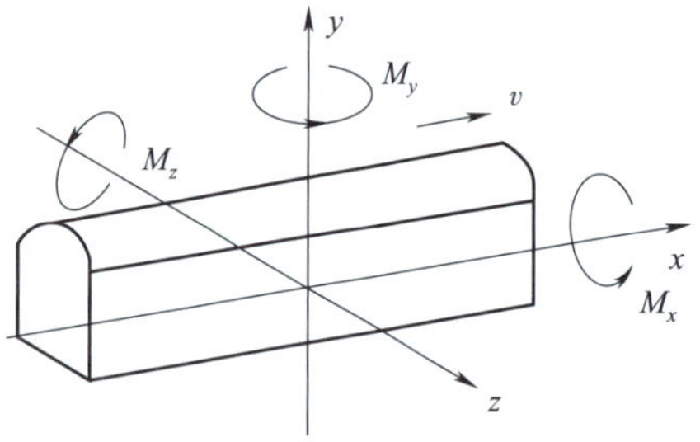

图 6-4　横风荷载气动模拟分析车辆坐标系

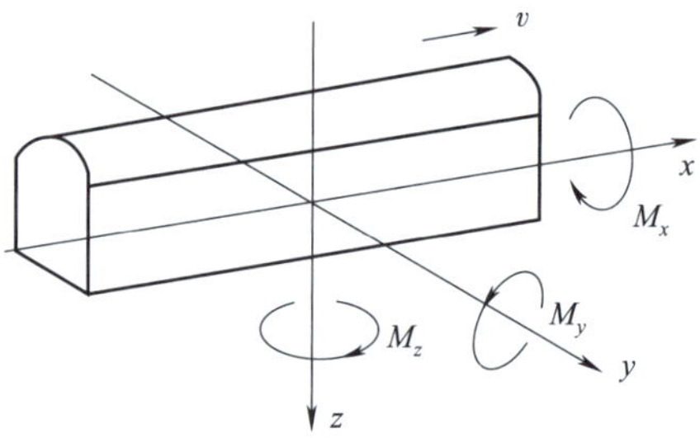

图 6-5　SIMPACK 列车动力学模型车辆坐标系

2. 加载方式

为计算各工况下横风对列车动力学性能的影响，需在列车模型中输入与每种工况相对应的横风附加荷载作为列车所受的外力激扰。SIMPACK 模型中，六种横风荷载以时间激励函数方式加入，如图 6-6 所示。模型计算时间设定为 20 s，横风荷载从第 2 s 开始加载，至第 5 s 达到最大值，然后保持常值加载，至第 15 s 开始卸载，到第 18 s 完全卸载。第 5～15 s 为风荷载以常值方式作用的时间；第 2～s 秒、第 15～18 s 分别为加载和卸载时间。负值表示荷载方向与 SIMPACK 车辆坐标系正向相反。

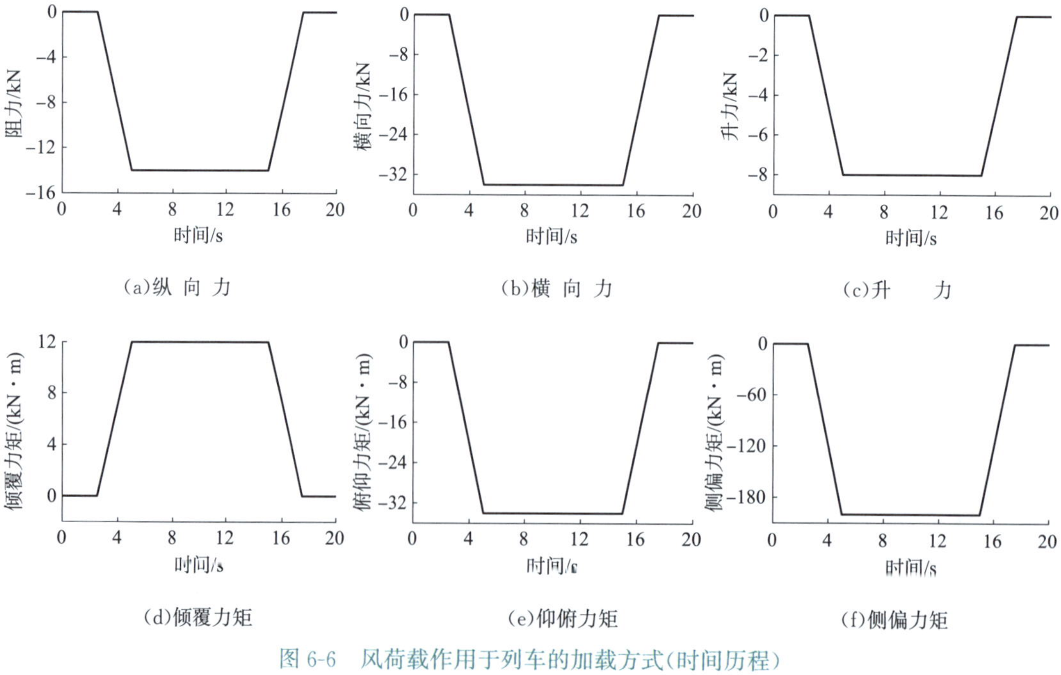

(a)纵 向 力　(b)横 向 力　(c)升　力

(d)倾覆力矩　(e)仰俯力矩　(f)侧偏力矩

图 6-6　风荷载作用于列车的加载方式(时间历程)

6.1.3　轮对和转向架动力学模型

单节车辆模型如图 6-7 所示。列车模型中,车体、构架、轮对、抗侧滚扭杆的质量和转动惯量等属性通过 Body 定义,所有零部件之间用铰接 Joint 和约束 Constraint 定义。转向架上的弹簧、减振器、横向止挡等以力元件 Force 定义,其中横向止挡的非线性特性通过函数 outputfunction 来定义,并在力的设置中引用。空气弹簧受力(二系悬挂力)通过控制模块定义。外加荷载(如横风)需定义为时间激励函数,并在模型的外力激扰设置中引用。图 6-8 和图 6-9 分别给出了三节车辆编组和八节车辆编组的车辆轨道动力学仿真模型。

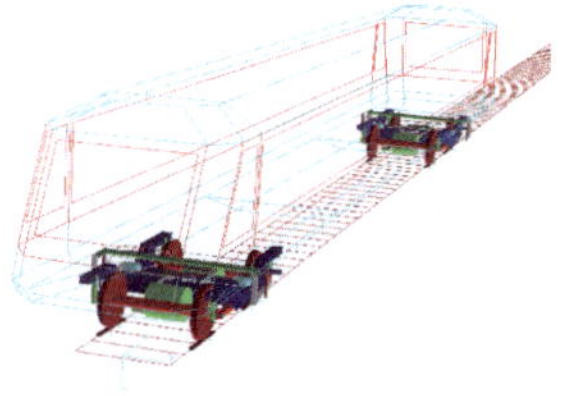

图 6-7　单节车辆动力学模型

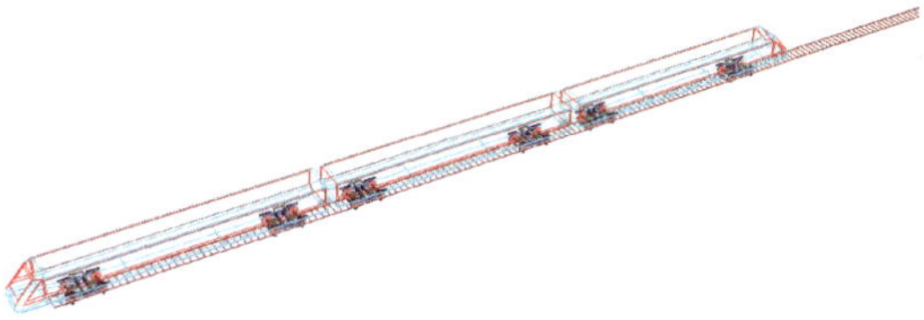

图 6-8　三节车辆编组仿真模型

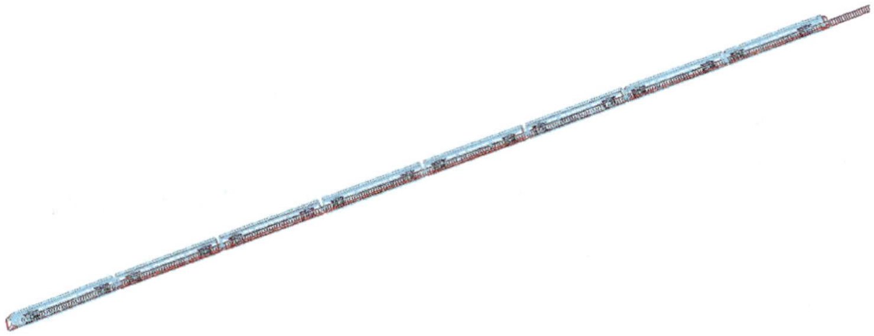

图 6-9　八节车辆编组仿真模型

6.1.4　计算模型中非线性因素处理

1. 非线性轮轨接触几何关系

在动力学模型中,轮轨接触参数计算采用非线性方法实现。轮轨接触几何参数是轮对横移量的非线性函数,其参变量包括车轮滚动圆半径、接触角、轮对侧滚角、车轮横断面曲率半径、轨头横断面曲率半径等。由于车轮踏面和钢轨轨头外形可以是任意的,轮轨接触几何参数很难直接表示为轮对横移量的显式函数,因此上述轮轨接触几何参数可预先做成轮对横移量的数表,而中间值则采用样条函数插值来计算。外形采用符合实际的“S1002G”轮对踏面和 60 kg/m 钢轨相匹配,其间匹配与接触关系如图 6-10 所示。SIMPACK 采用轮轨蠕滑的 Kalker 简化非线性理论计算蠕滑力与法向力。

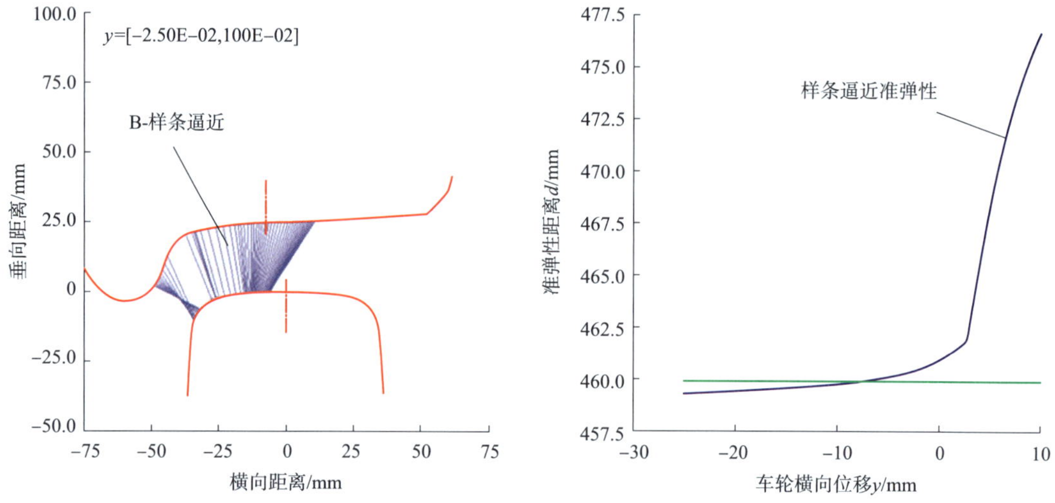

(a)轮轨匹配关系(接触点)

(b)轮轨匹配关系(轮对质心)

图 6-10　轮轨匹配关系

2. 空气弹簧特性

高速列车转向架中普遍采用空气弹簧作为二系悬挂装置，其工作原理如图 6-11 所示。当空气弹簧外加荷载发生变化，并引起气囊高度发生变化时，空气弹簧所受荷载 F 对变形 S 的导数即为空气弹簧刚度。空气弹簧的刚度不仅与静平衡位置时压力和容积有关，还与空气弹簧的有效面积变化率和体积变化率有关。空气弹簧悬挂系统具有理想的反“S”形非线性刚度特性，在正常工作范围内刚度很低，而振幅较大时其刚度具有陡增的特点，可以限制车体发生过大的位移。本书车辆模型空气弹簧特性的控制方式如图 6-12 所示。

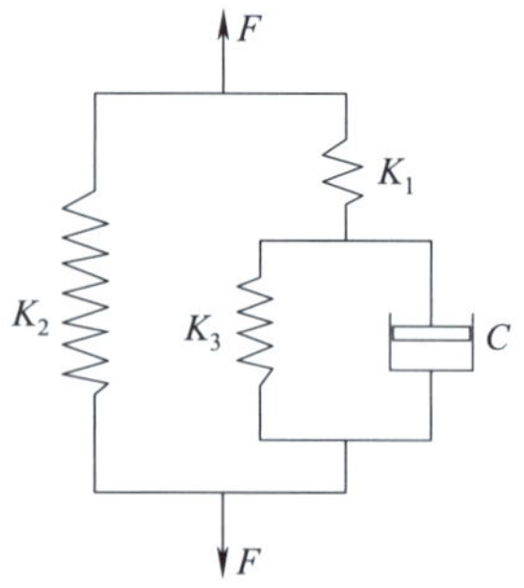

图 6-11　空气弹簧原理

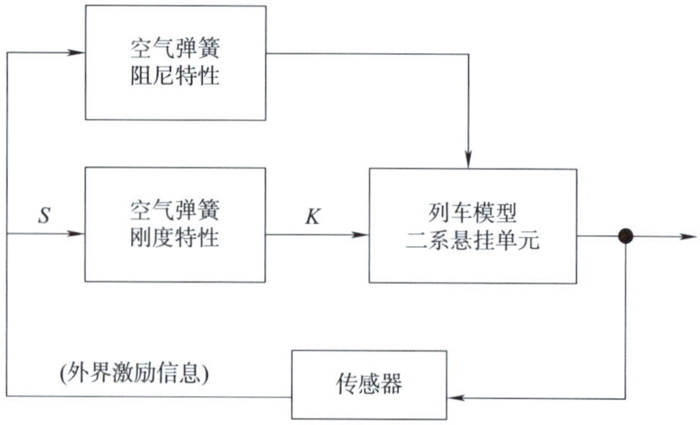

图 6-12　空气弹簧系统控制示意

3. 油压减振器与横向止挡非线性特性

列车动力学模型中包含纵向抗蛇行减振器，图 6-13 为模型中纵向油压减振器非线性特性。油压减振器在低速振动时阻尼力亦较低，但阻尼力随振动速度增加而迅速增大，故具有较好的振动衰减作用。在 SIMPACK 模型中，减振器的非线性特性是以输入函数的方式被调用到模型中的。

另外，车体与转向架之间设有横向止挡，并存在自由间隙。自由间隙、橡胶垫层和刚性部件一起，构成了非线性位移与作用力关系。图 6-14 和图 6-15 反映了止挡等效刚度、横向作用力与横向相对位移之间关系。其中，Δf 为止挡自由间隙，设为 18 mm；Δr 为弹性间隙，设为 90 mm。横向止挡的非线性刚度同样以输入函数的方式加入模型中。

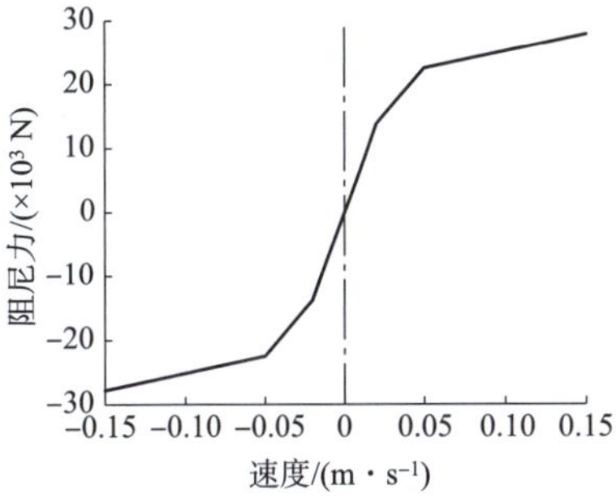

图 6-13　油压减振器非线性特性

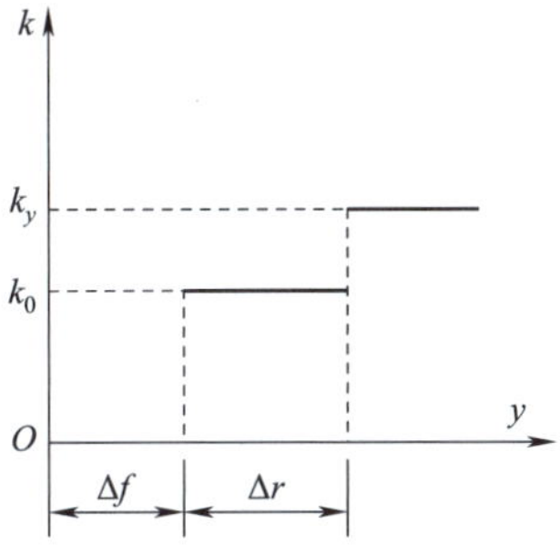

图 6-14　止挡横向刚度

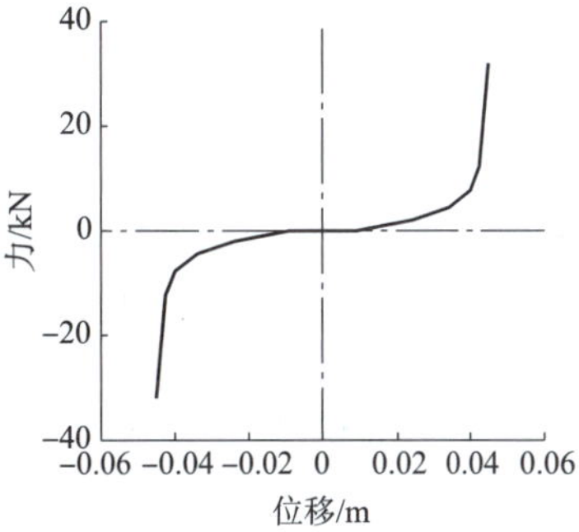

图 6-15　止挡横向作用力特性

6.1.5　仿真模型确定

1. 轮轨接触仿真模型

当钢质车轮在弹性钢轨上以一定速度滚动时，车轮和钢轨之间会产生一种极为复杂的物理现象——车轮与钢轨接触面间会产生相对微小弹性滑动和刚性滑动，即蠕滑。蠕滑导致车轮与钢轨两者之间产生速度差。同时这里的滑动应该理解为微滑，并且是指两滚动体间接触斑给定点上的局部相对速度。本书中将蠕滑率定义为轮轨接触点相对速度或相对角速度与车辆前进速度之比。

轮轨接触模型是车辆系统动力学仿真的基础。由于轮对尺寸和踏面形状直接影响轮对的动力学行为，在建立动力学模型时尽可能考虑了系统中的非线性因素，包括轮轨接触几何非线性，采用符合实际的“S1002G”轮对踏面和 60 kg/m 钢轨相匹配；轮轨蠕滑非线性，蠕滑力的计算主要是基于等效 Hertz 接触特性，并且使用 Kalker 简化的滚动接触非线性理论 Fastsim 算法，计算轮轨间蠕滑力和蠕滑力矩；充分考虑车辆系统中一、二系横向、垂向减振器及横向止挡的非线性特性。

2. 线路仿真模型

采用离散化的轨道模型，轨道简化为轮对下刚性体单元，单元之间无关联，但考虑了轨道的质量。垂向和横向分别通过弹簧-阻尼与地面相连接，且离散的轨道有垂向、横向和侧滚 3 个自由度，轨道采用 60 kg/m 钢轨和混凝土 IH 型轨枕。

线路仿真模型由线路横、纵断面和轨道不平顺两部分组成。前者仅考虑直线线路;后者采用轨道谱来模拟线路的随机不平顺。轨道不平顺功率谱图是以谱密度为纵坐标及以频率或波长为横坐标的连续变化曲线,表明了不平顺的大小随频率的变化关系。本书采用德国高速谱和京津线轨道谱进行动力学仿真对比分析,具体可参见相关文献。

6.2 横风对车辆—轨道动力学性能影响

车辆转向架中心距 17 375 mm;轴距 2 500 mm;车轮滚动圆横向跨距 1 500 mm;车轮滚动圆直径 920 mm;轮对内侧距 1 353 mm;车轮外形 S1002G;钢轨外形 60N。其他参数此处略去。仿真分析工况与表 3-2 基本相同。

6.2.1 横风对脱轨系数影响

由第 3 章气动特性分析可知,横风风向角为 90°时,列车的主要气动荷载最大,因此主要对表 3-2 中 90°风向角工况进行轮轨动力学仿真分析。图 6-16 和图 6-17 为 GV350-15-90 工况加载轨道谱时头车各轮对脱轨系数动态变化曲线,具有明显的脉动性和随机性。在线性加载和减载时间段内,脱轨系数值均很小,但在恒定加载后,脱轨系数产生明显变化。加载德国轨道谱得到的脱轨系数峰值与加载京津线轨道谱得到的结果相似或接近,但前者略高于后者,使用前者评估列车运行稳定性是偏于安全保守的。图中脱轨系数出现负值,说明垂向力与横向力之一的实际作用方向与设定的正方向相反。

由于背风侧车轮一般增载,垂向力增加较大,而迎风侧车轮一般减载,所以背风侧车轮脱轨系数的尖峰值一般高于迎风侧车轮。由于轨道谱不平顺值的非线性和统计上的周期

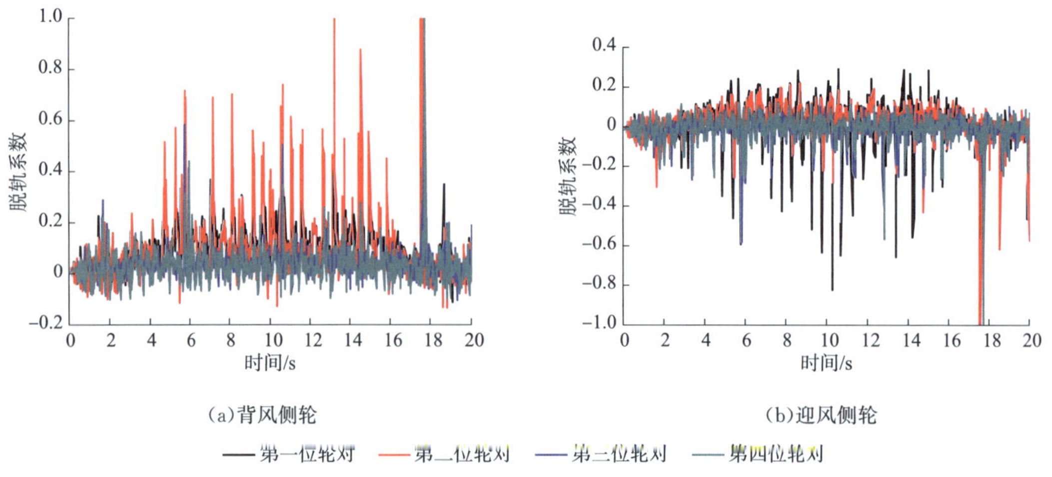

图 6-16 工况 GV350-15-90 车轮脱轨系数时变曲线(德国轨道谱)

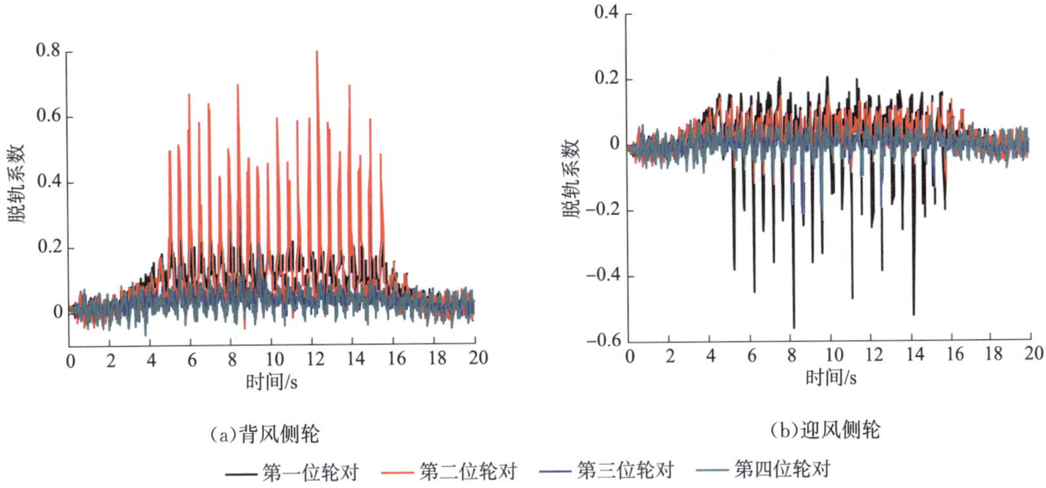

图 6-17　工况 GV350-15-90 车轮脱轨系数时变曲线(京津线轨道谱)

性,计算得到脱轨系数对时间的变化也是非线性的,尖峰值以一定的周期和频次出现在不同时刻。现有研究表明,脱轨系数即使超过限定值 0.8,但只要持续时间不超过 0.05 s,车轮在短暂爬轨或跳轨后也会很快回复到正常状态,列车稳定性仍然能够得到保障,因此最大脱轨系数应取为持续时间超过 0.05 s 时脱轨系数值中的最大值。

表 6-2 给出了直线线路条件下横风速度为 10～30 m/s、车速为 200～380 km/h 时脱轨系数的仿真计算结果。各节车辆迎风侧车轮脱轨系数对风速和车速变化不是十分敏感,数值均较小,最大值不超过 0.6,而且一般小于背风侧车轮的脱轨系数。此外,头车、中车、尾车脱轨系数的变化规律差异较大,无论是采用京津线轨道谱还是采用德国轨道谱,中车和尾车的脱轨系数均远低于头车的脱轨系数。因此,重点分析头车背风侧车轮的脱轨系数。

由表 6-2 可知,采用两种轨道谱进行仿真分析,得到的列车头车在不同的横风风速和车速条件下最大脱轨系数有所不同。当风速为 10 m/s、车速在 380 km/h 以内,或者车速低于 200 km/h、风速达到 30 m/s 时,脱轨系数均小于 0.8。另外,采用京津线轨道谱得到的全部脱轨系数值均小于安全限值,若此时仅以脱轨系数作为安全评估标准,列车没有脱轨的危险。但是,采用德国轨道谱得到的脱轨系数出现了超过安全限值的情况。

表 6-2　CRH 型车 3 节编组列车脱轨系数最大值

风速/($m \cdot s^{-1}$)	车速/($km \cdot h^{-1}$)	脱轨系数(德国轨道谱)						脱轨系数(京津线轨道谱)					
		头　车		中　车		尾　车		头　车		中　车		尾　车	
		迎风侧	背风侧	迎风侧	背风侧	迎风侧	背风侧	迎风侧	背风侧	迎风侧	背风侧	迎风侧	背风侧
10	200	0.10	0.10	0.07	0.10	0.07	0.07	0.06	0.09	0.04	0.05	0.060	0.06
	250	0.12	0.15	0.07	0.12	0.07	0.07	0.07	0.10	0.04	0.06	0.060	0.06
	300	0.13	0.20	0.08	0.13	0.08	0.08	0.09	0.11	0.04	0.06	0.06	0.06
	350	0.15	0.24	0.09	0.15	0.12	0.09	0.13	0.15	0.04	0.06	0.07	0.06
	380	0.25	0.43	0.19	0.45	0.16	0.19	0.15	0.16	0.05	0.06	0.08	0.06

续上表

风速/(m·s^{-1})	车速/(km·h^{-1})	脱轨系数(德国轨道谱)						脱轨系数(京津线轨道谱)					
		头　车		中　车		尾　车		头　车		中　车		尾　车	
		迎风侧	背风侧	迎风侧	背风侧	迎风侧	背风侧	迎风侧	背风侧	迎风侧	背风侧	迎风侧	背风侧
15	200	0.15	0.18	0.07	0.15	0.07	0.07	0.12	0.15	0.05	0.06	0.04	0.06
	250	0.17	0.42	0.09	0.17	0.10	0.09	0.20	0.35	0.05	0.07	0.07	0.07
	300	0.20	0.62	0.10	0.20	0.10	0.10	0.21	0.48	0.05	0.08	0.08	0.08
	350	0.25	0.77	0.11	0.25	0.12	0.11	0.22	0.61	0.06	0.08	0.08	0.09
	380	0.26	0.85	0.15	0.26	0.14	0.15	0.28	0.75	0.07	0.09	0.08	0.13
20	200	0.16	0.45	0.10	0.16	0.08	0.10	0.25	0.40	0.06	0.08	0.07	0.08
	250	0.18	0.60	0.10	0.18	0.09	0.10	0.26	0.59	0.07	0.09	0.07	0.08
	300	0.22	0.73	0.10	0.22	0.12	0.10	0.22	0.65	0.07	0.09	0.07	0.09
	350	0.25	0.92	0.13	0.25	0.15	0.13	0.23	0.74	0.08	0.09	0.08	0.10
	380	0.26	0.96	0.15	0.26	0.17	0.15	0.24	0.78	0.08	0.09	0.11	0.14
25	200	0.2	0.55	0.11	0.20	0.08	0.11	0.22	0.51	0.17	0.16	0.16	0.18
	250	0.22	0.73	0.11	0.22	0.08	0.11	0.20	0.61	0.08	0.11	0.08	0.12
	300	0.26	0.88	0.12	0.26	0.13	0.12	0.21	0.70	0.09	0.12	0.09	0.13
	350	0.27	1.00	0.20	0.27	0.22	0.2	0.25	0.75	0.10	0.12	0.12	0.13
	380	0.30	1.15	0.25	0.30	0.35	0.25	0.27	0.78	0.11	0.12	0.12	0.14
30	200	0.30	0.60	0.21	0.30	0.10	0.21	0.32	0.56	0.42	0.30	0.28	0.30
	250	0.32	0.82	0.25	0.32	0.10	0.25	0.27	0.68	0.41	0.28	0.22	0.26
	300	0.34	0.89	0.26	0.34	0.14	0.26	0.24	0.74	0.28	0.35	0.20	0.25
	350	0.35	1.04	0.28	0.35	0.15	0.28	0.28	0.75	0.28	0.35	0.20	0.24
	380	0.35	1.20	0.30	0.35	0.18	0.30	0.29	0.76	0.19	0.22	0.20	0.24

图 6-18 为车速与最大脱轨系数之间的关系曲线，在各个风速下，头车最大脱轨系数随车速变化的趋势相同，均随着车速的增加而增大。

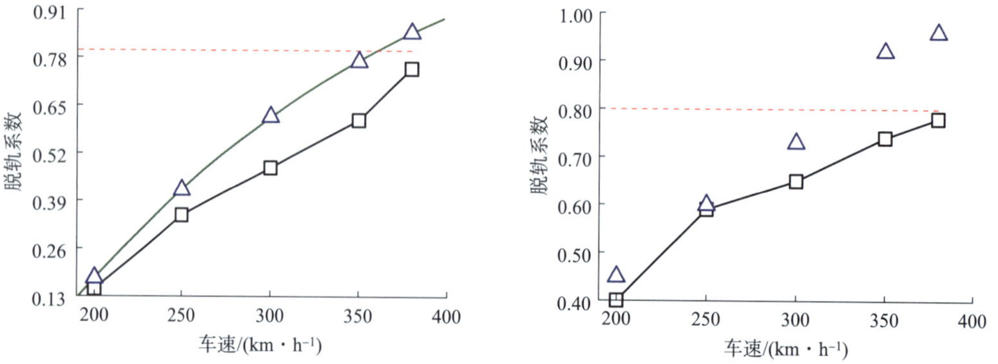

(a)横风风速 15 m/s　　(b)横风风速 20 m/s

图　6-18

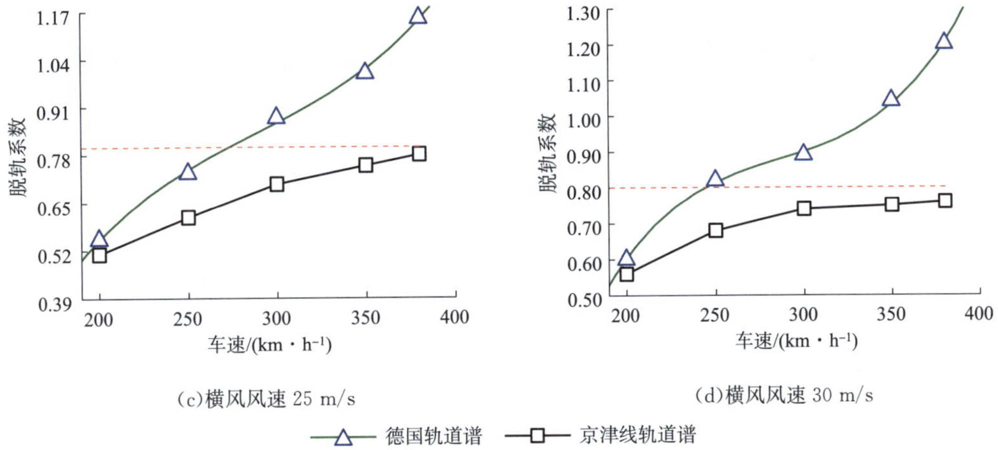

图 6-18　脱轨系数随列车速度变化曲线

图 6-19 为横风风速与最大脱轨系数之间的关系曲线，头车的最大脱轨系数随车速变化的趋势相同，均随着车速的增加而增大。

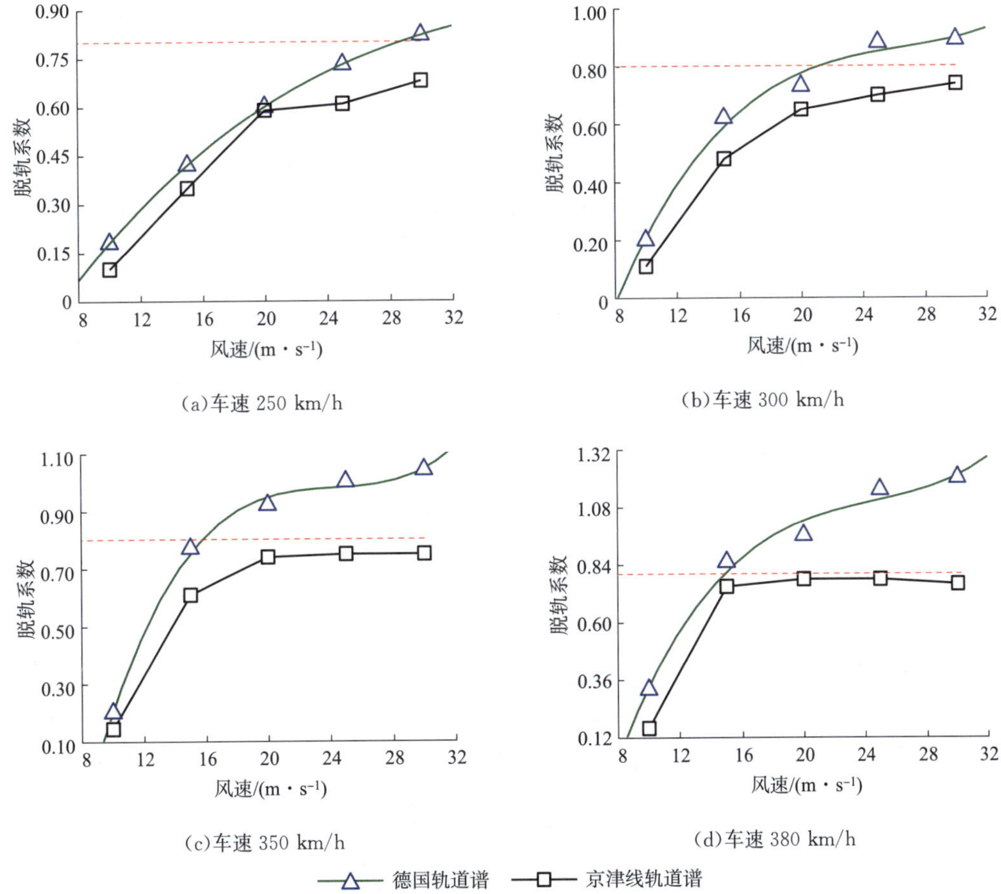

图 6-19　脱轨系数随横风速度变化曲线

根据图 6-18 和图 6-19 对采用德国轨道谱的头车背风侧最大脱轨系数随车速及横风风速的变化进行多项式拟合，得到式(6-1)和式(6-2)，分别是脱轨系数与横风风速以及脱轨系数与车速的关系，拟合函数系数见表 6-3。

$$D_1(v_m)_t = av_m^3 + bv_m^2 + cv_m + d \tag{6-1}$$

$$D_1(v_t)_m = Av_t^3 + Bv_t^2 + Cv_t + D \tag{6-2}$$

表 6-3　头车背风侧最大脱轨系数与车速、风速回归关系式的系数(德国轨道谱)

车速 v_m/(km·h^{-1})	a	b	c	d	风速 v_t/(m·s^{-1})	A	B	C	D
200	6.667×10^{-5}	−0.005	0.144	−0.890	10	1.976×10^{-7}	-1.610×10^{-4}	0.044	−3.789
250	1.333×10^{-5}	−0.002	0.087	−0.520	15	8.556×10^{-9}	-1.574×10^{-5}	0.011	−1.384
300	1.133×10^{-4}	−0.009	0.248	−1.486	20	-5.736×10^{-8}	4.897×10^{-5}	−0.011	1.075
350	2.533×10^{-4}	−0.018	0.450	−2.704	25	1.114×10^{-7}	-9.629×10^{-5}	0.030	−2.524
380	1.867×10^{-4}	−0.014	0.350	−1.984	30	2.294×10^{-7}	-1.974×10^{-4}	0.058	−4.956

综上，当列车以 200～380 km/h 速度运行于直线线路、90°横风风速从 10 m/s 增加到 30 m/s 时，头车背风侧脱轨系数值随着横风速度的增加而明显增大，头车迎风侧脱轨系数值随着横风速度的增加规律性不明显。其他各车脱轨系数最大值均随横风风速的增加而增大，且头车背风侧脱轨系数值均大于相应速度下头车迎风侧、中车迎风侧及背风侧和尾车迎风侧及背风侧的值。相对于头车而言，中车和尾车的脱轨系数相差不大，且变化相对缓慢。列车背风侧脱轨系数远大于迎风侧脱轨系数，头车背风侧脱轨系数值最大，最容易发生脱轨的危险。对于京津线轨道谱，仅仅以脱轨系数作为安全性评价标准时，列车不存在脱轨的危险。而对于德国轨道谱，则还需要补充轮重减载率作为安全判据。

6.2.2　横风对轮重减载率影响

由上面的分析可知，尚需补充轮重减载率作为评估列车运行稳定性的判据。图 6-20 和图 6-21 为 GV350-15-90 工况加载轨道谱时头车各轮对减载率的动态变化曲线，具有明显的脉动性和随机性，且与脱轨系数的情况相似。

由于背风侧车轮一般增载，迎风侧车轮一般减载，迎风侧车轮减载率的尖峰值一般高于背风侧车轮。由于轨道谱不平顺值的非线性和统计周期性，计算得到轮重减载率随时间的变化也是非线性的，尖峰值以一定的周期和频次出现在不同时刻。现有研究表明，轮重减载率即使超过限定值 0.8，但只要持续时间不超过 0.01 s，车轮在短暂减载后也会很快恢复到正常状态，列车仍能够稳定运行。因此，持续时间超过 0.01 s 的轮重减载率中最大者为最大轮重减载率。

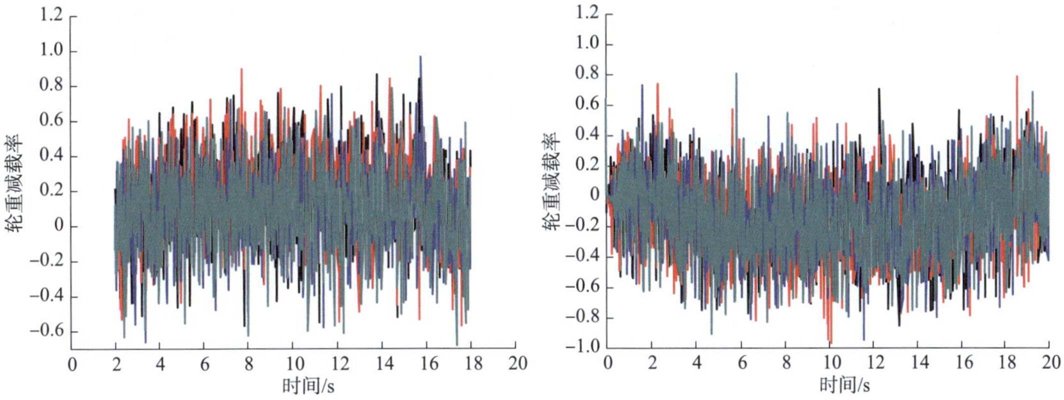

(a)迎风侧轮　　(b)背风侧轮

—— 第一位轮对　—— 第二位轮对　—— 第三位轮对　—— 第四位轮对

图 6-20　工况 GV350-15-90 车轮轮重减载率时变曲线(德国轨道谱)

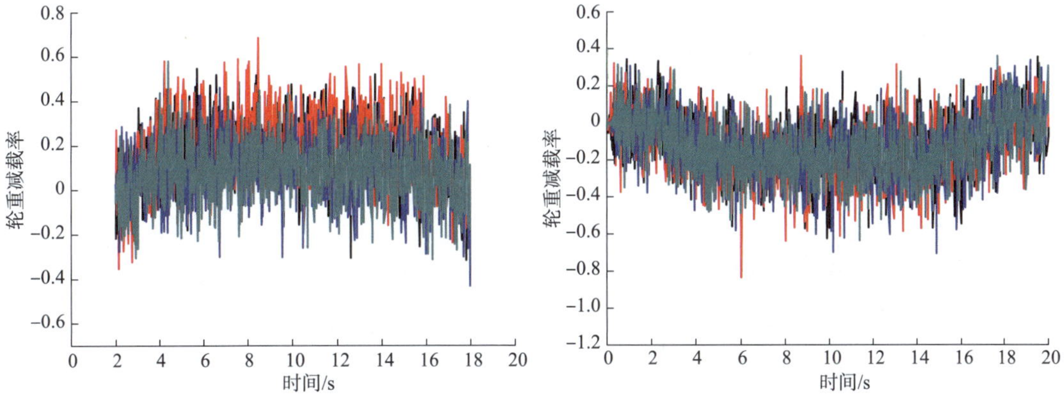

(a)迎风侧轮　　(b)背风侧轮

—— 第一位轮对　—— 第二位轮对　—— 第三位轮对　—— 第四位轮对

图 6-21　工况 GV350-15-90 车轮轮重减载率时变曲线(京津线轨道谱)

表 6-4 给出了横风风速为 10～30 m/s、车速为 200～380 km/h 时的轮重减载率仿真结果。与脱轨系数情况类似,采用两种轨道谱进行仿真分析,得到的列车头车在不同的横风风速和车速条件下的最大轮重减载率有所不同。当风速为 10 m/s、车速在 380 km/h 以内,或者车速低于 250 km/h、风速达到 30 m/s 时,两种轨道谱的轮重减载率虽然有一定差距,但均小于规定的安全限值。另外,对于部分工况,采用京津线轨道谱得到的轮重减载率小于相应的安全限值,若此时仅以脱轨系数作为安全评估标准,列车没有脱轨的危险;但采用德国轨道谱得到的轮重减载率却超过相应的安全限值,如图 6-22 和图 6-23 所示。

表 6-4 CRH 型车 3 节编组列车轮重减载率最大值

风速/(m·s⁻¹)	车速/(km·h⁻¹)	轮重减载率(德国轨道谱)						轮重减载率(京津线轨道谱)					
		头车		中车		尾车		头车		中车		尾车	
		迎风侧	背风侧	迎风侧	背风侧	迎风侧	背风侧	迎风侧	背风侧	迎风侧	背风侧	迎风侧	背风侧
10	200	0.40	0.32	0.37	0.35	0.18	0.40	0.38	0.18	0.22	0.15	0.11	0.20
	250	0.48	0.33	0.40	0.37	0.18	0.41	0.43	0.19	0.24	0.17	0.11	0.21
	300	0.50	0.33	0.40	0.38	0.19	0.41	0.48	0.19	0.25	0.18	0.10	0.22
	350	0.59	0.35	0.41	0.40	0.20	0.42	0.54	0.20	0.25	0.18	0.08	0.24
	380	0.64	0.44	0.42	0.41	0.20	0.53	0.59	0.20	0.26	0.19	0.08	0.25
15	200	0.42	0.20	0.30	0.20	0.15	0.33	0.39	0.12	0.20	0.12	0.11	0.17
	250	0.50	0.27	0.41	0.30	0.19	0.41	0.43	0.18	0.24	0.18	0.12	0.20
	300	0.61	0.50	0.51	0.41	0.20	0.50	0.51	0.19	0.27	0.20	0.13	0.26
	350	0.77	0.53	0.74	0.50	0.28	0.60	0.66	0.20	0.38	0.28	0.15	0.30
	380	0.82	0.73	0.76	0.60	0.32	0.78	0.72	0.28	0.42	0.30	0.16	0.38
20	200	0.45	0.15	0.32	0.18	0.16	0.28	0.42	0.15	0.23	0.10	0.11	0.16
	250	0.60	0.25	0.36	0.26	0.20	0.40	0.55	0.18	0.25	0.15	0.14	0.20
	300	0.68	0.38	0.51	0.45	0.24	0.51	0.62	0.19	0.31	0.18	0.14	0.28
	350	0.86	0.48	0.65	0.50	0.28	0.68	0.81	0.22	0.36	0.27	0.15	0.30
	380	0.92	0.62	0.75	0.60	0.29	0.75	0.88	0.36	0.41	0.22	0.16	0.40
25	200	0.54	0.16	0.34	0.19	0.18	0.32	0.53	0.09	0.29	0.10	0.07	0.13
	250	0.69	0.20	0.42	0.20	0.20	0.37	0.61	0.18	0.31	0.18	0.13	0.14
	300	0.81	0.26	0.52	0.27	0.30	0.51	0.74	0.20	0.36	0.20	0.16	0.25
	350	0.92	0.30	0.75	0.50	0.35	0.62	0.83	0.22	0.39	0.23	0.18	0.30
	380	1.00	0.50	0.81	0.52	0.37	0.73	0.91	0.36	0.50	0.26	0.18	0.40
30	200	0.62	0.20	0.15	0.41	0.18	0.24	0.60	0.12	0.38	0.08	0.14	0.15
	250	0.78	0.25	0.50	0.28	0.19	0.32	0.75	0.20	0.40	0.18	0.08	0.18
	300	0.88	0.30	0.63	0.34	0.26	0.50	0.83	0.20	0.43	0.20	0.18	0.22
	350	0.98	0.50	0.72	0.35	0.32	0.56	0.92	0.30	0.45	0.32	0.20	0.30
	380	1.00	0.51	0.75	0.46	0.41	0.63	0.96	0.36	0.51	0.27	0.28	0.38

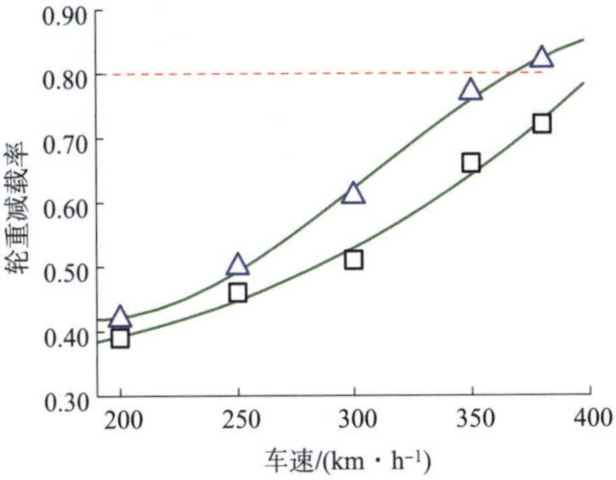

(a)横风风速 15 m/s

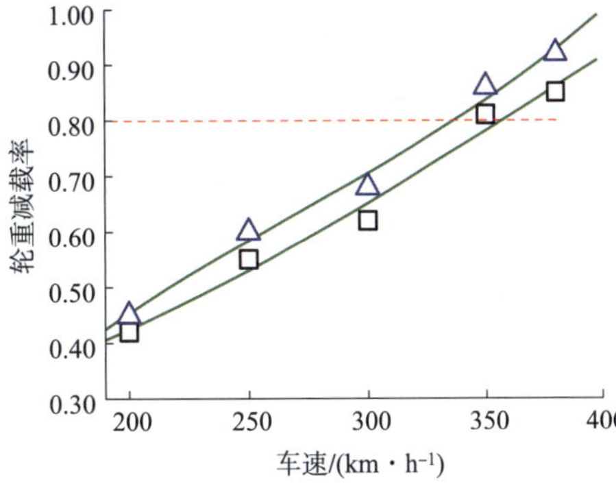

(b)横风风速 20 m/s

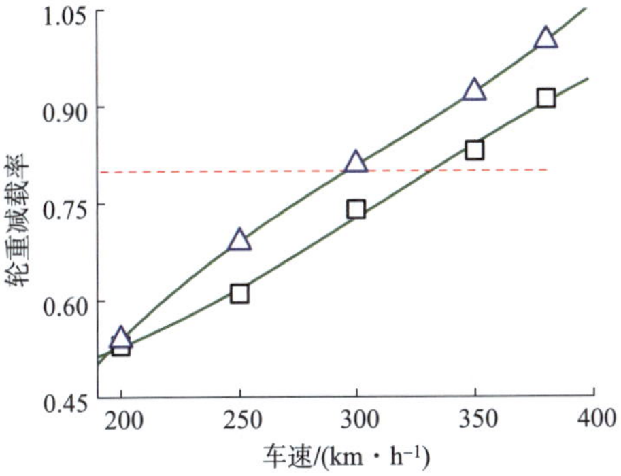

(c)横风风速 25 m/s

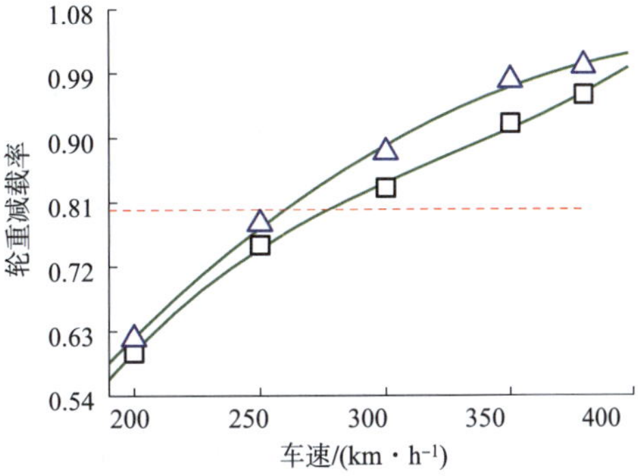

(d)横风风速 30 m/s

—△— 德国轨道谱　—□— 京津线轨道谱

图 6-22　轮重减载率随列车速度变化曲线

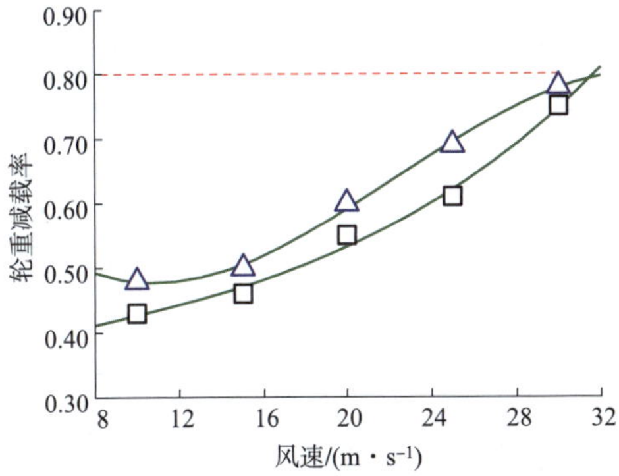

(a)车速 250 km/h

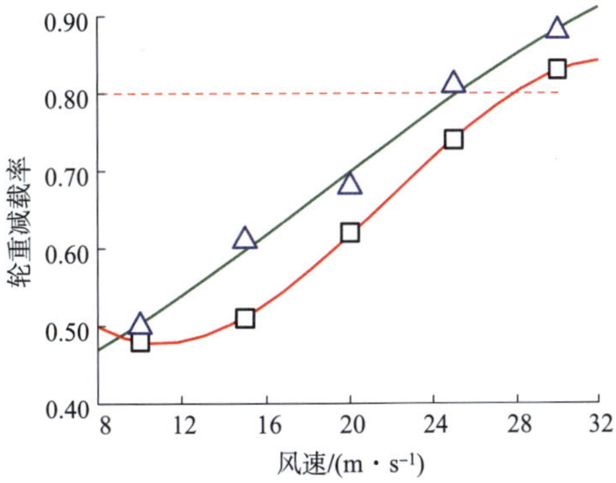

(b)车速 300 km/h

图　6-23

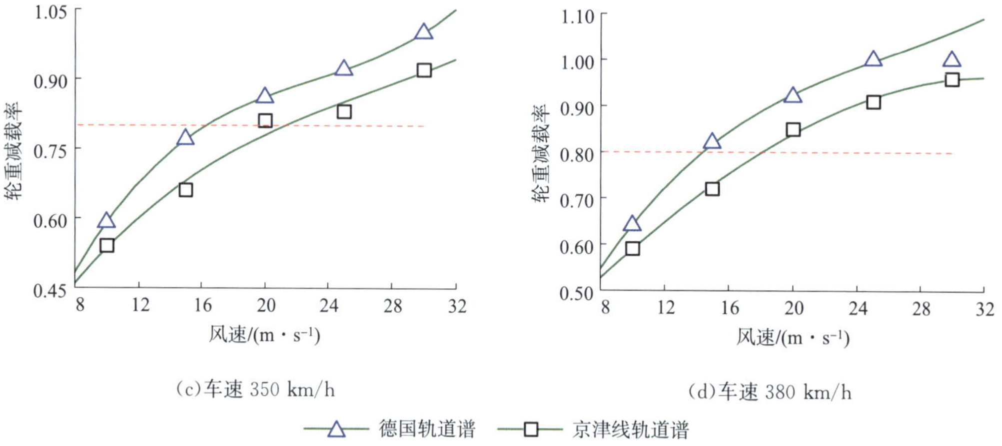

图 6-23　轮重减载率随横风速度变化曲线

根据图 6-22 和图 6-23 对头车迎风侧最大轮重减载率随车速及横风风速的变化进行多项式拟合，可得到它们的定量关系，拟合函数的系数参见表 6-5 和表 6-6。

$$D_2(v_m)_t = av_m^3 + bv_m^2 + cv_m + d \tag{6-3}$$

$$D_2(v_t)_m = Av_t^3 + Bv_t^2 + Cv_t + D \tag{6-4}$$

表 6-5　头车迎风侧轮重减载率与横风风速回归关系式的系数

车速 v_m/(km・h⁻¹)	德国轨道谱				京津线轨道谱			
	a	b	c	d	a	b	c	d
200	-1.333×10^{-5}	0.001	−0.024	0.526	-4.000×10^{-5}	0.003	−0.056	0.684
250	-5.333×10^{-5}	0.004	−0.058	0.760	1.333×10^{-5}	-2.571×10^{-4}	0.009	0.350
300	-1.133×10^{-5}	7.429×10^{-4}	0.007	0.376	-7.333×10^{-5}	0.005	−0.078	0.856
350	7.333×10^{-5}	−0.005	0.127	−0.252	2.667×10^{-5}	−0.002	0.070	0.022
380	8.000×10^{-5}	−0.005	0.128	−0.200	-6.667×10^{-6}	-2.571×10^{-4}	0.037	0.246

表 6-6　头车迎风侧轮重减载率与列车车速回归关系式的系数

风速 v_t/(km・h⁻¹)	德国轨道谱				京津线轨道谱			
	A	B	C	D	A	B	C	D
10	2.123×10^{-8}	-1.274×10^{-5}	0.002 9	0.205	1.941×10^{-8}	-1.492×10^{-5}	0.005	−0.132
15	-6.774×10^{-8}	6.253×10^{-5}	−0.016	1.741	5.810×10^{-9}	9.945×10^{-7}	−2.338	0.355
20	2.571×10^{-8}	-2.109×10^{-5}	0.008	−0.544	-8.883×10^{-9}	9.758×10^{-6}	-9.209×10^{-4}	0.290
25	3.930×10^{-8}	-3.624×10^{-5}	0.013	−0.993	-2.039×10^{-8}	1.925×10^{-5}	−0.004	0.673
30	1.700×10^{-9}	-8.525×10^{-6}	0.007	−0.376	4.389×10^{-8}	-4.311×10^{-5}	0.016	−1.142

综上所述，当列车以 200～380 km/h 速度运行于直线线路上、90°横风的风速从 10 m/s 增加到 30 m/s 时，头车迎风侧的轮重减载率随着横风速度的增加而明显增大，头车背风侧

的减载率随横风速度变化的规律性不明显。其他各车的最大轮重减载率均随横风风速的增加而增大，且头车迎风侧的轮重减载率大于相应速度下头车和中车的背风侧以及尾车的迎风侧及背风侧的轮重减载率。相对于头车而言，中车和尾车的轮重减载率相差不大，且变化相对缓慢。列车迎风侧的轮重减载率远大于背风侧的，头车迎风侧的轮重减载率值最大，最容易发生减载超限的危险。此外，当车速达到一定值时，采用两种轨道谱计算得到的最大轮重减载率作为安全判据的效果是一致的。

6.2.3　横风对轮轴横向力和垂向力影响

图 6-24 和图 6-25 为 GV350-15-90 工况加载轨道谱时头车各轮轴横向力和垂向力的动态变化曲线，具有明显的脉动性和随机性。加载德国轨道谱得到的作用力峰值与加载京津轨道谱得到的结果比较相近，但前者高于后者，使用前者评估列车的运行稳定性是偏于安全保守。

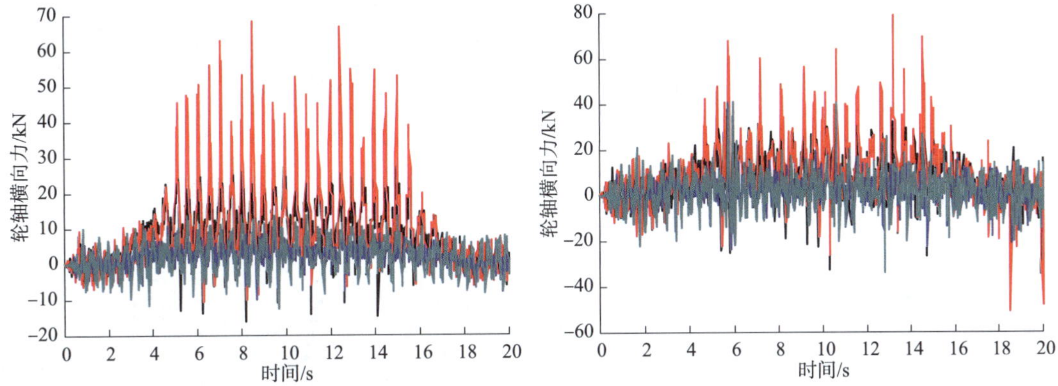

(a)京津线轨道谱　　(b)德国轨道谱

——第一位轮对　——第二位轮对　——第三位轮对　——第四位轮对

图 6-24　工况 GV350-15-90 轮轴横向力时变曲线

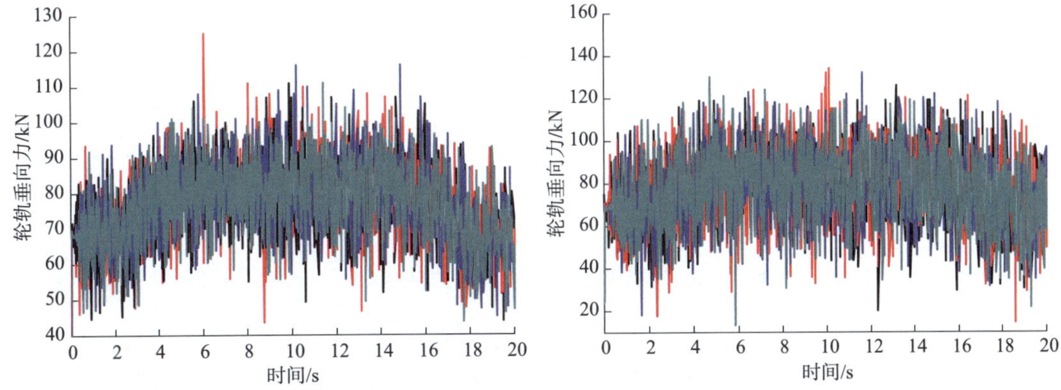

(a)京津线轨道谱　　(b)德国轨道谱

——第一位轮对　——第二位轮对　——第三位轮对　——第四位轮对

图 6-25　工况 GV350-15-90 轮轨垂向力时变曲线

最大轮轴横向力和轮轨垂向力均以计算过程中出现的最大值为准，不考虑持续作用时间。在头车的四根轮轴中，第二位轮轴的轮轴横向力最大；第二位和第三位的轮轨垂向力交替达到最大值。

表 6-7 给出了横风风速为 10～30 m/s、车速为 200～380 km/h 时轮轴横向力和轮轨垂向力仿真结果。无论是采用哪种轨道谱(不平顺谱)，在三节车辆中，仍然是头车轮轴受到的轮轴横向力远大于另两节车辆的，尾车的轮轴横向力最小；头车与中车的轮轨垂向力相当，均大于尾车的轮轨垂向力。在所列各个工况下，头车、中车、尾车的轮轴横向力和轮轨垂向力的均未超过相应的安全限值，因此在分析列车的安全运行区域时，可不将作用力作为安全评估的条件。

表 6-7　CRH 型车 3 节编组列车轮轴横向力和垂向力最大值

风速/($m\cdot s^{-1}$)	车速/($km\cdot h^{-1}$)	轮轴横向力/kN						轮轨垂向力/kN					
		德国轨道谱			京津线轨道谱			德国轨道谱			京津线轨道谱		
		头车	中车	尾车	头车	中车	尾车	头车	中车	尾车	头车	中车	尾车
10	200	6.0	1.6	2.1	6.8	1.5	1.1	100.1	104.0	97.0	89.9	93.8	84.1
	250	6.5	1.7	2.3	7.1	1.8	1.2	101.0	104. 1	97.0.	91.0	95.0	85.1
	300	7.8	1.7	2.3	8.2	1.9	1.3	102.1	105.1	97.0	92.0	96.0	86.1
	350	10.1	1.8	2.4	10.1	2.1	1.5	103.1	106.0	98.1	94.1	96.0	87.2
	380	11.3	2.2	2.3	9.8	1.2	1.3	104.0	107.0	99.1	95.1	97.1	88.1
15	200	9.4	1.7	2.5	7.1	3.2	2.7	96.2	100.1	88.0	92.0	94.2	84.0
	250	11.1	2.4	2.8	11.5	3.5	3.0	104.1	110.2	100.1	93.9	98.2	89.9
	300	13.2	2.3	3.0	12.5	3.7	3.4	114.2	116.1	104.2	97.9	100.1	92.0
	350	15.7	2.0	3.0	16.1	3.5	3.5	125.2	130.2	117.1	106.8	107.9	96.0
	380	17.4	2.1	3.1	17.5	3.7	3.5	130.3	138.1	125.0	115.1	110.1	98.1
20	200	13.5	4.2	4.1	14.1	6.1	4.5	105.1	105.1	91.2	97.9	100.1	85.0
	250	16.7	3.2	5.2	17.1	4.1	5.0	112.1	111.0	99.1	101.9	102.0	87.0
	300	17.8	3.1	5.5	19.2	5.6	5.1	121.2	121.1	107.2	108.0	105.9	89.9
	350	22.5	4.1	6.1	22.1	4.6	5.0	128.3	136.0	117.1	116.8	116.9	95.8
	380	25.3	4.2	6.8	25.2	5.2	5.5	132.1	139.2	123.9	116.8	118.0	99.0
25	200	15.3	5.1	5.2	19.1	7.5	6.1	110.1	109.1	97.4	105.2	103.8	88.1
	250	22.2	12.5	6.2	22.1	6.2	6.5	118.1	115.1	100.3	107.1	106.0	90.1
	300	25.1	9.2	8.1	26.1	8.8	7.2	132.0	125.2	107.9	112.0	108.1	92.1
	350	27.4	7.5	7.4	282	7.0	7.3	139.2	140.1	119.8	121.0	119.9	97.0
	380	32.2	7.8	7.6	30.3	7.3	7.5	140.2	142.1	125.1	124.1	124.0	100.0

续上表

风速/(m·s⁻¹)	车速/(km·h⁻¹)	轮轴横向力/kN						轮轨垂向力/kN					
		德国轨道谱			京津线轨道谱			德国轨道谱			京津线轨道谱		
		头车	中车	尾车	头车	中车	尾车	头车	中车	尾车	头车	中车	尾车
30	200	24.3	12.1	7.4	23.1	10.1	8.7	121.1	120.1	100.2	117.1	113.8	94.2
	250	26.2	9.2	7.0	28.2	13.0	9.1	135.3	122.0	105.1	120.1	115.0	94.2
	300	33.4	12.1	10.1	33.2	15.1	9.2	136.2	136.1	112.0	123.0	120.1	98.1
	350	35.5	12.2	10.1	39.1	22.1	9.5	146.1	148.2	120.1	130.1	127.1	103.0
	380	37.6	13.2	11.2	40.1	28.2	9.8	157.1	151.1	123.9	134.1	130.1	104.0

6.3　列车长度(编组)对车辆—轨道动力学性能影响

图 6-26 和图 6-27 是采用京津线实测轨道谱和德国轨道谱进行计算的结果。在不同编组数量列车中,仍以头车稳定性最差,可以通过分析头车动力学性能参数来评估全车运行安全稳定性。不论采用京津线实测轨道谱,还是德国轨道谱,动力学性能参数随着编组数量变化的趋势相似。

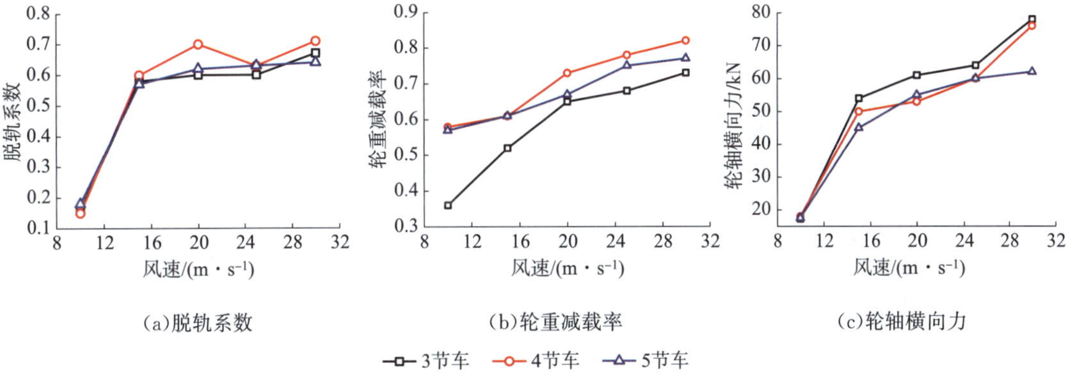

图 6-26　采用京津线轨道谱计算的各编组列车动力学参数变化情况

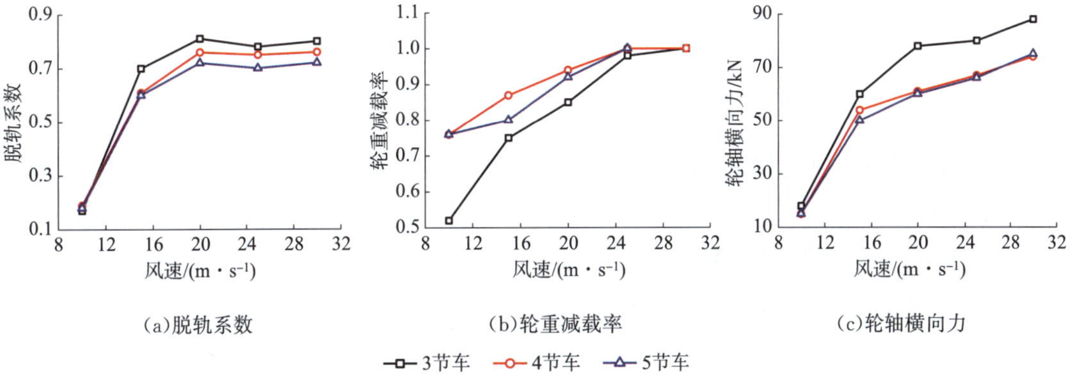

图 6-27　采用德国轨道谱计算的各编组列车动力学参数变化情况

从总体趋势上看，随着列车编组数量的增加以及横风风速的增大，列车头车的动力学性能参数的最大值也逐渐增加。在不同的风速值区段，参数最大值变化的梯度有所不同，风速越大，最大值随编组数量增加而增大的梯度越小。

此外，对 3 节编组列车而言，如果头车动力学性能参数超过国家标准和规范规定的安全限值，那么 4 节、5 节编组列车头车的动力学性能参数也将超过国家标准和规范规定的安全限值。因此，可以推测在相同风力条件下，6 节、7 节、8 节编组列车头车的动力学性能参数也将超过国家标准和规范规定的安全限值。如果这个推测能够成立，那么就可以通过 3 节编组列车的稳定性评估来间接地评估 8 节编组甚至更多节编组列车的运行稳定性，而且是偏安全的评估。不过，由于时间紧迫及其容量限制，尚未对 7 节、8 节车或更多节编组列车进行详细的气动力计算和轮轨动力学计算，所以该推测还需要经过大量的计算和分析进行探讨。

6.4 加载随机气动荷载的动力学仿真

前文动力学仿真及既有研究中，均是将气动荷载作为恒定荷载加载到动力学仿真模型上进行轮轨动力学参数的计算，如图 6-28 中直线部分。

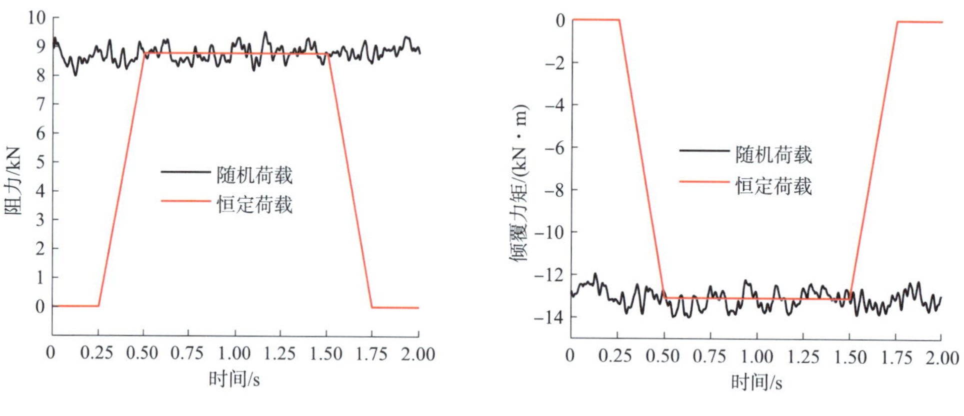

(a)头车阻力　　(b)头车倾覆力矩

图 6-28 恒定气动荷载(阻力和倾覆力矩)与随机荷载的加载

作为恒定流场计算的气动荷载可视为恒定荷载施加于动力学仿真模型上进行计算，而通过分离涡模拟得到的列车气动荷载具有随机性和脉动性，不能按照恒定荷载加载。图 6-29 给出了脱轨系数及轮重减载率随时间变化曲线，表 6-8 给出了加载恒定荷载和随机荷载的仿真结果的对比情况。

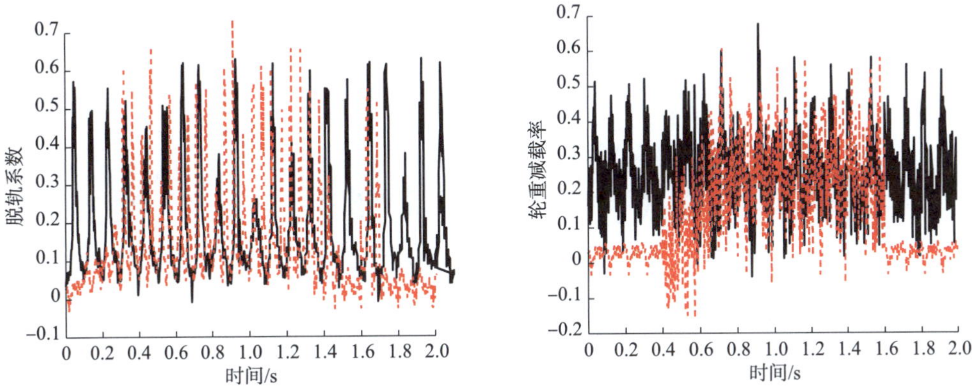

(a)头车脱轨系数

(b)头车轮重减载率

—— 随机荷载　- - - - 恒定荷载

图 6-29　加载随机荷载的脱轨系数及轮重减载率随时间变化曲线

表 6-8　CRH 型列车采用核定加载和随机加载的仿真结果

指标	荷载类型	德国轨道谱						京津线轨道谱					
		头　车		中　车		尾　车		头　车		中　车		尾　车	
		迎风侧	背风侧	迎风侧	背风侧	迎风侧	背风侧	迎风侧	背风侧	迎风侧	背风侧	迎风侧	背风侧
脱轨系数	随机	0.26	0.78	0.13	0.22	0.08	0.21	0.20	0.63	0.08	0.12	0.10	0.14
	恒定	0.22	0.73	0.10	0.22	0.08	0.10	0.22	0.65	0.07	0.09	0.07	0.09
	差值/%	15.38	6.41	23.08	0	0	52.38	10.00	3.17	12.50	25.00	30.00	35.71
轮重减载率	随机	0.79	0.37	0.48	0.30	0.13	0.55	0.68	0.08	0.31	0.10	0.09	0.26
	恒定	0.68	0.38	0.51	0.45	0.24	0.51	0.62	0.19	0.31	0.18	0.14	0.28
	差值/%	13.92	2.70	6.25	50.00	84.62	7.27	8.82	137.5	0	80.00	55.56	7.69
轮轴横向力/kN	随机	22.5		6.6		6.0		20.8		6.3		5.7	
	恒定	17.8		3.1		5.5		19.2		5.6		5.1	
	差值/%	20.89		53.03		8.33		7.69		11.67		10.53	
轮轨垂向力/kN	随机	126.0		130.0		113.0		106.0		106.0		92.0	
	恒定	121.2		121.1		107.2		108		105.9		89.9	
	差值/%	3.81		6.85		5.13		1.89		0.09		2.28	

由表 6-8 可知，两种加载方式的仿真计算结果有一定差别，脱轨系数偏差最大为 52%，但均未超过极限值；采用德国轨道谱计算的头车最大轮重减载率偏差为 13.92%，恒定荷载的为 0.68，随机荷载的为 0.79，前者尚未超过安全限值，后者则几乎达到轮重减载率的临界状态；轮轴横向力最大偏差为 53%，但均在安全限值内；轮轨垂向力最大偏差为 6.85%，相对较小。

第 7 章　横风作用下高速列车安全控制方法

高速列车在横风作用下，其气动特性、气动荷载和车辆轨道动力学性能均发生明显的变化，从而对列车运行安全构成威胁。为了提高列车在大风作用下运行安全性，必须采取措施控制横风对列车运行稳定性造成的不利影响，提高列车在高速运行时的抗风能力。本章从限制列车运行速度、在铁路沿线大风区安装挡风风障和提高列车自身抗风性能等三方面考虑，分析相应的列车安全运行控制方法。

7.1　高速列车速度限值

根据列车横风气动特性和轨道动力学性能的分析，在一定的横风风速下，列车的运行速度越高，其脱轨危险性越大。因此，为了提高高速列车在大风条件下的运行安全性，限制列车的运行速度便成为避免和减小脱轨威胁的重要措施。

7.1.1　列车运行速度限值分析

第 6 章计算结果及其分析表明，从脱轨系数、轮重减载率、轮轴横向力和轮轨垂向力等安全性指标来看，当车速和风速相同时，头车是整个列车编组中安全性最低的，因此在横风作用下，列车的运行稳定性和安全性主要受到头车的限制，高速列车在横风作用下的运行速度安全域由头车的运行速度安全域所决定。同时，全部工况的轮轴横向力和轮轨垂向力均未超过安全限值，而脱轨系数和轮重减载率却出现了超过相应的安全限值的情况。因此，应通过脱轨系数和轮重减载率这两个稳定性判据来确定车速安全域。

由第 6 章所述相关拟合曲线关系式计算出该曲线与脱轨系数临界值水平线的交点值，即为以脱轨系数为判据的某一风速下临界车速或某一车速下临界风速，CRH 型车 3 节编组列车在各横风风速下行车速度限值见表 7-1。图 7-1 为以脱轨系数为判据的横风风速与列车最高安全行驶速度的关系曲线，图 7-2 则为以轮重减载率为判据的横风风速与列车最高安全行驶速度的关系曲线，后者使用两种轨道谱计算的动力学性能参数均出现了超过限值的情况，故同时给出其拟合关系曲线。

表 7-1 CRH 型车 3 节编组列车在各横风风速下行车速度限值/(km·h^{-1})

风速/(m·s^{-1})	以脱轨系数为判据	以轮重减载率为判据	
		德国轨道谱	京津线轨道谱
10	419.03	430.64	462.00
15	360.69	367.30	402.58
20	315.42	336.64	357.00
25	273.10	296.16	331.90
30	244.13	260.50	277.96

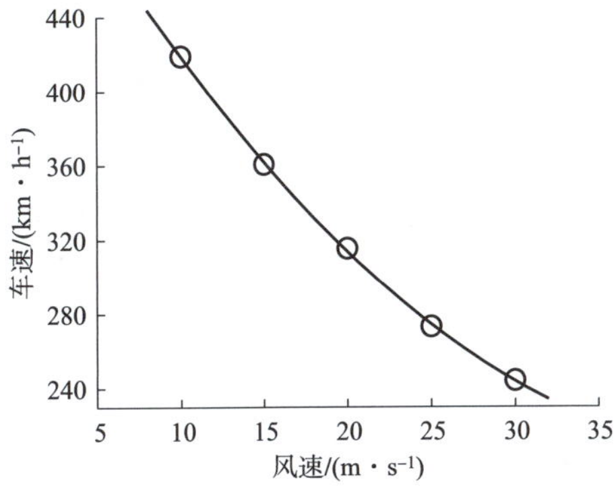

图 7-1 以脱轨系数为判据的风速—车速关系

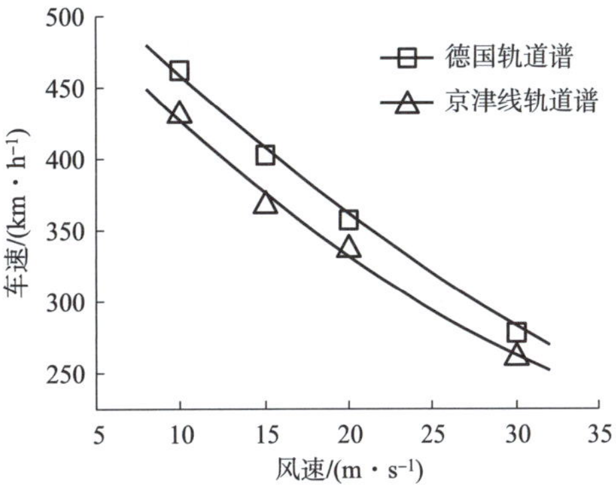

图 7-2 以轮重减载率为判据的风速—车速关系

以脱轨系数为判据的风速—车速拟合曲线的函数关系为

$$v_{tr,max}=0.176\ 26v_w^2-15.798\ 09v_w+559.12 \tag{7-1}$$

相关系数为 0.999 69。式中，$v_{tr,max}$和 v_w分别为列车的最大安全运行速度和 90°风向角的横风风速，单位分别是千米每小时(km/h)和米每秒(m/s)。由式(7-1)可知，无横风时的列车限速临界值为 559.12 km/h。

以轮重减载率为判据的风速—车速拟合曲线的函数关系为

$$v_{tr,max}=0.130\ 11v_w^2-13.432\ 97v_w+548.356 \quad (\text{德国轨道谱}) \tag{7-2}$$

$$v_{tr,max}=0.089\ 83v_w^2-12.368\ 34v_w+573.232 \quad (\text{京津线轨道谱}) \tag{7-3}$$

相关系数分别为 0.992 78 和 0.988 39。

7.1.2 列车运行速度安全域

脱轨系数和轮重减载率成为控制安全允许行车速度的动力性能参数，采用京津线轨道谱和德国轨道谱计算的结果也不相同，因此需要进行统筹考虑，确定列车在横风环境中运行的速度安全域。

由式(7-2)得到无风时列车限速临界值则为 548.36 km/h；由式(7-3)可知，无风时列车限速临界值为 573.23 km/h。这是由拟合曲线得到的极限值，为了验证其准确性，对列车速度为 490～550 km/h、无横风的工况进行气动力和轨道动力学计算。这些工况的最大轮轴横向力和轮轨垂向力均未超过限值，而脱轨系数和轮重减载率则有超过限值的情形，见表 7-2和表 7-3。

表 7-2　CRH 型车 3 节编组列车在无横风条件下脱轨系数最大值

车速/(km/h^{-1})	脱轨系数(德国轨道谱)						脱轨系数(京津线轨道谱)					
	头　车		中　车		尾　车		头　车		中　车		尾　车	
	迎风侧	背风侧	迎风侧	背风侧	迎风侧	背风侧	迎风侧	背风侧	迎风侧	背风侧	迎风侧	背风侧
490	0.13	0.63	0.14	0.45	0.15	0.59	—	—	—	—	—	—
495	0.16	0.65	0.15	0.46	0.17	0.63	—	—	—	—	—	—
500	0.10	0.78	0.15	0.60	0.18	0.75	—	—	—	—	—	—
510	0.18	0.88	0.16	0.49	0.21	0.60	0.13	0.17	0.09	0.15	0.07	0.22
520	0.20	0.95	0.17	0.82	0.23	0.96	0.12	0.22	0.10	0.20	0.07	0.28
530	0.22	1.10	0.20	0.95	0.25	0.99	0.17	0.22	0.11	0.22	0.08	0.29
535	—	—	—	—	—	—	0.07	0.24	0.11	0.23	0.08	0.30
540	—	—	—	—	—	—	0.08	0.25	0.11	0.24	0.08	0.30
550	—	—	—	—	—	—	0.10	0.28	0.12	0.38	0.11	0.30

表 7-3　CRH 型车 3 节编组列车在无横风条件下轮重减载率最大值

车速/(km/h^{-1})	轮重减载率(德国轨道谱)						轮重减载率(京津线轨道谱)					
	头　车		中　车		尾　车		头　车		中　车		尾　车	
	迎风侧	背风侧	迎风侧	背风侧	迎风侧	背风侧	迎风侧	背风侧	迎风侧	背风侧	迎风侧	背风侧
490	0.75	0.76	0.65	0.74	0.17	0.75	—	—	—	—	—	—
495	0.76	0.79	0.72	0.75	0.19	0.75	—	—	—	—	—	—
500	0.79	0.79	0.75	0.75	0.22	0.76	—	—	—	—	—	—
510	0.80	0.82	0.77	0.76	0.25	0.83	0.77	0.69	0.62	0.72	0.28	0.75
520	0.82	0.99	0.89	0.83	0.30	0.98	0.69	0.76	0.62	0.75	0.36	0.78
530	0.85	0.90	0.92	0.85	0.32	0.99	0.73	0.76	0.70	0.78	0.38	0.79
535	—	—	—	—	—	—	0.74	0.84	0.71	0.75	0.39	0.81
540	—	—	—	—	—	—	0.76	0.90	0.72	0.81	0.40	0.82
550	—	—	—	—	—	—	0.78	0.93	0.75	0.88	0.40	0.82

通过对表 7-2 和表 7-3 中数据插值处理，可得到风速为零时对应的极限速度，分别是 502 km/h(以脱轨系数为判据，德国轨道谱)、501 km/h(以轮重减载率为判据，德国轨道谱)和 531 km/h(以轮重减载率为判据，京津线轨道谱)，与从图 7-1 和拟合关系式(7-1)～

式(7-3)得到的结果有所差别，需要进行修正。将该结果与表 7-1～表 7-3 以及风速为零时的临界速度综合起来，得到风速—车速曲线以及不同横风作用下列车运行速度安全域，如图 7-3 所示。

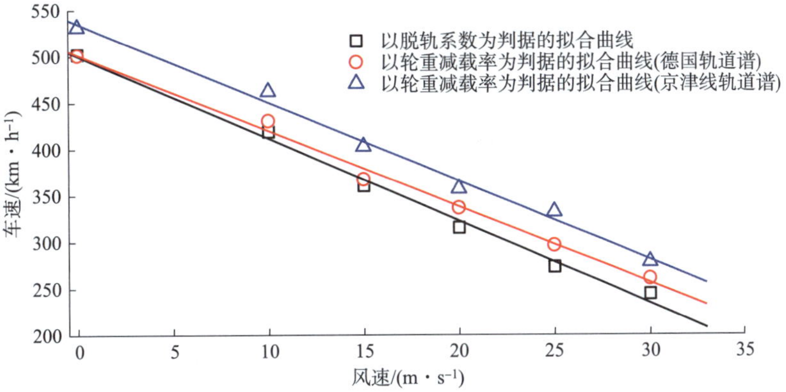

图 7-3　CRH 型高速列车在横风作用下运行速度安全域

以脱轨系数为判据的风速—车速拟合曲线的函数关系为

$$v_{tr,max}=500.367\,9-8.878\,4v_w \tag{7-4}$$

相关系数为 0.996 91，可推算出列车静止时能承受的最大风速为 56.35 m/s。

以轮重减载率为判据的风速—车速拟合曲线的函数关系为

$$v_{tr,max}=501.648\,6-8.176\,5v_w \quad (德国轨道谱) \tag{7-5}$$

$$v_{tr,max}=534.854\,3-8.466\,9v_w \quad (京津线轨道谱) \tag{7-6}$$

相关系数分别为 0.996 51 和 0.995 97，推算出当列车静止时能够承受的最大风速分别是 61.35 m/s 和 63.17 m/s。

根据上述线性拟合曲线可以得到任意横风风速下列车限速值，见表 7-4。图 7-3 和表 7-1 表明：以脱轨系数或轮重减载率为判据，列车的最大运行速度均随着风速的增大而以近似的线性关系减小；同一风速下，两个判据给出的列车最大运行速度存在差异，风速越小，差异越小。若以脱轨系数和德国轨道谱轮重减载率为判据，由二者得到的速度限值偏差不大。风速低于 20 m/s 时，二者差距不超过 5%；风速为 20～30 m/s 时，二者差值从 5%逐步增大到 10%左右；风速为 30～35 m/s 时，二者差值增大到 14%左右。此外，采用德国轨道谱得到的最大安全速度低于采用京津线轨道谱得到的最大安全速度，相对差值在 6.62%～10.69%范围内，偏于安全。因此，在风速较低时，如小于 20 m/s 时，采用由两种轨道谱仿真计算给出的列车最大运行速度基本相等，可以取安全裕量略小的最大运行速度(由京津线轨道谱计算)；在风速较大，如大于 20 m/s 时，选取偏安全的最大运行速度(由德国轨道谱计算)。而从图 7-3 所示的运行速度安全域看，以脱轨系数为判据的速度限值是最安全的。

表 7-4 横风风速下列车速度限值(平坦路面,CRH 型列车 3 节编组)

横风风速/(m·s^{-1})	$v_{tr,max}$/(km·h^{-1})				
	1	2	3	1 与 2 相对差值/%	2 与 3 相对差值/%
	脱轨系数(德国轨道谱)	轮重减载率(德国轨道谱)	轮重减载率(京津线轨道谱)		
0	500.367 9	501.648 6	534.854 3	0.26	6.62
5	455.975 9	460.766 1	492.519 8	1.05	6.89
10	411.583 9	419.883 6	450.185 3	2.02	7.22
11	402.705 5	411.707 1	441.718 4	2.24	7.29
12	393.827 1	403.530 6	433.251 5	2.46	7.37
13	384.948 7	395.354 1	424.784 6	2.70	7.44
14	376.070 3	387.177 6	416.317 7	2.95	7.53
15	367.191 9	379.001 1	407.850 8	3.22	7.61
16	358.313 5	370.824 6	399.383 9	3.49	7.70
17	349.435 1	362.648 1	390.917 0	3.78	7.80
18	340.556 7	354.471 6	382.450 1	4.09	7.89
19	331.678 3	346.295 1	373.983 2	4.41	8.00
20	322.799 9	338.118 6	365.516 3	4.75	8.10
21	313.921 5	329.942 1	357.049 4	5.10	8.22
22	305.043 1	321.765 6	348.582 5	5.48	8.33
23	296.164 7	313.589 1	340.115 6	5.88	8.46
24	287.286 3	305.412 6	331.648 7	6.31	8.59
25	278.407 9	297.236 1	323.181 8	6.76	8.73
26	269.529 5	289.059 6	314.714 9	7.25	8.88
27	260.651 1	280.883 1	306.248 0	7.76	9.03
28	251.772 7	272.706 6	297.781 1	8.31	9.19
29	242.894 3	264.530 1	289.314 2	8.91	9.37
30	234.015 9	256.353 6	280.847 3	9.55	9.55
31	225.137 5	248.177 1	272.380 4	10.23	9.75
32	216.259 1	240.000 6	263.913 5	10.98	9.96
33	207.380 7	231.824 1	255.446 6	11.79	10.19
34	198.502 3	223.647 6	246.979 7	12.67	10.43
35	189.623 9	215.471 1	238.512 8	13.63	10.69

7.2 挡风风障设置

本节从综合性能出发,设计了一种由双层波纹板构成的透风式腔室挡风风障(双层腔室结构挡风风障),并对其挡风作用和自身抗风性能进行分析。

7.2.1　挡风风障计算模型

1. 几何模型

既有钢板透风式挡风风障一般为单层波纹板结构，采用弧形立柱，波纹平板安装后形成凸面迎风面。与纯粹的平面平板相比，波纹平板结构型式能够增加挡风风障本身的刚度，提高抗自然横风性能，但它仍然是完全利用平板自身的直接受力来消耗横风的能量，因而其自身抗风能力的提高并不明显。同时，这种结构在受到列车经过时产生的脉动风冲击波时，凹面成为迎风面，对冲击波作用的承受能力减弱。因此，考虑采用垂直等截面立柱、双层波纹板形成耗能腔室的结构形式，以提高挡风风障的挡风作用和抗列车脉动风冲击波的能力，并且便于加工和现场安装。图 7-4 为挡风风障与列车相对位置的关系示意，挡风风障与线路中心线的距离按照京沪线的要求设定。

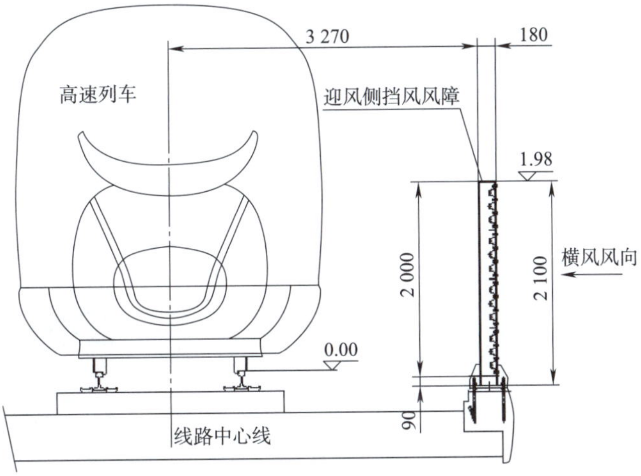

图 7-4　挡风风障与列车车体相对位置关系(单位:mm)

由于双层结构可以比单层结构采用更薄的钢板，所以前者的材料和加工成本只是略有增加，而实际使用的挡风效果却可能比后者的要好得多。为了便于对比分析，同时给出了两种透风式挡风风障的示意图，如图 7-5 所示。图 7-5 所示单层结构挡风风障单元尺寸为宽 2 m，波纹板透风孔直径设定为 50 mm，对应透风率为 16.3%；双层结构透风孔直径也为 50 mm，但由于双层结构两板上透风孔是错开布置的，所以从阻力等效角度看，其透风率可能会小于 16.3%。另外，双层结构两板孔径可以不同，透风率取决于较小孔径的透风孔。

两种挡风风障与列车相对位置相同，其挡风板离地间隙均为 90 mm。单层挡风风障透风孔与双层透风风障大透风孔的直径相等。

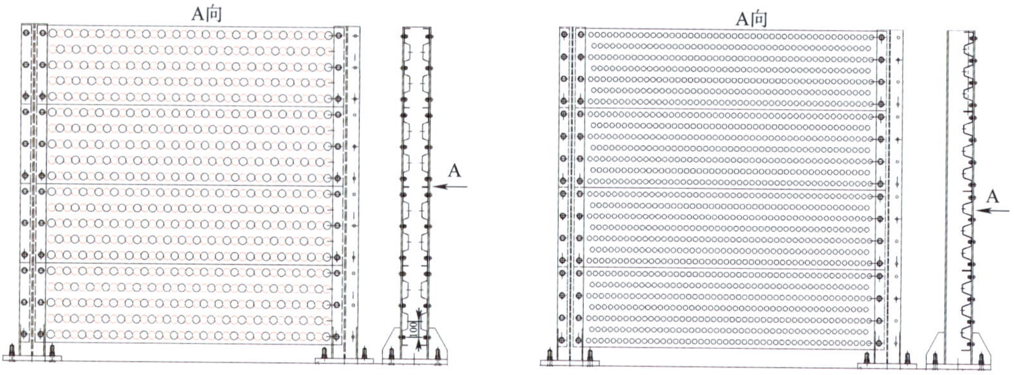

(a)双层结构　　(b)单层结构

图 7-5　两种透风式挡风风障示意

2. 计算域和网格

图 7-6 为计算域总体尺寸及挡风风障和列车在计算域中位置，单、双层结构模型的网格数量分别为 5 100 万和 6 000 万。除了保持前文列车气动性能数值模拟计算的网格加密区之外，还将挡风风障附近、挡风风障尾流区、波纹板上透风孔及双层结构腔室等区域的网格进行了加密。透风圆孔直径为 50～60 mm，最小网格尺寸为 2 mm，如图 7-7 所示。

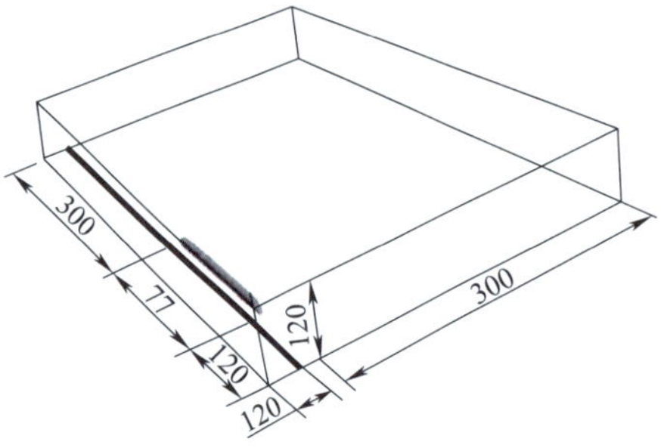

图 7-6　双层结构挡风风障计算域(单位：m)

图 7-7　双层结构挡风风障网格

7.2.2　挡风风障挡风作用分析

以 CRH 型列车为例，对无挡风风障、设置单层结构挡风风障和设置双层结构挡风风障三种情形进行分析，数值模拟计算的工况列于表 7-5。其中“N”代表无挡风风障，“S”代表单层结构挡风风障，“D”代表双层结构挡风风障。假定横风为均匀风风场。

表 7-5　高速列车挡风风障模拟计算工况

编号	车速/($km \cdot h^{-1}$)	风速/($m \cdot s^{-1}$)	风向角 β/(°)	透风孔孔径/mm	挡风风障
GV350-N	350	10,15,20	90	0	无
GV350-S	350	10,15,20	90	50,60	单层结构
GV350-D	350	15,20	90	50,60	双层结构

1. 挡风风障对流场结构和压力分布作用

以工况 GV350-20-90 为例，对比三种情况下流场结构和压力分布规律。从涡运动角度看，无挡风风障时，横风不经能量衰减、直接作用于列车，使列车迎风侧绝大部分表面的压力增大，背风侧产生涡量较大的分离涡，如图 7-8 所示。

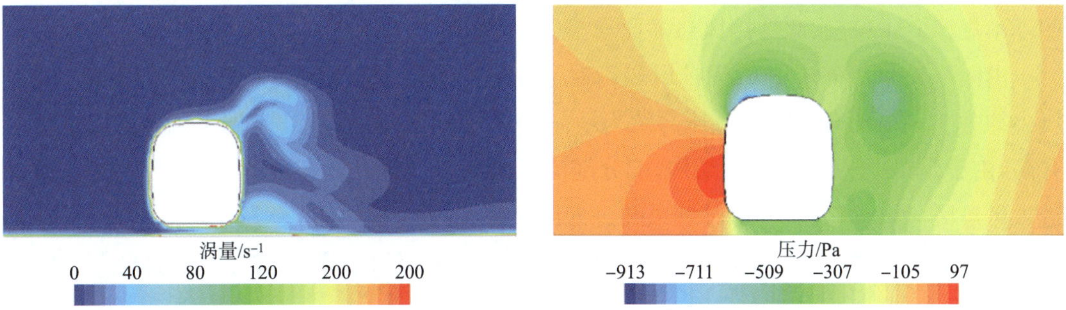

(a)无挡风风障

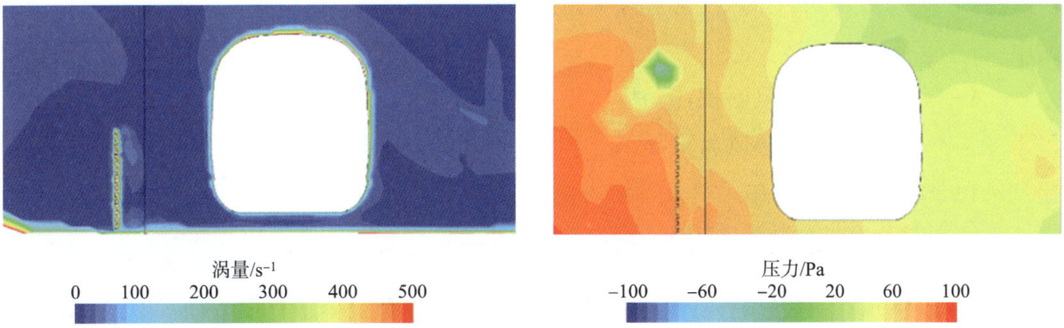

(b)单层挡风风障

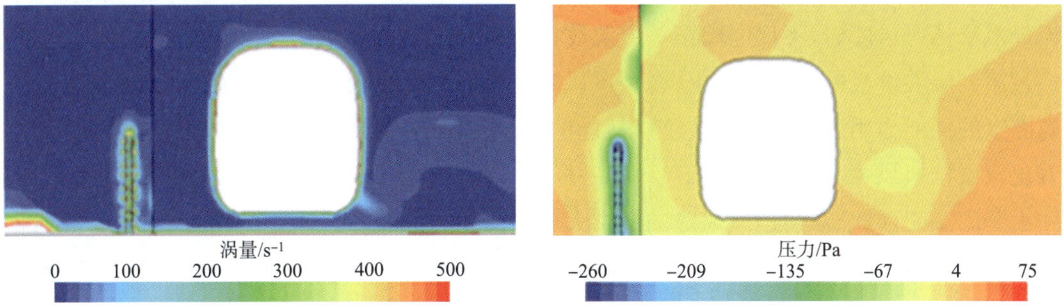

(c)双层挡风风障

图 7-8　两种透风式挡风装置对列车绕流流场和压力作用(S_4 截面)

使用挡风风障后，横风的一部分动能转变成压力能作用于挡风风障，一部分动能消耗在挡风风障背风侧产生的大分离涡中。同时，横风流过挡风风障顶部时其流向向上发生偏转，从而使直接作用于列车的横风能量大大减少，且列车原来的迎风侧正压区域因现在处于挡风风障的分离涡区域而压力降低，列车背风侧原来涡量较大的分离涡因横风来流作用的降低而减弱，压力有所升高，即原来的正压力峰值降低，负压力峰值提高，因此图示位置的压力场比无挡风风障的要均匀得多，列车迎风侧和背风侧表面的压差减小，从而使头车和中车横向作用力减小，尾车横向力在绝大多数情况下也减小。由于挡风风障改变了列车周围的流场和压力分布，列车受到的升力、阻力及其他气动力矩均发生变化，一般情况下是减小。这些基本规律对于单层、双层挡风风障而言是共同的。

由图 7-8 压力分布可知，无挡风风障时，列车迎风侧在横风作用下压力明显升高，最高压力约为 90 Pa，而背风侧最低压力约为－300 Pa；有单层挡风风障时，挡风风障迎风侧压力升高，由于是 16%左右透风式结构，部分绕流气流从波纹板上部直接分离，所产生的分离涡进入尾迹区，另一部分气流通过透风孔进入尾迹区。挡风风障迎风侧压力升高、背风侧压力降低，从而使单层波纹板受到垂直于面板并与横风方向一致的压差阻力。压差阻力系数表达式为

$$C_D=\frac{F_D}{0.5\rho v_A^2\cdot A_c}=\frac{F_D}{0.5\rho v_A^2\cdot(1-\varphi)A} \tag{7-7}$$

式中　φ——透风率，%；

A——挡风风障迎风面积，m^2；

A_c——挡风风障不透风面积，m^2；

v_A——来流流速，m/s。

2. 双层结构挡风风障挡风作用分析

气流受到挡风板的阻挡后消耗部分能量且流场发生偏转，从而改变了列车的迎风侧、列车顶部区域、背风侧、列车底部等的压力分布情况，减小作用于列车的气动荷载。使用双层挡风风障减载的宏观机制与单层挡风风障相同，但减载效果却比后者更明显。原因是：气流流经双层挡风风障时，不仅经历第一层波纹板的首次能量头损失，还在腔室内改变流向，再经过第二层波纹板的透风孔流出，在挡风风障背风侧产生更大的分离涡流和二次能耗，使双层腔室的耗能作用远大于单层波纹板耗能的作用，如图 7-9 所示。由图 7-9(a)可以明显地看出双层挡风风障不仅与单层挡风风障一样在上部产生大分离涡，还在中间高度位置产生一大分离涡。因此，双层挡风风障的两个大分离涡使挡风风障背风侧的压力更低，使得列车迎风侧的压力也降低。同时也表明，列车周围压力场更均匀，从而能更有效地减少列车的气动荷载。

图 7-10 为双层挡风风障背风侧大涡和其耗能腔室内的流线图，图 7-11 为挡风风障附近流动的流速矢量图。由图 7-10(a)可以明显地看出双层挡风风障腔室内有旋转的小涡流；由图 7-10(b)和图 7-11 可知，流入第一层透风孔的来流速度接近于远方来流速度，最大速度可达 25 m/s；经过腔室内的能量损耗后，从第二层波纹板流出的速度大大降低，约为 10 m/s，挡风风障大大消耗了动能水头。

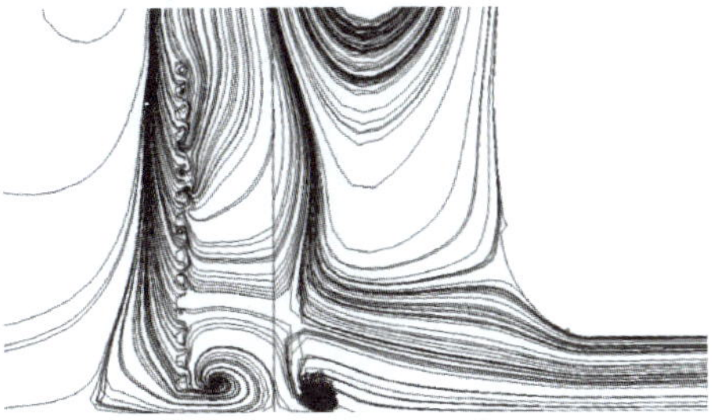

(a)单层挡风风障附近流线图

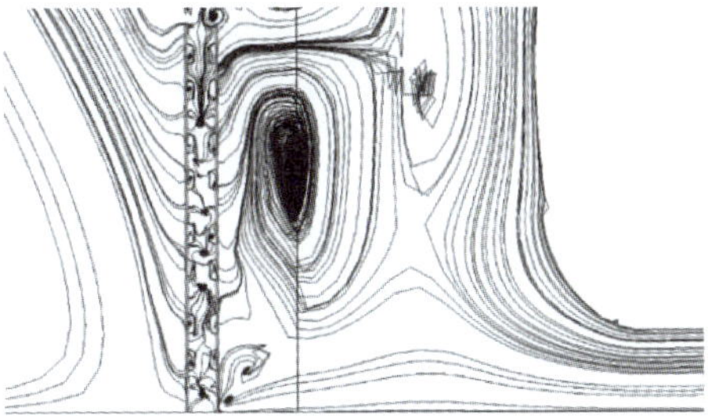

(b)双层挡风风障附近流线图

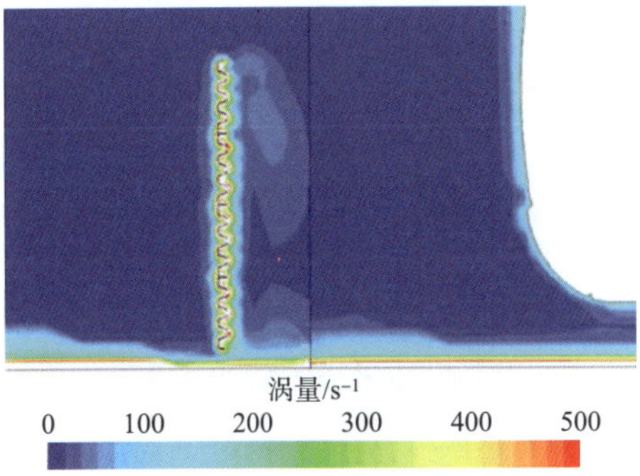

(c)单层挡风风障涡量分布

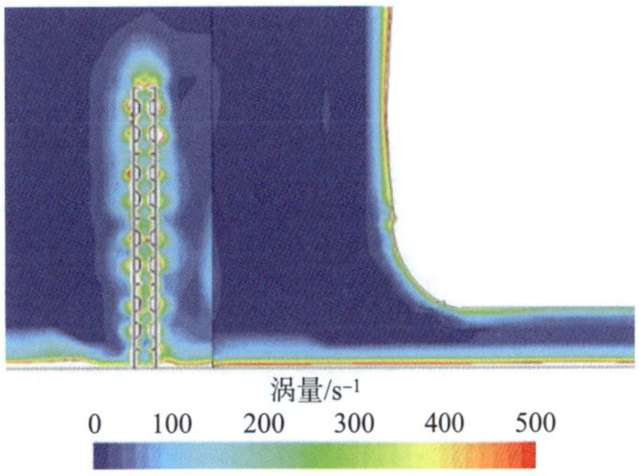

(d)双层挡风风障涡量分布

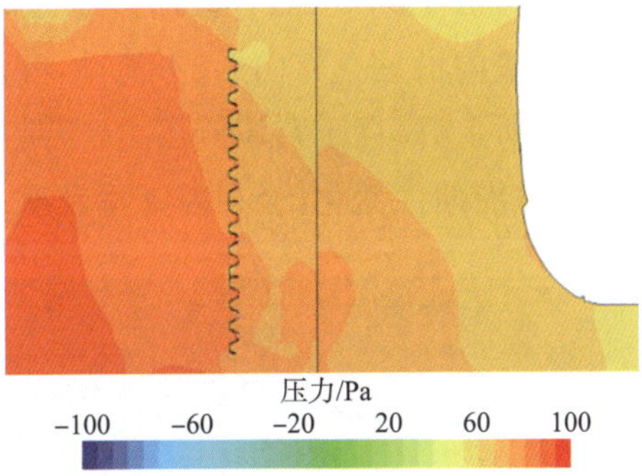

(e)单层挡风风障压力分布

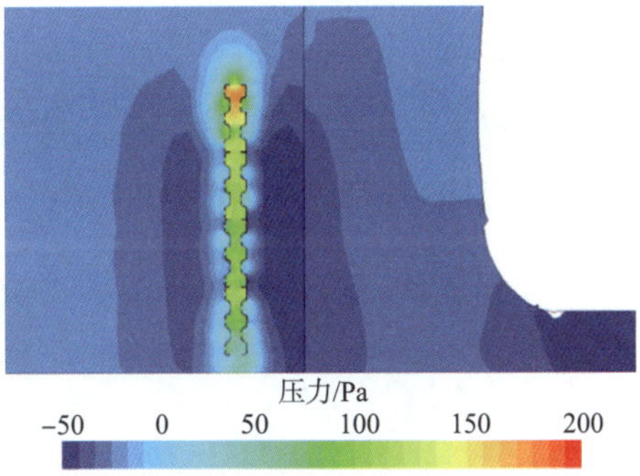

(f)双层挡风风障压力分布

图 7-9　两种透风式挡风风障自身附近流场和压力变化情况(S_4截面)

(a)透风式挡风风障内外流场矢量

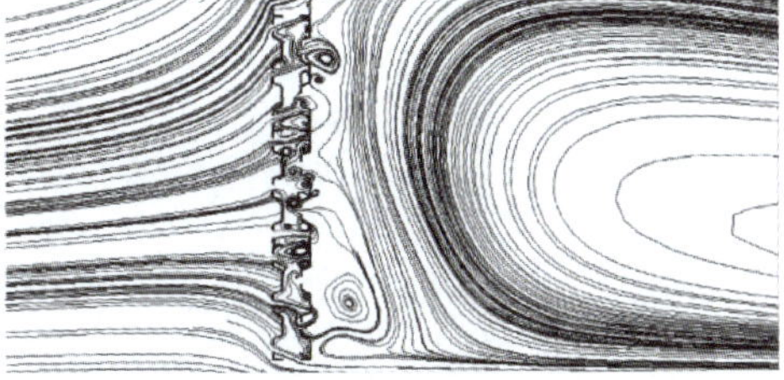

(b)双层腔室内流局部放大

图 7-10　透风式挡风风障外流场和双层腔室内流速矢量(背风侧)

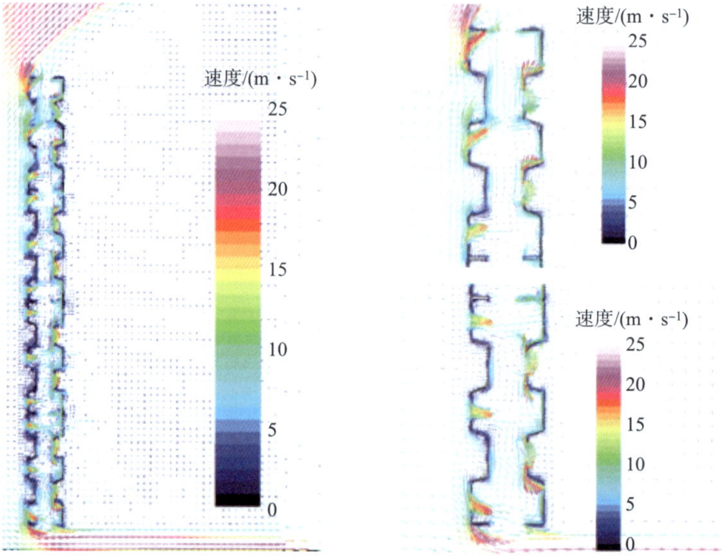

(a)透风式挡风风障内外流场矢量　　(b)双层腔室内流局部放大

图 7-11　透风式挡风风障外流场和双层腔室内流速矢量(附近)

图 7-12 为双层挡风风障内部腔室涡量云图和附近压力分布图，由于双层挡风风障两层波纹板上透风孔错位布置，气流经过迎风侧波纹板的透风孔后流入腔室，撞击到背风侧波纹板上产生流动滞止点并改变流向，在流道不断变化的腔室内沿垂直方向上、下流动，并产生较大的动能损失。由于存在滞止流动，腔室内静压力有所上升，高于背风侧压力，于是腔内气体便由背风侧波纹板透风孔流出。由于腔室内的流道周期性变化，会在腔室里及双层波

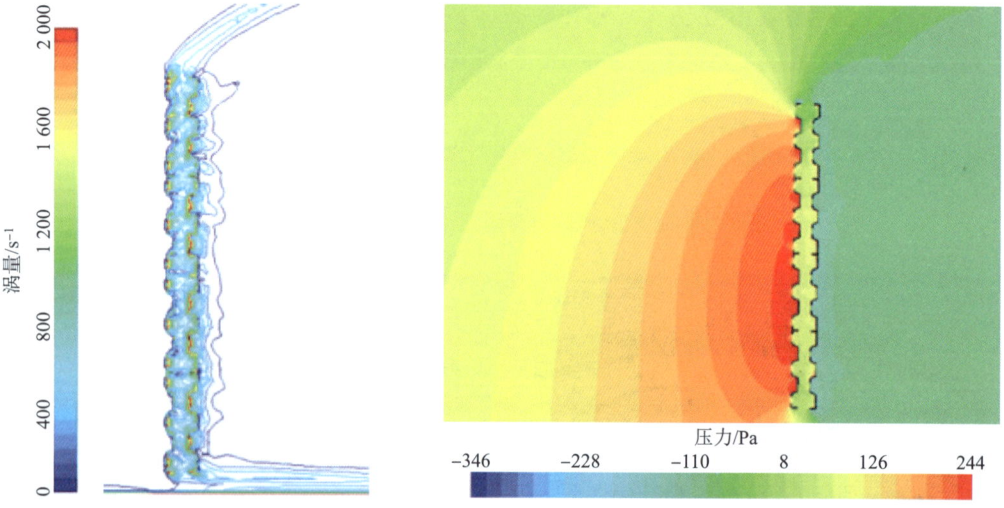

(a)腔室内涡量　　(b)腔室内外压力分布云图

图 7-12　双层挡风风障内外流场

纹板附近产生大量的小尺度但涡量并不小的分离涡，这些涡会消耗了较多气流的能量，从而使作用于列车的气动荷载更有效地降低。此外，顺着流动方向看，迎风侧波纹板的外侧压力、腔室内的压力和背风侧的压力依次降低，而且腔室内的压力分布比较均匀。

双层挡风风障压差阻力系数仍可表示为

$$C'_D=\frac{F_D}{0.5\rho v_A^2 \cdot A'_c}=\frac{F_D}{0.5\rho v_A^2 \cdot (1-\varphi')A} \tag{7-8}$$

式中　φ'——双层挡风风障透风率，%。

3. 挡风风障对减少列车横风气动荷载作用

挡风风障可减少横风作用于高速列车的横向力、升力和倾覆力矩，各个风速下气动荷载列于表 7-6。

表 7-6　无挡风风障、单层和双层挡风风障气动力计算结果

荷载类型	车辆位置	风速 10 m/s		风速 15 m/s			风速 20 m/s		
		无挡风风　障	单层挡风风障	无挡风风　障	单层挡风风障	双层挡风风障	无挡风风　障	单层挡风风障	双层挡风风障
阻力	头车	13 352.62	6 349.05	14 214.74	4 407.22	3 029.50	14 760.01	1 996.03	2 568.45
	中车	15 943.11	8 107.04	17 726.89	6 602.99	6 191.70	19 636.66	4 572.27	5 472.06
	尾车	12 492.51	4 841.79	14 934.62	3 858.69	3 623.29	17 057.85	2 990.36	3 350.03
升力	头车	2 628.50	2 345.53	13 784.32	3 831.80	2 885.41	30 462.63	2 397.16	3 200.93
	中车	8 925.48	−4 572.60	25 925.06	−4 196.03	−3 807.54	43 371.05	−2 391.00	−3 074.02
	尾车	15 884.37	5 994.61	20 665.56	6 192.42	5 017.295	25 111.41	4 394.80	4 836.99
横向力	头车	29 370.62	2 167.09	47 271.83	2 720.53	844.329 3	66 708.23	2 072.39	1 676.40
	中车	11 658.70	1 453.846	19 505.65	760.47	38.19	30 296.40	−158.78	423.20
	尾车	−1 900.33	6 604.50	331.49	4 794.92	3 776.75	4 534.77	4 596.64	810.76
倾覆力矩	头车	−9 425.24	1 903.07	−15 109.90	1 701.21	833.48	−21 053.00	863.69	351.58
	中车	2 566.60	−586.03	4 015.18	−440.24	−362.70	3 751.64	−414.21	478.22
	尾车	237.14	−334.05	−639.20	359.841	−412.13	−2 728.87	−777.15	120.59
侧偏力矩	头车	−181 919.10	3 921.96	−277 500.20	9 440.70	4 254.36	−371 886.06	1 926.87	9 193.18
	中车	−5 545.98	−838.96	260.51	5 815.66	4 740.28	15 015.21	9 015.96	−1 228.24
	尾车	−109 454.00	−25 495.90	−178 642.90	−19 454.00	−28 919.80	−258 265.30	−14 187.90	−8 274.84
俯仰力矩	头车	−162 350.40	52 966.69	−194 353.70	22 399.99	25 103.38	−231 994.20	8 191.35	23 701.95
	中车	6 379.88	−17 233.50	31 950.82	−23 221.30	−20 735.70	66 374.66	−19 368.40	−10 534.50
	尾车	1 982.41	−10 328.80	11 347.12	−612.34	−364.737 0	5 717.51	10 826.05	1 128.22

注：表中力的单位为牛顿(N)；力矩单位为牛米(N·m)。

(1)挡风风障对气动作用力的影响。由表 7-6 可知，在各个横风风速下，单、双层挡风风障均大幅度减少了横风作用于各节车辆的气动阻力和升力。挡风风障使头车和中车横向力减小,但尾车情况则比较复杂,与横风风速和挡风风障类型有关:使用单层挡风风障,风速为10 m/s时,尾车横向力由负(−1 900.33 N)变正(6 604.50 N),即由逆风向变成顺风向,且横向力绝对值增大。当横风风速增大,偏航角随之增大时,横风在合成气流中的作用增强,使得在无横风风障情况下,尾车迎风侧正压上升,形成顺风向正横向力(如风速不低于15 m/s)。从表7-6还可看出,双层挡风风障减小气动作用力的效果优于单层挡风风障。

(2)挡风风障对气动作用力矩的影响。由表7-6可知,在各横风风速下,单、双层挡风风障均大幅度减少了横风作用于各节车辆绕车体中心的倾覆力矩。挡风风障使头车和尾车的侧偏力矩均减小,但中车的情况则比较复杂,与风速和挡风风障的类型有关:工况GV350-N-15-90中车侧偏力矩为260.51 N·m,工况GV350-S-15-90使用单层挡风风障,该侧偏力矩增加到5 815.66 N·m,工况GV350-D-15-90使用双层挡风风障,该侧偏力矩为4 740.28 N·m,侧偏力矩增大。侧偏力矩值本身并不大,即使增加也不会对车辆的气动安全性产生大的影响。此外,挡风风障使头车和中车俯仰力矩大幅度下降,尾车情况比较复杂,出现了力矩绝对值增大的情况。

总体上看,与单层挡风风障相比,双层挡风风障能够更好地改善头车和尾车气动荷载。

7.2.3 挡风风障抗风性能分析

挡风风障不仅要减少横风作用于列车的气动荷载,自身也应该有较好的抗风性能。为了分析挡风风障自身抗风性能,对无挡风风障、设置单层结构挡风风障和设置双层结构挡风风障三种情形进行分析,数值模拟计算工况列于表7-7。

表7-7 单、双层结构挡风风障抗风性能计算工况

编号	风速/(m·s^{-1})	风向角β/(°)	透风孔孔径/mm	挡风风障
GV350-S	20,30,40	90	50	单层结构
GV350-D	20,30,40	90	等径孔:50	双层等径结构
GV350-D	20,30,40	90	异径孔:迎风侧60,背风侧50	双层异径结构

通过计算发现,双层等径结构挡风风障迎风侧波纹板与背风侧波纹板透风孔孔径均为50 mm,虽然其减载效果优于单层结构,但两侧波纹板受力相差较大,迎风侧波纹板受力过大。为保证两层波纹板受力均衡,采用压力孔调节原理,增大迎风侧波纹板上透风孔孔径至60 mm,形成双层异径结构挡风风障。两种双层挡风风障和单层挡风风障的计算结果列于表7-8中。

表 7-8　单、双层结构挡风风障抗风性能计算结果

荷载	风类型	风速 20 m/s			风速 30 m/s			风速 40 m/s		
		单　层	双层等径	双层异径	单　层	双层等径	双层异径	单　层	双层等径	双层异径
迎风压差阻力/kN	迎风侧板	1.161	0.739	0.505	2.590	1.645	1.143	4.580	2.926	2.029
	背风侧板	—	0.349	0.584	—	0.794	1.329	—	1.417	2.362
	立　柱	0.027	0.066	0.066	0.050	0.148	0.149	0.096	0.265	0.260
	合　力	1.188	1.154	1.155	2.640	2.589	2.620	4.676	4.608	4.651
弯曲力矩/(kN·m)	迎风侧板	1.130	0.720	0.490	2.530	0.602	1.114	5.604	2.854	1.975
	背风侧板	—	0.059	0.560	—	0.764	1.270	—	1.356	2.265
	立　柱	0.020	0.334	0.059	0.040	0.133	0.134	0.090	0.238	0.232
	合 力 矩	1.150	1.114	1.112	2.570	2.499	2.517	5.694	4.447	4.471

注：表中弯曲力矩的取矩轴为沿挡风风障纵向的地面平行轴。

在各横风风速下，双层挡风风障所受合力均略小于单层挡风风障，但其减载效果远超过单层挡风风障，且与双层等径结构相比，双层异径结构挡风风障迎风侧波纹板与背风侧波纹板迎风压差阻力以及对地面轴的弯矩均非常接近，说明通过改变两层波纹板上透风孔孔径比可以改变两波纹板受力。根据式(7-7)和式(7-8)可得

$$0.5\rho v_A^2 \cdot (1-\varphi)AC_D \approx 0.5\rho v_A^2 \cdot (1-\varphi')AC'_D$$

或

$$(1-\varphi)C_D \approx (1-\varphi')C'_D \tag{7-9}$$

由式(7-9)可知，若挡风风障透风率相等，即 $\varphi=\varphi'$，则 $C_D=C'_D$，单层挡风风障和双层挡风风障作用力系数相等。在作用力系数相等情况下，双层挡风风障对列车气动荷载具有更好的减载效果，更能提高其气动安全性。同时，双层挡风风障具备更强的自身抗风能力和结构安全性。

7.3　横风主动控制

在高速铁路沿线设置挡风风障能够提高列车在大风中运行安全性，但它相当于一项辅助工程，而且并未提高列车自身抗横风能力。因此，换一个角度考虑，从提高列车自身抗风能力方面进行研究和探讨。

如前所述，绕流流动在列车的表面产生边界层，边界层的分离往往引起阻力和流动损失大大增加，因此减弱或消除分离成为边界层控制的主要内容之一。边界层的分离是在流体受到黏性作用而在壁面附近流动动量变小，以致不能克服逆压梯度时发生的，因此若给壁面附近流体输入一定能量，就能减弱或拟制分离。方法之一是通过在物体表面适当引入吹吸

的方法来改变尾流涡旋结构，达到改善物体受力状况的目的。

图 7-13 为使用吹、吸气法控制边界层示意。图 7-13(a)是对边界层中阻滞的流体输入附加能量，由设置于物体内部的吹气装置来实现。图 7-13(b)是利用主流本身的能量开缝机翼，即利用狭缝将压力面高压流体引到吸力面的阻滞区。在前缘缝翼 AB 段上形成边界层在还未分离时就被带到主流中，而从 C 点开始，形成一新的边界层。在较为有利的条件下，此种新边界层将一直持续到尾缘 D 点而不分离。由尾缘附近的襟翼形成的狭缝原则上与前缘狭缝的作用相同。图 7-13(c)中物体内部设有吸气缝，在边界层发生分离之前抽吸去边界层内已经阻滞的流体。在缝后也将形成新的边界层，它能承受一定的逆压梯度而不分离。在一定条件下，若能适当设计和安排吸气缝，则可完全消除分离。由于没有分离区，压差阻力也可大大降低。抽吸方法最早由普朗特进行过试验研究，在机翼设计中得到了广泛应用。

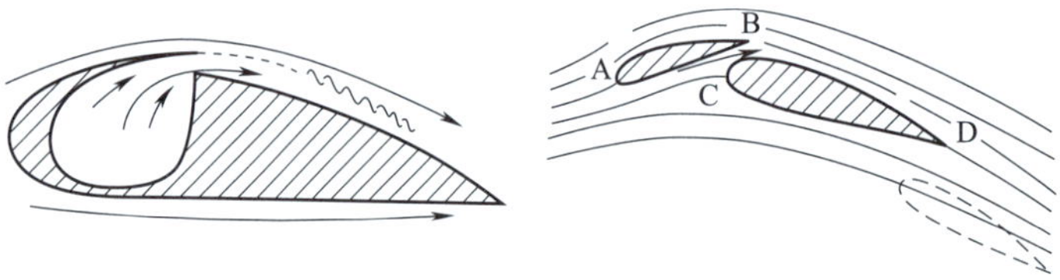

(a)内部装置吹气 (b)开缝机翼 (c)抽吸边界层流体

图 7-13 用吹气或吸气控制边界层示意

根据上述边界层控制基本原理，考虑采用抽吸方法改善列车背风侧的涡流特性，以降低列车受到的横向力、绕轨顶的倾覆力矩和其他气动作用力，达到列车气动作用力减载的目的。

7.3.1 抽吸减载方案设计

假定大气内有一壁厚为 Δ 的直管，速度为 v_∞ 的来流绕流该管道，将形成外流和内流同时存在的情况，如图 7-14 所示。

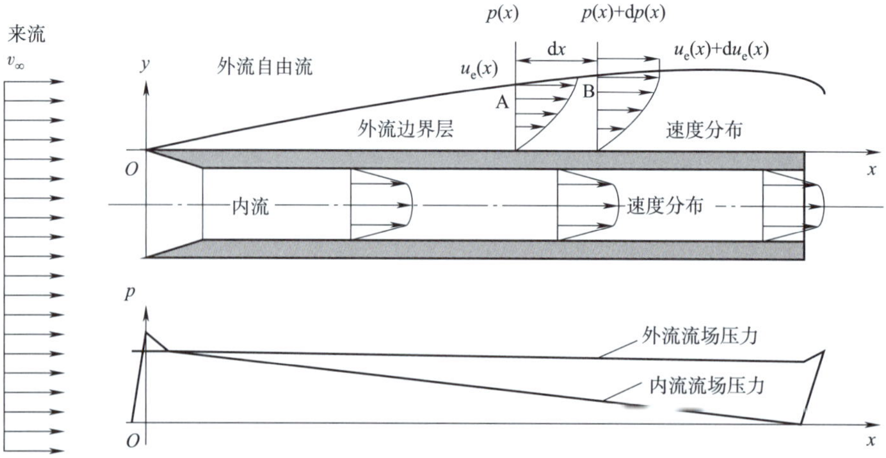

图 7-14 气体绕流管道时内外流速度和压力沿程变化示意

当来流流经管道时，如果考虑管道的壁厚，则管道外流起始段即产生流动分离，经过一段距离后重新附着于管道外壁面。随后沿流动方向的压力下降并不明显，即逆压梯度较小。如果为了减小起始段管道壁厚的影响，可以将入口管壁加工成楔形段，既改善外部绕流起始段的流动，又减小管道入口的压力损失。来流速度很高时，管道外壁面附近存在湍流边界层。

1. 管道外流纵向压力梯度 dp/dx

管道外流在近壁区存在图 7-14 所示的边界层，边界层沿 y 方向（即与壁面垂直的方向）的厚度为 $\delta(x)$。根据边界层理论，边界层内压力与边界层外缘处压力具有相同的量级，当壁面曲率很小时，可以忽略压力沿 y 方向的变化，$\partial p/\partial y=0$，而用 $\mathrm{d}p/\mathrm{d}x$ 代表同一 x 位置的边界层内流体所承受的流向压力梯度。若求出 $\mathrm{d}p/\mathrm{d}x$，则可计算出管表面纵向压力分布，以便与管内压力进行对比。

设流体质点在交界线上 A 点的速度和压力分别是 $u_{\mathrm{e}}(x)$ 和 $p(x)$，则运动到 B 点后的速度和压力分别为 $u_{\mathrm{e}}(x)+\mathrm{d}u_{\mathrm{e}}(x)$ 和 $p(x)+\mathrm{d}p(x)$，A、B 两点流动参数满足沿流线的伯诺里方程，即

$$\frac{p(x)}{\rho g}+\frac{[u_{\mathrm{e}}(x)]^2}{2g}+y(x)=\frac{p(x)+\mathrm{d}p(x)}{\rho g}+\frac{[u_{\mathrm{e}}(x)+\mathrm{d}u_{\mathrm{e}}(x)]^2}{2g}+y(x)+\mathrm{d}y(x) \tag{7-10}$$

对于气体，忽略高阶无穷小量，可得

$$\frac{\mathrm{d}p(x)}{\rho g}+\frac{u_{\mathrm{e}}(x)\mathrm{d}u_{\mathrm{e}}(x)}{g}=0 \quad 或 \quad \frac{\mathrm{d}p}{\mathrm{d}x}=-\rho u_{\mathrm{e}}\frac{\mathrm{d}u_e}{\mathrm{d}x} \tag{7-11}$$

可见，管道表面纵向压力梯度与壁面附近自由流与边界层交界线的速度 $u_{\mathrm{e}}(x)$ 和速度流向梯度 $\mathrm{d}u_{\mathrm{e}}/\mathrm{d}x$ 有关，涉及边界层的解法。

对于类似于 N-S 方程的边界层剪切方程，主要有相似解、非相似条件下对偏微分方程组的数值解和近似解。近似解中以积分法应用最多。对于湍流边界层，可采用此方法，其基础是冯·卡门引入的动量积分方程，即

$$\frac{\mathrm{d}\theta}{\mathrm{d}x}=\frac{\tau_w}{\rho u_{\mathrm{e}}^2}-(H+2)\frac{\theta}{u_{\mathrm{e}}}\frac{\mathrm{d}u_{\mathrm{e}}}{\mathrm{d}x} \quad 或 \quad \frac{\mathrm{d}\theta}{\mathrm{d}x}=\frac{C_f}{2}-(H+2)\frac{\theta}{u_{\mathrm{e}}}\frac{\mathrm{d}u_{\mathrm{e}}}{\mathrm{d}x} \tag{7-12}$$

式(7-11)～式(7-12)是从边界层层内流动来求解边界层的外缘速度 $u_{\mathrm{e}}(x)$。对于可转换为平板的管道外部绕流来说，可通过裹入方程法进行简单的估算，此处不予赘述。

对于外形复杂的高速列车，其边界层是复杂的三维湍流边界层，虽然雷诺数很高，可作为薄边界层处理，但理论和试验研究均很少，而且边界层内流的解析求解比较困难，精确数值求解占用的资源巨大。因此，可由边界层外湍流核心区的无黏自由流确定 $u_{\mathrm{e}}(x)$，核心区流动的数值求解相对于边界层的精确求解而言要容易得多。下文即采用了在近壁面区使用壁面函数法，在核心区流动采用湍流模型的方法进行数值求解，获得 $u_{\mathrm{e}}(x)$ 和 $p(x)$ 的变化规律。

2. 管道内流流向压力梯度 $\Delta p/\Delta x$

对于等截面管道内流，根据伯诺里方程和连续性方程，管内过流断面的平均流速不变，但在壁面摩擦作用下，产生沿程压力损失，即沿着流动方向，管内压力逐步降低，从而使得管内的压力低于管外压力。压力损失的计算公式为

$$\Delta p=\lambda\frac{l(x)}{d_{\mathrm{H}}}\cdot\frac{\rho v_{\mathrm{a}}^{2}}{2}\quad 或\quad \frac{\mathrm{d}p}{\mathrm{d}x}=\frac{\Delta p}{l}=\frac{\lambda}{d_{\mathrm{H}}}\cdot\frac{\rho v_{\mathrm{a}}^{2}}{2} \tag{7-13}$$

式中 v_{a}——管内过流断面的平均流速，约为来流速度的0.8倍左右；

$l(x)$——气体从管端开始在管内流过的距离；

d_{H}——管内过流断面的水力直径；

λ——沿程损失系数，

$$\lambda=0.11\left(\frac{k_{\mathrm{s}}}{d_{\mathrm{H}}}+\frac{68}{Re}\right)^{0.25} \tag{7-14}$$

管道矩形断面面积为 $180\times140\ \mathrm{mm}^2$，水力直径 $d_{\mathrm{H}}\approx157.5\ \mathrm{mm}$；管壁当量粗糙度 $k_{\mathrm{s}}=0.045\ \mathrm{mm}$，相对粗糙度 $k_{\mathrm{s}}/d=0.000\ 286$；气体密度 $\rho=1.205\ \mathrm{kg/m^3}$。

假定管内流速 $v_{\mathrm{a}}=30\sim90\ \mathrm{m/s}$，则雷诺数为 $2.59\times10^5\sim7.77\times10^5$，由式(7-14)计算得到断面沿程损失系数 $\lambda=0.015\ 28\sim0.016\ 81$；根据式(7-13)可算出不同流速下流体沿管长方向的压力降。内气流的平均速度越大，压差就越大；流程越远，压差就越大。

3. 利用管道抽吸效应可行性

如果管道外流壁面压力流向梯度 $\mathrm{d}p/\mathrm{d}x$ 较小，则壁面附近压力与大气压力相差不大。此时，保持管内气体高速流动或在管内适当设置压力局部损失区使管内产生较大的负压，即管道内流的流向压力梯度 $\Delta p/\Delta x$ 较大，就能使管外壁面的压力大于管内压力，从而在管壁上开设条缝后形成管外气体经由条缝流入管内的气流，实现抽吸效应。

对于列车绕流来说，气流流过头车肩部，在附近产生小分离之后会重新附着于列车表面，纵向逆压梯度较小，如果在列车上有一纵向通长直管，直管内有高速气流通过，则管内将产生低于管外压力的负压。列车高速行驶时，直管腔室内将有高速气流流过，若通过管路将列车外表面与直管腔室连通，则气流将被吸入直管腔室内，从管内尾端流出，该直管即为抽气腔室。若在列车背风侧侧壁上开设与通长相连的抽吸条缝，利用腔室内高速流过的流体产生负压，并远低于列车背风侧表面压力，就能使表面附近部分流体通过条缝被卷吸到空腔内流走。不过，开设抽吸条缝后，直管内压力降将减小，再加上横风对来流影响，合成气流与直管纵轴有一定夹角，实际进入直管的气流将减少，管内断面平均流速将降低，实际压差比式(7-13)小。

从探讨减载原理角度考虑，为了便于分析，假定空腔是沿纵向贯穿整个列车的通长管道，直接利用列车高速运行产生的列车风在管道内形成高速气流，无需使用风机。若不允许

开通长管道，但抽吸减载原理可行时，则可以使用安装在车辆内部的专用风机和管路在直管内产生所需的高速气流，实现抽吸功能。

抽吸条缝在列车背风侧侧壁上的位置可根据前文对横风和列车风绕流列车时的流场结构来确定。由于不同列车速度和不同横风风速所形成的背风侧的流场结构不同，头车、中车和尾车背风侧边界层分离情况也有差别，背风侧分离点的位置有所差别。为了验证抽吸效果，首先对无横风条件下工况进行计算，比较腔室内部与条缝外纵向压力分布情况。

图 7-15 为工况 GV300 无横风时抽吸管腔内部和条缝外压力对比图，沿着列车长度方向，管腔内压力与条缝外压力变化趋势是一致的。对头车和中车而言，管腔内压力与条缝外压力比较接近，相差仅几十帕。在大多数情况下，管腔内压力低于条缝外压力，因而能形成从车外经条缝向管腔内流动的气流。但也有管腔内压力高于条缝外的情况，多出现在尾车上，而且下方管腔更明显一些。这是因为尾车附近流动分离比较强烈，负压区域较宽，负压值较大的缘故。此外，头车、中车下方管腔的外部压力比较明显地高于管腔内压力，有利于抽吸效应的形成。

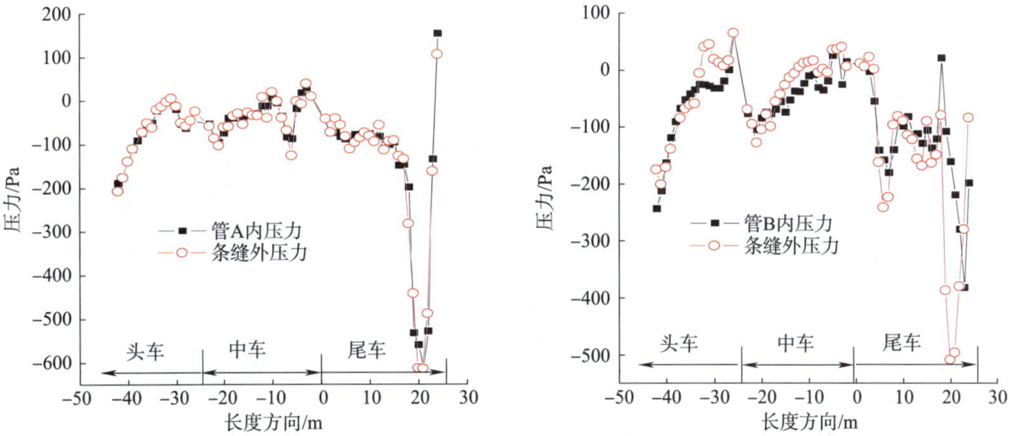

图 7-15　管腔内压力与条缝外压力对比(GV300-0，A、B 分别为上下方管腔)

图 7-16 和图 7-17 分别为中车和尾车上典型截面压力分布和速度矢量图。由图 7-16 可知，对于中车，在无横风条件下，条缝开口处对列车表面压力分布有一定作用，车体表面外部压力比直管腔室内压力高，且与上、下腔室压差不同，分别为 20 Pa 和 50 Pa 左右。列车顶部到侧面过渡位置部分气流在正压作用下流入上条缝流道进入上直管腔室，条缝内气流速度约为 5 m/s；同时，列车侧面下方部分气流也在正压作用下流入下条缝流道进入下直管腔室。与上条缝相比，下条缝附近列车表面内外压差较大，气体更容易流入抽吸腔室，条缝里进气速度约为 7 m/s。

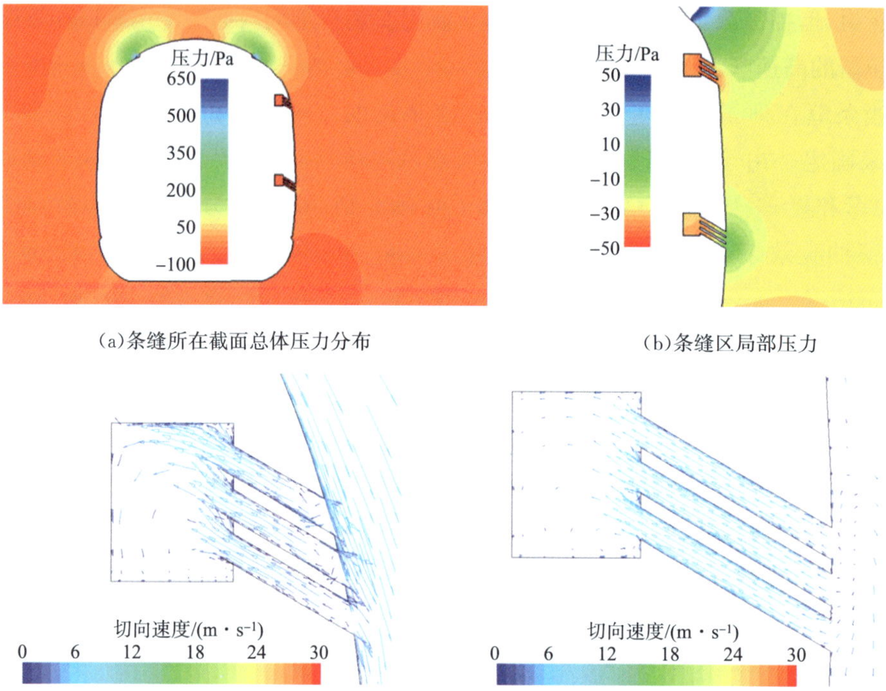

(a)条缝所在截面总体压力分布　　(b)条缝区局部压力

(c)上条缝和直管内速度矢量　　(d)下条缝和直管内速度矢量

图 7-16　中车 S_9 截面压力分布和速度矢量图(GV300-0,A、B 分别为上下方管腔)

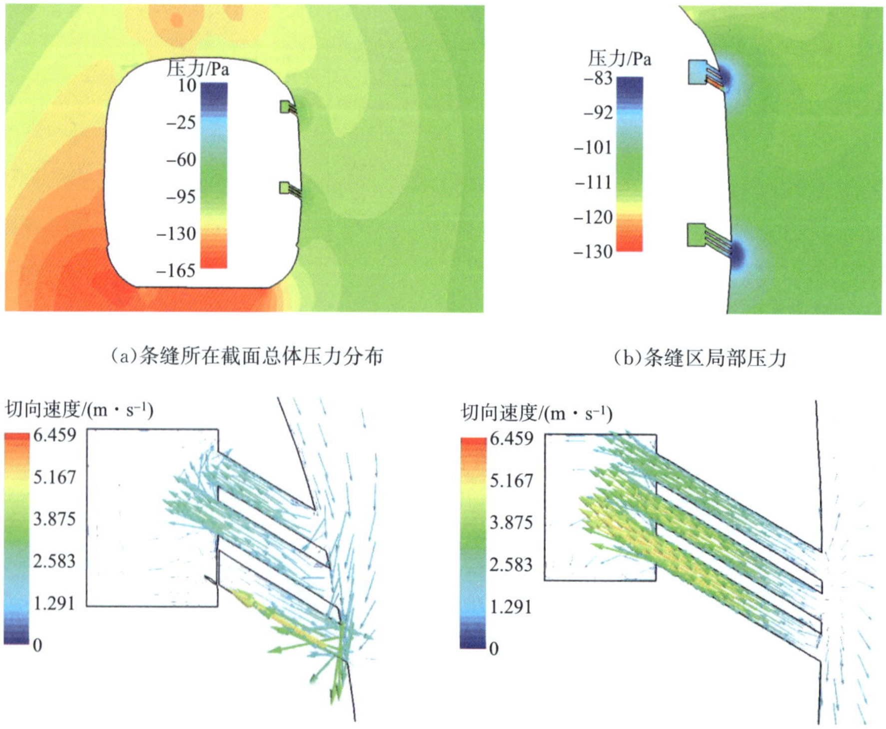

(a)条缝所在截面总体压力分布　　(b)条缝区局部压力

(c)上条缝和直管内速度矢量　　(d)下条缝和直管内速度矢量

图 7-17　尾车上 S_{12} 截面压力分布和速度矢量图(GV300-0)

对于尾车，与中车相似，条缝附近的列车表面压力大于管道腔室内的压力，气流均能顺利地流进条缝并被吸入空腔内。上、下条缝内平均气流速度分别是 3 m/s 和 5 m/s，下条缝内外压差大于上条缝的。

列车时速为 300 km/h 时，GV300-30-90 是气动荷载最不利的情况，图 3-10 已经给出了其流场结构图。图 7-18 为 GV300-20-90 工况中沿列车纵向多个横截面的流线图，截面位置与图 3-8 相同。由图 7-18 可知，背风侧分离涡的起始位置一般位于背风侧顶面到侧面转角过渡处，重新附着后又开始分离的位置在背风侧下方位置。

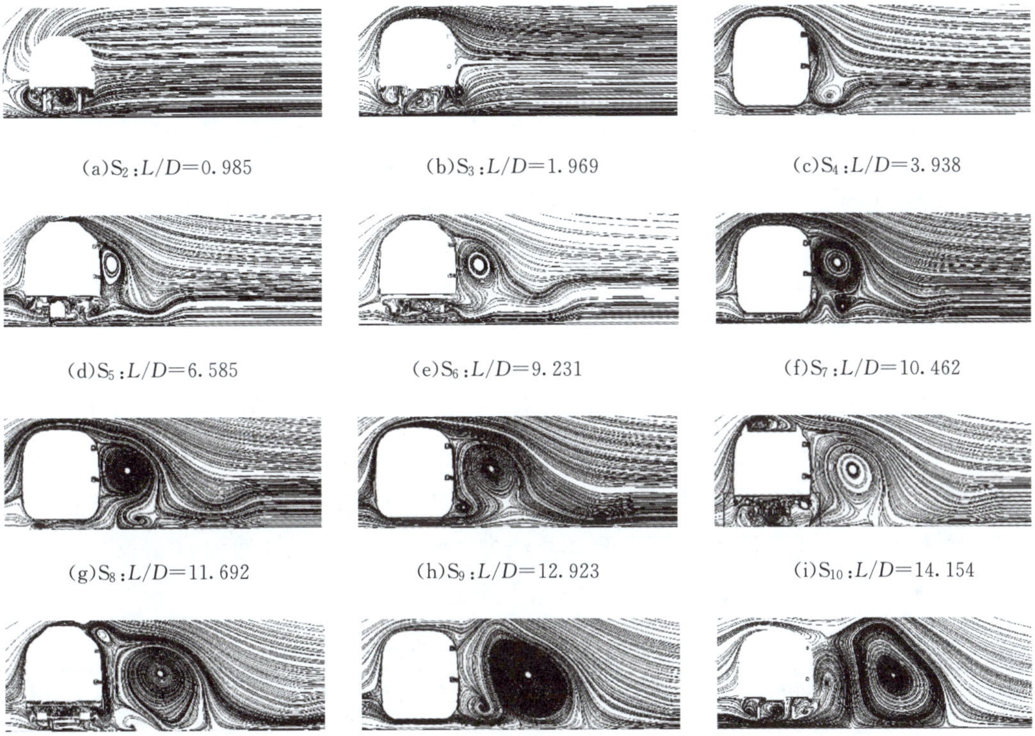

(a)S_2:L/D=0.985　(b)S_3:L/D=1.969　(c)S_4:L/D=3.938

(d)S_5:L/D=6.585　(e)S_6:L/D=9.231　(f)S_7:L/D=10.462

(g)S_8:L/D=11.692　(h)S_9:L/D=12.923　(i)S_{10}:L/D=14.154

(j)S_{11}:L/D=16.615　(k)S_{12}:L/D=19.612　(l)S_{13}:L/D=21.581

图 7-18　带抽吸装置工况 GV300-20-90 流场结构图

根据上述分析，考虑车体的实际结构，将条缝设置在背风侧顶部气流即将出现分离的位置，条缝直接与直管空腔连通。条缝宽度为 30～35 mm，与水平方向夹角 φ 为 10°、30°、60°或−30°；条缝外缘与列车表面平齐，如图 7-19 所示。图 7-19 初步给出了条缝若干位置和几何尺寸，但条缝优化位置和几何尺寸还需要通过数值模拟计算对多个方案的减载效果进行对比分析来确定。

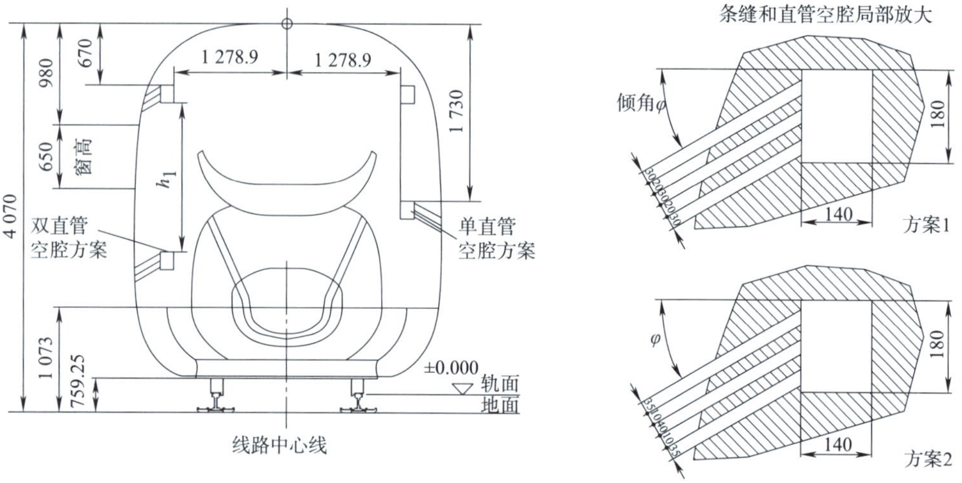

图 7-19　吸气条缝和负压空腔管道示意(单位:mm)

7.3.2　抽吸减载条缝优化

首先是确定条缝倾角,对抽吸结构在无横风作用下情况进行计算,分析其对正常情况下列车气动性能的影响;其次,在有横风作用下情况,分析其对横风作用下列车气动性能的影响;最后,通过对比分析,确定条缝相对优化位置。条缝倾角有 10°、30°、60°和－30°等四个方案,以 GV300＋20＋90 为典型工况,见表 7-9。其中,方案 A_1 未设置条缝,用于与设置条缝的各个方案进行比较,是基准方案;列车车速为 300 km/h,横风风速为 20 m/s,风向角为 90°。该方案各项气动作用力已在第 3 章中计算得到。

表 7-9　条缝倾角选择方案

方案编号	条缝倾角 φ	双腔室间距 h_1/m	计算工况	说　明
A_1	—	—	GV300＋20＋90	无条缝
A_2	30°	1.075	GV300＋20＋90	条缝方案 1
A_3	10°	1.075	GV300＋20＋90	条缝方案 1
A_4	60°	1.075	GV300＋20＋90	条缝方案 1
A_5	－30°	1.075	GV300＋20＋90	条缝方案 1

仍然采用 3 节车辆编组(头车＋中车＋尾车)的 CRH 型高速列车建立几何模型,总体模型与图 3-1 相同,条缝所在侧壁为列车背风侧,如图 7-19 所示。由于条缝尺寸较小,而且空腔管道穿越列车车体,形成了列车车体外流和空腔管道里内流同时存在的情况,比单纯的外流模拟要复杂。

采用 Trim 网格,在尾流、转向架、抽吸条缝和空腔等区域加密网格,加密区域网格的最小单元尺寸分别为 2.5 mm，计算区域网格总数约为 3 200 万。计算域边界条件、列车壁面、地面处理方法同第 3 章。流动按三维、黏性、可压缩流动考虑，横风为均匀风。

判定减载效果优劣主要通过阻力、横向力、升力和对车轮与轨顶接触线为转轴的倾覆力矩，见表 7-10。由表 7-10 可知，方案 A_2～A_5 列车总阻力均比未设置条缝的方案 A_1 要小，减载幅度可达 7.21%。在横向力中，A_2 方案头车减载幅度为 4.85%，中车减载幅度最大值为 2.71，最小的是 A_3 方案，为−24.38%（即横向力增加）；A_2 方案尾车减载幅度可达 90.48%。在升力中，A_3 方案头车和中车减载幅度最大，分别为 13.15% 和 45.62%，A_2 方案头车和中车减载幅度则分别为 8.21% 和 12.56%，尾车则以 A_5 方案为最大，达到 17.93%，A_2 方案的尾车减载幅度为 7.69%。在倾覆力矩中，A_2 方案头车和中车减载幅度最大，分别为 5.29% 和 8.84%，而 A_3 方案则分别为 4.95% 和 0.86%；A_3 方案的尾车减载幅度最大，为 73.08%，而 A_2 方案次之，为 57.56%。

表 7-10　不同倾角条缝方案气动作用力

作用参数	作用部位	方案 A_1	方案 A_2	方案 A_3	方案 A_4	方案 A_5
阻　力	头　车	9 201.12	8 855.98	8 983.72	9 080.87	9 368.98
	中　车	13 906.56	12 895.60	13 008.25	13 283.04	13 307.85
	尾　车	13 310.21	12 040.14	11 873.29	12 225.13	12 275.47
	列　车	36 417.89	33 791.72	33 865.26	34 589.04	34 952.30
横向力	头　车	40 474.05	38 510.36	39 324.70	39 680.41	39 658.29
	中　车	17 865.45	17 381.76	22 220.40	17 803.75	17 817.03
	尾　车	3 481.20	331.30	−2 223.25	867.14	1 327.75
升　力	头　车	21 391.13	19 635.57	18 535.42	20 081.13	18 752.78
	中　车	32 495.13	28 414.33	17 736.41	27 872.41	27 592.31
	尾　车	10 783.79	9 954.52	14 992.24	9 547.38	8 849.96
倾覆力矩	头　车	81 273.84	76 973.38	77 247.76	78 626.24	78 326.68
	中　车	59 153.88	53 927.12	58 645.20	54 369.51	54 302.67
	尾　车	11 597.92	4 922.34	3 121.73	5 321.14	5 805.49
侧偏力矩	头　车	229 915.60	228 722.80	230 150.90	236 068.80	229 371.50
	中　车	−16 020.40	−11 639.20	−12 857.40	−14 731.10	−11 174.40
	尾　车	155 434.70	165 483.10	153 064.00	166 005.80	164 441.30
俯仰力矩	头　车	137 227.20	123 280.70	124 543.80	128 455.80	124 809.70
	中　车	−40 166.50	−37 407.40	−115 694.00	−41 719.70	−37 718.30
	尾　车	−9 529.00	−25 134.50	−52 202.90	−24 343.30	−22 992.60

注：表中力的单位为牛顿(N)；力矩单位为牛米(N·m)。

对于列车气动安全性而言，最重要的气动作用力是横向力、升力和倾覆力矩。总体而言，方案 A_2 总体效果最好，因此条缝倾角确定为 30°。另外，由表 7-10 可知，在三节车辆中，尾车气动荷载改变最大。列车头车、中车及尾车倾覆力矩减载幅度依次增大，原因是横风和列车风形成的来流沿列车纵向产生流动分离的程度逐步加大，条缝抽吸改善流动分离的效果越来越明显。

7.3.3 条缝几何定位及抽吸减载效果分析

通过数值模拟计算和对比，初步确定抽吸条缝倾角为 30°，而条缝在列车侧壁上的优化位置尚需要通过多次数值模拟试验来确定。条缝几何定位选择方案见表 7-11，通过对其减载效果进行对比分析确定条缝位置。背风侧腔室有双腔室和单腔室两个方案，双腔室两个直管分别位于列车侧面车窗上方和车内地面上方，直管间距有 1.075 m、1.175 m 和 1.275 m 三个尺寸方案。条缝宽度有两个方案：进气条缝宽度均为 30 mm；进气条缝宽度为 35 mm 与 40 mm。

表 7-11 条缝几何位置选择方案

方案编号	条缝倾角 φ	双腔室间距 h_1/m	计算工况	说明
B_1	30°	1.275	GV300-20-90	条缝方案 1
B_2	30°	1.175	GV300-20-90	条缝方案 1
B_3	30°	—	GV300-20-90	单腔室，距车顶 1.73 m；条缝方案 1
B_4	30°	1.075	GV300-20-90	改变条缝尺寸；条缝方案 2
C_1	—	—	GV300-25-90	无条缝
C_2	30°	1.075	GV300-25-90	条缝方案 1
D_1	—	—	GV300-30-90	无条缝
D_2	30°	1.075	GV300-30-90	条缝方案 1

1. 抽吸条件下流场结构

在列车侧壁设置抽吸条缝后，列车背风侧分离涡流动结构发生了一定的变化。条缝的几何位置不同，流场结构也不同，从而在减载效果上产生差异。为了分析这种变化及抽吸作用的效果，沿列车纵向截取若干横截面对流场结构进行分析，横截面的位置如图 7-20 所示，S_4、S_5 截面位于头车，S_7、S_8、S_9 截面位于中车，S_{11}、S_{12}、S_{13} 截面位于尾车。

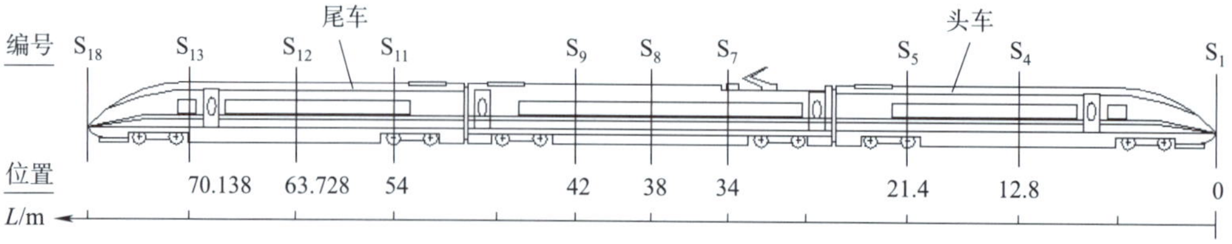

图 7-20 进行条缝效果对比所使用的列车横截面

以有、无条缝的横风工况 GV300-20-90（偏航角为 13.496°）为典型工况进行对比，

图 7-21 给出了其背风侧流场结构的部分截图。由图 7-21 中 S_4 ～S_7 可知，条缝抽吸方案虽然没有完全消除列车背风侧的分离涡，但使分离涡的涡核均增大，涡量减少。其中，在 S_7 截面上延缓了列车顶面到侧面的流动分离，使得分离涡附近压力升高，部分气体被压入条缝内，再流入抽吸腔室内，图 7-22 也说明了这一点。S_7 截面处车体表面外部压力比直管腔室内压力高，且与上、下腔室压差不同，分别为 10 Pa 和 50 Pa 左右。列车顶部到侧面过渡位置部分气流在正压作用下流入上条缝流道进入上直管腔室，条缝内气流速度不到 4 m/s；同时，列车侧面下方部分气流也在正压作用下流入下条缝流道进入下直管腔室。与上条缝相比，下条缝附近列车表面内外压差较大，气体更容易流入抽吸腔室，条缝里进气速度不到 5 m/s。

图 7-23 为工况 GV300-20-90，即无横风时抽吸管腔内部和条缝外的压力对比图，沿着列车长度方向，管腔内压力与条缝外压力变化趋势是一致的。在大多数情况下，管腔内压力低于条缝外压力，因而能形成从车外经条缝向管腔内流动的气流。对比图 7-23 和图 7-15 可知，在无横风时抽吸效果比有横风时好，主要原因是横风作用使得从列车头部进入抽吸管道腔室的气流速度减小，管内压力下降不够，与管外表面大气压力相当甚至高于外部压力，使条缝抽吸作用不明显或使抽吸作用受到抑制。如果进一步采取措施，如采用变截面管道使管道内压力进一步降低，则会取得更好的效果。可见，本书提出的抽吸原理是可行的。

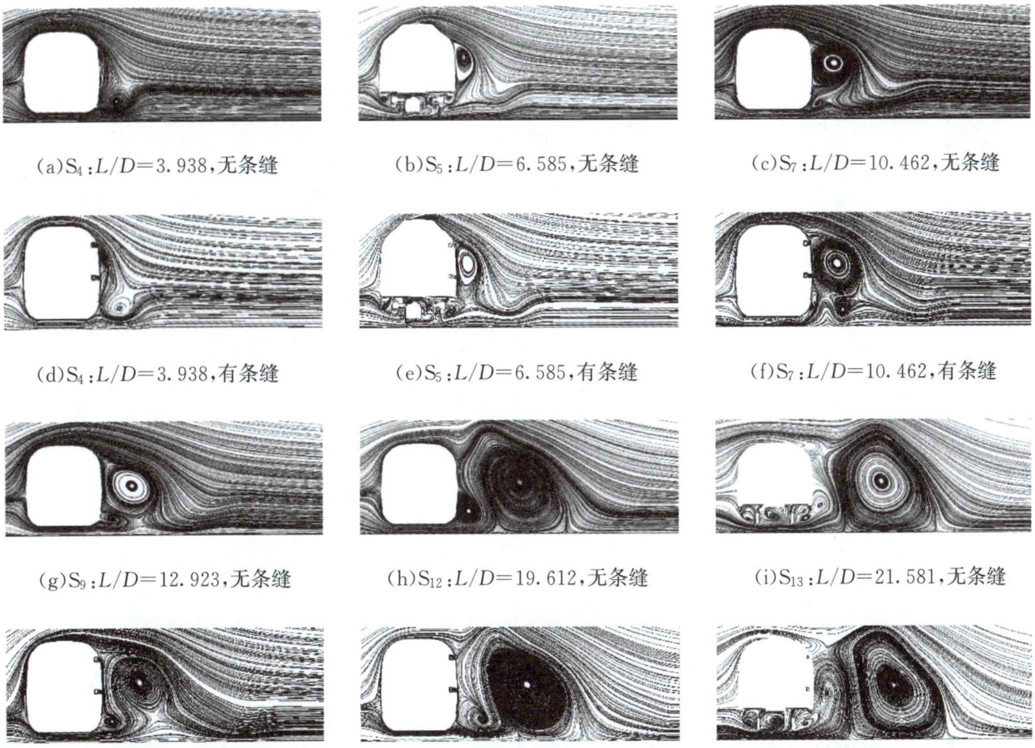

(a) S_4 : L/D=3.938，无条缝　(b) S_5 : L/D=6.585，无条缝　(c) S_7 : L/D=10.462，无条缝

(d) S_4 : L/D=3.938，有条缝　(e) S_5 : L/D=6.585，有条缝　(f) S_7 : L/D=10.462，有条缝

(g) S_9 : L/D=12.923，无条缝　(h) S_{12} : L/D=19.612，无条缝　(i) S_{13} : L/D=21.581，无条缝

(j) S_9 : L/D=12.923，有条缝　(k) S_{12} : L/D=19.612，有条缝　(l) S_{13} : L/D=21.581，有条缝

图 7-21　工况 GV300-20-90 在无条缝、有条缝时不同横截面流线对比

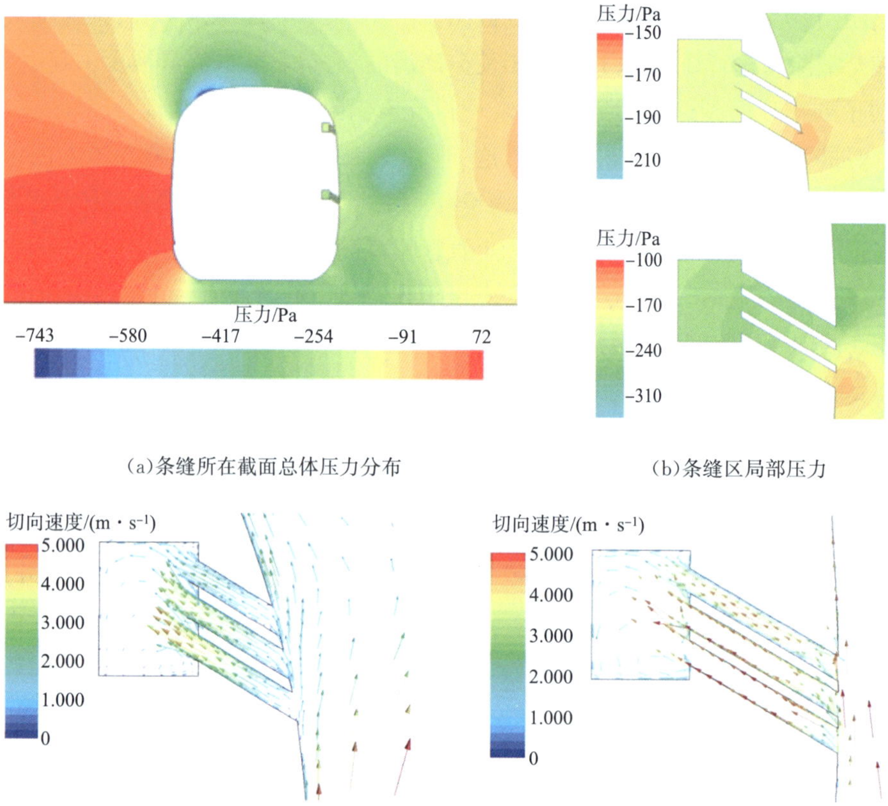

(a)条缝所在截面总体压力分布 (b)条缝区局部压力

(c)上条缝和直管内速度矢量 (d)下条缝和直管内速度矢量

图 7-22 中车上 S_7 截面压力分布和速度矢量图

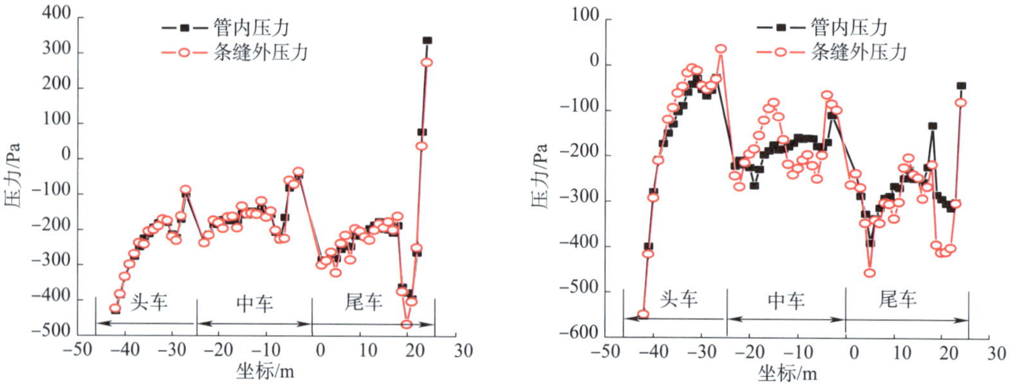

图 7-23 管腔内压力与条缝外压力对比(GV300-20-90,A、B 分别为上下方管腔)

2. 不同条缝几何位置抽吸效果对比

上述背风侧流场结构发生变化,相应地,列车受到的气动荷载也得到了一定的改善。表 7-12 给出了方案 B、方案 C 和方案 D 中列车各节车辆所受的气动荷载。为了便于对比分析,将方案 A_1、A_2的计算结果也列于此表中。

表 7-12 不同条缝位置方案气动作用力(条缝倾角为 30°)

作用参数	作用部位	方案 A_1	方案 A_2	方案 B_1	方案 B_2	方案 B_3	方案 B_4	方案 C_1	方案 C_2	方案 D_1	方案 D_2
阻 力	头车	9 201	8 856	9 378.2	8 953	8 673	9 262	9 065	8 944	8 778	9 141
	中车	13 907	12 896	13 111	13 162	13 196	13 326	15 427	14 648	17 196	16 322
	尾车	13 310	12 040	12 179	12 276	11 979	12 265	16 094	14 538	18 210	15 867
	列车	36 418	33 792	34 669	34 391	33 849	34 853	40 586	38 131	44 185	41 331
横向力	头车	40 474	38 510	39 230	39 440	38 438	39 273	54 183	51 393	70 667	66 071
	中车	17 866	17 382	17 444	17 486	17 200	17 797	26 206	27 780	36 718	40 506
	尾车	3 481	331	681	825	930	477	8 011	4 091	11 337	1 412
升 力	头车	21 391	19 636	18 909	19 520	19 485	19 105	35 533	30 874	50 294	42 678
	中车	32 495	28 414	29 143	28 028	28 906	28 583	40 870	31 222	46 899	30 917
	尾车	10 784	9 955	10 467	9 671	9 749	9 896.9	14 559	15 126	26 066	39 723
倾覆力矩	头车	81 274	76 973	77 188	77 748	76 680	77 520	114 686	106 377	153 786	138 892
	中车	59 154	53 927	54 606	53 679	54 067	54 901	79 383	73 390	101 362	94 790
	尾车	11 598	4 922	5 603	5 243	5 786	4 863	21 739	13 788	35 673	25 252
侧偏力矩	头车	229 916	228 723	232 971	235 945	229 856	231 433	279 101	276 436	320 238	325 139
	中车	−16 020	−11 639	−9 646	−13 565	−13 846	−11 336	−23 583	−17 794	−33 354	−22 584
	尾车	155 435	165 483	167 219	166 387	162 005	167 766	219 142	222 480	274 338	289 048
俯仰力矩	头车	137 227	123 281	124 610	128 941	127 976	125 919	159 498	129 791	176 414	133 742
	中车	−40 167	−37 407	−39 629	−41 894	−37 060	−41 791	−79 270	−77 437	−80 548	−68 350
	尾车	−9 529	−25 135	−22 995	−23 345	−28 830	−23 320	17 968	−6 048	29 612	−20 700

注:表中力的单位为牛顿(N);力矩单位为牛米(N·m)。

由表 7-12 可知,方案 A_2 与方案 B 相比,前者列车总阻力最小,方案 B_3 与其相当,略大一些;A_2 方案头车、中车横向力与 B_3 方案相当,仅比后者分别大 70 N 和 180 N 左右,而比其他 B 类方案中的都小,且其尾车横向力远小于方案 B 中的横向力;在方案 B 中,B_4(采用条缝方案 2)横向力最小,B_3 次之。方案 A_2 头车、中车和尾车升力与类方案 B 中相当,略微大一些。方案 A_2 中头车、中车和尾车倾覆力矩、侧偏力矩和俯仰力矩与 B_3 方案相当,低于其他方案 B 的力矩。在方案 B 中,B_3 方案优于其他方案。可见,方案 A_2 和方案 B_3 是相对优化的方案。

若列车以 300 km/h 速度行驶,当风速为 20 m/s 时,条缝抽吸装置能减小阻力 2 626 N,占无条缝时阻力的 7.21%;当风速为 25 m/s 时,条缝抽吸装置能减小阻力 2 455 N,占无条缝时阻力的 6.05%;当风速为 30 m/s 时,条缝抽吸装置能减小阻力 2 854 N,占无条缝时阻力的 6.46%。横风风速越大,减载效果越明显。这恰恰说明,条缝抽吸装置能够在横风风速较大的时候发挥更好的减载作用。

第 8 章 横风作用下高速铁路挡风风障气动安全特性

风障在保障列车运行安全的同时，自身亦必须具备良好的抗风能力和结构稳定性。由于风障不仅承受横风引起的气动荷载，还受到列车高速通过风障区时引起的风致气动冲击作用，因此在使用挡风风障保证横风作用下列车运行安全时，必须考虑风障在横风和列车风作用下的风致空气动力学特性及其安全可靠性。现阶段，国内外针对高速铁路风障的研究已经取得诸多成果，但对其风致空气动力学特性的研究依然匮乏，特别是对于具有新型结构的腔室型风障还需要深入研究。

8.1 风障受力下列车动模型试验

8.1.1 试验平台及设备

1. 试验平台

采用中科院力学研究所高速列车动模型试验平台进行风障气动冲击动模型试验。试验线全长 264 m，其中试验段全长 60 m，列车模型缩比为 1∶8。采用复线结构，轨道线间距 625 mm，按照中国标准客运专线间距 5 m 进行 1∶8 缩比后所得，分为上下两层，上层为动模型运行轨道，下层为拖车运行轨道，如图 8-1 所示。

图 8-1 高速列车动模型试验平台

整个试验平台沿长度方向分加速段、匀速试验段及刹车段三个部分，结构如图 8-2 所示。试验平台使用空气炮弹射驱动，可将双向对开的高速列车动模型发射至最高 500 km/h 速度。当电控阀门打开时，压缩空气从储气室中释放，推动橡胶活塞加速向前，活塞通过缆绳与拖车相连接，拖车拉动列车模型达到试验需要的车速；通过试验段之后，列车模型进入减速区，此时由于列车本身能量的消耗以及减速段下方安装的磁减速设施，可将列车模型迅速制动。

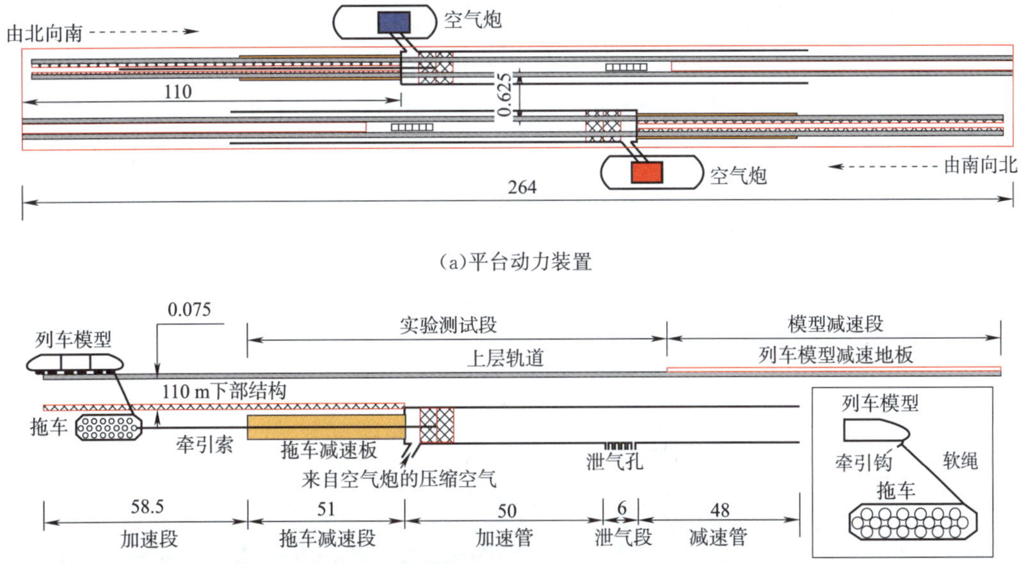

图 8-2　高速列车动模型试验平台结构(单位:m)

(1)动力系统:动模型加速技术直接决定了被加速模型大小与质量，采用合理的加速技术可使列车动模型达到试验所需求的车速，为此研发了基于空气炮驱动的动模型加速装置，主要包括大储气室、小储气室、泄气活塞以及三个电磁阀门，可在 1 s 内将质量大于 200 kg 动模型加速到 500 km/h，试验过程中，通过控制大口径电磁阀使泄气活塞两侧产生压差后右移，之后压缩空气进入加速管使拖车加速。

(2)控制系统:动模型车速的控制是保证试验过程可重复的重要环节。在整个动模型试验过程中，试验操作均由室内控制系统来完成。通过控制系统可得到空气炮内的空气压力数值，精度在±0.001 MPa，在相同气压下发射后动模型车速误差在±2 km/h。

(3)刹车系统:本平台通过永磁体减速地板产生磁涡流阻力及摩擦阻力来使动模型迅速刹车。为防止试验过程中制动系统失效，动模型列车在高速情况下冲出轨道，在轨道两侧终端同时安装了防撞击保护装置。

(4)数据采集系统:主要由相关传感器(包括热线风速仪、压力传感器、测力天平等)、触发装置、数据采集器、信号传输光纤及相关的数据分析软件组成，通过数据采集系统可得到试验过程中的压力、速度、加速度等数据。

2. 试验设备

列车高速行经风障区时,存在进入、经过、离开风障区的过程。即使无横风作用,列车运动产生的诱导风会在风障表面产生暂态交变的冲击压力和冲击气动荷载。风障所受的冲击压力和荷载无法采用列车静止、来流绕流的相对运动试验方式来获得真实压力数据,必须进行列车绝对运动的动模型试验。

通过高速列车动模型平台进行了风腔室耗能型风障的高速列车风致表面压力测试动模型试验。风障列车动模型气动冲击试验系统主要包括以下子系统:控制终端系统、空气炮装置、动模型与轨道系统、腔室型风障系统、传感器测试系统及数据采集系统等。

(1)空气压力传感器:采用 0815C-15 型 Endvco 空气压力传感器,具有体积小、抗干扰能力强、工作温度范围宽(−55～125 ℃)、处理电路简单、测量范围广(1～100 A)、测量精度高(0.1%FS)、灵敏度极高等优点。

(2)腔室耗能型风障装置:在轨道单侧安装了全长为 13.036 m 的腔室耗能型风障装置,共 25 个风障单元,如图 8-3 所示。

(a)一个风障单元

(b)风障安装区

图 8-3　腔室耗能型风障

(3)高速列车动模型:使用 CRH380A 与 CRH380B 两种高速列车 1∶8 缩尺动模型,车长为 10.133 m,如图 8-4 所示。

(a)CRH380A

(b)CRH380B

图 8-4　高速列车动模型

3. 压力传感器标定

本试验中采用压力计砝码与静态悬浮球对压力传感器进行静态标定，如图 8-5 所示。由于风障表面压力不会超过±1 kPa，因此在±1 kPa 范围内逐级进行加载和卸载标定，获得校准数据，以确定压力传感器的灵敏度。

由于动模型列车对风障的气动冲击作用是一个动态的过程，传感器动态响应的过程也直接关系到试验结果的准确性，本试验中采用一套驻点动态压力测试系统，将此炮管支架固定在动模型刹车系统上，水平炮管前端驻点压力与动压相等，通过测试可以认为传感器的动态响应是符合试验要求的，如图 8-6 所示。

图 8-5　静态压力标定试验

图 8-6　驻点动态压力测试试验

8.1.2　试验过程

1. 试验布点

为保证监测模型列车进入、经过、离开风障区时，在风障区起始段、中间段、结束段所产生的作用于风障表面的脉动压力；监测列车风对同一纵向位置、不同高度处产生的作用于风障表面的脉动压力；在高度方向，风障迎风侧表面与列车鼻锥等高的位置的脉动压力峰值应该是最大的，沿风障长度方向和中心高度方向布置 12 个压力监测点，如图 8-7 所示。

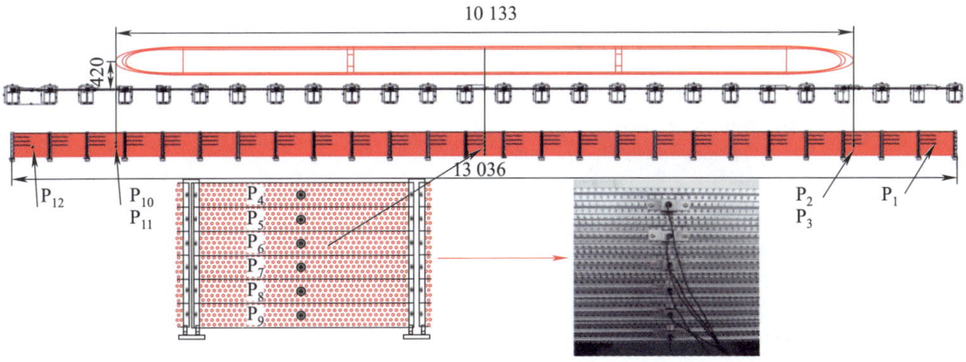

图 8-7　监测点布置(单位:mm)

其中，监测点 P_4～P_9 沿风障迎风面板高度方向均匀分布，监测点 P_1、P_3、P_7、P_{11}、P_{12} 沿风障区长度方向分布，其高度相等并与 CRH380A 型列车模型鼻锥等高；监测点 P_2、P_6、P_{10} 高度相等。

2. 试验工况

使用 CRH380A 和 CRH380B 两种高速列车动模型，发射 206.6 km/h、220.6 km/h、255.6 km/h、272.0 km/h、302.0 km/h 及 333.0 km/h 等车速；风障初始安装间距为420 mm，增加了 440 mm、460 mm、480 mm 和 500 mm 安装间距，共进行了15 次动模型发射，见表 8-1。

表 8-1　试验工况

序号	动模型车型	车速/(km·h^{-1})	风障安装间距/mm
1	CRH380A	206.6	420
2	CRH380A	220.6	420
3	CRH380A	255.6	420
4	CRH380A	272.0	420
5	CRH380A	302.0	420
6	CRH380A	333.0	420
7	CRH380B	255.6	420
8	CRH380B	302.0	420
9	CRH380A 和 CRH380A	200.0	420
10	CRH380A 和 CRH380A	250.0	420
11	CRH380A 和 CRH380A	300.0	420
12	CRH380A	302.0	440
13	CRH380A	302.0	460
14	CRH380A	302.0	480
15	CRH380A	302.0	500

3. 试验场景

试验场景主要分为单车通过和会车通过两种，如图 8-8 和图 8-9 所示。在会车通过试验中，由于风障安装在试验段中部位置，将两个空气炮充气到同样大小的气压后，同时发射动模型，正好在风障区域内实现了会车。

(a)进入风障前

(b)进入风障内

(c)离开风障

图 8-8　单车试验过程

(a)进入风障前

(b)风障内交会

(c)离开风障

图 8-9　会车试验过程

8.1.3 试验分析

1. 车速对风致脉动压力影响

首先以 CRH380A 动模型开展试验，在与列车鼻锥等高处设置 P_1、P_7 与 P_{12} 监测点，分别位于入口处第一块风障面板、中间位置风障面板与出口处最后一块风障面板上，绘制列车在不同车速下通过风障区域时三个监测点的压力系数曲线图，如图 8-10 所示。

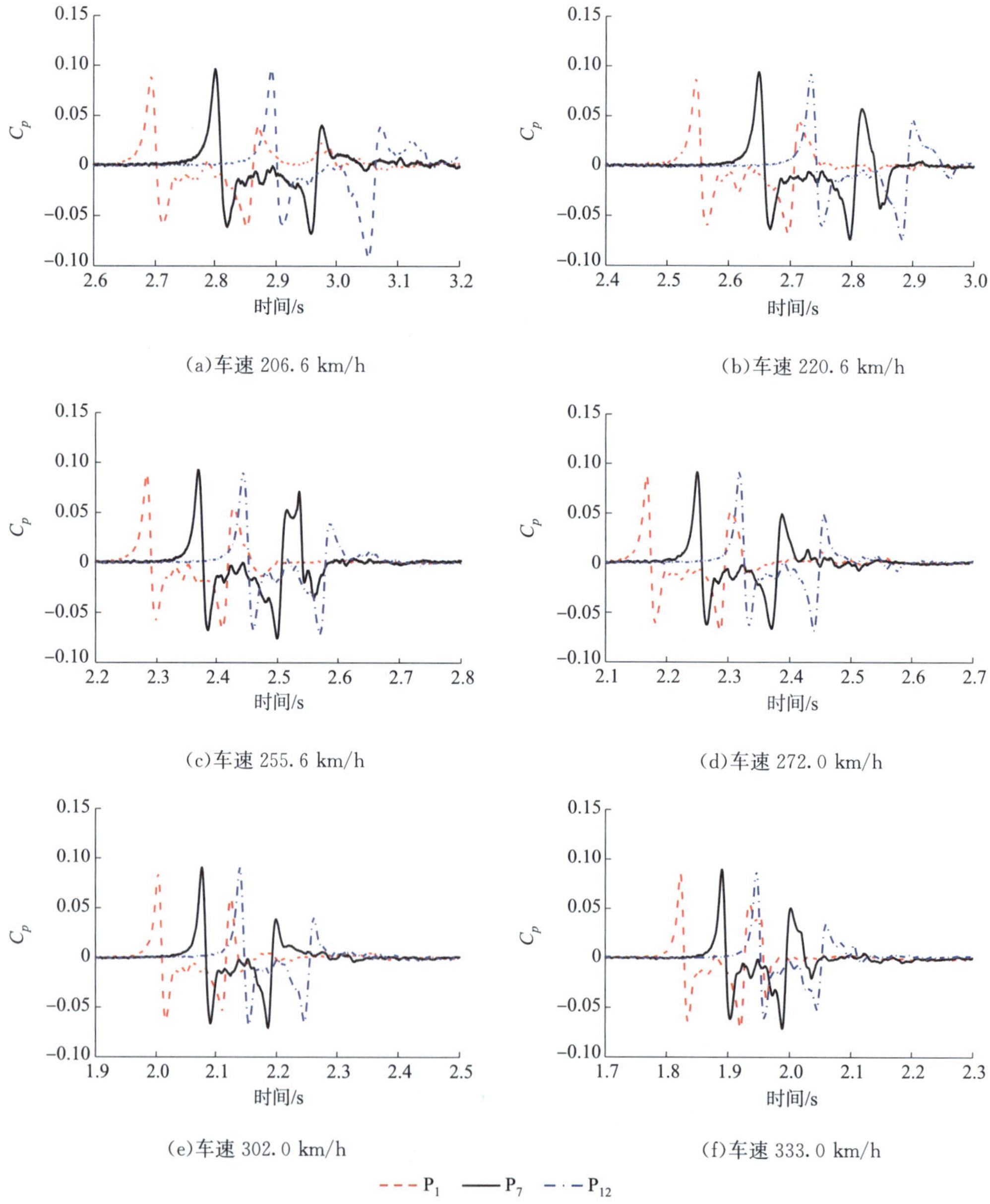

(a)车速 206.6 km/h

(b)车速 220.6 km/h

(c)车速 255.6 km/h

(d)车速 272.0 km/h

(e)车速 302.0 km/h

(f)车速 333.0 km/h

图 8-10 不同车速作用下风障表面脉动压力系数 C_p

由图 8-10 可知，当动模型高速通过风障区域时，在风障入口 P_1、中间 P_7 和出口 P_{12} 位置处，脉动压力变化随速度变化的趋势基本相同，头车携带先正压后负压，尾车携带先负压后正压，共四个压力波，在短时间内作用于风障表面，引起监测点的压力急剧变化。其中，头车作用要明显大于尾车，且头车所引起的正压在四个压力波中最大。随着速度的增加，头车波与尾车波幅值均逐渐增大，但头车波变化时间更短，变化幅值更大。经过无量纲化处理后，六个车速下压力系数极值基本相等，只是变化时间会随车速的增加而减小。风障在此过程中不仅承受了高强度列车气动冲击作用，且此压力波在短时间内存在两个瞬间换向的过程。因此，还需要关注此压力波随时间的变化情况即压力变化率。

表 8-2 给出了不同车速下的压力极值与压力波变化率。由表 8-2 可知，当列车穿行风障区，动模型速度从 206.6 km/h 增加至 333.0 km/h 时，压力波正压峰值从 191.2 Pa 增加到 468.0 Pa，增长率为 144.8%；负压峰值则从 −133.8 Pa 增加到 −371.1 Pa，增长率为 177.4%；正压峰值的绝对值要大于负压峰值，增长率却小于负压峰值。头车正压峰值要高于负压峰值是由于列车驶过时对风障表面造成的压缩气流在之后迅速膨胀时，会产生一定的能量损失。因此，风障表面形成的负压回吸作用要小于正压冲击作用；而尾车正压则由列车携带的气流冲击导致，故在四个压力波中绝对值最小。当高速列车动模型时速为 333.0 km/h 时，头车压力波变化率达到 59.8 kPa/s。

表 8-2　不同车速下的压力极值与压力变化率

车速/(km·h⁻¹)	头车波峰 p_1/Pa	头车波谷 p_2/Pa	头车波压力变化率 $\Delta p_{1\text{-}2}$/(Pa·s^{-1})	尾车波峰 p_3/Pa	尾车波谷 p_4/Pa	尾车波压力变化率 $\Delta p_{3\text{-}4}$/(Pa·s^{-1})
206.6	191.2	−120.9	16 426.3	78.0	−133.8	10 590.0
220.6	215.4	−138.7	20 829.4	134.9	−159.9	14 740.0
255.6	283.5	−203.3	30 425.0	167.3	−234.3	20 080.0
272.0	320.8	−209.4	35 346.7	164.6	−224.2	25 920.0
302.0	389.7	−271.0	47 192.9	159.5	−293.7	34 861.5
333.0	468.0	−309.2	59 784.6	268.9	−371.1	49 230.8

车速与压力波峰值及压力波变化率的关系可采用二次多项式拟合得到。

$$p_i=\alpha_i v^2 \tag{8-1}$$

$$\Delta p_{i\text{-}j}=\beta_{i\text{-}j} v^2 \tag{8-2}$$

经计算求得 α_1、α_2、α_3、α_4 分别为 0.723 2、−0.486 0、−0.552 5、0.377 4；β_{1-2} 与 β_{3-4} 分别为 84.11 和 63.56，式(8-2)中的压力变化率通过最大正压减去最大负压再除以压力变化时间得到。

$$\Delta p_{1\text{-}2}=\frac{p_1-p_2}{\Delta t_1} \tag{8-3}$$

$$\Delta p_{3\text{-}4}=\frac{p_4-p_3}{\Delta t_2} \tag{8-4}$$

式中　Δt_1——p_1 与 p_2 出现的时间间隔；

Δt_2——p_3 与 p_4 出现的时间间隔。

设根据拟合公式得到的压力计算值为 N_i，则相关系数 R^2 可由式(8-5)计算得到。

$$R^2=\frac{\sum_{i=1}^{n}p_i^2-\sum_{i=1}^{n}(p_i-N_i)^2}{\sum_{i=1}^{n}p_i^2} \tag{8-5}$$

式中，$n=6$，代表试验的六个车速，求解得到六个相关系数分别为 $R_1^2=0.999\,7$，$R_2^2=0.998\,3$，$R_3^2=0.997\,7$，$R_4^2=0.979\,4$，$R_{1\text{-}2}^2=0.992\,2$，$R_{3\text{-}4}^2=0.975\,5$，相关系数均在 0.97 以上，说明此拟合公式具有较高的可靠性。由此可知，脉动压力的峰值及其变化率与速度的平方相关。

2. 风障表面不同高度处脉动压力

在风障中间位置从上到下依次均匀布置六个监测点，即图 8-7 中的 $P_4\sim P_9$ 点，以监测列车模型高速通过时在高度方向产生的气动冲击压力变化情况，如图 8-11 所示。需要说明的是，图中六个监测点压力值达到波峰时刻相同，为在图中区分清楚，将监测点压力曲线向右

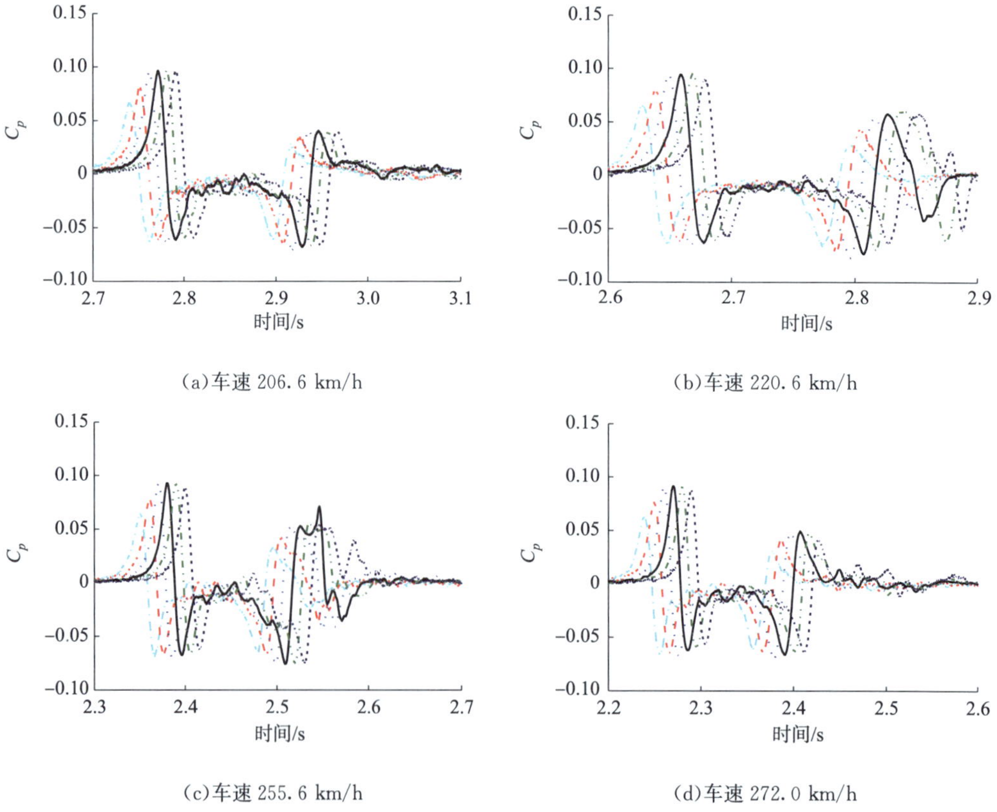

(a)车速 206.6 km/h　(b)车速 220.6 km/h

(c)车速 255.6 km/h　(d)车速 272.0 km/h

图　8-11

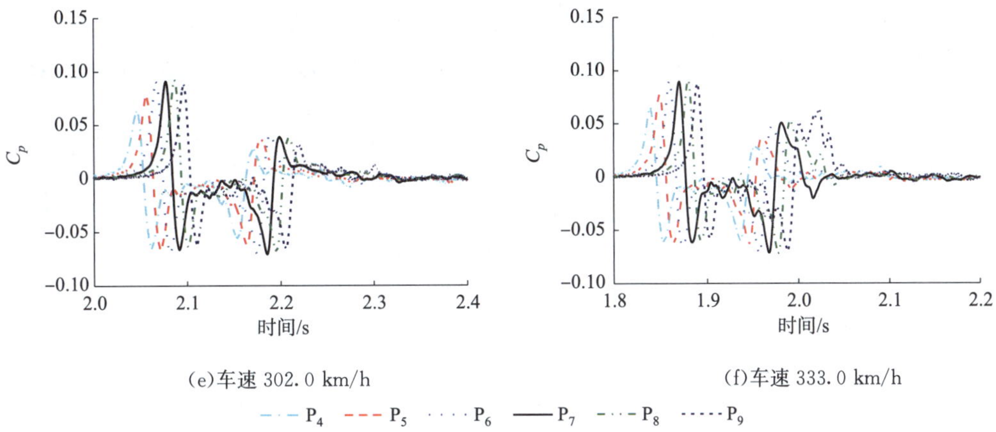

图 8-11　不同高度处监测点脉动压力系数

进行等差平移。由图 8-11 可知，高速列车在风障表面不同高度处引起的气动压力变化趋势是一致的，即均出现两个波峰和波谷，但在幅值上随着高度的不同而不同，见表 8-3。其中，P_4、P_5点高度大于列车鼻锥高度，因上方气流可自由绕流，故其压力峰值系数低于其他点的值；而 P_8、P_9点高度小于列车鼻锥高度，因下方气流绕流受阻，故其压力峰值系数较高。峰值气动压力系数和气动压力变化率的最大值均近似出现在 P_7点处，即出现在与列车鼻锥等高度位置。

表 8-3　风障表面不同高度处气动压力极值

监测点	头车波峰 p_1/Pa	头车波谷 p_2/Pa	头车波压力变化率 $\Delta p_{1\text{-}2}$/(Pa·s^{-1})	尾车波峰 p_3/Pa	尾车波谷 p_4/Pa	尾车波压力变化率 $\Delta p_{3\text{-}4}$/(Pa·s^{-1})
P_4	274.5	−272.8	34 206.3	117.4	−239.7	22 318.8
P_5	326.1	−285.1	38 200.0	157.8	−265.5	26 456.3
P_6	382.8	−293.3	42 256.3	170.1	−299.5	29 350.0
P_7	382.8	−283.2	41 625.0	162.9	−298.6	28 843.8
P_8	390.9	−271.7	41 412.5	160.9	−295.5	28 525.0
P_9	370.4	−262.4	39 550.0	129.8	−277.9	25 481.3

风障表面脉动压力中间偏下位置最大，底部略小，上部正压比最大处约小 30%，这是由于在风障中部区域，承受了列车鼻锥处驻点高压区对风障产生的气动压力；而风障底部密封性较好，由于地面存在，较大程度地阻挡了气流流动，故中间偏下位置气动压力较大；而风障上部区域开放性较大，气流流速较大，故压力要小于中下部。

3. 安装间距对风致脉动压力影响

通过改变风障安装位置，调整其距轨道中心距分别为 420 mm、440 mm、460 mm、480 mm 和 500 mm，并分五次发射动模型，车速为 302 km/h，提取 P_7监测点压力系数随时间变化的数据，如图 8-12 所示(由于监测点到达压力峰值时刻基本相同，为进行区分，将不同间距的监测点数据向右进行等差偏移）。由图 8-12 可知，风障整体外移之后，随着距轨道中心线距离的增加，其气动压力则逐渐减小，但变化趋势保持不变。风障高度在列车鼻锥高度及以下位置所受气动荷载要高于风障上部位置。在五个间距下，P_7 点头车波正压极值分别为 386.3 Pa、352.4 Pa、338.3 Pa、316.1 Pa 及 297.1 Pa，在四个压力极值中降低最为明显，以 420 mm 为基准，随着风障每外移 20 mm，则头车波正压极值分别降低了 8.8%、12.4%、18.2%、23.1%，与安装间距近似呈线性关系降低。

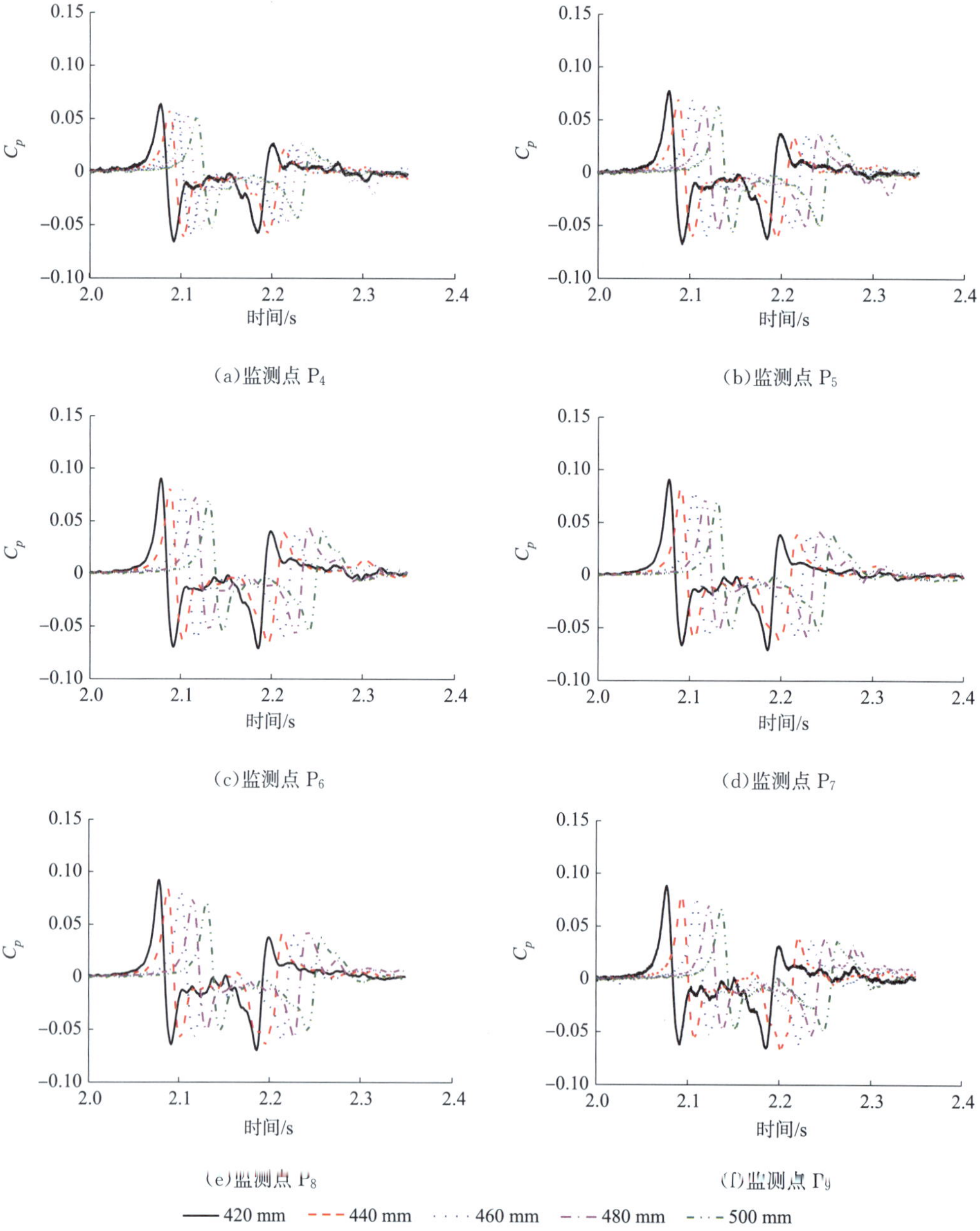

图 8-12　不同间距位置处风障表面脉动压力系数

4. 车型对风致脉动压力影响

试验以车头为子弹头形状的 CRH380A 为主要试验车型，同时也进行了车头更接近钝体的 CRH380B 车型的发射，以比较不同车型所引起的脉动压力的区别。CRH380B 型车模型的鼻锥高度比 CRH380A 型车低 25.4 mm，A 型车鼻锥高度与 P_7 点等高，B 型车的鼻锥高度则介于 P_7 点与 P_8 点之间，分别提取出两个车速下六个高度监测点的压力极值，如图 8-13 所示，图中实线为 A 型车对监测点的气动压力系数，虚线为 B 型车对监测点气动压力系数。两种动模型车型在通过风障区域时，均对风障表面产生了“正—负—负—正”脉动压力，但压力极值却有不同，B 型车产生的脉动压力整体要大于 A 型车。以 302.0 km/h 工况头车波峰为例，在 P_4～P_9 六个监测点处，B 型车分别比 A 型车增大约 19.1%、17.1%、14.3%、13.6%、10.2%及 9.7%，说明钝体头型对风障的脉动冲击作用要强于子弹头型。

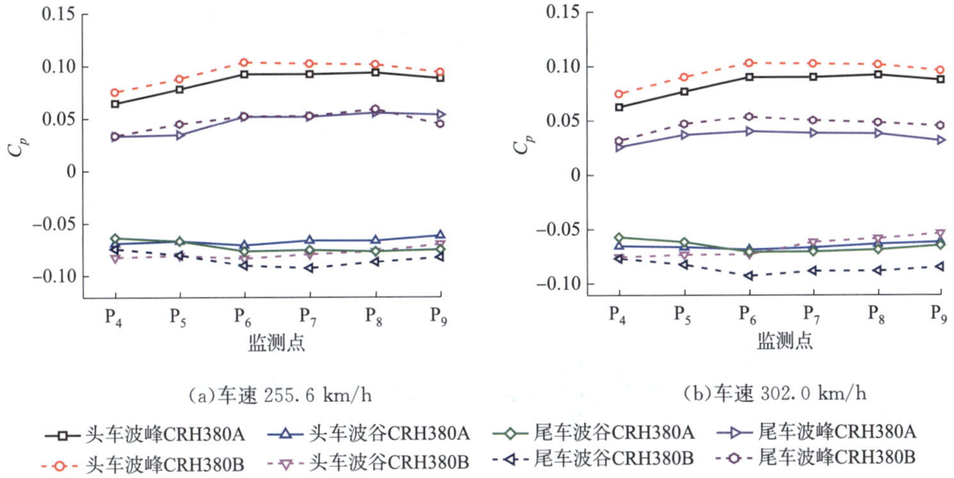

(a)车速 255.6 km/h　　(b)车速 302.0 km/h

图 8-13　不同车型作用下风障表面脉动压力系数

5. 列车会车对风致脉动压力影响

同样提取压力传感器脉动压力信号，并通过后处理转换为相对压力值，并将其绘制曲线，如图 8-14 和图 8-15 所示。由图 8-14 可知，在 200.0 km/h 工况下，中间位置 6 个监测点脉动压力变化与单车通过时类似，原因是近风障侧列车先到达中间位置，故监测点尚未感知到远风障侧的脉动压力，两车交会位置偏于风障区间后半部分，故此 6 个监测点的波形与单车时类似；而在 250.0 km/h 与 300.0 km/h 工况下则与单车通过时有很大不同，风障表面先出现了幅值较小的“正—负”脉动压力波，之后出现幅值较大的“正—负—负—正”脉动压力波。由此可知，该两个工况的具体会车位置发生在风障前半部分，中间位置风障板首先承受了远风障侧列车的脉动压力，表面出现了较小的压力波动，但在远侧车列车风脉动作用的同时，近侧车的脉动作用已经抵达，之后便同单车经过时同样产生了“正—负—负—正”的脉动压力波。同样地，在远侧车负压作用时，近侧车最大正压同时抵达，会使风障表面压力急剧变化，但此变化率小于单车自身携带的由正到负的压力变化率。

由图 8-15(a)可知，在 P_1、P_7 点处得到的压力变化值均只呈现了与单车相同的变化趋势，而 P_{11} 点处先是有远侧列车的半个波形，进而出现近侧列车的整个波形，同样说明了两列动模型鼻锥交会的位置在风障的后半部分处；由图 8-15(c)与图 8-15(e)可知，P_1 呈现了单车通过时的压力脉动波形，P_7 为先远侧车作用的半个波形再近侧车的完整波形；P_{11} 则为先出现远侧车的完整压力波形，再出现近侧车作用的完整波形，可以认为后两种工况动模型鼻锥交会位置位于风障的前半部分处。由此可知，远侧动模型对风障产生了较小的“正—负—负—正”的脉动压力，近侧动模型对风障产生了相对较大的“正—负—负—正”的脉动压力，最终呈现在风障表面的脉动压力波形与两列车具体交会位置相关。

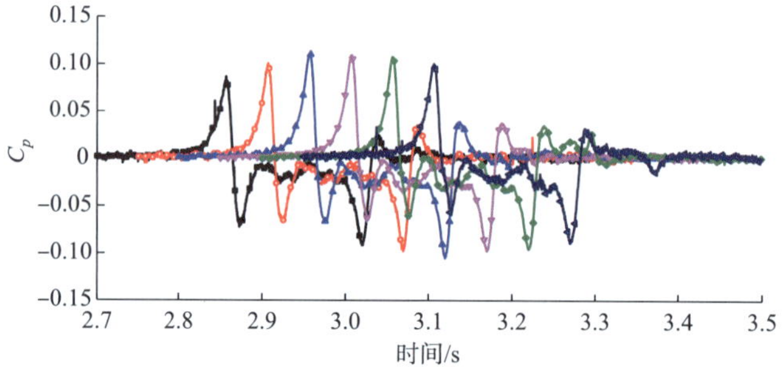

(a)200.0 km/h

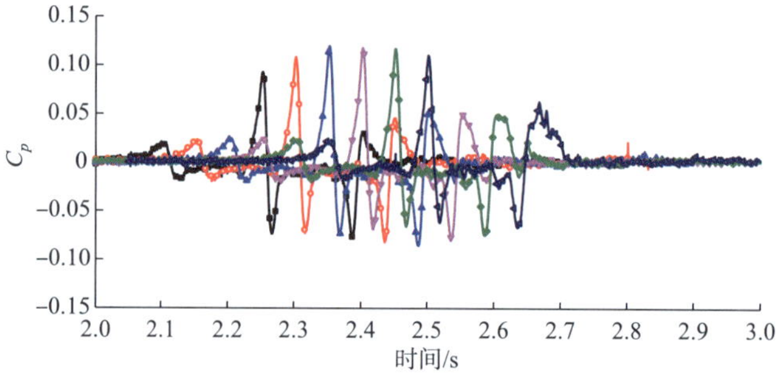

(b)250.0 km/h

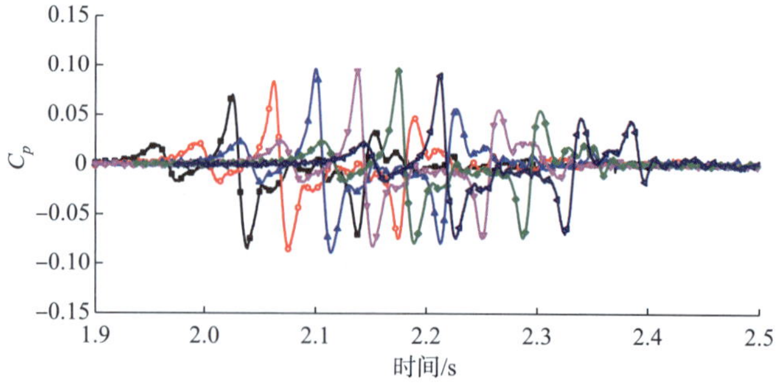

(c)300.0 km/h

P_4　P_5　P_6　P_7　P_8　P_9

图 8-14　不同车速下动模型会车试验脉动压力系数

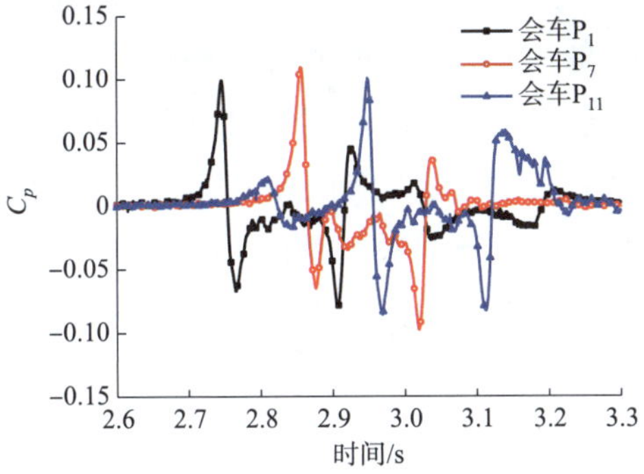

(a)200.0 km/h 会车通过

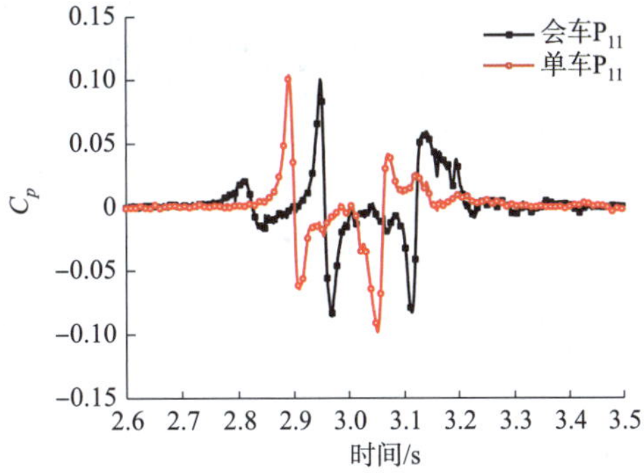

(b)200.0 km/h 会车通过与单车通过比较

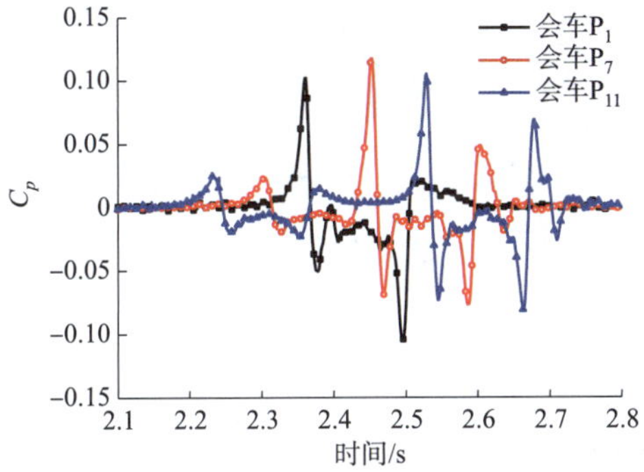

(c)250.0 km/h 会车通过

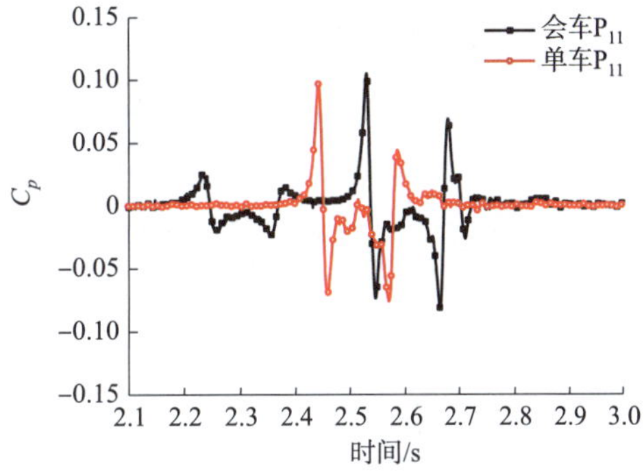

(d)250.0 km/h 会车通过与单车通过比较

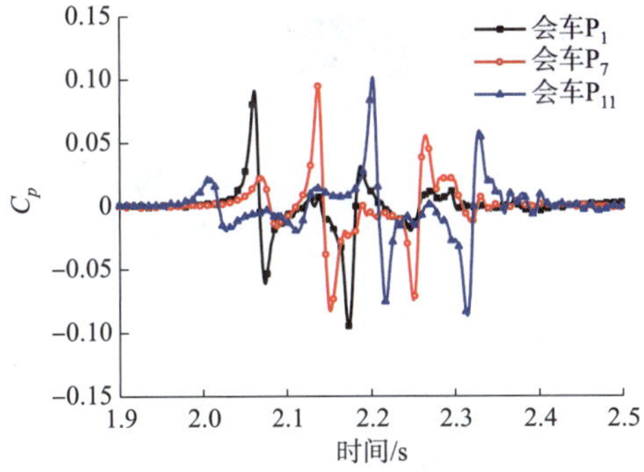

(e)300.0 km/h 会车通过

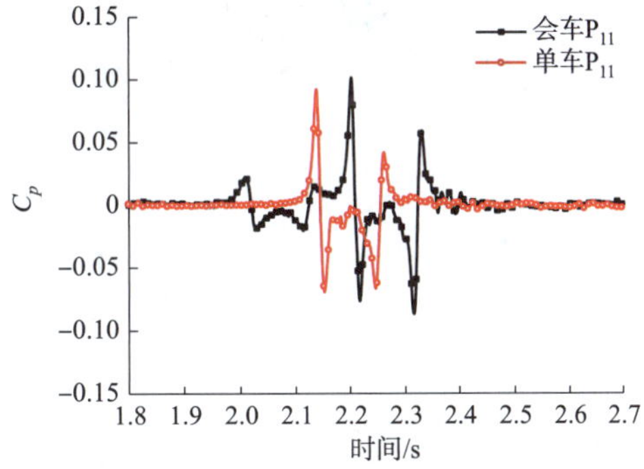

(f)300.0 km/h 会车通过与单车通过比较

图 8-15　不同车速下风障 P_1、P_7、P_{11} 监测点脉动压力系数

由图 8-15(b)、(d)、(f)可知，在会车工况下，压力监测点明显呈现出了两列车共同作用的压力波形，并且会车压力波极值要大于单车通过时的压力波极值，并且随着速度的增加，压差值也越大。

6. 列车风致脉动压力与影响因素综合关系

风障表面脉动压力极值及变化率与车速的平方相关，当车速一定时，在空间中分布的脉动压力只与后两个因素相关。若找到与安装间距和高度相关的脉动压力极值关系，再根据压力极值与速度平方相关，便可建立脉动压力极值与三个影响因素之间的综合关系。

首先建立脉动压力极值及变化率与间距和高度之间的关系式，分别以 420 mm 的标准安装间距和压力峰值最大的 P_7 点距地面的高度为参考量，对安装间距和高度进行无量纲化，利用线性插值方法将结果扩展到矩阵形式，并将四个压力极值及两个变化率分别绘制3D 曲面图，如图 8-16 所示。由图 8-16 可直观观察到两个因素对列车脉动压力的影响。对于头车波峰和头车波压力变化率，均在间距为 1、高度为 1 即在最小安装间距、与列车鼻锥

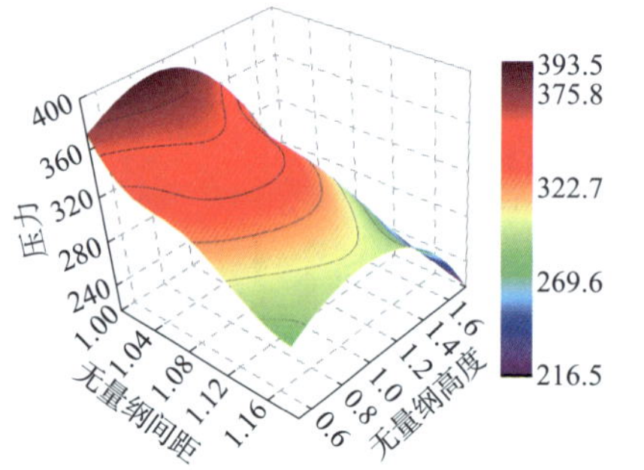

(a)头车波峰

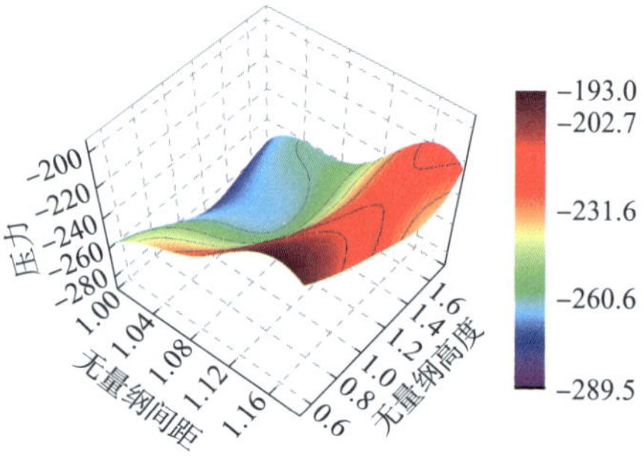

(b)头车波谷

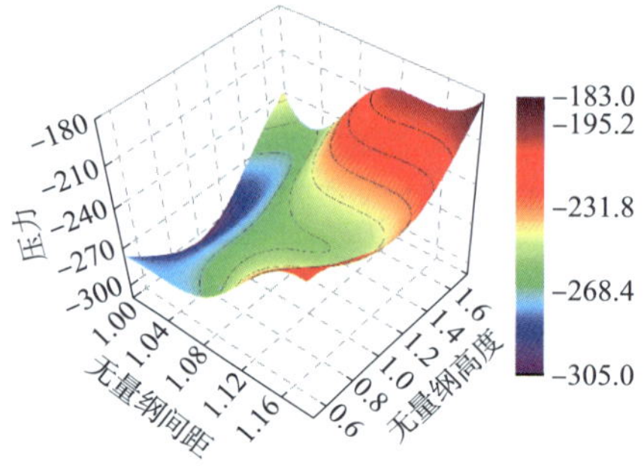

(c)尾车波谷

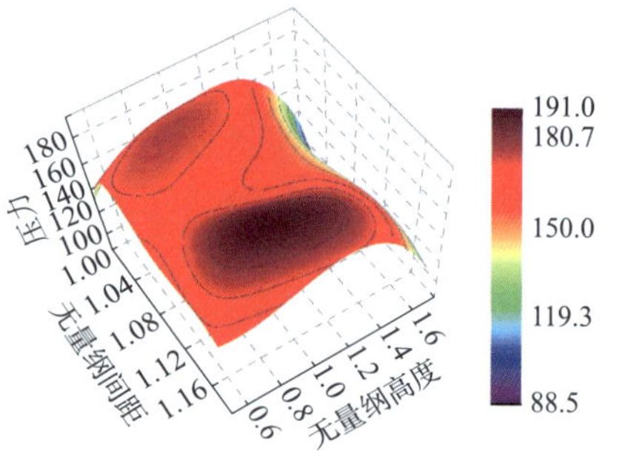

(d)尾车波峰

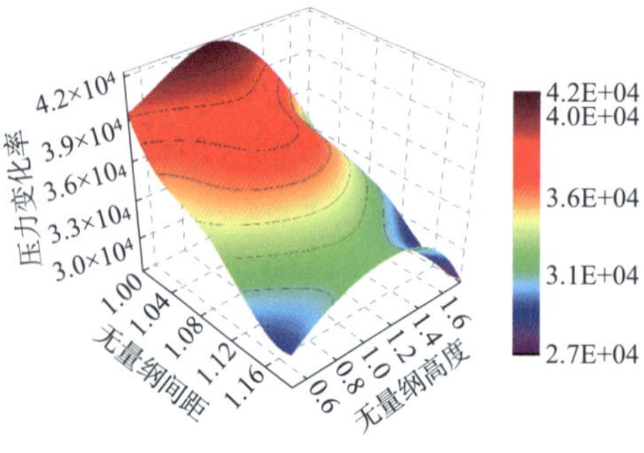

(e)头车波压力变化率

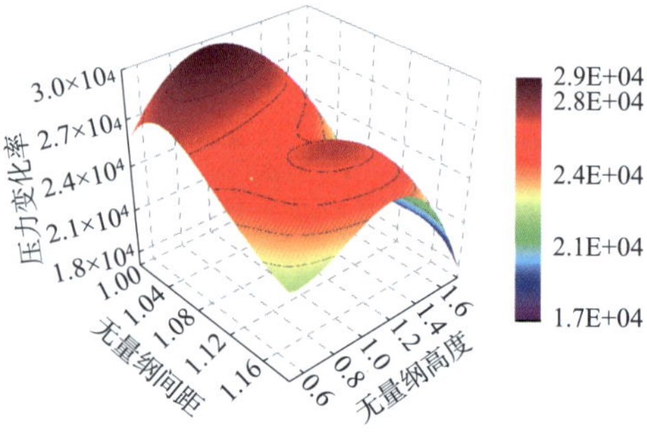

(f)尾车波压力变化率

图 8-16　压力极值及变化率与间距、高度关系(单位：压力 Pa；变化率 Pa/s)

等高度处出现最大峰值，该峰值随安装间距增加和高度变化而减小，且高度增加对压力极值减小的影响更为明显。对于头车波谷和尾车波谷，同样在间距最小、与列车鼻锥等高度处出现负压极值，其绝对值随间距增加和高度变化而逐渐减小，且间距和高度对头车波谷影响较为接近，而高度增加对尾车波谷压力绝对值的影响更为明显。在尾车波峰处出现了两处峰值，并且第二处峰值要大于第一个峰值，此现象同样出现在了尾车变化率分布图上，但对尾车波谷影响比对尾车变化率影响更加明显，此两个极值随着高度的增加，其绝对值迅速减小。

影响列车风致风障表面脉动压力极值 p_i 的主要因素有空气密度 ρ、动力黏度 μ、列车车速 v、风障安装间距 D、监测点高度 H 和列车鼻锥高度 H_0，其间函数关系为

$$f(p_i,\rho,\mu,v,D,H,H_0)=0 \tag{8-6}$$

根据量纲分析，在上述 7 个物理量中选取 ρ、v、H_0 为三个基本物理量，由布金汉 π 定理量纲分析法，可得无量纲数方程为

$$f\left(\frac{p_i}{\frac{1}{2}\rho v^2},\frac{\mu}{\rho v H_0},\frac{D}{H_0},\frac{H}{H_0}\right)=0 \quad 或 \quad \frac{p_i}{\frac{1}{2}\rho v^2}=f\left(\frac{D}{H_0},\frac{\mu}{\rho v H_0},\frac{H}{H_0}\right) \tag{8-7}$$

因为 $\mu/(\rho v H_0)$ 是与 Re 数相关的常数，在本书动模型试验中，雷诺数接近于 10^6，流动是充分发展的湍流，位于第二自模区，满足雷诺相似准则。因此，试验测得的压力值与 Re 数无关，在上文中对风障安装间距进行无量纲化的时候，使用风障安装的最小间距 D_0 能更明确的表征其物理意义，而 D_0 和 H_0 均是尺度相当的几何量，故：

$$\frac{p_i}{\frac{1}{2}\rho v^2}=f\left(\frac{D}{D_0},\frac{H}{H_0}\right) \tag{8-8}$$

由图 8-16 可知，压力极值和变化率与间距和高度之间关系呈二次曲面变化趋势，故对数据进行二元二次多项式拟合，便可得到四个压力极值和两个压力变化率随间距和高度变化的关系式。通过数据拟合求解，便可得到关系式(8-9)和式(8-10)。

$$C_{p_i}=\frac{p_i}{\frac{1}{2}\rho v^2}=z_i+a_i\frac{D}{D_0}+b_i\frac{H}{H_0}+c_i\left(\frac{D}{D_0}\right)^2+d_i\left(\frac{H}{H_0}\right)^2+f_i\frac{D}{D_0}\frac{H}{H_0} \tag{8-9}$$

$$C_{\Delta p_{i\text{-}j}}=\frac{\Delta p_{i\text{-}j}}{\frac{1}{2}\rho v^2}=z_{i\text{-}j}+a_{i\text{-}j}\frac{D}{D_0}+b_{i\text{-}j}\frac{H}{H_0}+c_{i\text{-}j}\left(\frac{D}{D_0}\right)^2+d_{i\text{-}j}\left(\frac{H}{H_0}\right)^2+f_{i\text{-}j}\frac{D}{D_0}\frac{H}{H_0} \tag{8-10}$$

将压力峰值与流体动能项的比值定义为压力峰值系数，即式(8-9)中 C_{pi} 为各最大值压力峰值的压力系数，$C_{\Delta p_{i\text{-}j}}$ 为压力变化率系数，v 为动模型车速，D 为风障安装间距，H 为监测点高度；D_0 为标准安装间距，取 420 mm；H_0 为与列车模型鼻锥等高度 P_7 点的高度，取 121.3 mm。由试验数据经过拟合计算，可确定各项待定系数，见表 8-4 和表 8-5。

表 8-4　脉动压力极值拟合公式系数

压力系数	z_i	a_i	b_i	c_i	d_i	f_i	R^2
C_{p_1}	0.137	−0.024	0.027	−0.051	−0.037	0.037	0.99
C_{p_2}	−0.075	−0.028	−0.016	0.055	0.011	−0.012	0.95
C_{p_3}	−0.387	0.534	−0.029	−0.203	0.018	−0.005	0.93
C_{p_4}	0.124	−0.197	0.038	0.092	−0.025	0.008	0.87

表 8-5　脉动压力变化率拟合公式系数

压力变化率系数	$z_{i\text{-}j}$	$a_{i\text{-}j}$	$b_{i\text{-}j}$	$c_{i\text{-}j}$	$d_{i\text{-}j}$	$f_{i\text{-}j}$	R^2
$C_{\Delta p_{1\text{-}2}}$	13.214	0.262	2.702	−6.599	−2.971	3.077	0.97
$C_{\Delta p_{3\text{-}4}}$	31.922	−45.713	4.206	18.456	−2.699	0.847	0.92

表 8-4 和表 8-5 中系数适用于各工况的峰值压力计算。而压力变化率因与时间相关，时间与速度是成反比关系，故将表中系数乘以一个速度的比值，同样可以得到其他车速下的压力变化率系数。

为确定拟合结果与试验数据的相关度，将计算值与试验值进行对比，如图 8-17 所示，其中云图表示试验数据插值之后的结果，黑色实线表示计算所得到的结果。

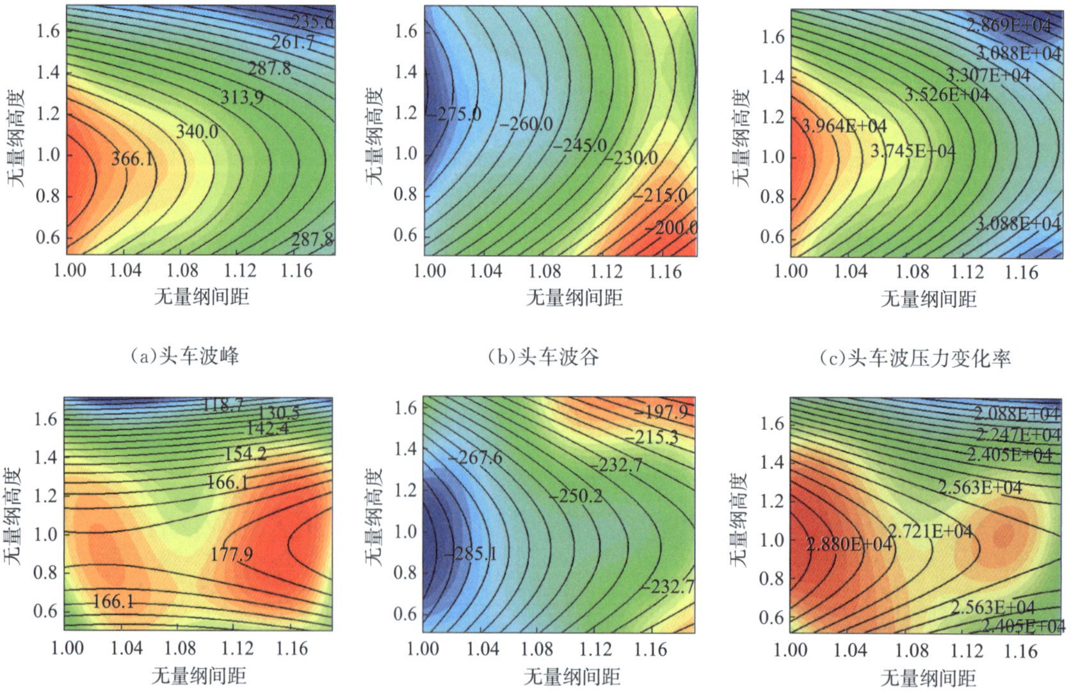

(a)头车波峰　(b)头车波谷　(c)头车波压力变化率

(d)尾车波谷　(e)尾车波峰　(f)尾车波压力变化率

图 8-17　拟合公式与试验数据对比(单位:压力 Pa;变化率 Pa/s)

由图 8-17 可知，拟合公式的计算结果基本反映了列车经过时在不同空间位置处产生的脉动压力值。同时，由表 8-5 的相关系数可知，头车波峰和头车波压力变化率拟合值和试验值相关系数分别达到 0.99 及 0.97，说明其相关程度最好；而尾车波峰相关系数只有 0.87，虽然拟合值也可以大概反映其压力的空间分布，但是误差会相对于头车较大。原因是列车尾车通过时，不仅列车尾车自身携带的“负—正”压力波作用，而且风障表面监测点处还要承受列车尾车诱导流动的影响，受高度和安装间距影响的脉动压力值在压力曲面中产生了两个峰值，因此此处的压力分布更为复杂。

综上所述，式(8-9)和式(8-10)给出了脉动压力峰值极值与车速、高度、安装间距之间的定量关系，可用于计算风障表面不同位置脉动压力峰值。

8.2　列车风作用下腔室型风障气动特性

采用与动模型试验完全相同的列车及风障几何模型，并采用滑移网格方法来模拟列车的绝对运动，对动模型试验相同的模型进行数值模拟计算。计算域与监测点布置情况如图 8-18 所示。

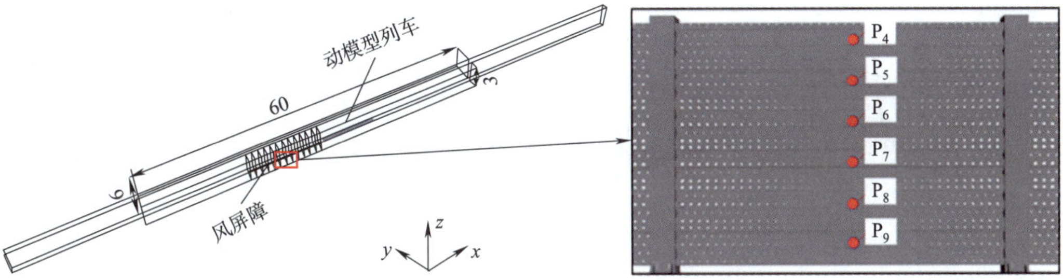

图 8-18　计算域与监测点的位置(单位：m)

计算域尺寸为 60 m×6 m×3 m，在风障中间位置依次布置 P_4～P_9 六个监测点，与试验过程中 P_4～P_9 点保持一致。计算域包括风障区域、列车区域与尾流区域，计算域四个竖直边界为压力出口边界，上表面为无滑移壁面，无横风。各区域之间通过设置 interface 传递数据，风障区域采用分块方式划分网格，使用 trimmer 六面体切割网格，网格总数约为 1 800 万。分别采用 RANS 和 DES 湍流数值模拟方法进行计算，湍流模型为剪切力输运 SST k-ω 模型，对车速 302 km/h 工况进行数值模拟计算，时间步长取 0.01 s。

8.2.1　模型试验与数值结果验证

将两种计算方法得到的 P_4～P_9 点结果与试验结果进行对比，如图 8-19 所示。由图 8-19 可知，动模型试验与数值模拟得到的结果压力变化趋势及作用时间几乎完全相同，但压力极值会略有不同；由图 8-19(a)与图 8-19(b)可知，在 P_4 与 P_5 点处，动模型试验得到的主脉动压力与数值模拟得到的主脉动压力几乎完全重合；而在尾流处会稍有不同，动模型试验得到的尾流波的监测结果更为详细，而数值模拟得到的列车尾流产生的压力曲线则更为平顺；在 P_6 与 P_7 点处动模型试验得到的头车脉动压力峰值要大于数值模拟的结果；而在 P_8 与 P_9 点处动模型试验得到的头车脉动压力则要小于数值模拟的结果；造成误差的原因，一是由于列车与风障之间的流动为强烈的湍流流动，某一监测点处的压力变化存在较大的随机性，二是由于基于有限体积法的数值模拟方法，无法做到捕捉所有的流动细节，因此认为动模型试验与数值模拟的结果都可表征风障表面的脉动压力变化。

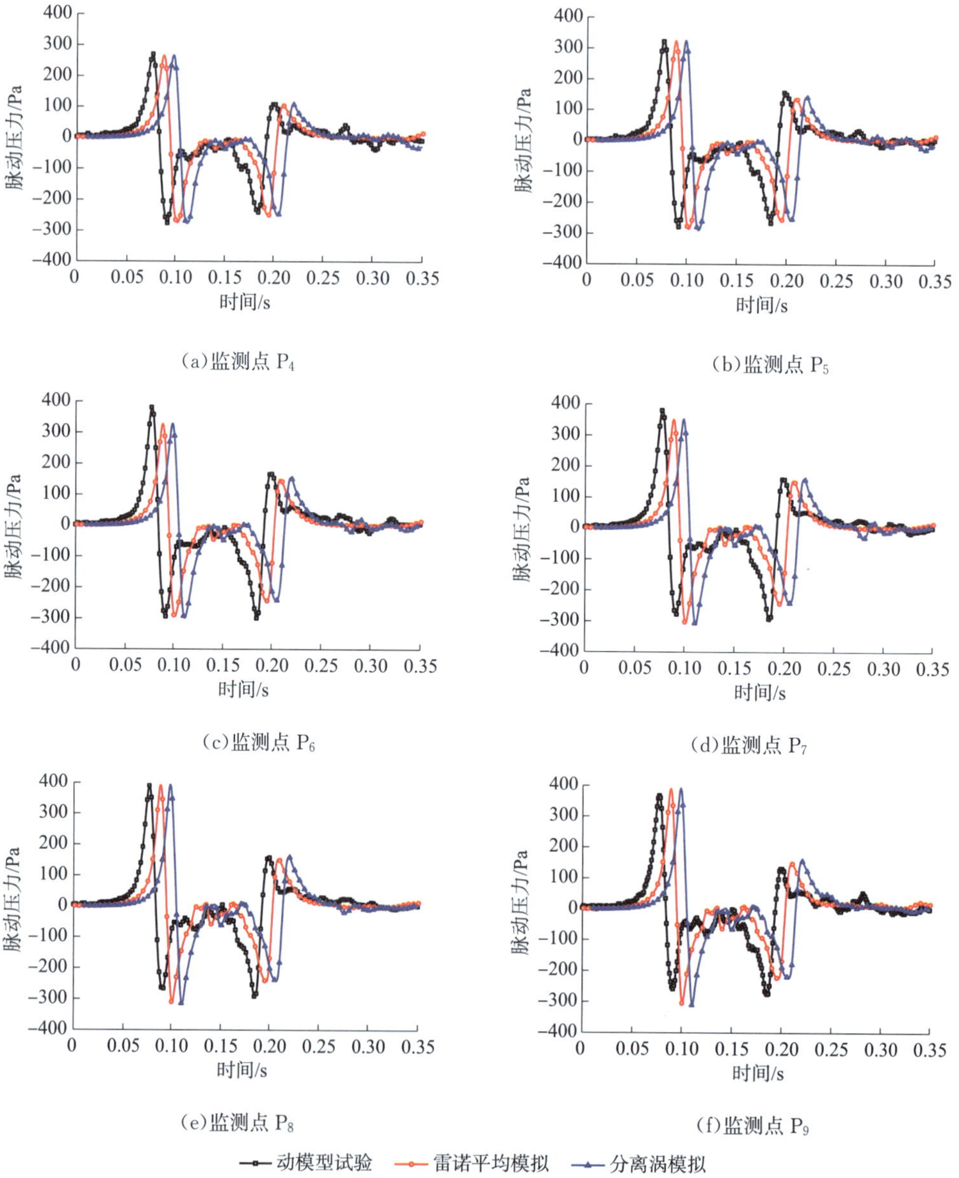

(a)监测点 P_4　(b)监测点 P_5

(c)监测点 P_6　(d)监测点 P_7

(e)监测点 P_8　(f)监测点 P_9

图 8-19　中间六个压力监测点试验与数值模拟结果对比

同时，对雷诺平均湍流模拟方法与分离涡模拟方法的结果进行了对比。图 8-19 表明，在同样的网格与湍流模型的前提下，两种方法得到的脉动压力峰值及波形几乎完全相同。但分离涡方法在主脉动压力波形之后会由于列车的诱导流动而在尾流处产生数个小的波动，此处同样是复杂的湍流流动，而在动模型试验结果中同样出现了小波动，故可认为分离涡模拟方法对列车经过风障的流动现象模拟更接近真实情况，但本书更关注的风障表面的脉动压力值，两种方法得到的结果几乎一致，而雷诺平均方法的计算效率则要高于分离涡方法。

8.2.2　列车穿过风障区时流场

为更明显地认识列车模型经过风障区间处压力场和速度场，在数值模拟时列车完全行进到风障区间后截取压力云图，并把头车与尾车部分放大，得到头车尾车附近气流的速度矢量图，如图 8-20 所示。

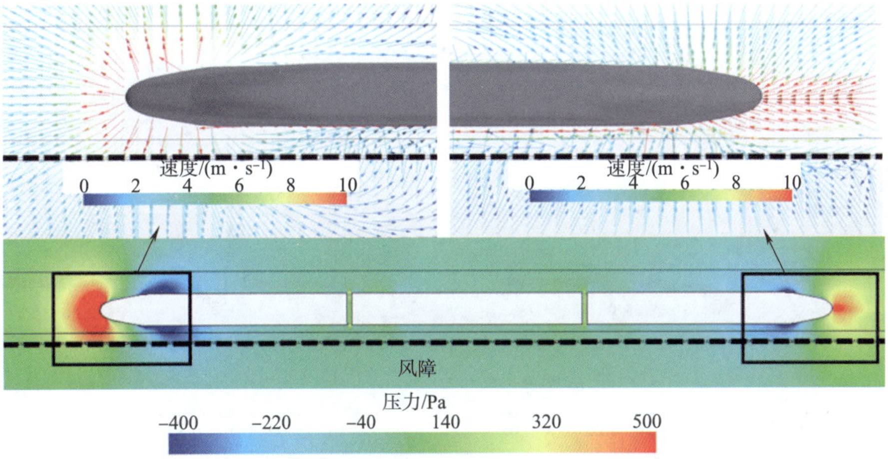

图 8-20　压力云图与速度矢量图

由图 8-20 可知，列车行进过程中，在车头处形成先正后负的压力范围，在尾车处形成了先负后正的压力范围，列车携带此压力波前进，并作用在线路两侧的风障上，此云图也可验证之前由数据分析得到的试验结果，由速度矢量图可以很清楚地看出头车与尾车附近的气流流向，在头车之前，气流由列车流向周边，并在之后马上由周边气流补充到列车周边；在列车尾车处，由于列车驶过产生的低压区，气流均流向列车方向，而尾车所产生的正压也由列车的诱导气流所致。

由此，可将动模型试验与数值模拟方法进行了对比分析，验证了数值模拟结果的正确性，故两种方法均可得到列车对风障的气动冲击作用，动模型试验能够更真实准确地得到风障表面的压力数据，数值模拟方法可以对实车进行计算，得到的结果可适用于工程应用，同时数值模拟技术可以加入横风环境，更全面的分析列车对风障的气动冲击作用。

8.2.3 风障气动荷载分析

风障表面压力具有明显的脉动性质，为了分析其气动荷载的脉动特性，通过对表面压力进行积分得到风障的气动荷载。对于腔室型风障，应分别考虑迎风板与背风板的气动荷载，其随时间变化情况如图 8-21 所示。

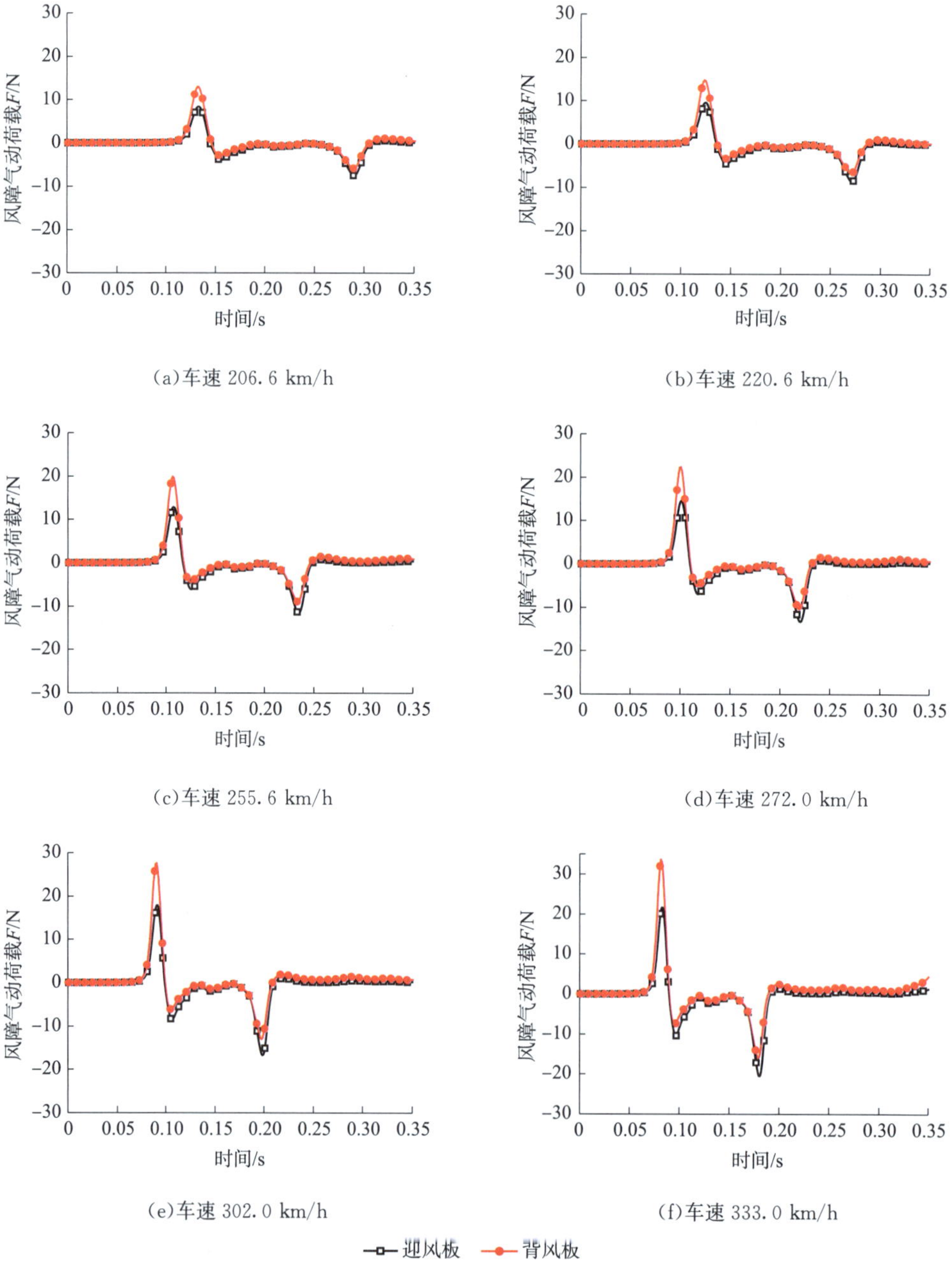

图 8-21　不同车速下风障气动荷载

由图 8-21 可知，风障的气动荷载变化规律与脉动压力的变化规律基本相同。在列车穿行风障区过程中，风障气动荷载均呈现了“正—负—负—正”的变化趋势，且经过脉动压力积分之后的气动荷载值，头车波峰与尾车波谷对风障的气动冲击作用更加明显。针对腔室型风障的双层面板结构，应分开考虑迎风板与背风板的气动荷载。在头车波峰处，六个车速下背风板气动荷载比迎风板气动荷载增大 58.4%，55.3%，53.1%，53.8%，52.7%及 53.0%，前后面板的气动荷载差可达 50%以上。对于采用相同约束方式的两块板，并不希望其气动荷载差距太大，可通过调整腔室型风障的结构设计和前后面板上不同的孔径比来调节前后面板上的气动荷载，使之接近或相当。这部分内容将在后文做进一步分析。

8.2.4　流固耦合特性

腔室型风障采用了超薄开孔波纹板的结构形式，孔径及板厚相比于计算域尺寸非常小，采用传统流固耦合方法会频繁出现负体积网格而导致计算失败。为此，构造了一种四套动网格结合的流固耦合计算方法，用于列车风与单风障板的流固耦合计算，分析列车风作用下风障的流固耦合响应。四套动网格分别为模拟列车绝对运动的嵌套网格、风障自身固体变形网格、流体域伴随变形网格以及流体远场浮动边界变形网格。

1. 流固耦合计算方法

固体柔性平板采用非结构四面体网格，流体域采用六面体结构网格，流固交界面处设置 interface 来实现数据的传递；设置计算域内固体模型随着位移而变形，流体网格为可变形网格，平板底部设置为固定约束，计算域上边界设置为浮动边界，当平板在气动荷载作用下变形时，流体域网格同时发生变形。如此可避免流体域因出现网格的大幅度挤压变形甚至出现负体积而导致计算失败。

分析风—风障之间流固耦合问题的典型计算模型如图 8-22 所示，图中平板尺寸为 1 m×0.4 m×0.06 m，计算域尺寸为 15 m×3 m×2.4 m。

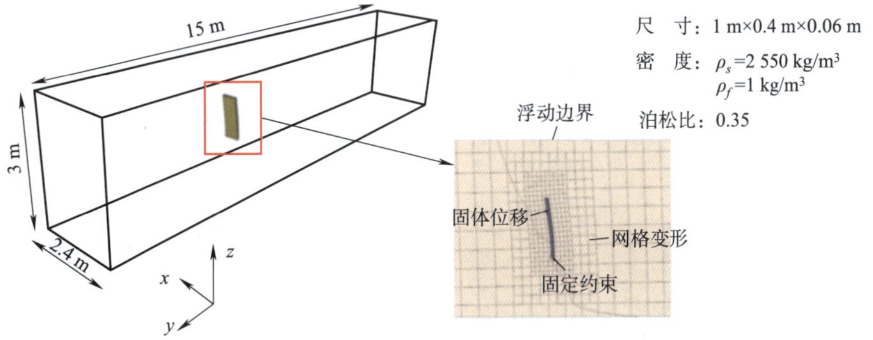

图 8-22　柔性板流固耦合计算域及网格

固体域计算采用有限元法，流体域计算采用 RANS 有限体积法、使用 k-ω 湍流模型。

固体密度为 2 550 kg/m^3，流体密度为 1 kg/m^3。流体域沿长度方向的前后边界为压力出口边界条件，上、下、左、右四个边界均设置为滑移壁面，计算中不设置来流风速。在模型顶面上加载 12 N 力，加载时间为 0.5 s，然后卸载使柔性板自由振动，监测柔性板顶面 y 方向上的位移，第一个振动周期内的位移与压力结果云图如图 8-23 所示。

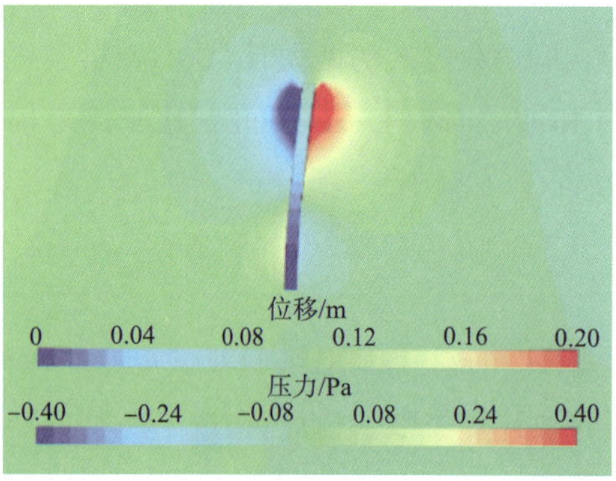

(a)0.5 s

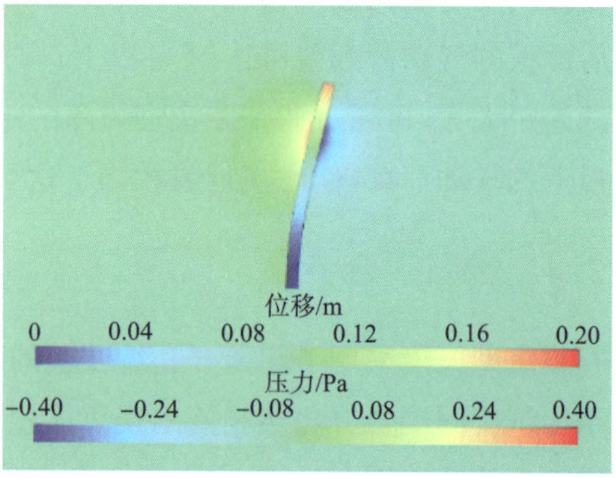

(b)0.97 s

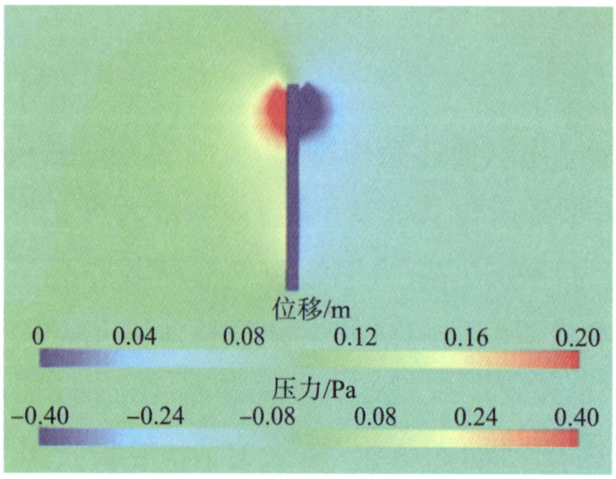

(c)1.77 s

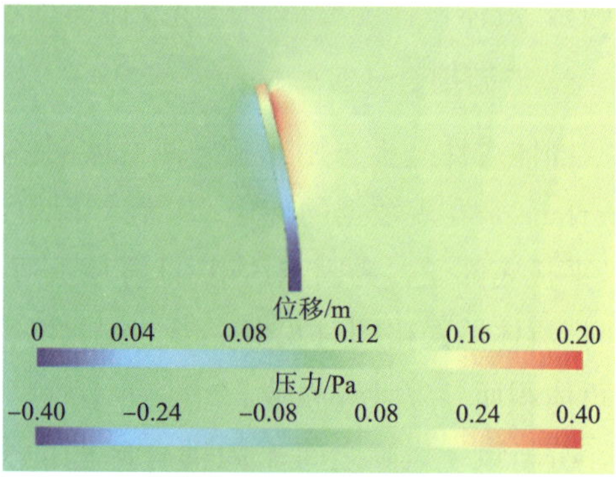

(d)2.45 s

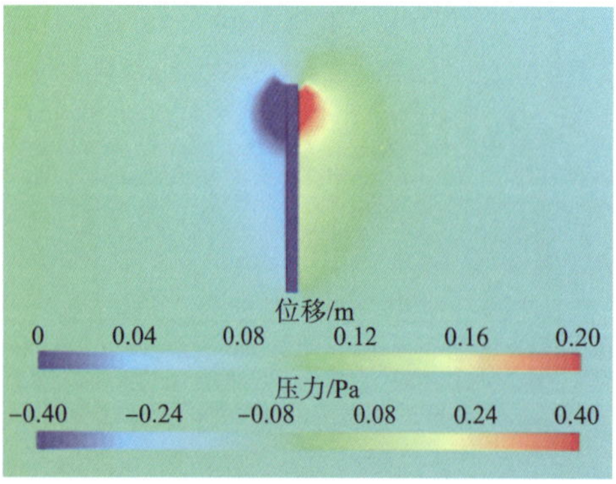

(e)3.29 s

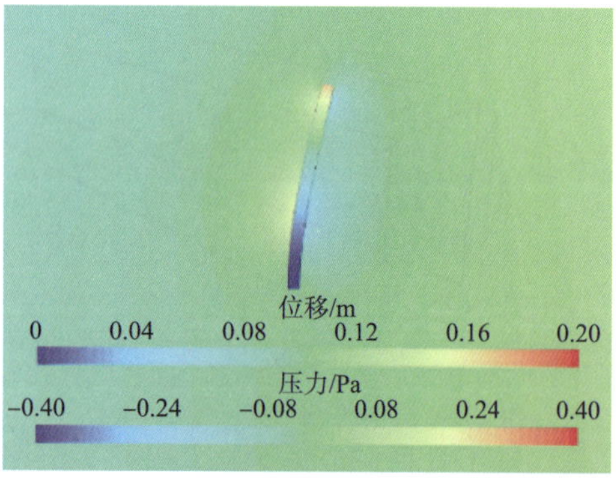

(f)3.95 s

图 8-23　柔性板流固耦合变形与压力云图

提取柔性板顶边的位移数据与相关文献中的位移数据进行对比，得到图 8-24 所示位移时程曲线及频率曲线。

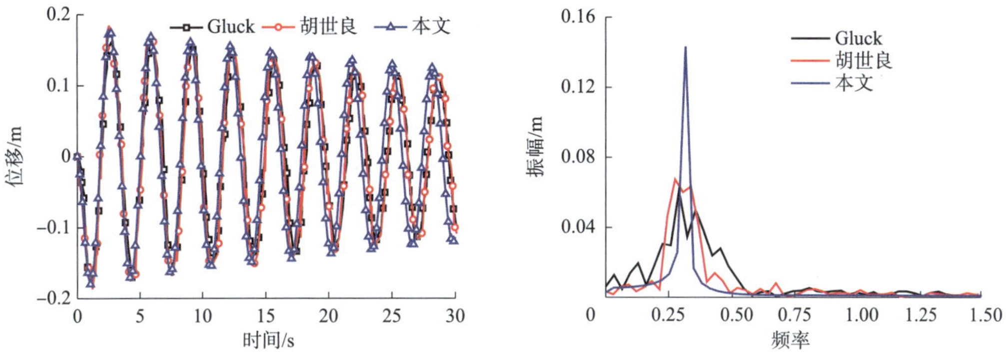

图 8-24　监测点位移时程曲线及频率值

由位移曲线图 8-24 可知，本书所用的柔性板流固耦合计算方法与相关文献中位移的计算结果几乎完全吻合。根据傅里叶变换之后得到的峰值频率都在 0.31 Hz 左右，证明了所用流固耦合问题计算方法的正确性。

2. 列车风作用下风障流固耦合计算

考虑到计算效率，此处只对列车鼻锥高度处 1/4 风障板进行数值模拟计算，计算域及网格如图 8-25 所示。列车域采用嵌套网格技术，网格总量为 150 万。其中，固体网格约 10 万，固体网格单元为线性各向同性弹性体，流体网格约 140 万。在风障表面的不同位置设置位移监测点，如图 8-26 所示。

监测点的位移时程曲线如图 8-27 所示。由图 3-27 可知，迎风侧风障板头车气动冲击产生的变形要小于尾车，背风侧风障板头车气动冲击产生的变形要大于尾车；其中在 P_2 点处即背风板的中间位置产生了最大的变形，而 P_3、P_4 点的变形量要大于 P_5、P_6 点，说明在列车行进过程中，脉动压力同时在持续向前推进，在 P_5、P_6 点产生初始的变形并向前发展，在 P_1、P_2 点处达到最大变形量，形变继续发展至 P_3、P_4 点处，由于面板两侧的约束作用，形变量会逐渐减小，但仍大于 P_5、P_6 点处的变形。

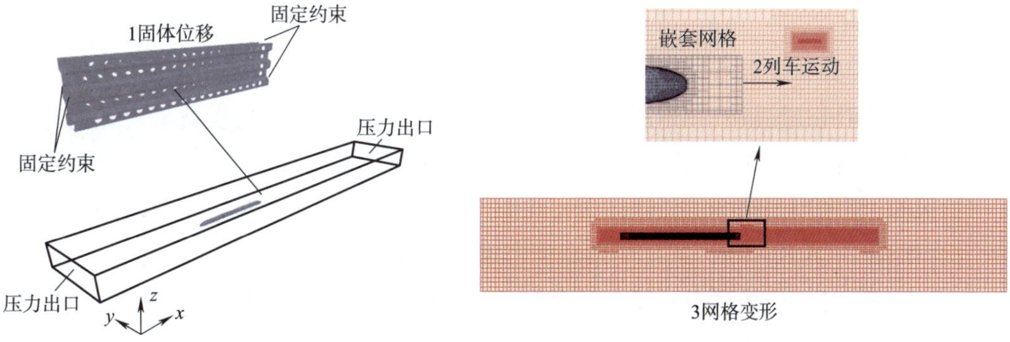

图 8-25　流固耦合几何模型与网格划分

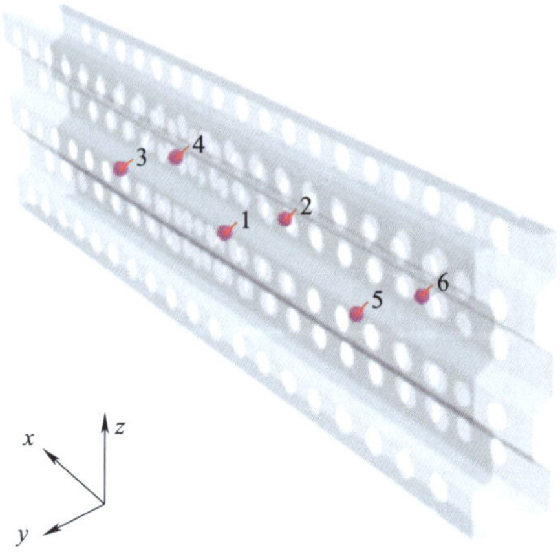

图 8-26 变形监测点位置

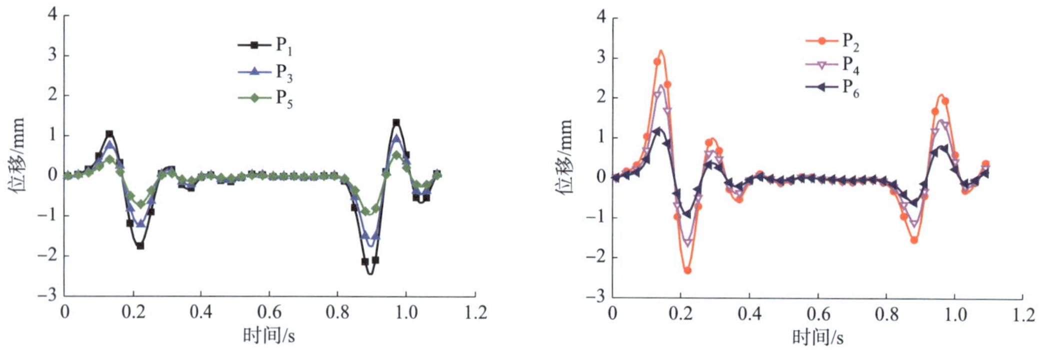

图 8-27 监测点的固体位移时程曲线

8.3 横风作用下腔室型风障气动特性

8.3.1 风障缩尺模型静态风洞试验

1. 试验平台

针对本书中腔室耗能型风障，设计了 1∶10 缩尺风障模型和小型风洞试验装置。小型风洞主要包括风机、过渡段、稳定段、收缩段、试验段、扩散段、测速段、变频调速器、多管压力计、风速仪等部分，如图 8-28 所示。

(1)风机：型号为 DKF3.5MA-4，最大风量 7 600 m^3/h，最大风速 25 m/s，测试段截面几何尺寸为 200 mm×420 mm，通过变频器可实现无级调速。

(2)稳定段：是一段横截面不变并且足够长的管段，其特点是横截面积足够大，气流流速较低。稳定段的作用是使风机不均匀来流稳定下来，消除来流旋涡，使气流速度和大小的分

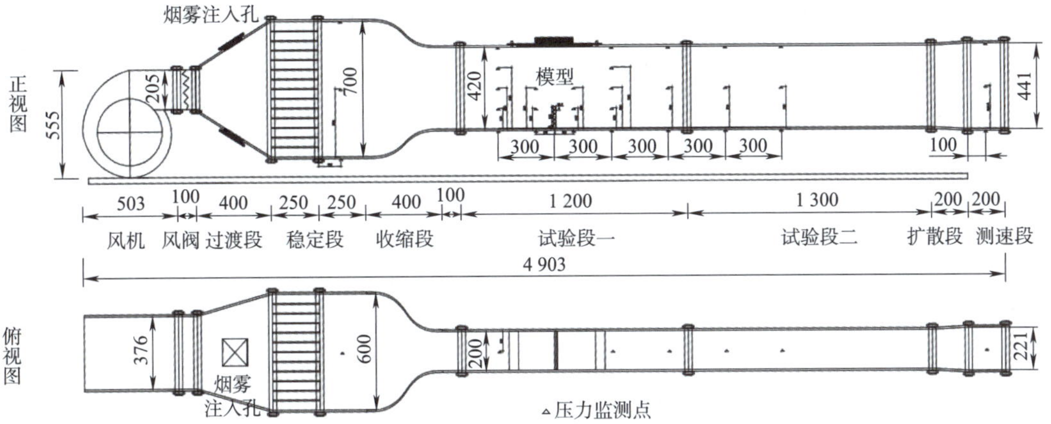

图 8-28　风洞试验装置设计(单位:mm)

布更加的均匀。长度一般设为入口直径的 0.5 倍;风洞收缩比即为风洞稳定段截面面积与试验段截面面积之比。

(3)收缩段:收缩段曲线选择对试验段气流速度分布的均匀程度有非常大的影响,是整个风洞流场品质很重要的一部分,收缩段曲线应使来流沿着洞体壁面单调增加,而不产生分离现象,并使气流在收缩段出口处基本平行于风洞轴线。

(4)试验段:是风洞中对模型流场进行空气动力学测试的部分,尺寸为 420 mm×200 mm;腔室型风障为原风障的 1∶10 缩尺模型,尺寸为 200 mm×50 mm,由两个单元风障板叠加而成,前后错位开孔,开孔孔径 6.25 mm。风障前后气压采用多管压力计进行测量,管中注入红色墨水,最右侧管与大气联通,其他管与测点通过软胶管联通,由液位高低经换算得到监测点的气压值。整套试验装置实物如图 8-29 所示。

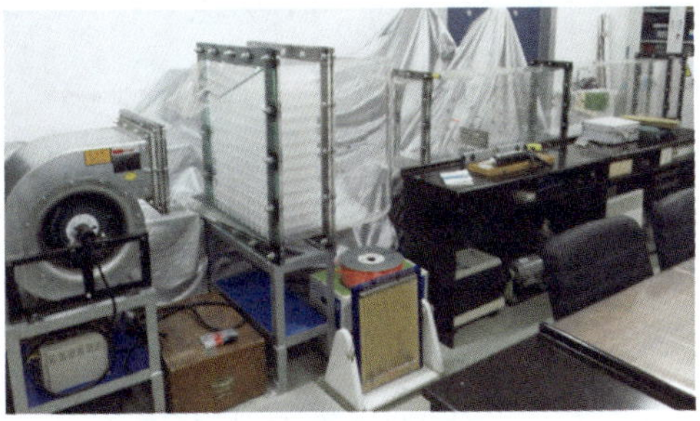

(a)小型风洞试验台

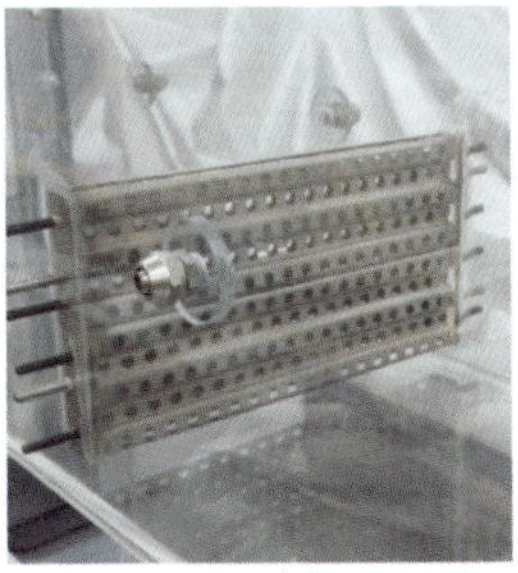

(b)腔室风障缩尺模型

(c)多管压力计

图 8-29　风洞试验装置

2. 试验分析及验证

以腔室型风障试件为中心,在试件两侧分别布置了 22 个气压监测点,监测点布置位置如图 8-30 所示。通过变频调速风机将风障前方的来流风速从 5 m/s 逐步调节到 22.5 m/s,

以 2.5 m/s 为间隔进行试验，记录监测点的气动压力值。

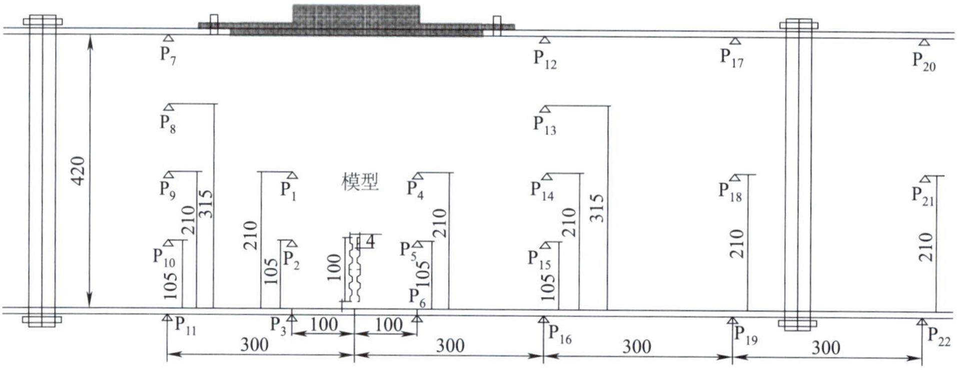

图 8-30　监测点分布(单位:mm)

图 8-31 为两组典型试验曲线。由图 8-31 可知，在小型风洞内部风障迎风侧形成了正压区，背风侧形成了负压区，远离风障之后压力场会逐渐恢复。由图 8-31(a)可知，随着风速的增加，四个监测点压力绝对值均逐渐增大，且近风障的 P_2 与 P_5 点的压力绝对值要大于 P_{10} 和 P_{15} 点，但四点压力随风速的增长率则是非常接近的，较远的 P_{10} 点和 P_{15} 点压力绝对值并未与较近的 P_2 点和 P_5 点相差很多，说明风障影响范围足够大。由图 8-31(b)可知，虽然此排监测点的位置已经高于风障实物本身，但是压力值仍然呈现了迎风侧正压、背风侧负压的趋势，并随着风速的增加，左侧正压右侧负压的区别则更为明显，在风障背风侧 1 m 左右监测点出，压力值则逐渐恢复了，同样大风速下在此处的气压也近乎等于大气压了。

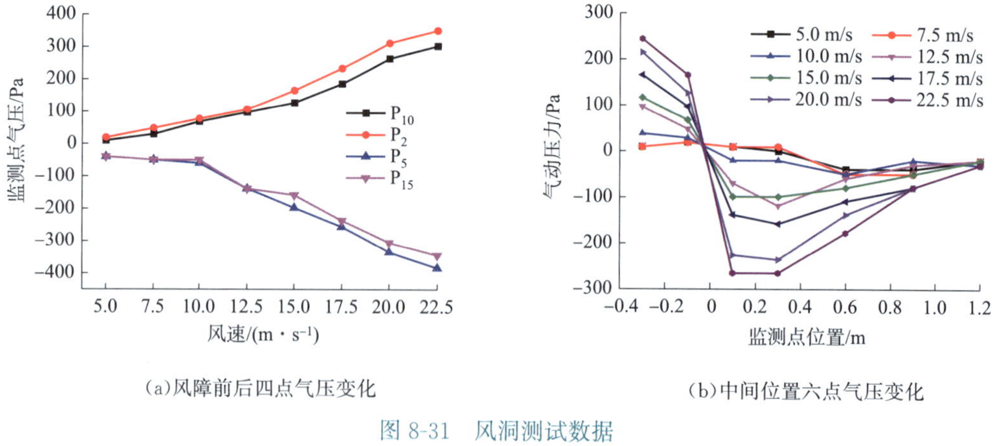

(a)风障前后四点气压变化　　(b)中间位置六点气压变化

图 8-31　风洞测试数据

同时，本节对小型风洞及风障模型进行几何建模，导入 STARCCM+进行数值模拟，使用 Trim 切割体网格，RANS 方法，SST k-ω 模型，壁面函数法，在风障附近进行了网格加密，保留了风障板的开孔特性，网格总量约 100 万，左侧为速度入口，右侧为压力出口，如图 8-32 所示。

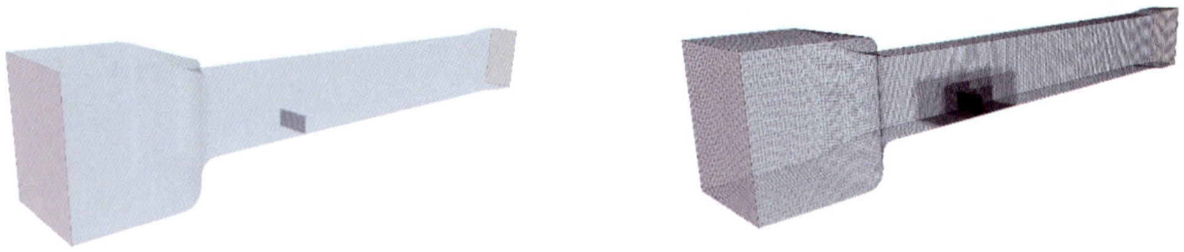

图 8-32　风洞几何模型与网格划分

在数值计算模型中同样位置处监测 P_2、P_5、P_{10} 和 P_{15} 四个监测点的压力数据，并与小型风洞试验进行对比，如图 8-33 所示。

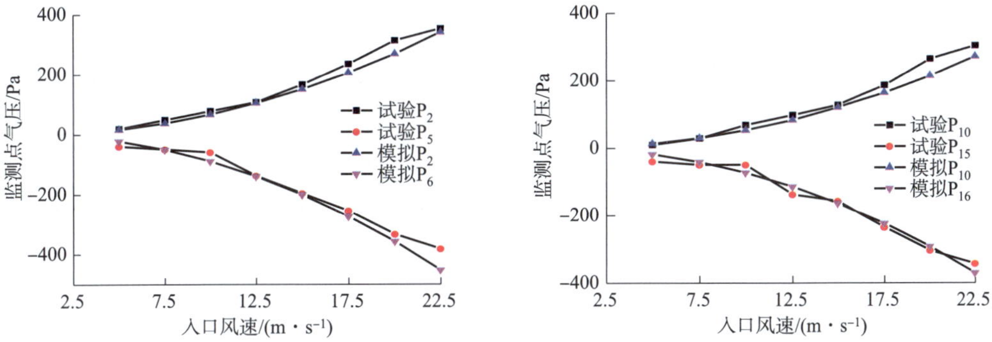

图 8-33　数值模拟与试验结果对比

图 8-33 表明，风洞试验与数值模拟结果变化趋势相同，大部分监测点的误差可控制在 8%以内，在个别风速和监测点下出现了较大的误差。主要原因是：由于小型风洞试验使用多管压力计测得的压力数据精度不足，且受室内环境影响也较大；二是数值模拟由于网格划分需要考虑到计算效率的问题，无法划分足够精细的网格。但从监测点压力值随风速的变化趋势以及整体误差情况看，仍可证明数值模拟结果是可信的。

8.3.2　风障压力场分布和流场结构

同样数值模拟方法对腔室型风障原型进行横风作用下数值模拟计算，计算域尺寸为 220 m×35 m×6.672 m，共设置三块风障，风障前为 20 m，风障后为 200 m，计算域总高度为 35 m。左侧为速度入口，右侧为压力出口。风障及地面为无滑移壁面，顶面及侧面为滑移壁面条件。计算模型采用切割体网格，经过反复试算与网格数量无关性验证，确定计算网格数量为 220 万左右，此网格数量既保证了风障的开孔形式不被网格破坏，同时也兼顾了计算效率。在划分网格的过程中，通过对风障面板施加单独的面网格尺寸控制，可以保证密集开孔不会在网格划分的过程中被破坏掉；在风障附近设置网格加密区，以便监测风障附近的流动，计算域如图 8-34 所示，计算工况见表 8-6。

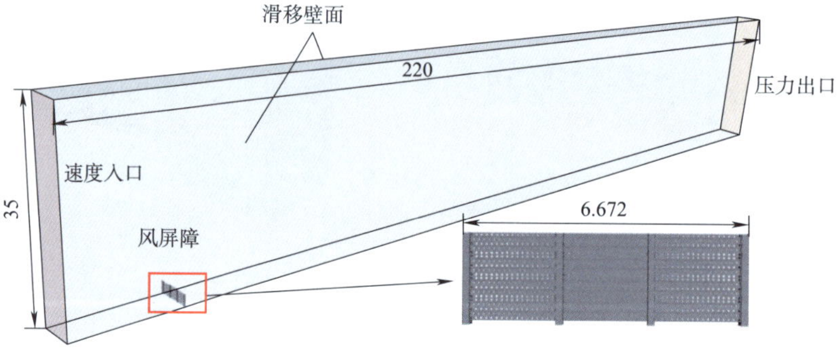

图 8-34　计算域与模型(单位:m)

表 8-6　计算工况

编号	风速/(m·s^{-1})	透风孔孔径(迎风-背风)/mm	腔室间距/mm	风障类别
A	30	50	—	单层结构
B	5,10,15,20,25,30	50～50	164	双层等径结构
C	30	50～40	164	双层异径结构

以横风 30 m/s 为例对其流场结构和压力分布进行分析。由于风障改变了横风的流动方向,流场中的压力场、速度场均产生了明显的变化,如图 8-35 所示。

由图 8-35(a)～图 8-35(c)可知,在风障迎风侧均产生了较大的正压,而背风侧则是负压。对于单层风障,压力的最大值出现在风障的中部靠上的位置。对于双层等径和异径风障,压力最大值均出现在风障中部靠下位置。

由图 8-35(d)～图 8-35(f)可知,横风气流穿过风障面板上圆孔之后,由于流向改变,速度均有所增加,通过单层风障的气流在风障背后仍有较多的高速气流;而通过双层风障迎风板后产生了一部分高速气流,再通过背风板后,高速气流基本已经消失,双层异径风障对速度改变更加明显,双层风障对背风侧速度场改善效果更加明显。

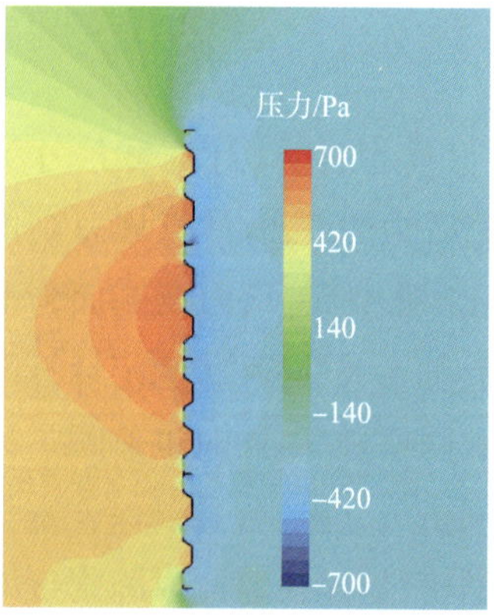

(a)单层风障压力场

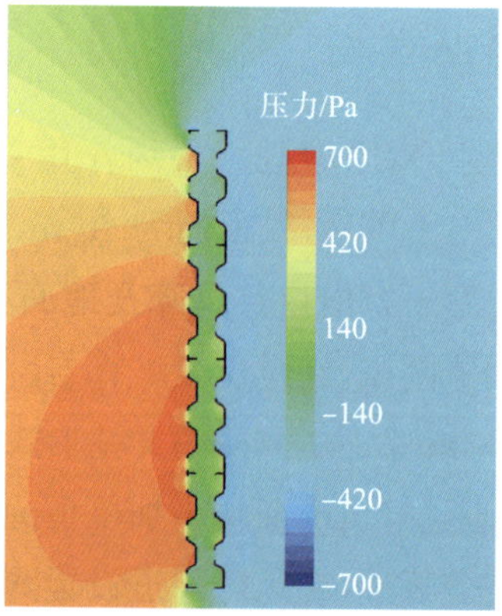

(b)双层等径风障压力场

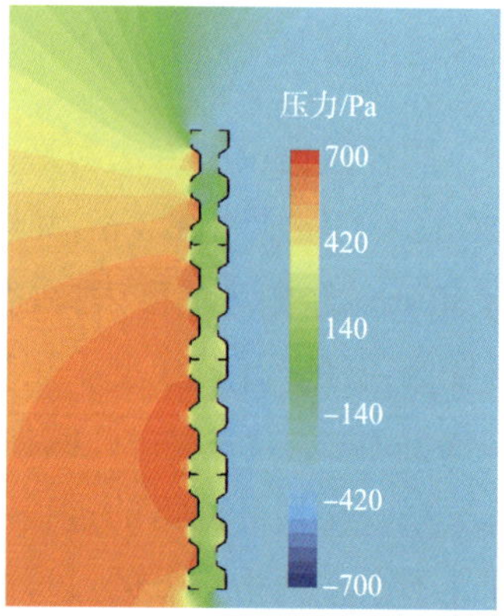

(c)双层异径风障压力场

图　8-35

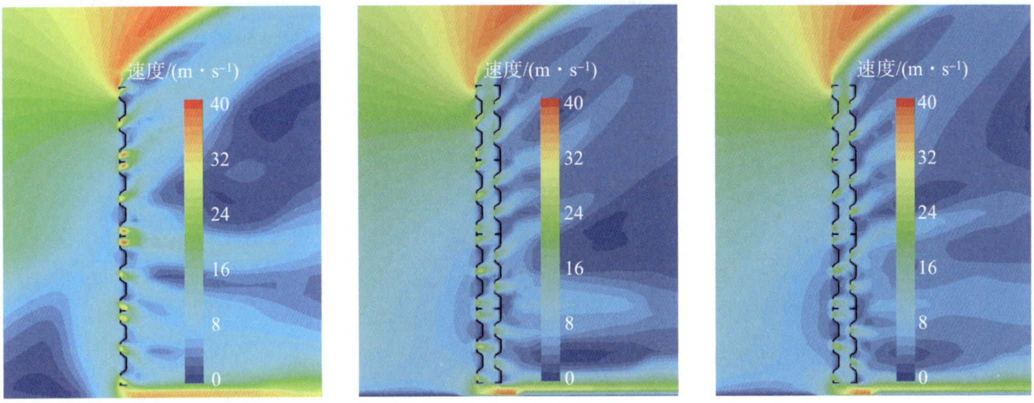

(d)单层风障速度场　　(e)双层等径风障速度场　　(f)双层异径风障速度场

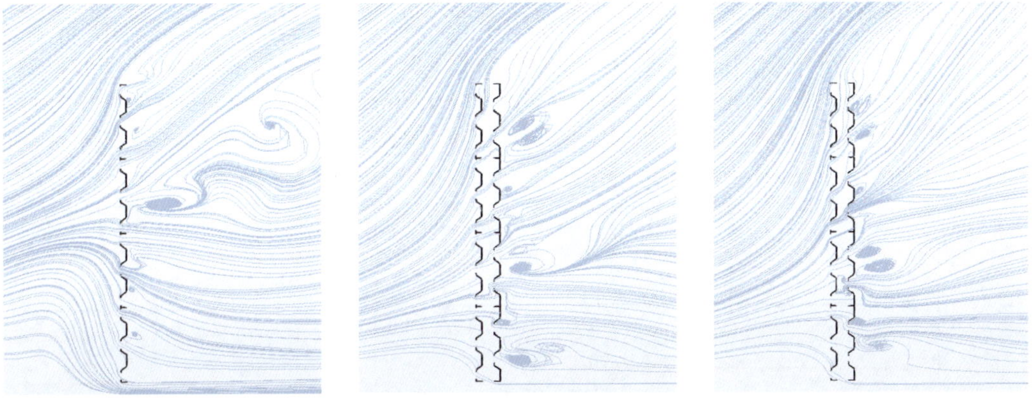

(g)单层风障附近流线　　(h)双层等径风障附近流线　　(i)双层异径风障附近流线

图 8-35　三种风障在横风作用下压力场、速度场及流线图

由图 8-35(g)～图 8-35(i)可知，气流流过单层风障之后在风障顶部和底部产生绕流，并穿过了风障面板的开孔，在背风侧形成了为数不多的小旋涡；气流流过双层风障之后在迎风板处发生了第一次流向改变，背风板处发生了第二次流向改变，在背风侧产生了很多旋涡以消耗横风的动能，且双层异径风障产生的旋涡更多。

8.3.3　风障气动荷载分析

风障在横风作用下会产生倾覆力矩，定义平行于风障面板方向，高度为零处为轴线，倾覆力矩系数 C_{la}定义如下：

$$C_{la}=\frac{M_x}{0.5qv_A^2A_cl}=\frac{M_x}{0.5qv_A^2(1-\varphi)Al} \tag{8-11}$$

式中，参数物理意义同前文。随着横风风速增加，腔室耗能型风障承受着越来越大的气动荷载，风障面板的压差阻力和倾覆力矩如图 8-36 所示。

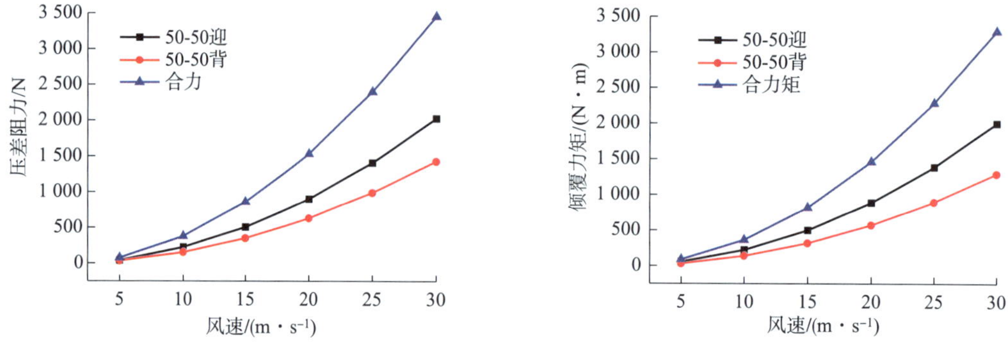

(a)压差阻力　　(b)倾覆力矩

图 8-36　双层风障前后面板的压差阻力与倾覆力矩随风速变化

由图 8-36 可知，风障承受的压差阻力与风速约成二次曲线关系。迎风板压差阻力和倾覆力矩均要大于背风板，随着风速增加，迎风板与背风板承受压差阻力之差也越来越大，相应的压差阻力系数与倾覆力矩系数变化情况如图 8-37 所示。

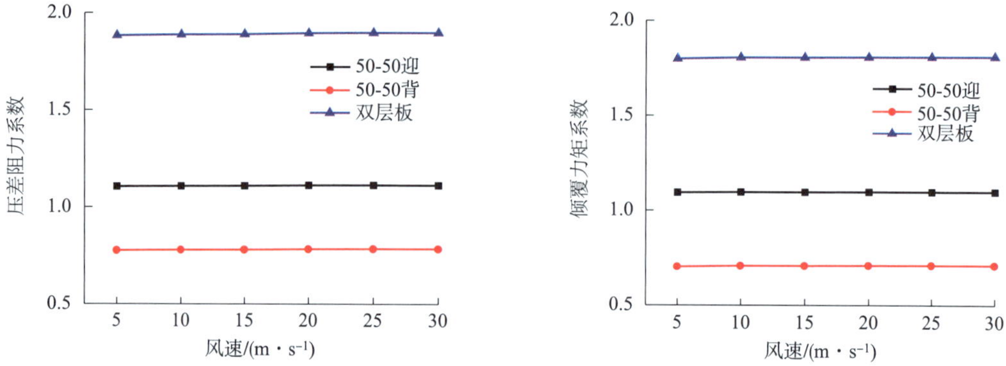

(a)C_D'随风速变化　　(b)C_{la}随风速变化

图 8-37　风障前后面板 C_D' 与 C_{la} 随风速变化

由图 8-37 可知，随着风速增加，阻力系数与倾覆力矩系数基本不变，说明流动处在阻力平方区，阻力系数受雷诺数的影响已经很小，影响风障挡风效果的因素主要为风障的结构形式，如腔室型风障的透风率、孔径比及腔室间距。

8.4　列车风与横风耦合作用下腔室型风障气动特性

高速列车在穿行大风环境中的风障区域时，风障同时受到列车风与横风的作用。与单因素作用的情况相比，风障在列车风与横风耦合作用下的气动特性即表面脉动压力以及腔室内、外流的状态会发生显著改变。

8.4.1 基于嵌套网格方法的列车运动模拟

嵌套网格一般由背景网格及一套包含运动体网格组成，如图 8-38 和图 8-39 所示。图中 R_1 表示背景域，R_2表示嵌套域，在 R_1 中只求解背景域中的网格，在 R_1 与 R_2交界处通过线性插值得到 R_2区域网格的数据，在 R_2域中只求解嵌套域中的网格。由此实现了背景网格与嵌套网格之间的数据交换，且 R_2可为任意形状，可实现对复杂运动体的计算。将 R_2添加运动特性，每个时间步求解之后，R_2的位置发生变化，R_1 和 R_2之间交界面会进行重构，再进行下一次的求解，以此实现复杂几何体的运动求解。

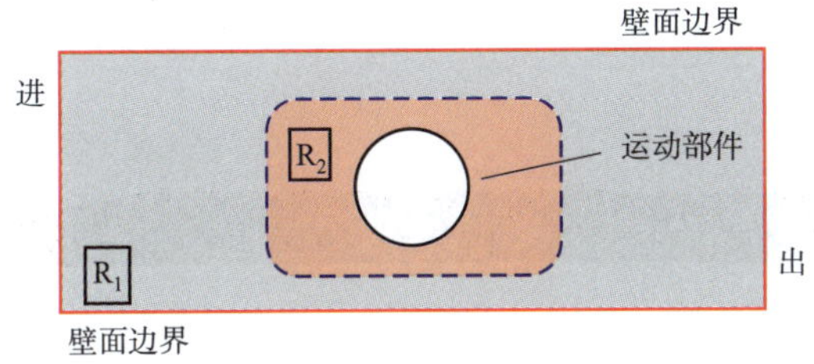

图 8-38　嵌套网格计算域示意

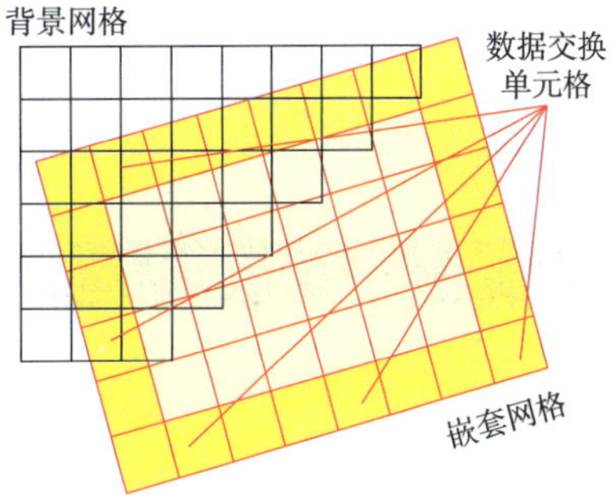

图 8-39　数据交换示意

在运用嵌套网格方法时，首先应实现嵌套网格与背景网格之间的联通性，该过程包含两步操作：一是挖洞，确定哪些单元格是激活的或者非激活的；二是寻点，确保每一个受体单元格均可以找到其相对应的供体单元格。

1. 挖洞

挖洞是将嵌套域与背景域耦合的一个关键步骤，通过嵌套交界面来实现。一个成功的耦合需要通过嵌套交界面来切割背景网格成为一个交界洞。挖洞流程了决定了所有的单元格在计算过程中是激活的还是非激活的。常用的挖洞方法有分层方法和全局方法两种，本书采用分层方法。

分层方法：沿着嵌套域的边界，软件自动识别并形成供体单元格的单元层，在紧邻供体单元层的背景区域中单元格成为受体单元格。这些单元格应该在嵌套域周边形成一个类似于水密容器的区域，在此层网格内的嵌套网格单元被激活，而背景网格单元则变为非激活单元。

2. 寻点

对于每一个受体单元格，必须找到它所对应的供体单元格。供体单元格的集合取决于所选择的内插值选项和受体单元格质心周边的供体域的网格数目。寻点方法有距离加权插值方法和线性插值方法，本书采用线性插值方法。

线性插值方法：通过使用生成的二维三角形网格或三维四面体切割体网格来定义供体单

元格的质心位置。线性插值方法可以确保插值的通量不发生重叠，这对于运动网格来说非常的重要。供体单元格选择也不是单一的，可以由受体单元格的质心来定义多于一个的三角形、四面体或切割体网格。对于在一个时间步内重叠区域的移动距离小于一个单元格大小时，线性插值仍是适用的，只需要重新定义插值因子，而不需要执行整个叠加装配的全过程。

8.4.2 风障气动荷载分析

由于列车中部截面保持不变，因此缩短的高速列车模型不改变列车周边的流场结构及脉动压力的基本特征，故采用三节车辆编组模型，即头车＋中车＋尾车，长度分别为 25.675 m、24.775 m 和 25.675 m。列车宽度为 3.265 m，高度为 3.89 m，头车和尾车均为流线形。风障采用腔室耗能型风障，开孔双层波纹板构造。模型及网格划分如图 8-40 所示，计算域如图 8-41 所示。

(a)高速列车

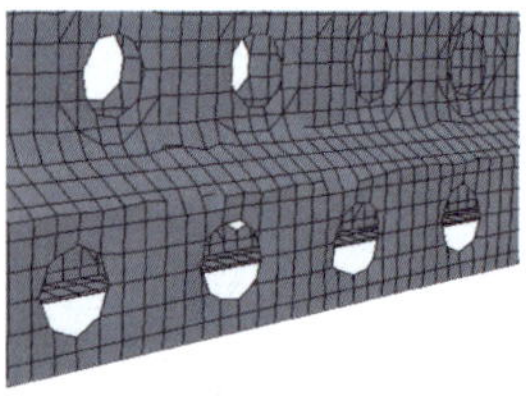

(b)风障局部网格

(c)风障整体网格

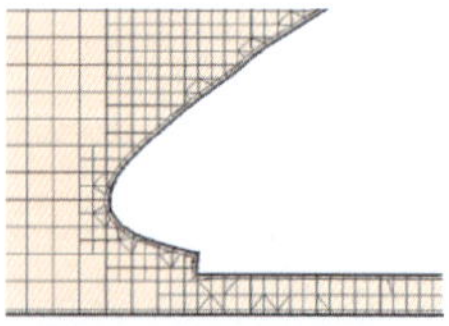

(d)列车与地面边界层网格

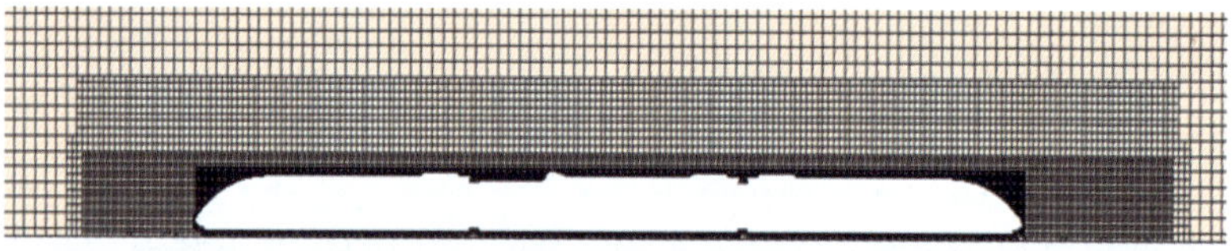

(e)列车周边网格加密区

图 8-40　几何模型及网格划分

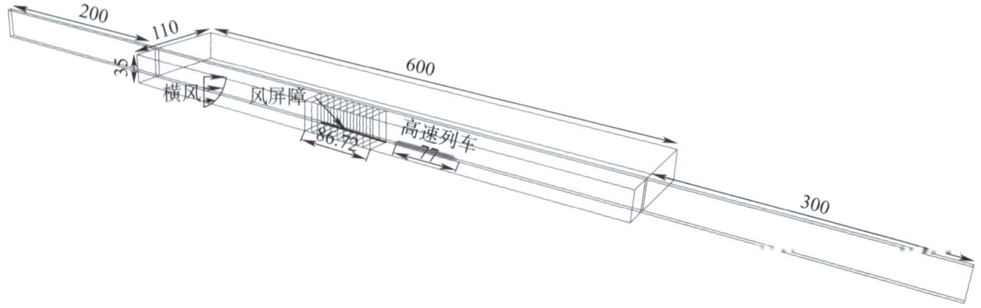

图 8-41　高速列车运动计算域(单位:m)

采用 Trim 网格，加密列车和风障周围等区域。在近壁面区采用壁面函数法，采用壁面函数法时，壁面附近划分网格只需将第一个内节点布置在对数律区域即湍流充分发展区内即可。为了保证边界层网格与主流区网格平滑衔接，列车表面和地面边界层设置为 6 层，近壁面第一层网格到壁面的距离均为 0.2 mm，增长率为 2.5，经过网格数量无关性验证，确定计算网格总量约为 1 400 万。

使用 RANS 方法的 SST k-ω 两方程湍流模型，扩散项采用二阶中心差分格式，对流项采用二阶迎风格式离散，经过反复试算，考虑计算精度及效率两个方面的因素，确定非定常计算的时间步长为 0.01 s，每个时间步内进行 20 次子迭代。通过监测列车气动力参数以保证每个时间步内的计算收敛。计算工况见表 8-7。

表 8-7　模拟计算工况

编号	风速/($m \cdot s^{-1}$)	车速/($km \cdot h^{-1}$)	风障形式
a	0,10,20,30	350	单层,双层
b	0,30	200,250,300,350	单层,双层

8.4.2.1　风障与列车周边流场特征

横风作用下风障的存在显著改变了列车周边的流场结构，但两种风障对流场的影响又有不同。图 8-42 和图 8-43 分别是单层风障与腔室型风障在只有横风、横风与列车风耦合作用两种情况下列车中部截面的流线图。

仅有横风作用时，一部分气流在风障上部绕过，另一部分气流穿过风障表面的圆孔，在风障表面及开孔附近形成一系列小旋涡，在风障背风侧，形成了大小不一的两个涡流。不同的是，腔室型风障由于腔室的存在，其内部和附近的小旋涡要远远多于单层风障。当横风与列车风同时作用时，单层风障背后的流场较为混乱，更多的流线作用在列车表面之后才改变其流向；而腔室型风障则在列车背后形成了较为稳定的流场，在列车与风障之间形成一个完整的旋涡，同时腔室风障内部与背风侧形成一系列小旋涡消耗掉横风与列车风的能量。

(a)横风作用下流场

(b)横风与列车风共同作用下列车中部截面流场

图 8-42　横风与列车风作用下单层风障绕流流场

（a）横风作用下流场　　（b）横风与列车风共同作用下列车中部截面流场

图 8-43　横风与列车风作用下腔室风障绕流流场

当列车经过风障区域时，对风障作用最剧烈的位置便是列车头部和尾部，图 8-44 是相应的列车车头和车尾处的速度矢量图。由图 8-44（a）可知，车头经过风障区域时，列车对周边空气进行挤压，形成垂直列车表面向外的流向，在风障区域处，列车风与横风形成对冲，一定程度上缓和了风障所受的气动荷载。由图 8-44（b）可知，车尾经过风障区域时，由于列车表面已形成负压区，周边的空气迅速补充到车尾周边，而在风障区域处，列车风与横风形成了叠加的效果，放大了风障所受的气动作用。

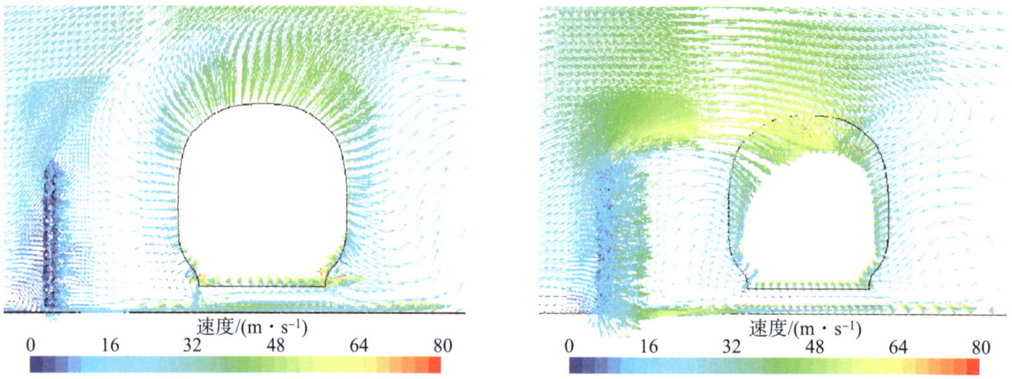

（a）头车正压区速度矢量图　　（b）尾车负压区速度矢量图

图 8-44　横风与列车风耦合作用下列车周边流场矢量图

在自然横风条件下，风障迎风面为正压，背风面为负压。列车进入风障区域后，头车、中车、尾车对风障形成了不同的气动冲击作用。列车风与横风作用相互耦合，形成了非常复杂的流场。以横风风速 30 m/s 工况为例，截取头车进入风障区域，全车进入风障区域以及尾车离开风障区域三个时刻中的压力云图，如图 8-45 所示，图中上方为列车鼻锥高度处横截面云图，下方为风障背横风侧压力云图。

由图 8-45 可知，列车头车进入风障区域时，车头到达的部位对风障形成了先正、后负的脉动压力，风障其余部分背风侧承受横风的负压作用，列车风正压与横风压力形成了相互抵消的作用。当列车全车进入风障区域时，头车仍对风障形成先正压后负压的脉动压力，而尾车气流则与自然横风作用相叠加，对风障形成了较强的负压作用。当列车驶离风障区域时，车尾的负压与横风的负压相叠加，对风障形成了面积较大的较强负压，该负压区随着列车的运动而前移。

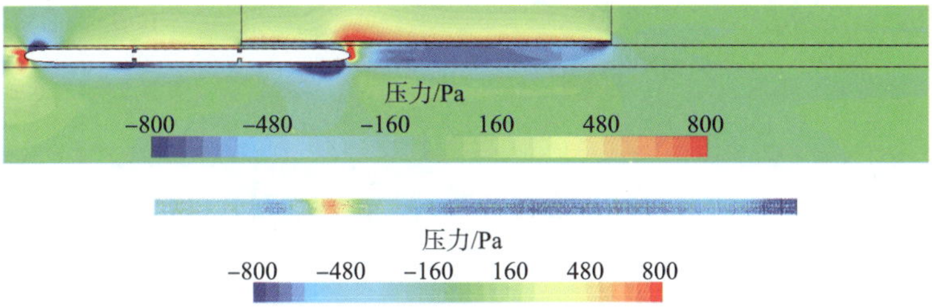

(a)列车头车进入风障区域时脉动压力云图

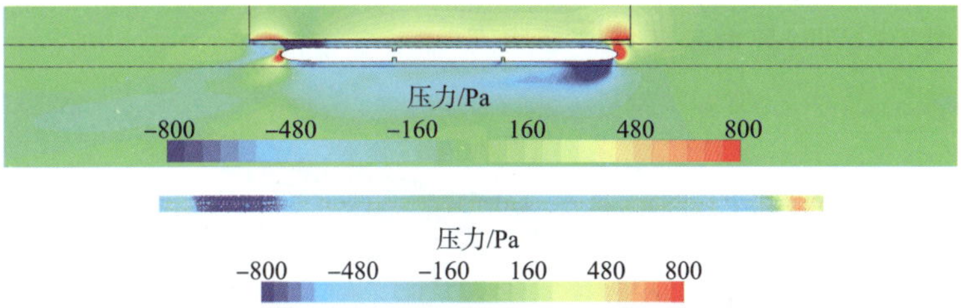

(b)列车全车进入风障区域时脉动压力云图

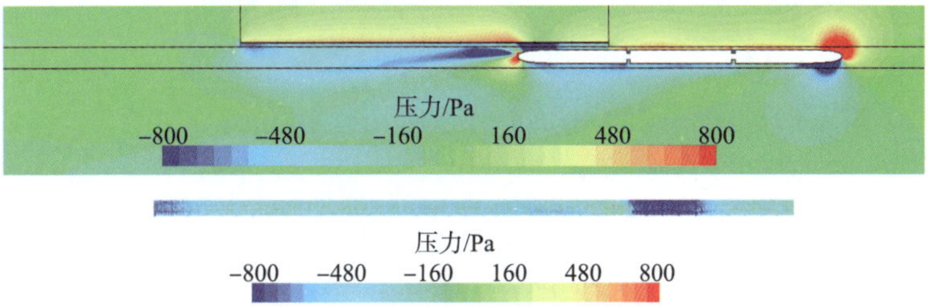

(c)列车尾车驶出风障区域时脉动压力云图

图 8-45　横风下高速列车对风障脉动冲击过程压力云图

为更直观地显示车头和车尾对风障的冲击作用，截取了车头和车尾经过风障区域时的压力云图，如图 8-46 所示。由于头车对空气的挤压，在车头前侧方的风障区域产生了正压力，而横风作用会抵消部分正压力；尾车附近因周边空气迅速补充到列车周围，在尾车经过的风障区域形成较强的负压区。

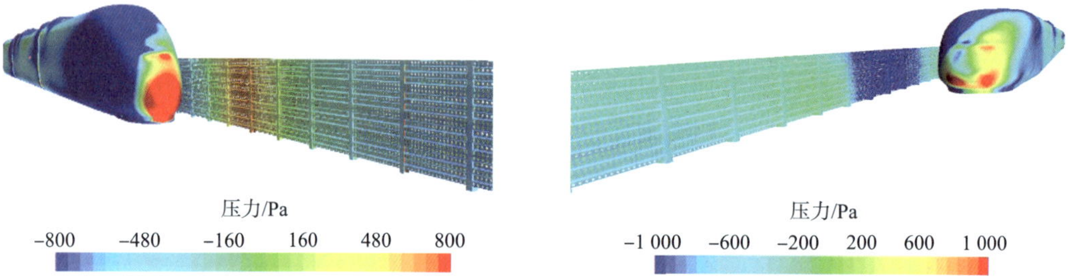

(a)车头对风障形成的脉动压力　　(b)车尾对风障形成的脉动压力

图 8-46　列车进入和离开风障区域时形成的脉动压力云图

8.4.2.2　单、双层风障气动荷载对比

为分析横风与列车风共同作用下风障两侧压力分布，在风障中部截面两侧各布置 11 个测点，以监测每个测点压力随时间变化，如图 8-47 所示。监测点 P_5 和 P_{16} 分别监测风障外侧(迎风面)和内侧(背风面)鼻锥高度处脉动压力。

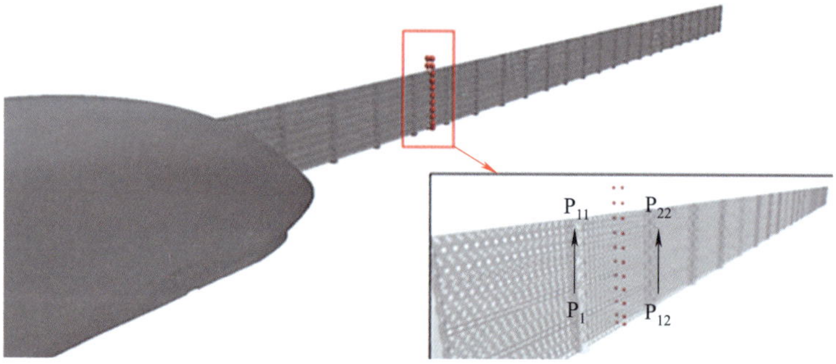

图 8-47　风障两侧压力监测点

1. 横风对脉动压力影响

图 8-48 为不同横风风速条件下列车以时速 350 km 驶入和驶离风障区域过程中 P_5 和 P_{16} 点的脉动时变曲线。

风障外侧压力在某个平均值附近波动，头车波与尾车波形成了“正—负—负—正”的压力脉动，且以正压为主。同时，风障内侧压力脉动依然呈现了“正—负—负—正”，与外侧压力不同的是，此时只在头车和尾车部位形成了较为短暂的正压，而大部分压力脉动处在负压区，头车波的正压受横风影响较小，而尾车波的负压则受横风影响较大。随着风速的增加，头车波逐渐增大，但变化幅值并未明显增大；尾车波在风障外侧的压力幅值变化不大，P_{16} 点的压力幅值有明显增加。

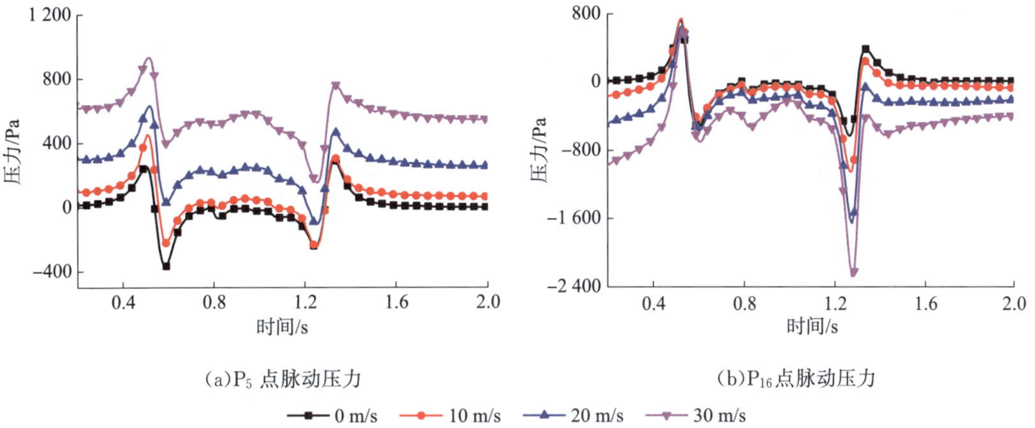

(a) P_5 点脉动压力　　(b) P_{16} 点脉动压力

图 8-48　不同横风风速下风障内外侧监测点脉动压力

2. 列车车速对脉动压力影响

图 8-49 为横风风速 0 m/s 和 30 m/s，车速 200 km/h、250 km/h、300 km/h、350 km/h 时风障内外两侧的脉动压力变化曲线。无横风时，风障内外两侧只承受列车风的冲击作用。车速越高，脉动压力的峰值越大，压力的变化幅度越大，压力波峰与压力波谷的间隔时间也越短。横风为 30 m/s 时，风障两侧承受更为复杂的气动冲击。在风障外侧，由于横风占据了主导作用，风障外侧以正压为主，并随着列车的前进而产生波动；而在只有横风作用时，风障的内侧已经形成了负压区，而列车驶入风障区域后，头车波与横风风致压力相互抵消，在一定程度上减小了风障表面的受力；而尾车波则与横风形成的负压相互叠加，进一步放大了横风作用，负压峰值达到了－2 285. 8 Pa，远超过了仅有横风和仅有列车风时的压力峰值，对风障的安全稳定性构成威胁。随着车速的增高，横风与列车风耦合作用下的脉动压力值更大，变化幅值更大，变化时间也更短。

对于单层风障，在只有列车风的作用下，风障所受的气动荷载呈现“负—正—正—负”的变化趋势，并且在头车波和尾车波附近出现了两个较为明显的峰值；当横风和列车风共同作用时，风障在初始时刻已经承受了横风作用下的气动荷载，而随着列车进入风障区域，风障面板的气动荷载随着列车风引起的冲击波发生了明显的变化，头车波与横风耦合降低了风障面板的气动荷载，尾车波则与横风叠加放大了风障面板的气动荷载。

对于腔室型风障，图 8-50 给出了迎风板与背风板的气动荷载时变曲线，随着列车驶入和驶离风障区域，腔室型风障的迎风板和背风板所受气动荷载的变化趋势与单层风障的基本相同。但所受气动荷载的峰值已明显减小，迎风板的约为单层风障的 3/5，而背风板的约为单层风障的 2/5。

可见，腔室型风障前后面板所受到的气动荷载均明显小于单层风障受到的气动荷载，加之腔室型风障具有相对稳定的空间封闭结构。因此，腔室型风障具有更好的结构稳定性。

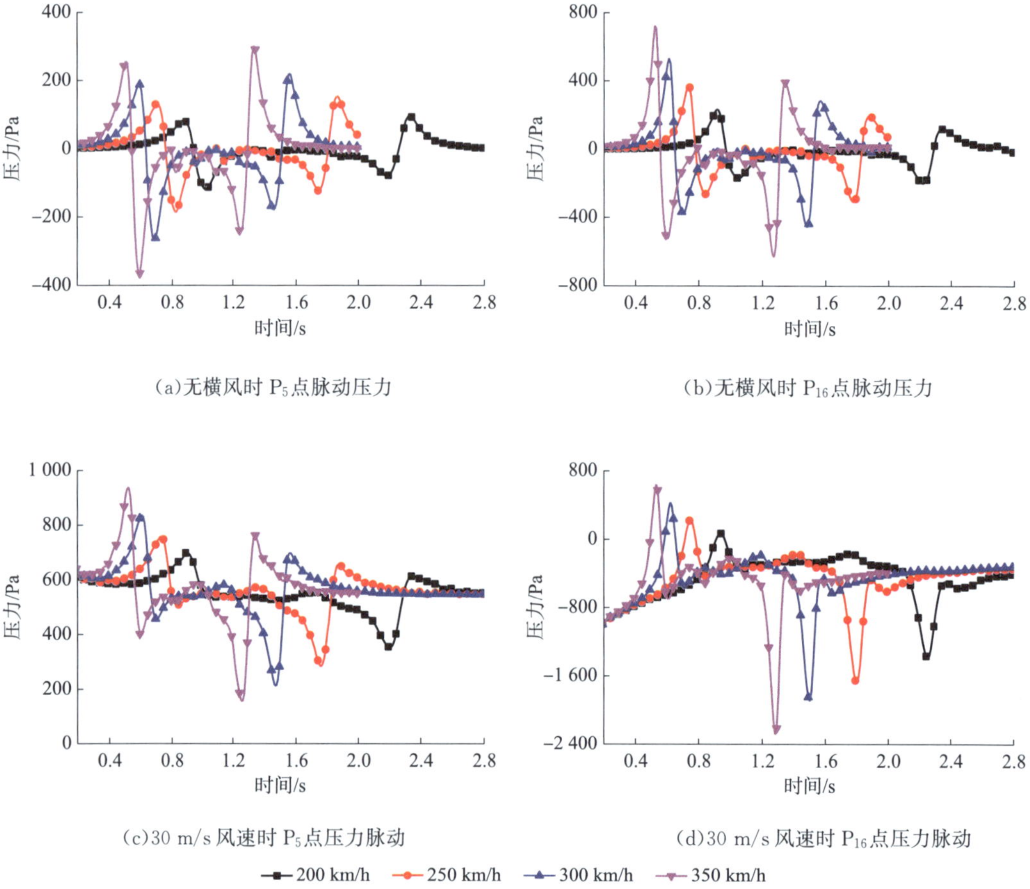

(a)无横风时 P_5 点脉动压力

(b)无横风时 P_{16} 点脉动压力

(c)30 m/s 风速时 P_5 点压力脉动

(d)30 m/s 风速时 P_{16} 点压力脉动

图 8-49　不同列车车速下风障内外侧压力脉动

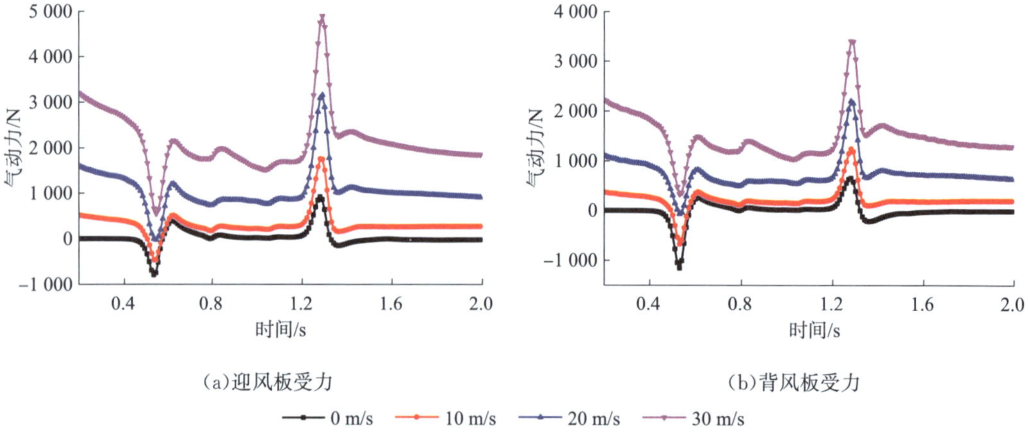

(a)迎风板受力

(b)背风板受力

图 8-50　不同风速下双层风障前后面板的气动荷载

8.4.3　风障气动荷载频域特性

横风与列车风的耦合脉动压力是时间的非周期性离散函数，满足傅里叶积分定理，通过快速傅里叶变换可以得到其频域特性，从而更好地分析其振幅特性，如图 8-51 所示。脉动压力的振幅频谱主要峰值频率集中在 0～15 Hz 范围内。在此范围内，随着频率的增加，振幅频谱峰值迅速衰减至最大峰值的 1/10 甚至更低，说明由横风和列车风耦合形成的脉动压力的频率值较低，且随着车速的增加，振幅频谱峰值波动的频率范围变大。

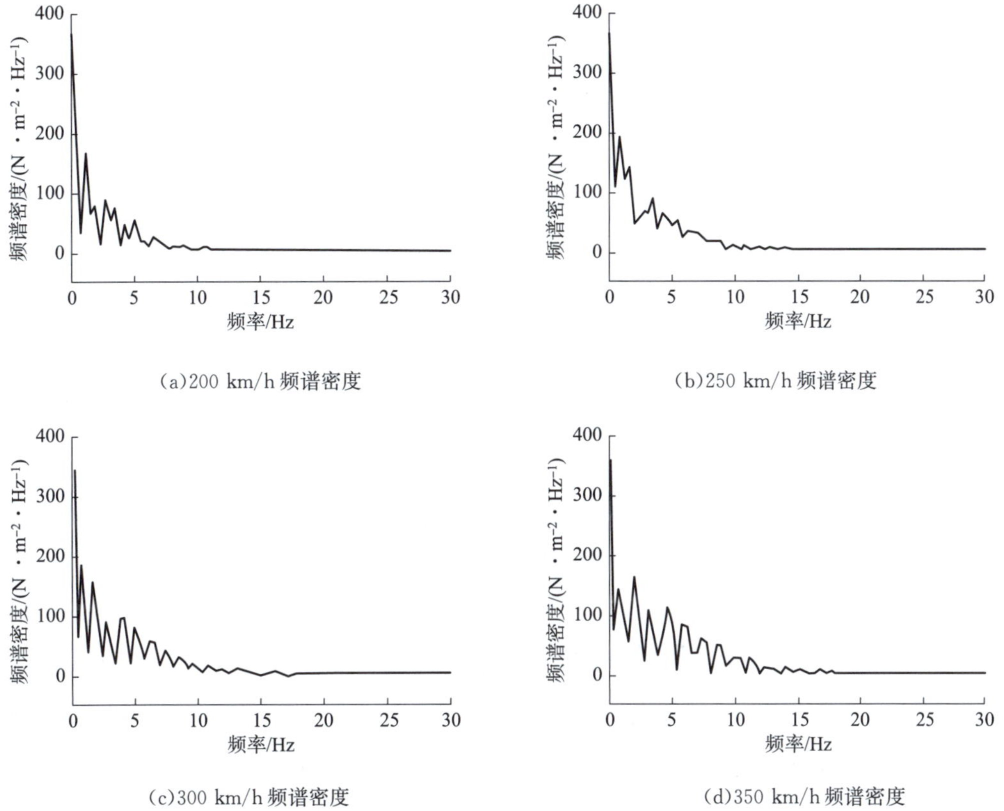

(a)200 km/h 频谱密度　(b)250 km/h 频谱密度

(c)300 km/h 频谱密度　(d)350 km/h 频谱密度

图 8-51　不同车速下横风与列车风耦合脉动压力的频谱密度

根据 Parseval 定理，信号傅氏变换模的平方被定义为能量谱，能量谱密度在时间上平均即得到功率谱。从能量贡献角度看，需计算脉动压力的时域随机信号的功率谱，图 8-52 给出了功率谱密度。

由图 8-52 可知，功率谱密度峰值分为主频和次频，分别集中在 0～5 Hz 和 5～15 Hz 范围内，脉动压力的能量集中在该频率范围之内，随着车速增加，次频范围增加。功率谱密度表征了脉动压力能量与频率的关系，若所对应的频率值与系统固有的频率值耦合，则会对行车安全造成更大的威胁。

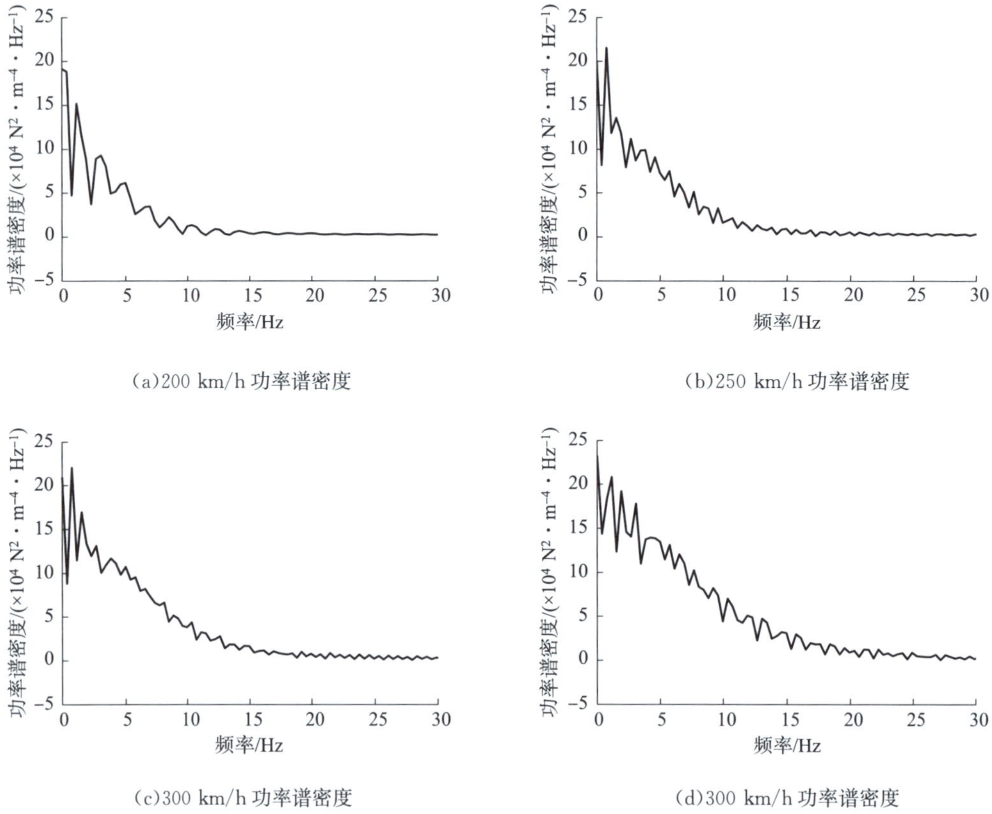

(a)200 km/h 功率谱密度

(b)250 km/h 功率谱密度

(c)300 km/h 功率谱密度

(d)300 km/h 功率谱密度

图 8-52 横风与列车风耦合的脉动压力功率谱密度

8.5 高速列车会车作用下风障气动特性

本节中引入嵌套网格方法对会车工况下风障表面气动压力特性进行模拟计算。采用双向对开的三节编组 CRH3 型高速列车模型，忽略受电弓和转向架等构件，车长 77 m，模型同前。将计算域划分为两个区域，左侧为风障域，右侧为列车域，计算域总尺寸为 500 m×75 m×35 m，如图 8-53 所示。

风障采用腔室耗能型风障，总长 86.72 m，共 40 个风障单元。计算网格采用 Trim 切割体网格，在风障周围和列车周围对网格进行加密，两组列车模型作为嵌套域放入整体计算域中，网格总量约 2 350 万，局部网格如图 8-54 所示。

嵌套网格方法在模拟多个运动体、计算效率等方面均具有很大的优势，因此继续使用嵌套网格方法对列车在风障区域交会运行的场景进行数值模拟计算。采用同样的列车和风障模型，使用嵌套网格方法可以适当减小计算域的尺寸。

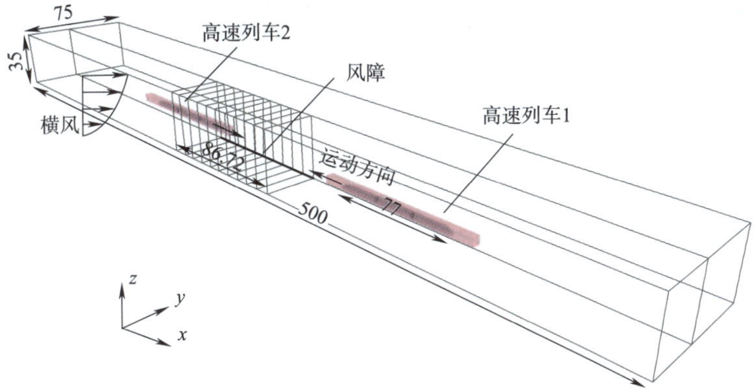

图 8-53　高速列车会车运行计算域(单位:m)

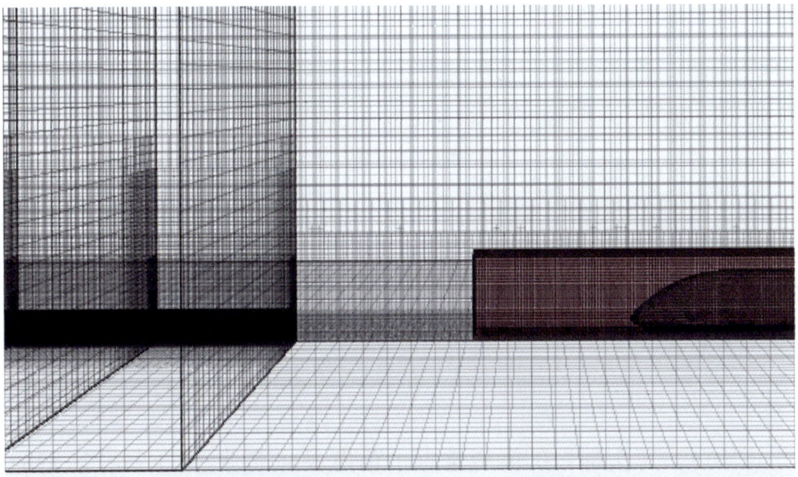

图 8-54　高速列车会车运行计算网格

8.5.1　列车交会时风障冲击压力及流场结构

选取列车时速 350 km,无横风和风速为 30 m/s 两个计算工况,分别作出列车鼻锥高度处计算域横截面的压力云图,选取了列车车头交会、车身交会和车尾交会的三个时刻,交会压力云图如图 8-55 所示。由于列车表面对周边空气的快速挤压,在头车部位形成了先压缩后膨胀的压力场特征,在尾车部位形成了先膨胀后压缩的压力场特征。在无横风作用下,列车头波的压力场呈现沿列车长度方向左右对称的特征;在横风作用下,列车周边压力分布则发生了明显的改变,呈现出迎风一侧的正压增大,而背风侧的负压增大的特征。

选取列车交会的中间时刻,风障及两组列车的纵向剖面流线如图 8-56 所示。在列车与风障之间,列车与列车之间以及列车背风侧均形成了不同数量的旋涡,而在负压区旋涡的数

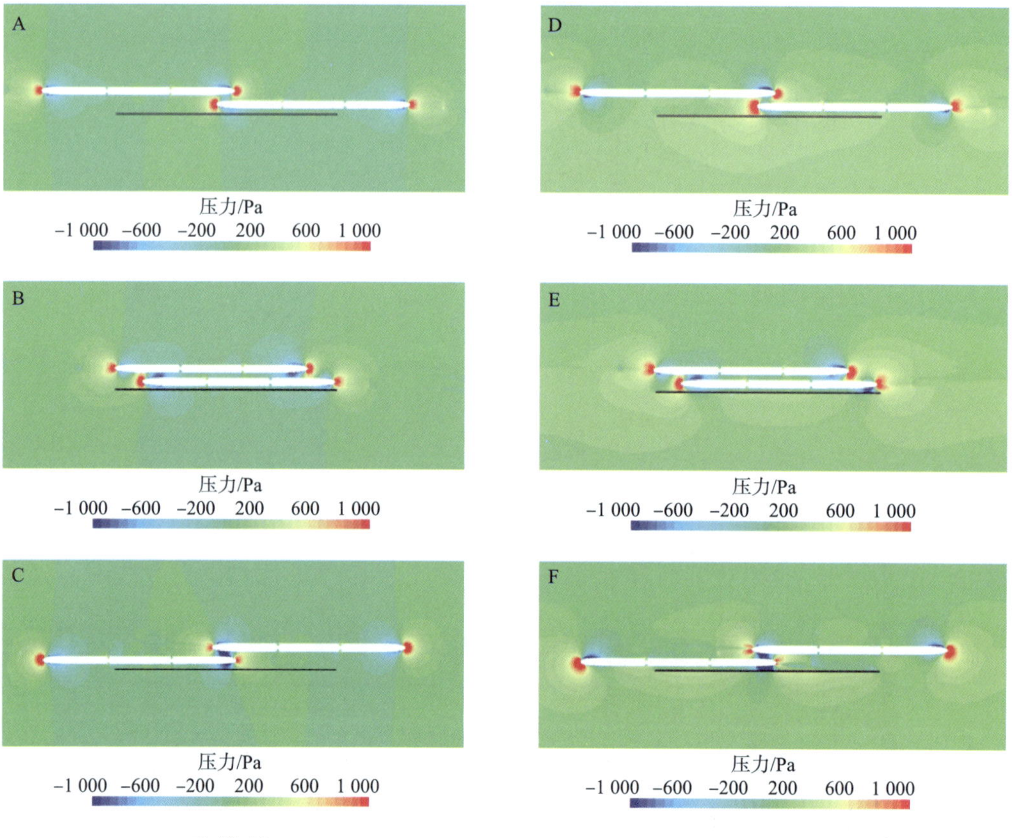

(a)无 横 风　　　　(b)30 m/s 风速

图 8-55　列车交会过程对风障冲击的压力云图

量要明显多于正压区。车头部位的流线垂直于车体表面向外，而车身背风侧的流线更多以旋涡的形式存在，说明此处的流场更加混乱。

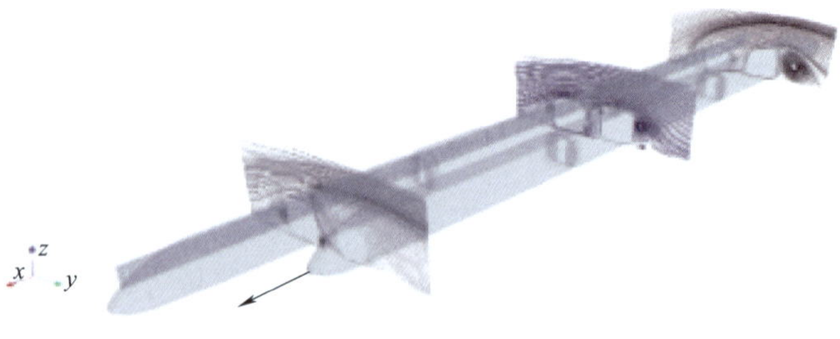

图 8-56　列车交会时三个截面流线图

同时，给出此三个截面的速度矢量图，如图 8-57 所示。在横风作用下，一部分气流通过风障开孔到达背风侧，另外一部分气流在风障上部形成绕过。而列车通过时，对周边空气形成挤压，改变了风障周边的速度场，车头部位主要形成了垂直于车体表面向外的速度矢量，此速度方向与横风方向互相对冲，抵消了一部分横风对风障的气动压力。

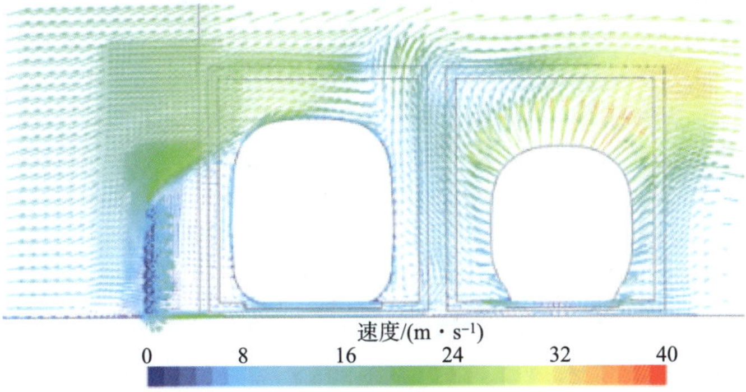

(a)截面 1 速度场

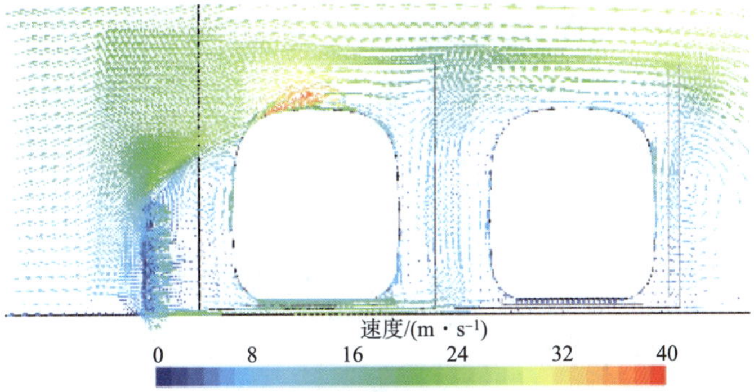

(b)截面 2 速度场

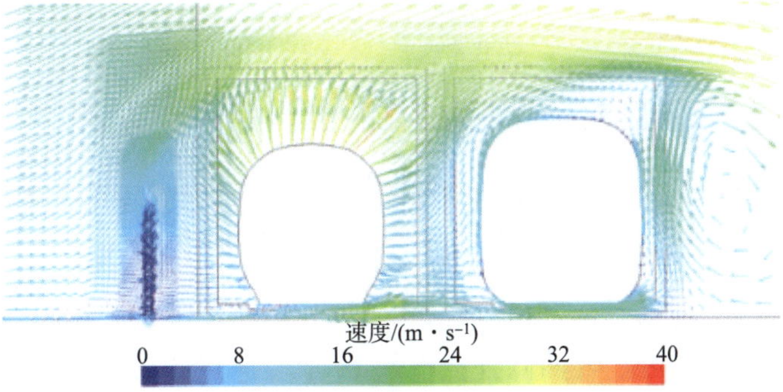

(c)截面 3 速度场

图 8-57　列车交会气流速度矢量图

三个时刻风障表面压力分布如图 8-58 所示，当列车进入风障区域时，在车头经过的部位，风障表面承受了先正压后负压的气动荷载，且此气动荷载成片状分布，正压与负压的间距非常小；随着列车全车进入风障区域中，此气动荷载随着列车运动而迅速前移，在车尾部位形成了先负压后正压的气动荷载；同样，车尾产生的气动荷载随着列车前行而迅速前移。在整个过程中，风障的每一个部位均承受了列车头部及尾部产生的气动压力，且此压力在极短时间内产生两次换向。

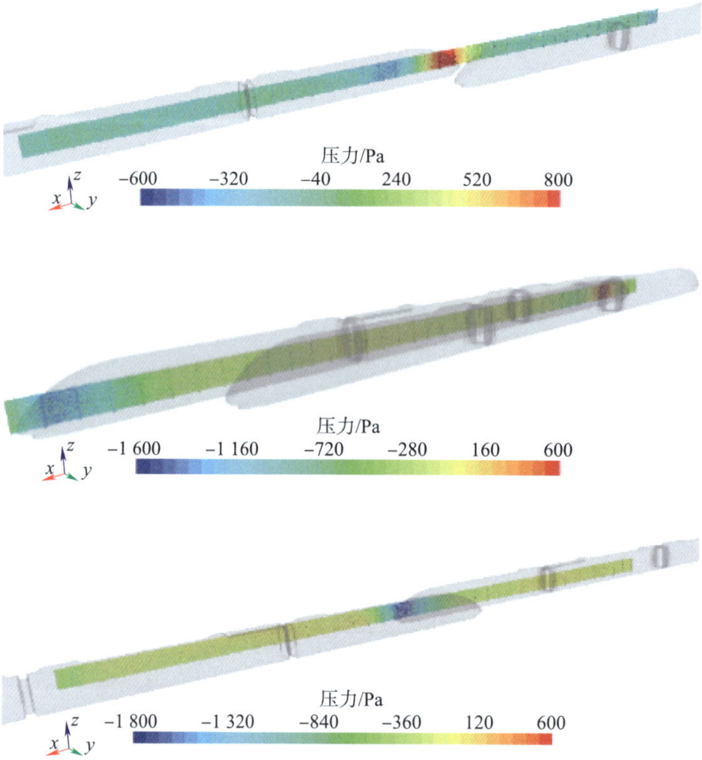

图 8-58　风障表面压力云图

8.5.2　不同车速与风速交会时风障气动冲击作用

高速列车会车时在风障表面产生的交会压力波及其变化率是分析风障气动特性的重要参量。假定列车速度为 200 km/h，250 km/h，300 km/h，350 km/h 及 400 km/h，无横风作用时，风障仅承受了列车风的气动荷载；有横风作用时，风障承受了横风与列车风耦合的气动荷载。在风障中部截面的内外两侧分别布置 11 个监测点，监测风障表面气动压力变化，参见图 8-47。

分别选取与列车鼻锥同高度的 P_5 点和 P_{16} 点作为典型代表点，作出气动压力随车速的变化曲线，如图 8-59 所示。由图 8-59 可知，当高速列车通过风障区域时，对监测点出形成了“正—负—负—正”的脉动压力，随着车速的增高，气动压力的幅值逐渐增大，换向时间减小，变化率逐渐增大。在没有横风条件下，风障内侧监测点只承受列车风引起的脉动压力，头车波作用要大于尾车波；在有横风的条件下，风障内侧由于横风作用已经形成了负压区，此时列车高速驶过，列车风的作用与横风的作用相互叠加，头车波正压被减弱，而尾车波负压则被放大，最大负压值达到了－2 934.6 Pa。

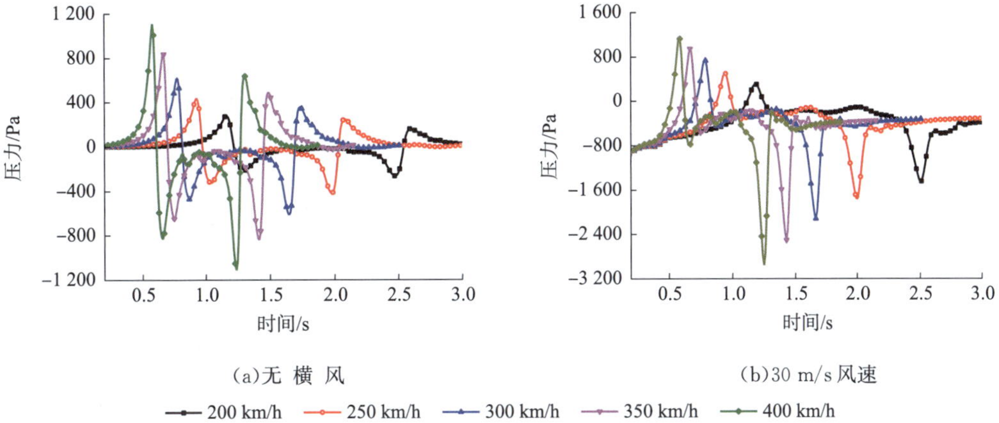

(a)无　横　风　　　(b)30 m/s 风速

图 8-59　不同车速下 P_{16} 点压力时程曲线(风障内侧)

同样取风障外侧 P_5 监测点，作出其在列车行驶过风障区域时压力时程曲线，如图 8-60 所示。在无横风条件下，监测点仅承受了列车风作用，压力变化趋势与风障内侧相同，只是幅值已经衰减至风障内侧 1/3 左右；在有横风条件下，风障外侧在横风作用下已经形成正压区，列车风所携带的正压波被放大，而负压则被减小，总体呈现在已有横风形成的正压值为基本值而上下波动的趋势。

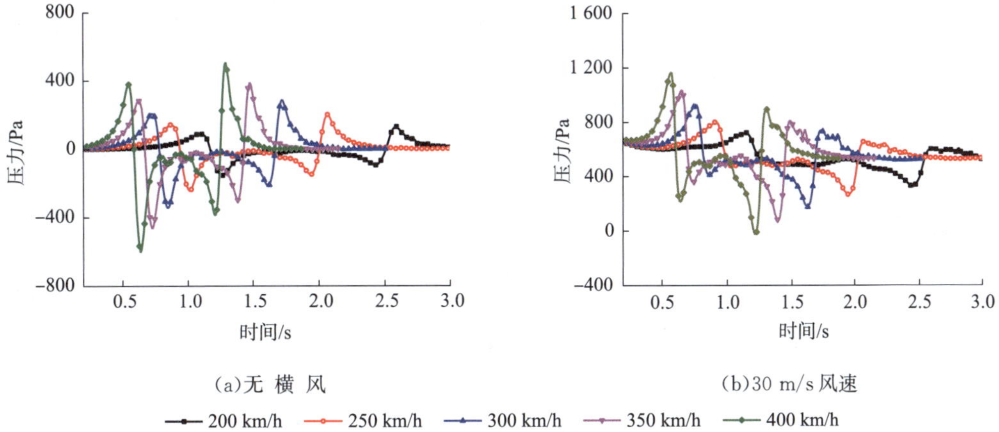

(a)无　横　风　　　(b)30 m/s 风速

图 8-60　不同车速下 P_5 点压力时程曲线(风障外侧)

取列车车速 350 km/h 为典型工况，列出风障内侧在有无横风作用下监测点压力值随高度的变化情况，见表 8-8。随着高度增高，列车四个压力波峰值发生小幅值变化，但差距并不大，这也印证了上一节的压力云图，说明列车风引起的脉动压力是呈片状快速向前推进的，风障由下到上的各个部位均承受了此脉动压力。

表 8-8　脉动压力峰值随高度变化情况/Pa

高度/m	无横风				有横风(30 m/s)			
	头车波峰	头车波谷	尾车波谷	尾车波峰	头车波峰	头车波谷	尾车波谷	尾车波峰
0.10	777.16	−600.70	−826.18	504.06	942.91	−579.36	−2 403.60	−369.11
0.25	863.07	−617.63	−852.76	520.35	955.56	−607.44	−2 517.58	−355.28
0.50	871.22	−637.29	−841.99	514.74	947.42	−607.36	−2 469.93	−356.77
0.75	862.97	−649.57	−851.02	507.27	943.34	−600.58	−2 482.62	−339.41
1.00	841.99	−647.41	−840.78	490.29	943.05	−584.37	−2 457.65	−327.01
1.25	817.31	−648.81	−853.36	475.36	926.26	−579.45	−2 625.14	−286.95
1.50	776.22	−635.28	−839.36	441.67	918.02	−542.63	−2 620.08	−218.17
1.75	725.67	−622.53	−844.06	395.42	898.15	−529.03	−2 639.24	−139.64
2.00	628.84	−614.85	−849.39	359.65	878.28	−512.32	−2 578.24	−74.30
2.25	435.94	−600.53	−716.99	346.34	851.23	−506.19	−2 382.36	−23.23
2.50	445.39	−574.43	−580.09	367.44	826.02	−308.78	−1 758.28	74.23

依然选取 P_5 和 P_{16} 作为典型监测点，作出在不同横风风速下高速列车以 350 km/h 车速通过时压力时程曲线，如图 8-61 所示。在风障外侧，随着横风风速的增大，监测点的脉动压力值逐渐增大，列车风引起的脉动压力在横风产生的正压值上下波动，且风速越高，增长率也越大；在风障内侧，由于横风作用已经形成了负压区，但列车风作用下，监测点的脉动压力值并不在此负压均值上下波动，而是头车所携带的正压与此负压相对冲，抵消一部分列车头部的冲击能量，尾车所携带的负压则放大了风障背后的负压，此时脉动压力绝对值最大。

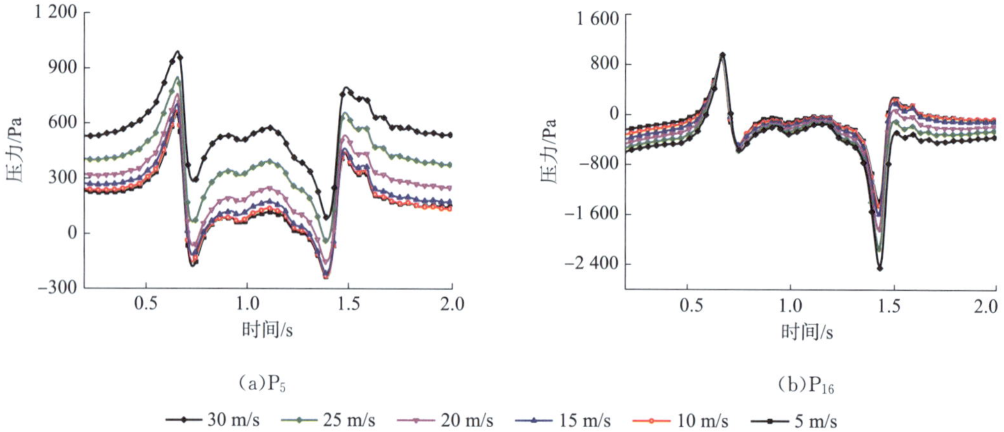

图 8-61　不同横风风速下风障内外监测点压力时程曲线

由于列车表面对周边空气的快速挤压，在头车部位形成了先压缩后膨胀的压力场特征，在尾车部位形成了先膨胀后压缩的压力场特征。在无横风作用下，列车头波的压力场呈现沿列车长度方向左右对称的特征；在横风作用下，列车周边压力分布则发生了明显的改变，呈现出迎风一侧的正压增大，而背风侧的负压增大的特征。

同时，关注交会压力波峰值与车体的相对位置关系。在风障内侧列车鼻锥高度处取 1 000个监测点，作出脉动压力随位置的变化曲线，得到高速列车与压力波峰值的相对位置关系，如图 8-62 所示，具体坐标值见表 8-9。

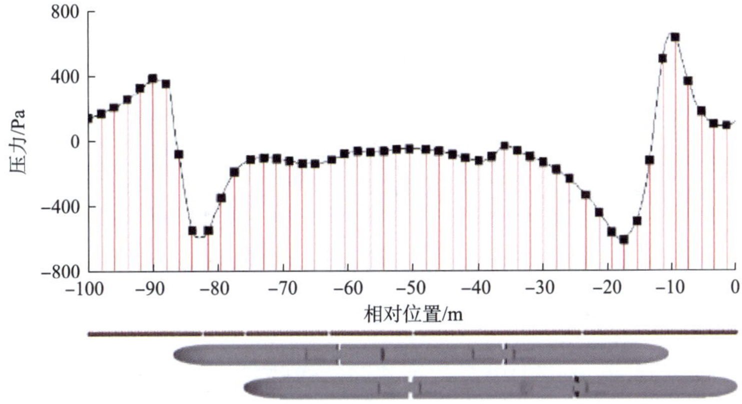

(a)列车风作用下风障内侧压力分布

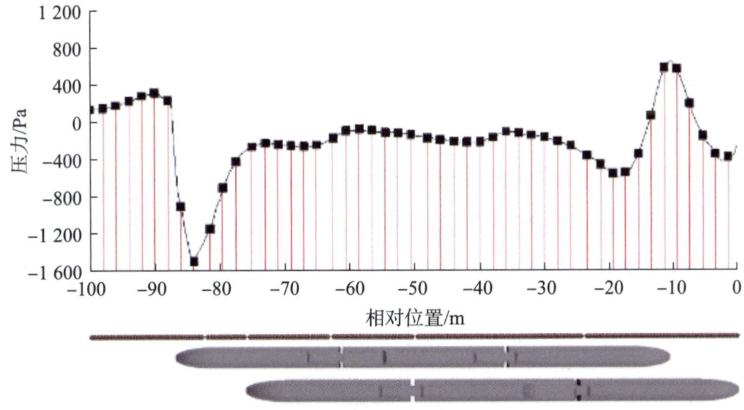

(b)横风与列车风共同作用下风障内侧压力分布

图 8-62 列车脉动压力波峰值与车体的相对位置关系

表 8-9 压力峰值位置与车体位置坐标值/m

项 目	车头鼻锥	头车波峰	头车波谷	车尾鼻锥	尾车波谷	尾车波峰
无横风	−10.5	−10.2	−17.5	−87	−82.5	−89.9
有横风	−10.5	−10.5	−18.3	−87	−83.9	−89.8

由图 8-62 可知，列车风所引起的脉动压力峰值均产生在列车头车鼻锥和尾车鼻锥附近位置。其中，头车波峰距头车鼻锥距离最近，在鼻锥前 0.3 m 左右，头车波谷距鼻锥约 7 m；尾车所携带的压力波峰值距车体较远，尾车波谷距鼻锥为 4.8 m，尾车波峰距鼻锥为1.8 m。在横风作用下，列车风的压力峰值均向后移动。在两种条件下，列车产生的气动冲击正压值在车体长度范围之外，负压值在车体长度范围之内，正压值距鼻锥较近，而负压值距鼻锥相对较远。

8.6 不同线路形式下风障气动特性

由于风障的密集开孔结构特性导致计算网格数量偏大，本节中只使用五个单元的风障来进行计算，不仅可以有效降低网格数量，提高计算效率，还可以对不同位置处风障气动荷载进行对比分析。

8.6.1 风障气动荷载分析

分别选取平地路基、高路堤和桥梁三种不同的线路形式，如图 8-63 所示，其中高路堤高度为 6 m，桥梁高度为 15 m，断面均选用铁路设计规范中的标准断面尺寸，但简化了轨道挡砟墙等结构。在线路左侧即迎风侧安装了五个单元的腔室耗能型风障，并对风障模型进行编号，如图 8-64 所示，重点关注迎风方向 001、005 和 009 号板，以及背风风向 002、006 和 010 号板的气动荷载值。车速为 350 km/h，横风风速为 30 m/s。

提取头车正压峰值与尾车负压峰值时刻列车及风障周边压力云图，如图 8-65～图 8-67 所示。列车行进过程中携带的“正—负—负—正”脉动压力波作用在线路两侧的风障上，在横风作用下，明显改变了列车周边的压力场分布，同时也改变了风障的气动荷载时频特性，由于本节主要考虑不同线路形式对风障气动荷载的影响及不同位置处风障的气动荷载对比，故不再对此压力波变化情况进行赘述。

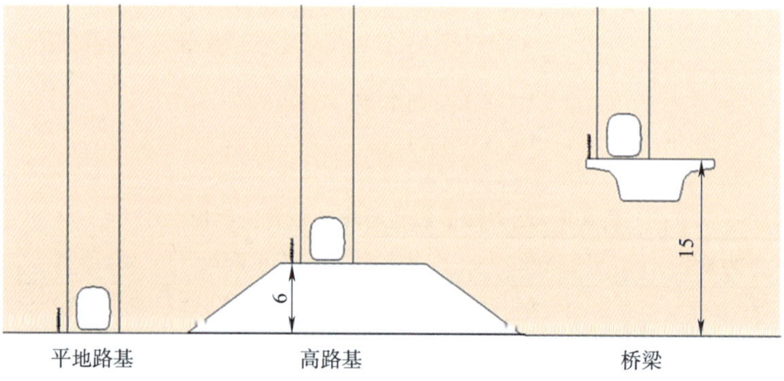

图 8-63　不同线路形式示意(单位：m)

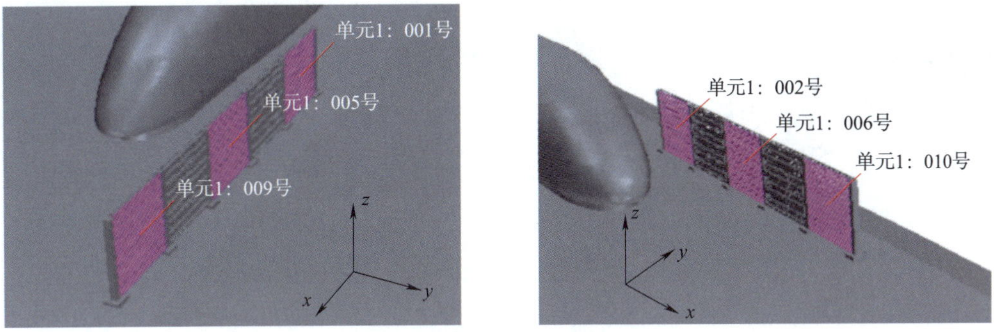

图 8-64　风障几何模型编号

由图 8-67 可知，不同线路形式上形式的列车，在无横风条件下，由于风障只承受了列车风的气动荷载，故随不同的线路形式几乎没有变化，而在有横风条件下，由于横风的存在，显著改变了风障与线路两侧的流场结构，如平地上横风一部分气流进入腔室内部并穿过风障，而另一部分在风障上部绕过；但是在高路堤上，横风气流顺着路基边坡形成向上的流向，并在风障处形成聚集效应；而在桥梁线路条件下，横风气流一部分在桥梁断面下侧绕过，同样形成了不一样的绕流流场，具体不同线路形式下，风障中间位置 005 号板与 006 号板的气动荷载阻力系数如图 8-68 所示。

由图 8-68 可知，在不同线路形式下，风障的气动荷载变化趋势是比较类似的，但是幅值却有不同，安装在高路堤上的风障要承受更大的横风与列车风耦合气动荷载，而安装在平地和桥梁上的风障则气动荷载较为接近，但是桥梁上风障的气动荷载要略大于平地上的风障。原因是在高路堤的线路形式下，横风遇到路基边坡改变流向，下部的横风与上部的横风汇合共同作用在风障表面，故此种线路形式下风障的气动荷载是最大的；而安装在平地和桥梁上的风障，则是由于地面存在摩擦效应，导致近地面处风障的气动荷载要小于高处桥梁上风障的气动荷载。

风障模型共安装了五个单元的风障，由于横风作用下各风障板所在位置处风场结构并不相同，以及列车在进出风障时，自身压力波对风障气动冲击作用也不完全相同，因此本节还分别对此六块风障板在有无横风作用时气动荷载进行了对比，结果如图 8-69 所示。

由图 8-69 可知，在无横风情况下，以头车正压和尾车负压为例，005 与 006 号风障板，即中间位置处风障，所承受的气动荷载均要大于两侧的风障板；而在风障迎风侧，入口处风障板气动荷载要大于出口处；在风障背风侧，则是出口处气动荷载值更大一些。在有横风情况下，风障在初始时刻已经承受了横风的气动荷载，列车通过时，风障气动荷载随着列车脉动压力而产生波动，此时，在风障迎风侧与背风侧，均是风障出口处承受了更大的气动荷载；在列车头车正压作用下，由于横风和列车风作用相抵消，中间位置处风障的气动荷载绝对值减小最为明显；在尾车负压处，则是风障出口处气动荷载绝对值的增大最为明显。

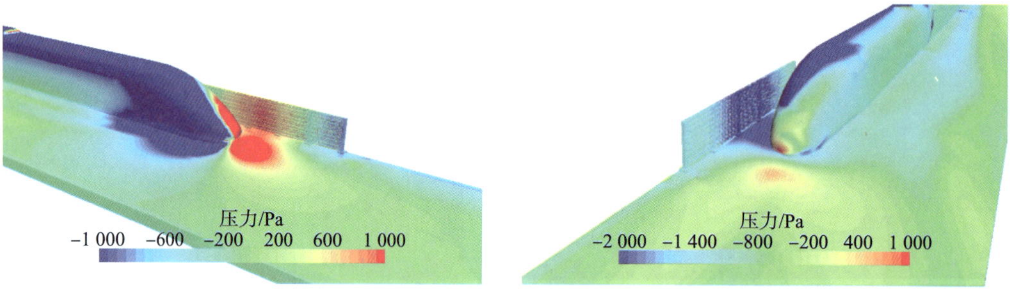

图 8-65 列车周边压力云图

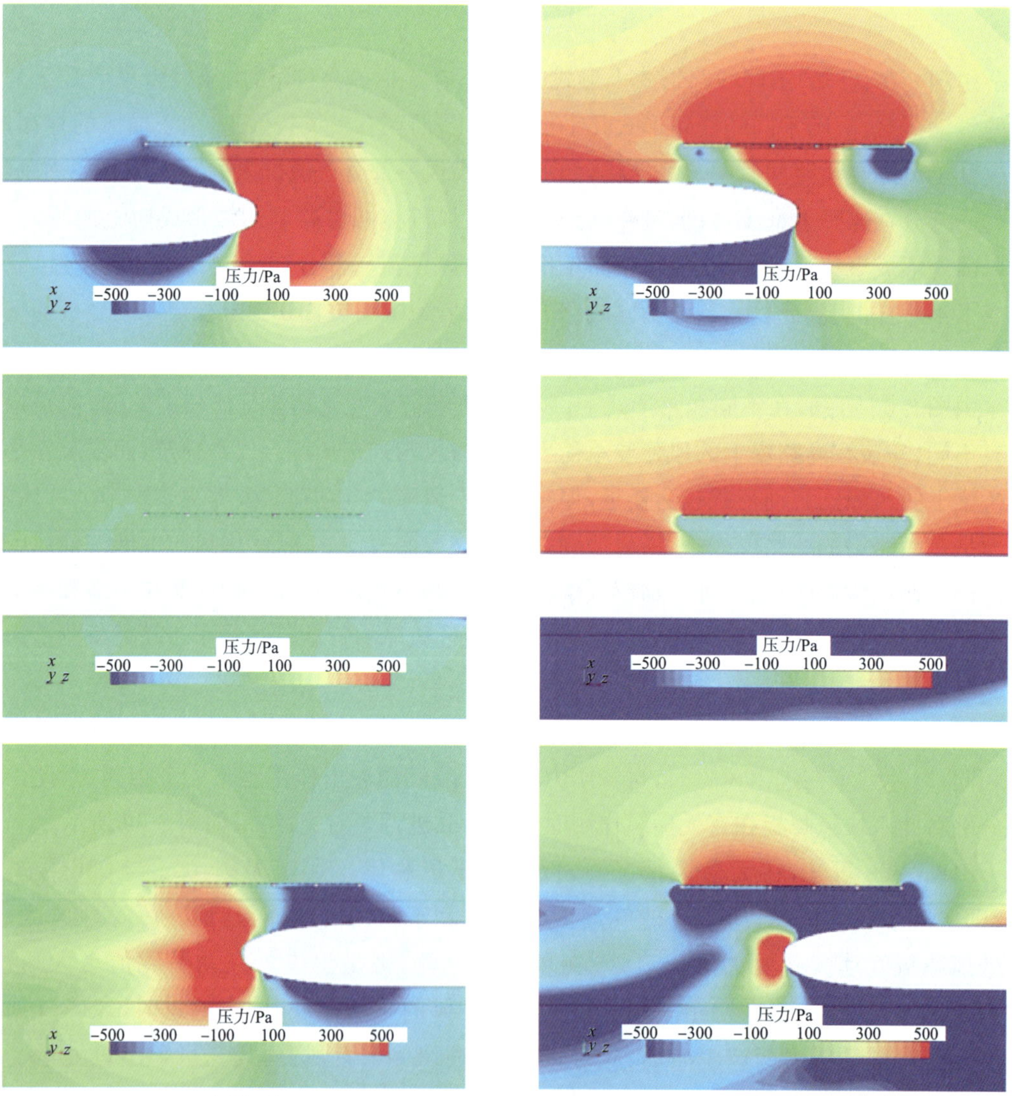

(a)无 横 风 (b)有 横 风

图 8-66 有无横风条件下列车通过风障区域压力云图

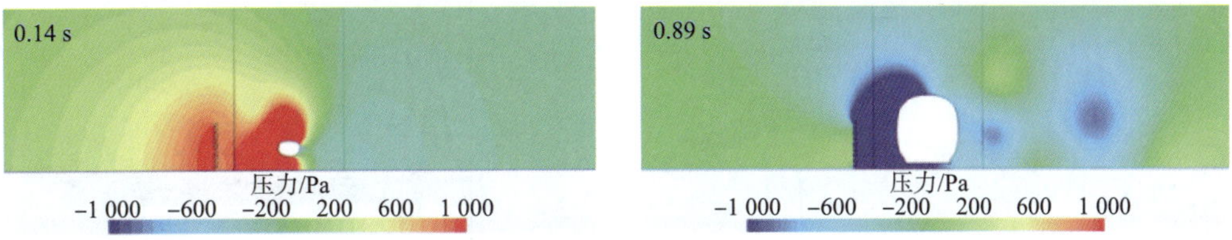

(a)平　　地

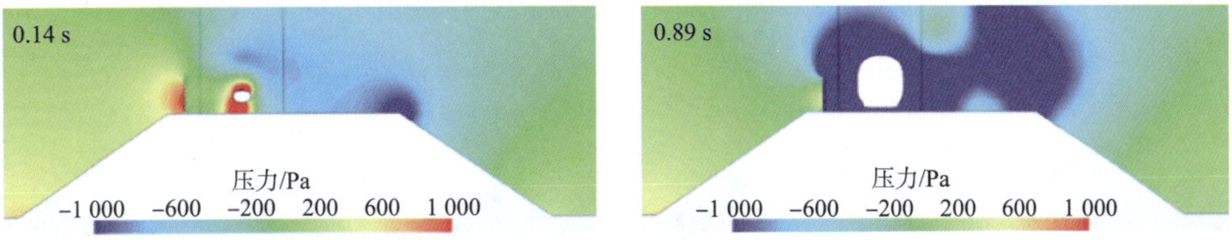

(b)路　　堤

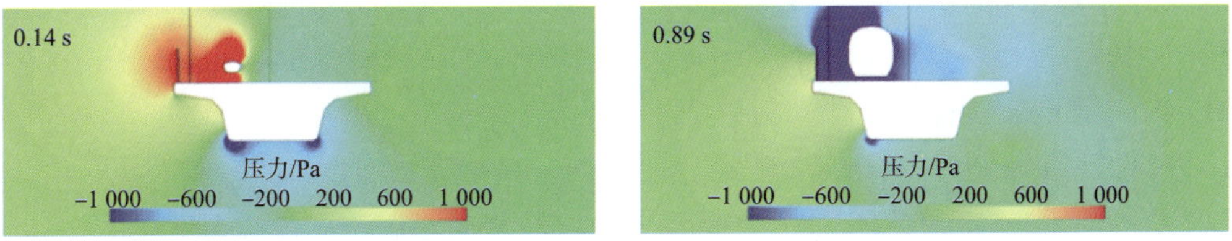

(c)桥　　梁

图 8-67　不同线路形式下头车波峰与尾车波谷周边压力云图

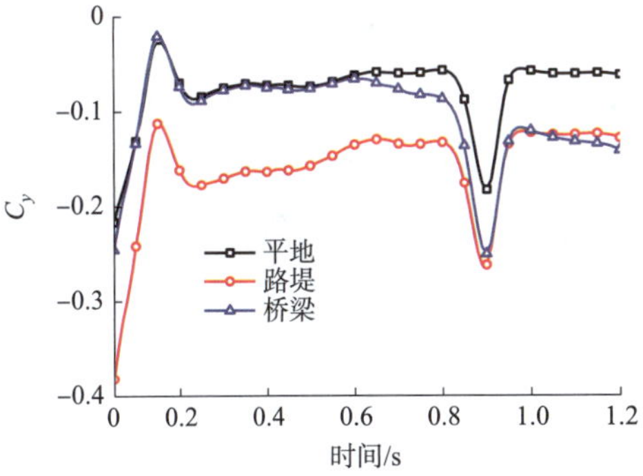

(a)005 号

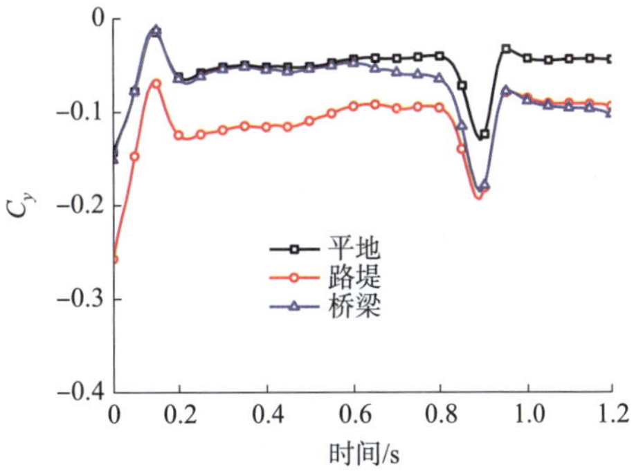

(b)006 号

图 8-68　不同地形条件下风障气动荷载阻力系数

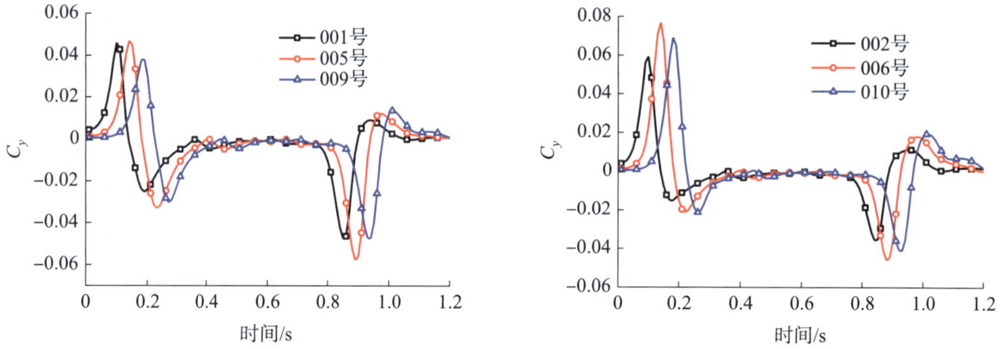

(a)无 横 风

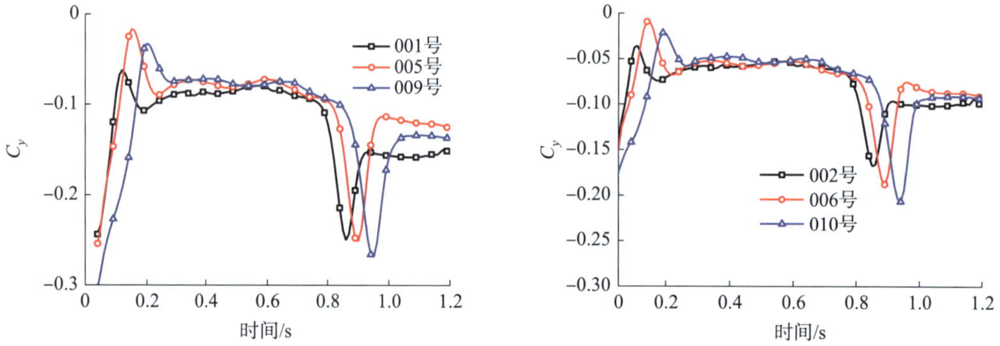

(b)有 横 风

图 8-69　不同位置处风障气动荷载系数对比

8.6.2 风向角对风障气动荷载影响

由于来流会具有不同的风向角，因此不同风向角作用下风障的气动荷载同样会产生比较大的变化，本节通过改变自然风的来流方向来探讨风向角对风障气动荷载的影响，风向角通过改变速度入口的参数来进行设置，如图 8-70 所示，从右往左，风向角逐渐增大，其中 90°风向角为垂直于列车运行方向的横风来流，本书每隔 15°设置一个工况，计算 15°～165°共 11 个风向角的工况。

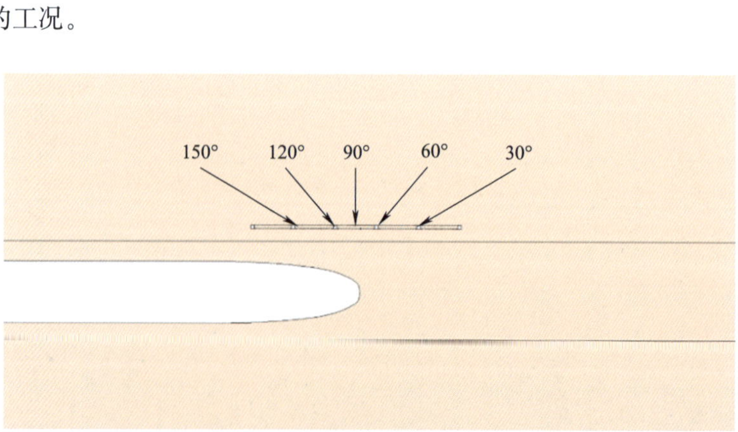

图 8-70　风向角示意

仍然重点关注 005 与 006 号板，即风障中间位置处气动荷载特性，提取出在列车四个脉动压力波峰值时刻，不同风向角作用下时风障板气动荷载值，并计算得到其阻力系数，如图 8-71 所示。

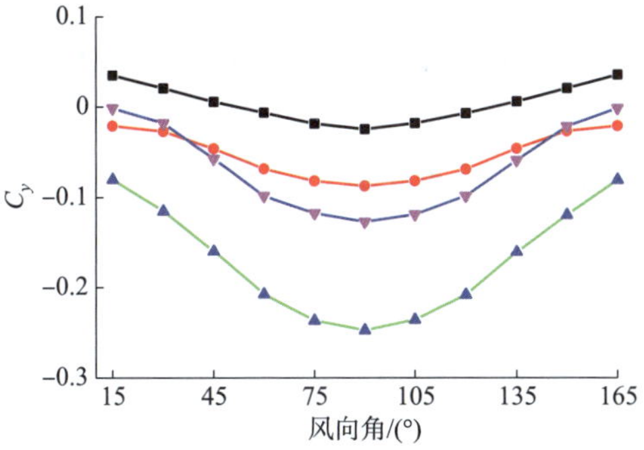

(a)005 号

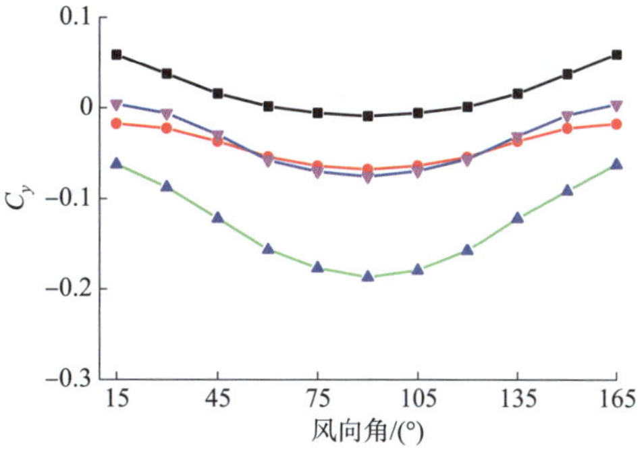

(b)006 号

图 8-71　不同风向角来流时风障阻力系数极值

由图 8-71 可知，当来流风向角为 90°时，风障承受了最大的气动荷载值，随着风向角的逐渐增大或减小，风障所承受的气动荷载值均逐渐减小，并且风障的气动荷载值会随着来流风向角的变化，呈现出以 90°为中心左右对称的趋势。可以认为，横风垂直于列车运行方向时，风障承受了最大的气动荷载，而当横风偏离列车运动方向垂向时，风障气动荷载会随着偏离角左右对称，且与列车运动方向无关。

第9章 高速列车绕流与腔室型风障湍涡动力学特性及耗能机理

腔室型风障比单层风障具有更好的抗风性能和自身结构的稳定性，其主要原因是腔室型风障具有消耗横风能量的新机理。由于横风作用下腔室耗能型风障附近的流动是非常复杂的湍流流动，在腔室结构影响下，流动不仅产生分离，还伴随着大量旋涡的生成、破碎与脱落，在此过程中同时伴随了能量的耗散。本章利用湍涡动力学基本理论，从湍流动力学以及腔室内部和尾流区旋涡结构解释腔室型风障的耗能机理，利用量纲分析定义风障的消能特性参数，并进一步分析消能特性与透风率、孔径比及腔室间距之间的关系。

9.1 列车绕流时涡量与湍动能分布

由于风障尾流区与腔室内部的湍流特性存在着明显不同，故应分别对其进行讨论。风障与列车之间流场分离涡的强度变化可以用列车经过风障不同时刻的涡量图反映出来，涡量可由式(4-26)求出。取列车鼻锥高度处截面中间风障承受列车压力波极值时刻及中车经过风障时刻，共五个时刻，做出涡量云图，如图 9-1 所示，对其涡量分布情况进行分析。总体上看，在只有横风作用时，风障内部及背风侧形成了较为稳定的涡量分布，风障迎风侧由于流动还尚未发生分离，故涡量值很小，而在风障腔室内部的涡量值要远大于风障背风侧，在腔室内部由于空间狭小，故涡的尺度较小，而涡量值较大；在风障两侧由于气流绕过风障，故在两端立柱处也形成了较为明显的涡量分布，在风障入口处为逆时针旋转的涡旋，而在风障出口处则形成了顺时针旋转的涡旋。

同时，在列车周边也生成了很多涡旋，列车自身携带的涡量场在行进的过程中与风障背风侧的涡量场互相碰撞耦合，在风障与列车之间形成了更为复杂的流场结构。由于涡结构具有随机性和脉动性，这些非定常的特性也是列车对风障产生非定常气动荷载的原因之一。当列车头车初入风障区域时，带动了左侧立柱处的绕风障涡旋产生明显的向右移动，而车身经过此处时，涡旋结构则会逐渐恢复；而头车离开风障区域时，同时带动了右侧立柱处的绕风障涡旋产生明显的向右移动，随后在车身经过的过程中逐渐恢复；当列车尾车驶入风障区间时，同样对风障背风侧的涡量产生了明显的影响，但是两侧立柱处的绕流涡旋的变形已经步入头车经过时明显，而列车尾车处自身携带了要比头车更强的分离涡现象。由此可知，列车在经过风障区间时，对风障背风侧的涡量场产生了明显影响，列车头车自身分离涡较弱，对风障涡量场的影响与改变却较强；而尾车自身涡的脱落与分离现象很明显，自身携带大量涡量的情况下，对风障背风侧的涡量场影响却不如头车明显。

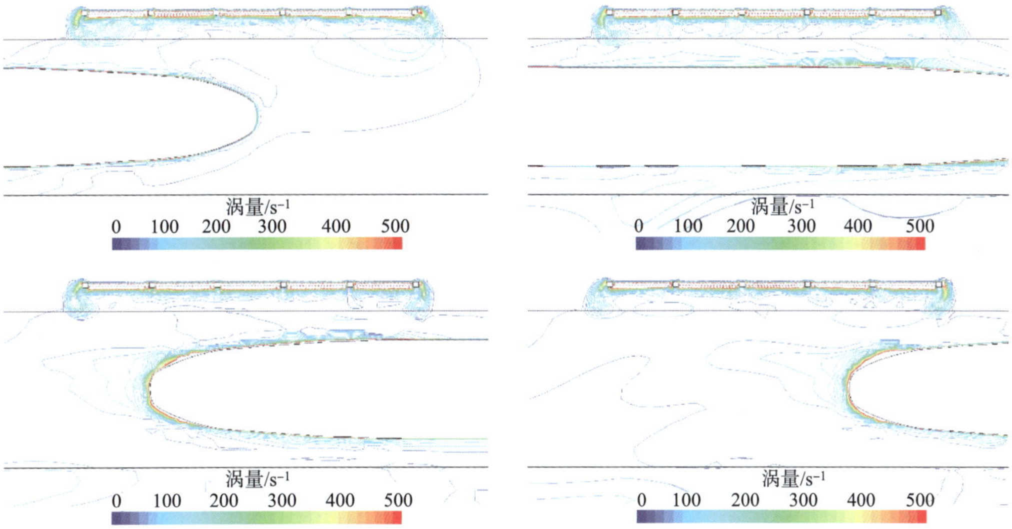

图 9-1　不同时刻的涡量场

湍动能(Turbulent kinetic energy，TKE)是指单位质量流体脉动运动所具有的动能。在风障前后设置了五排监测点，提取出各监测点处的湍动能值，同上节一样选以列车风压的四个极值时刻以及中车到达风障位置处的时刻作为典型监测时间点。在风障两侧设置了五条监测线，每条线平分为 100 个监测点，提取出每个监测点处的湍动能值，如图 9-2 所示。

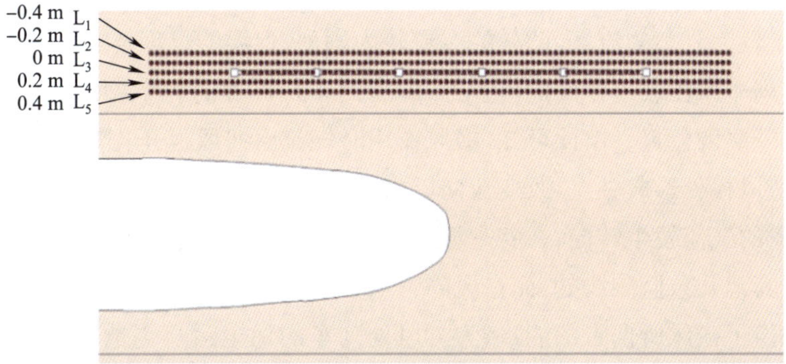

图 9-2　湍动能监测线

图 9-3 显示了风障迎风侧背风侧以及腔室内部沿列车行进方向的湍动能分布，在五条监测线中，L_3 即腔室型风障内部湍动能最大，L_4 次之，即风障背风侧靠近风障位置处的监测线，而其他三条监测线处的湍动能则很小。L_1、L_2 处为迎风侧，由于流动在此处尚未遇到障碍物，未发生明显的分离，故湍动能很小。在风障两端外侧的湍动能同样由于未发生明显分离故其值很小，几乎为零。

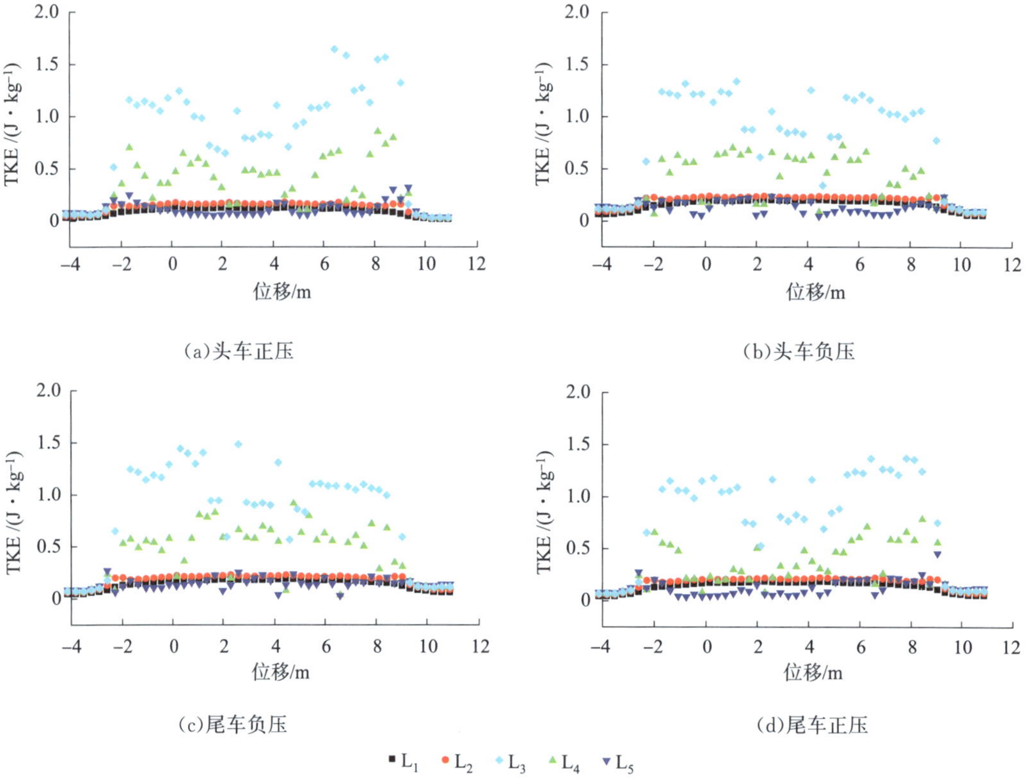

图 9-3　风障附近湍动能分布

风障背风侧 L_4 的湍动能较为明显，此处横风气流由风障内部流出，并与列车风相互叠加作用，形成了较为复杂的流场，此处的湍流较为剧烈，但涡的尺度要大于腔室内部，故湍动能要略小。在列车风压极值作用的位置处，即沿列车行进方向腔室型风障内部中间位置处的湍动能要小于两侧位置。由此可知，横风作用时气流由迎风板开孔流入，并且在腔室内部换向分离，在背风板处形成驻点，改变流向后由风障背风侧流出，不同孔之间的气流相互影响，背风板阻碍的气流发生转向，在腔室型风障内部，形成了非常混乱的湍流流场，此处的湍动能要远高于其他几条监测线处，而在风障背风侧之后，湍动能则迅速衰减，在此过程中，腔室型风障消耗掉了横风所携带的能量，为背风处列车的稳定运行创造了一个更安全的气动环境。

9.2　风障绕流时湍流动力学特性

采用标准的腔室型风障原型进行数值模拟计算，如图 9-4 所示。计算域全长 220 m，高 35 m，宽 2.336 m，并在腔室内部及尾流区域分别布置了监测线。

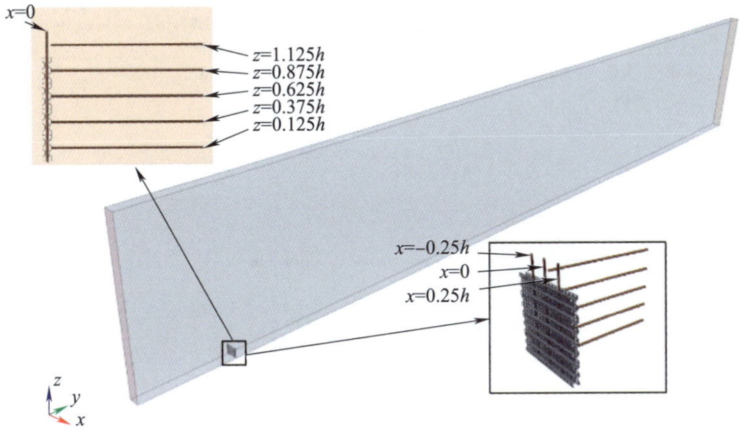

图 9-4　腔室型风障计算模型及监测点位置

计算域左侧设置为速度入口，风速为 30 m/s，右侧为压力出口，两侧及顶部壁面设置为滑移壁面，地面及风障表面为非滑移壁面。数值模拟采用 RANS 方法，选用 k-ω 湍流模型，计算网格为 Trim 切割体网格，并在风障周边区域进行了加密，以捕捉到更多的流场细节，采用非定常计算，时间步长为 0.01 s，计算足够长时间后，流场趋近于稳定状态，在讨论湍流动力学参数的空间分布特性时，均选用了 20 s 时刻的流场结构。

在腔室内部沿垂向高度布置三条监测线，如图 9-4 中 $x=0$，$x=0.25h$ 和 $x=-0.25h$ 所示，在风障尾流区域沿流向布置 15 条监测线。图 9-4 显示的是 $x=0$ 切面上的 5 条监测线，每条监测线由 100 个等距监测点组成。

9.2.1　腔室型风障尾流湍流动力学特性

1. 湍动能与耗散率

动能(TKE)k 和耗散率(TDR)ε 的定义见式(2-26)和式(2-27)，提取出风障尾流区监测点的湍动能与耗散率值，其沿流向变化如图 9-5 所示。由图 9-5 可知，在风障高度范围以下，在 $0<y<0.5$ m 区域内，湍动能值明显下降，并在之后的区域内保持较为稳定的状态；在 $z=1.125h$ 的监测曲线上，此处高度已经高于风障顶部位置，在三个断面处的湍动能均呈现先上升后下降的趋势，并在 $y=0.5$ m 左右达到湍动能的峰值，而三个断面上的耗散率值

则均是快速衰减，并在 $y=0.5$ m 处几乎衰减为零。

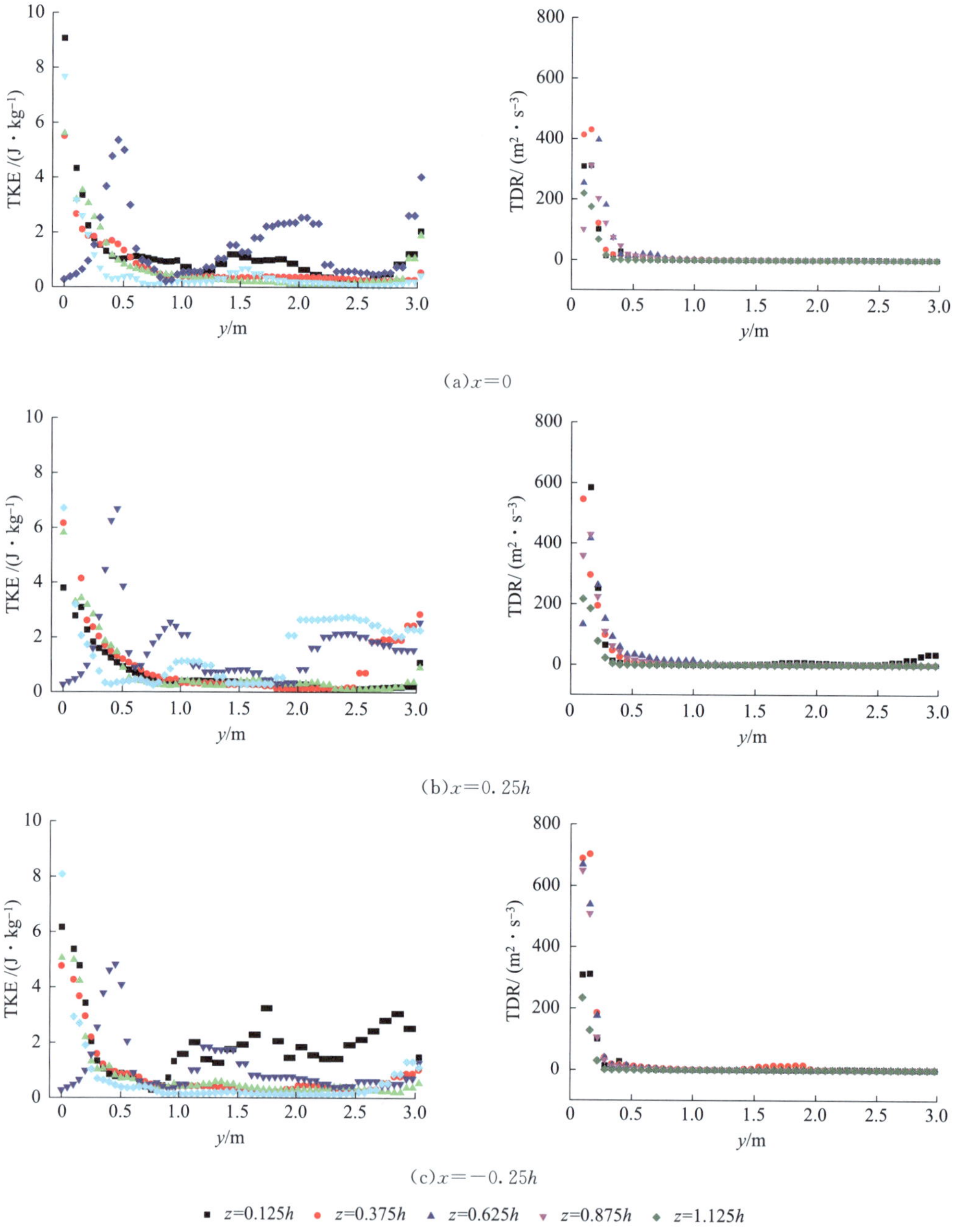

图 9-5　湍动能 TKE 沿流向变化曲线

2. 雷诺应力

计算模型中，y 方向表示流向，x 和 z 方向分别表示展向和垂向，因此雷诺应力$-\overline{u'v'}$(UV)和$-\overline{v'w'}$(VW)流向速度的脉动与展向和垂向速度脉动的相关性(由于空气

密度 ρ 为一个常数，本书所得雷诺应力的结果均为除以密度之后的结果)，是实现平均流动和湍流流动之间能量交换的关键。同湍动能一样，提取出尾流三个断面上监测点的雷诺应力时均值，结果如图 9-6 所示。

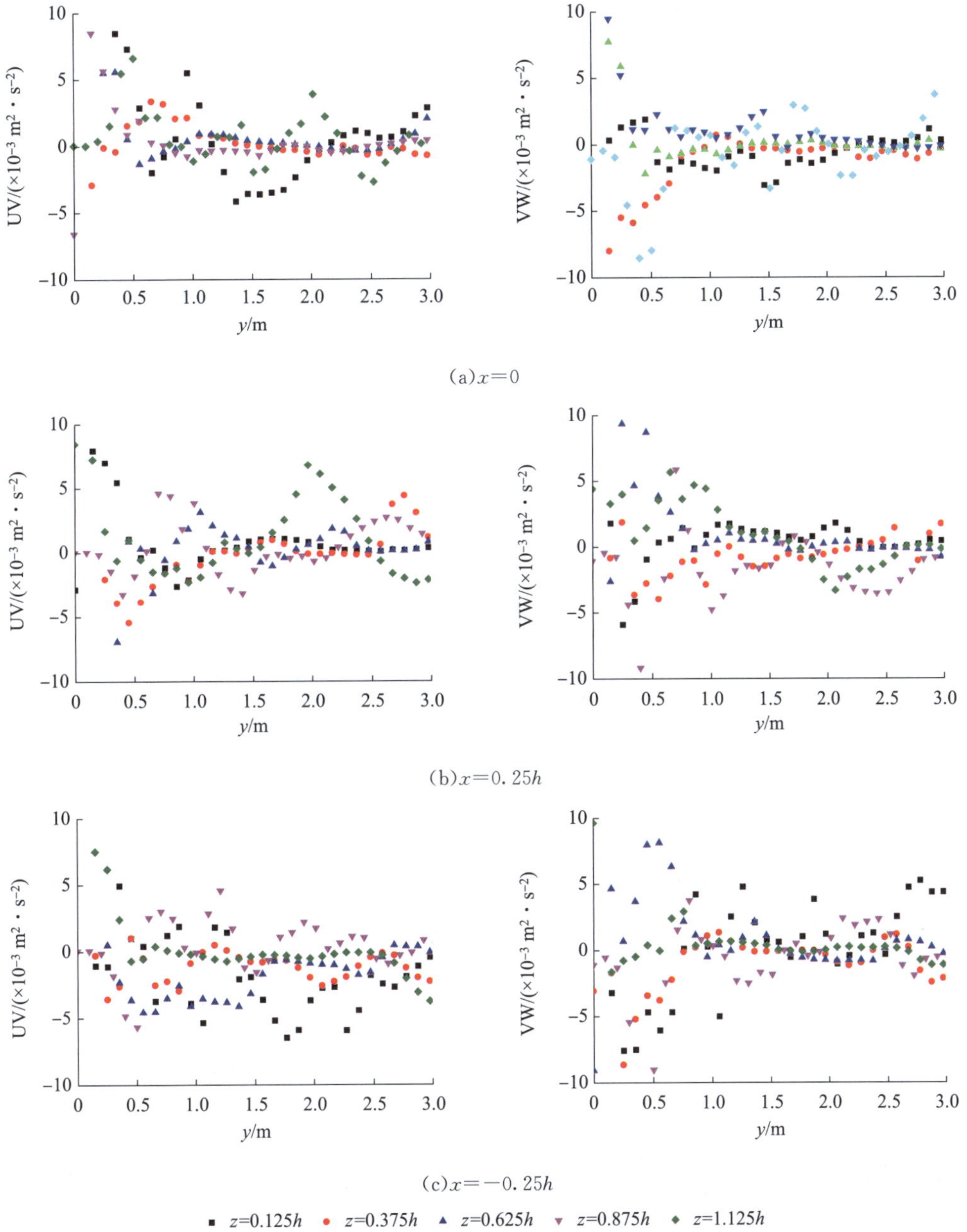

图 9-6　雷诺应力 $-\overline{u'v'}$ 和 $-\overline{v'w'}$ 沿流向变化曲线

横风作用下，由于风障的阻碍产生流动分离现象，气流从风障绕过，从开孔穿过，从下部间隙绕过，在此过程中形成了流体涡旋，研究流体微团的雷诺应力的变化规律对于流向涡旋的形成和有规律的脱落是关键的流动机制。在风障尾流向下游发展的过程中，流体的变形依然需要剪切，同时，湍涡也需要依靠剪切来维持自身的能量。因此，剪切与涡旋结构始终是紧密联系的，涡旋与剪切之间的耦合关系决定了速度脉动分量之间的相关程度。

对于雷诺应力$-\overline{u'v'}$，由 UV 图可以看出，湍流涡旋与 x—y 平面的平均流动之间存在着明显的相互作用，在靠近风障处更为明显，并在向下游发展的过程中逐渐减弱，且$-\overline{u'v'}$在空间中的分布呈现了非常不规律的状态，并且在不同高度处，均有正负值的出现，在同一切面中，较低与较高的位置处，雷诺应力的绝对值更大；中间切面的$-\overline{u'v'}$值要小于两侧切面，说明在风障背风侧较近区域内，流向与展向的脉动速度具有显著的相关性。

对于雷诺应力$-\overline{v'w'}$，由 VW 图可以看出，湍流涡旋与 y—z 平面的平均流动之间存在着明显的相互作用，同样在靠近风障处更加明显，而向下游的发展过程中逐渐减弱，并且在不同高度处均有正负值的出现，整体来看，同一切面上较高与较低位置处的雷诺应力绝对值要大于中间位置；与雷诺应力$-\overline{u'v'}$相同，中间切面的$-\overline{v'w'}$值要小于两侧切面，由于湍流的随机性和脉动性，即便是对称的模型，尾部涡旋两侧竖切面的雷诺应力值并不相同。总之，说明在风障背风侧较近区域内，流向与垂向的脉动速度之间同样具有显著的相关性。

3. 湍流生成项

涡旋需要在剪切的作用下从平均流动中获取能量来维持自身的运动，根据雷诺应力输运方程，湍流产生的数学表达式为

$$P_k=-\overline{u'_iu'_k}S_{ij} \tag{9-1}$$

当 P_k 为正值时，意味着平均流动能量的损失和湍流能量的增加。影响湍流能量产生主要有以下两方面的因素，一是由于流向的脉动速度与展向和垂向的脉动速度之间具有良好的相关性，二是由于剪切流动导致的平均剪切应变率。不难想象的是，如果湍流涡旋从平均流动中抽去能量，那么流向速度脉动与展向和垂向的速度脉动之间的相关性应该依赖于 x—y 平面和 y—z 平面的平均剪切应变率，即 S_{xy} 和 S_{yz}（平均速度梯度中的对称部分）。因此，湍流生成项中的相应部分可以表示为

$$P_{k1}=-\overline{u'v'}S_{xy}-\overline{v'u'}S_{yx} \tag{9-2}$$

$$P_{k2}=-\overline{v'w'}S_{zy}-\overline{w'v'}S_{yz} \tag{9-3}$$

式中，平均应变率 $S_{xy}=S_{yx}=\dfrac{1}{2}\left(\dfrac{\partial u}{\partial y}+\dfrac{\partial v}{\partial x}\right)$且 $S_{yz}=S_{zy}=\dfrac{1}{2}\left(\dfrac{\partial w}{\partial y}+\dfrac{\partial v}{\partial z}\right)$，由于平均流动主要沿 y 方向，并且一般认为$\dfrac{\partial}{\partial y}\ll\dfrac{\partial}{\partial x}$、$\dfrac{\partial}{\partial y}\ll\dfrac{\partial}{\partial z}$。故式(9-2)和式(9-3)可简化为

$$P_{k1}=-\overline{u'v'}\frac{\partial v}{\partial x} \tag{9-4}$$

$$P_{k2}=-\overline{v'w'}\frac{\partial v}{\partial z} \tag{9-5}$$

图 9-7 分别为风障尾流区不同高度处位于 y-z 平面的湍流产生项 P_{k1} 和 P_{k2} 的时均分布

图。由图 9-7 可知，在风障尾流区域，湍流的产生主要集中在风障尾部 1 m 以内区域，而超出此区域之后，湍流的生成项则几乎为零，只在最低的垂向位置由于风障底部孔隙穿过的气流导致湍流生成项在此处有部分较大的值，主要的正值则集中在风障尾部较近的区域内，在此处腔室内的气流从背风板的开孔处流出，不同孔间流出的气流互相叠加影响，并且在垂向和展向方向上，由于气流均可以相互影响，故湍流产生项 P_{k1} 和 P_{k2} 在此处分布规律较为类似。

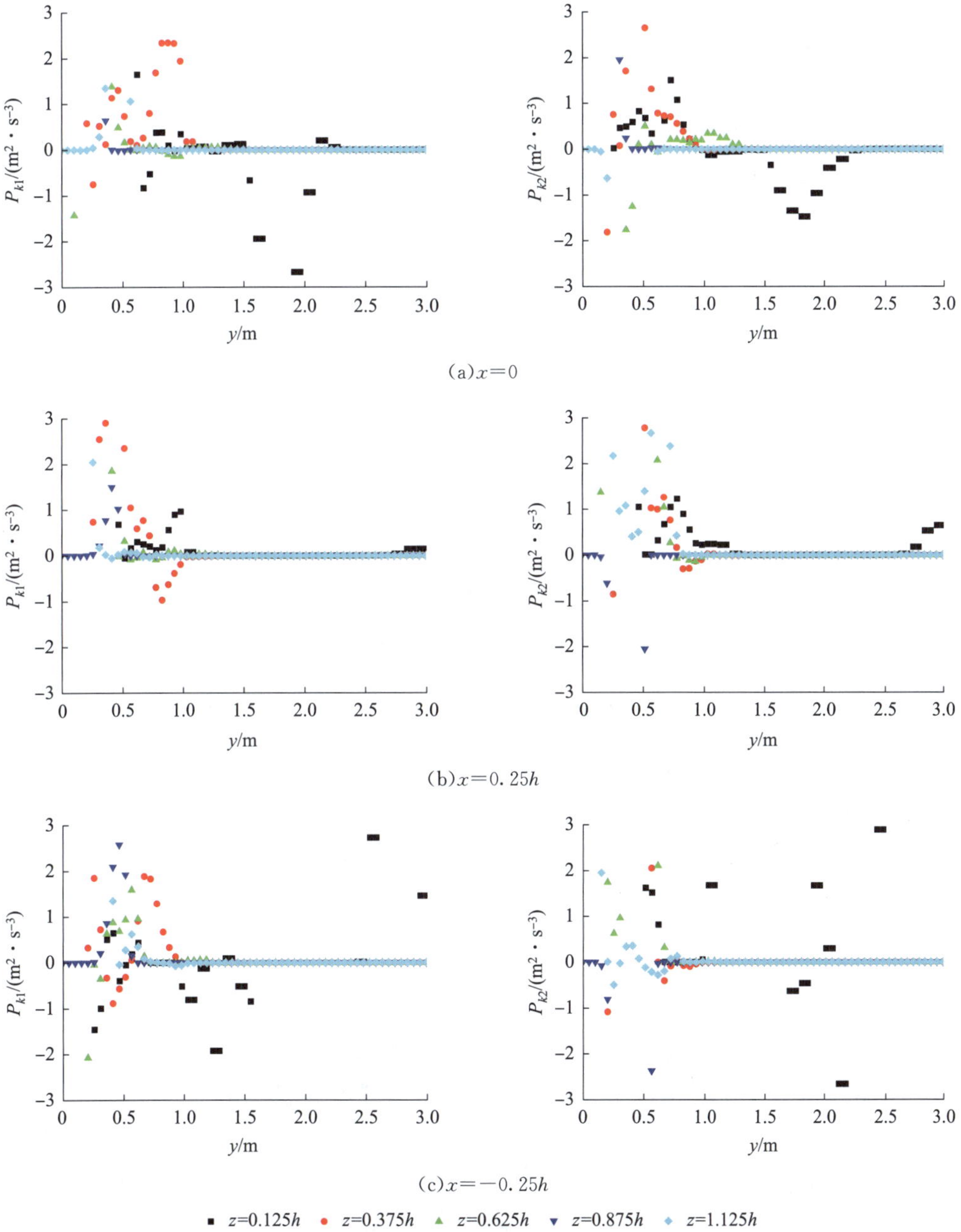

图 9-7　湍流生成项 P_{k1} 和 P_{k2} 沿流向变化

9.2.2 腔室内部湍流动力学特性

图 9-8 绘制了风障腔室内部三条竖向监测线的湍动能、耗散率、雷诺应力及湍流生成项值，其中 0～2 m 高度处监测点在风障腔室内部，2～2.5 m 高度处监测点已经高于风障。由图 9-8 可知，在风障腔室内部，湍动能与耗散率值均非常明显，并且远大于风障尾流区域值；雷诺应力项也是均有正负值的出现，这是因为在腔室内部存在了非常多活跃的湍涡，剪切作用在不停地发生旋转和拉伸，并且湍涡与垂向和展向方向的流体均有良好的相关性；对于腔室内部的湍流生成项，其值同样远大于腔室背风侧的值，说明横风作用下在风障腔室内部有大量旋涡的生成，但是由于腔室空间十分有限，并且波纹板作用下流动会改变不同的方向，在此过程中伴随着大量能量的消耗。

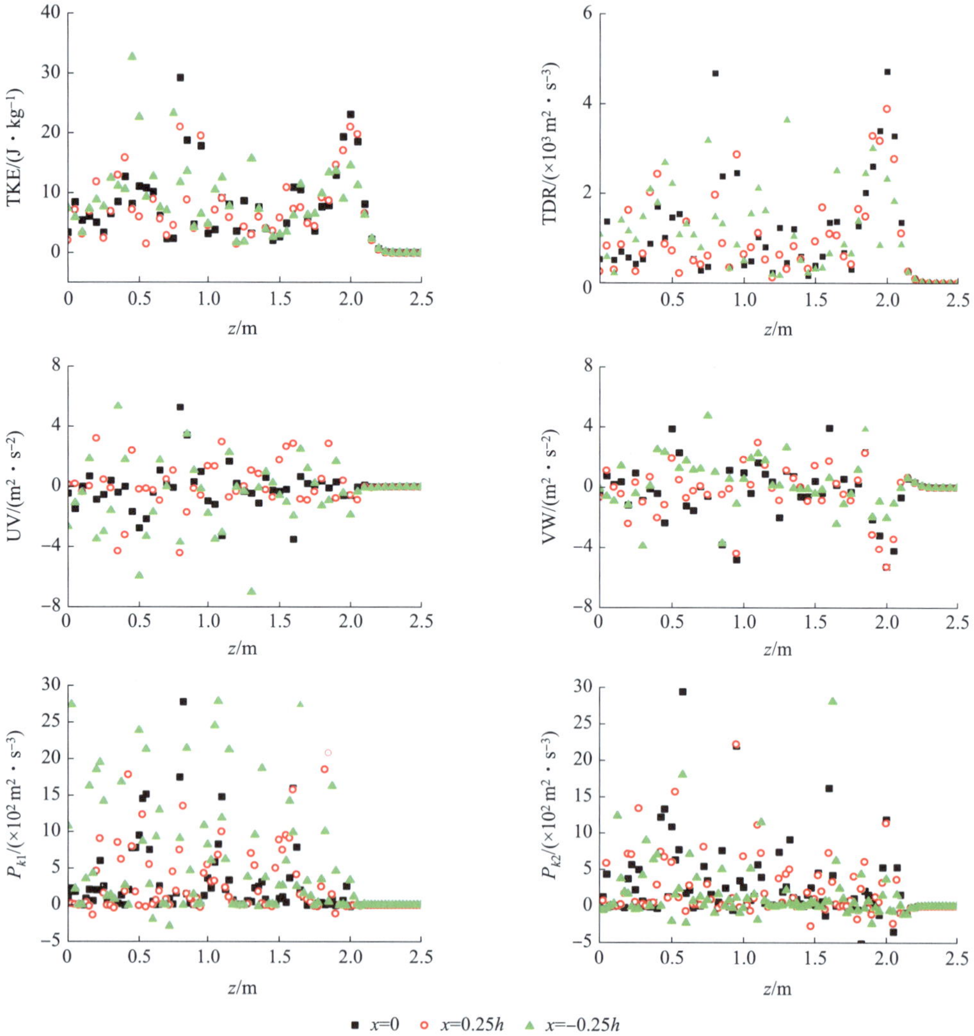

图 9-8 风障腔室内部湍流特性值

9.2.3　单双层风障绕流湍流动力学特性

单层风障计算模型为腔室型风障迎风板，监测线位置同上文 $x=0$ 处监测线（图 9-9），提取出监测线上湍流动力学特征值，如图 9-10 所示。

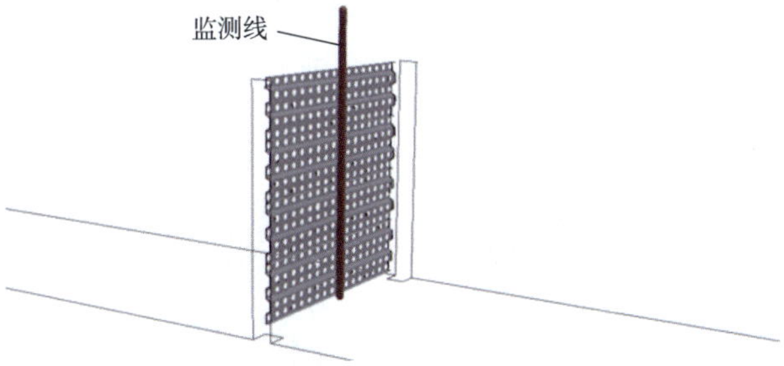

图 9-9　单层风障计算模型及监测线

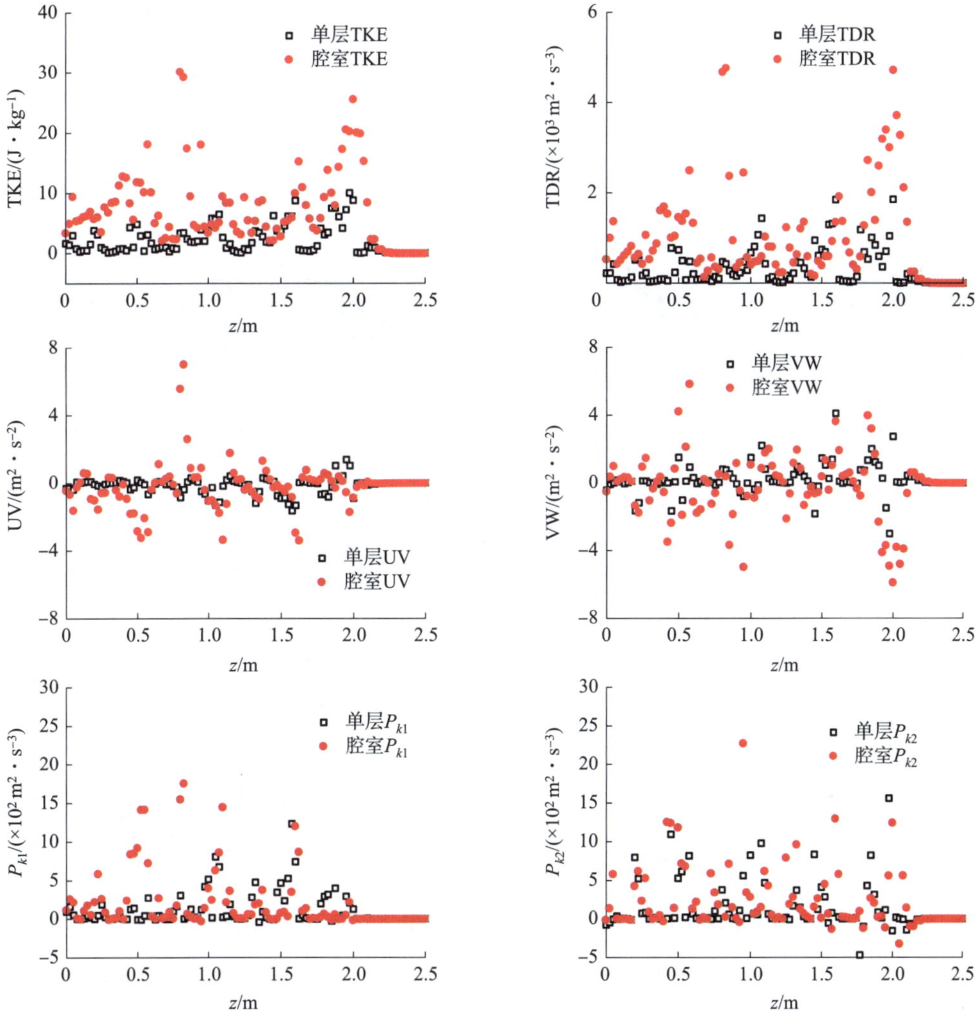

图 9-10　单双层风障湍流特性值对比

由图 9-10 可知，对于湍动能、耗散率、雷诺应力及湍流生成项四个湍流特征值而言，在相同位置设置的监测线，腔室型风障内部的值要远大于单层风障背风侧相同处，说明在腔室内部存在着非常活跃的湍流动力学过程，单层风障虽然由于开孔及波纹板的作用也诱导气流生成了一定数量的涡旋，但更多流体的能量仍在平均流动中，而腔室型风障内部及背风板背风侧均是高湍动能的分布区，为了更直观地观察到两种风障的对比，下面分别给出了单双层风障绕流结构沿展向($x=0$)和流向($y=0$)的湍动能和耗散率分布云图，如图 9-11～图 9-14 所示。

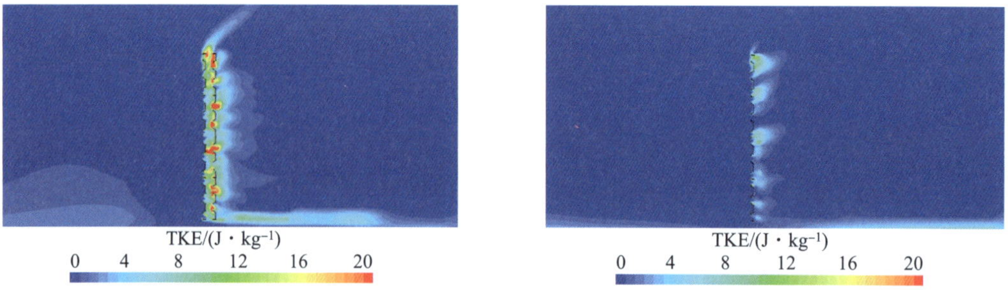

图 9-11 单双层风障湍动能对比云图($x=0$)

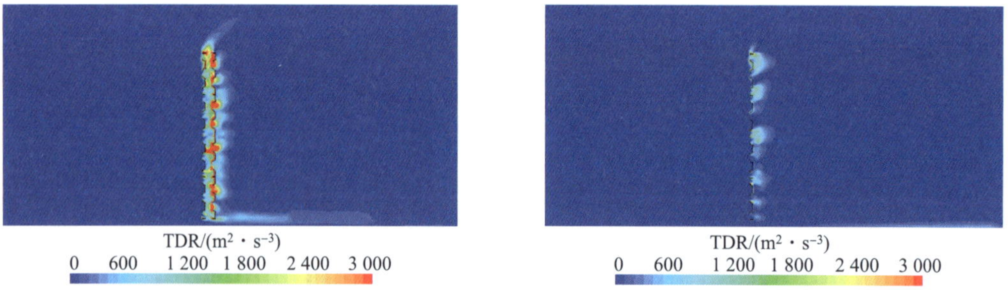

图 9-12 单双层风障耗散率对比云图($x=0$)

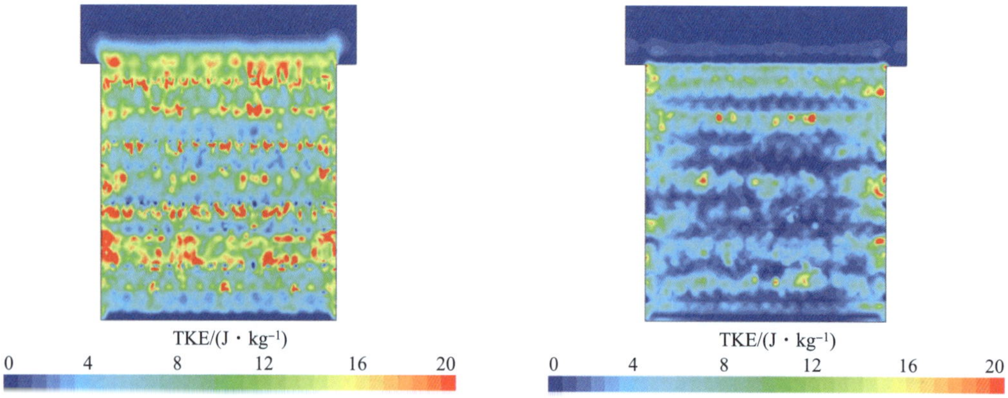

(a)腔室风障湍动能　　(b)单层风障湍动能

图 9-13 单双层风障湍动能对比云图($y=0$)

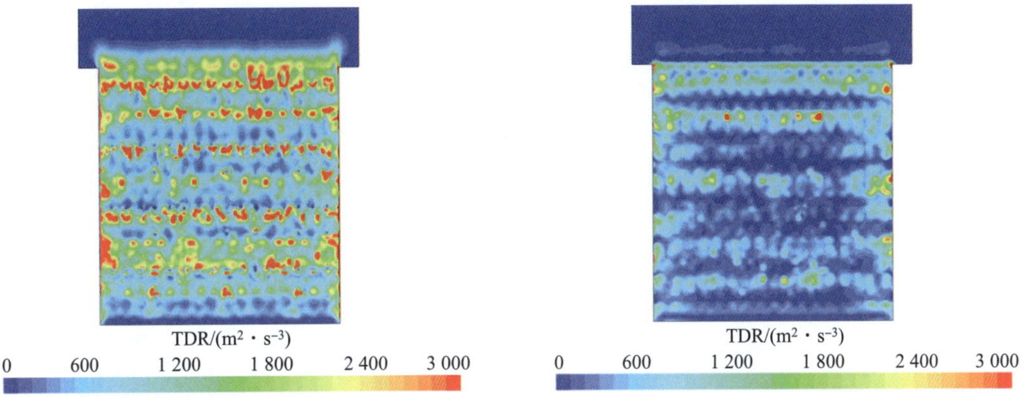

(a)腔室风障湍流耗散率　　(b)单层风障湍流耗散率

图 9-14　单双层风障耗散率对比云图($y=0$)

由图 9-11～图 9-14 可知，腔室型风障绕流结构中湍动能及耗散率值均要远大于单层波纹板风障，横风通过迎风板开孔后，单层风障仅有风障结构的弯折诱导流动分离产生了一系列的旋涡，并且并未留住流体的能量，而腔室型风障由于背风板的存在，使得腔室内部湍流动力学过程要比单层风障更为剧烈，并且由展向湍动能分布图可以看出，湍动能及耗散率的峰值的分布与风障开孔的分布规律较为类似，此处同样可以认为风障开孔诱导产生了大量小尺度涡旋，而腔室型风障采用错位开孔方式更是加剧了涡旋的生成过程，其中背风板附近的湍动能值要大于迎风板。由图 9-14 可知，在腔室风障的背风侧同样存在了较短湍动能输运及耗散区，这也印证了上文中风障尾流区湍流动力学特征值迅速衰减的过程。

9.3　风障绕流涡量特性及涡旋拟序结构

9.3.1　风障绕流涡量特性

首先提取风障尾流区域三个切面上不同高度监测线上涡量值，如图 9-15 所示。在风障背风侧涡量区，靠近风障区域有较大的涡量值，之后迅速下降，而在 1～3 m 区域内，涡量分布则较为均匀，最底部监测线的涡量值最大；在 $z=1.25\ h$ 监测线上，即高于风障区域，涡量值在流向上分布则呈现先增大后减小趋势，在风障背风侧 0.5 m 位置处，涡量值达到最大；在展向三个切面上涡量分布规律则基本类似，此处不再赘述，结合上文中分析，发现涡量空间分布的趋势与湍动能较为类似。

对于有大量小尺度涡旋存在的腔室内部，采用同样方法对三条展向监测线的涡量值进行分析，由于腔室内部是涡旋的生成核心区，又分别作出了涡量中心线在 x、y、z 三个方向上分量的分布图，如图 9-16 所示。

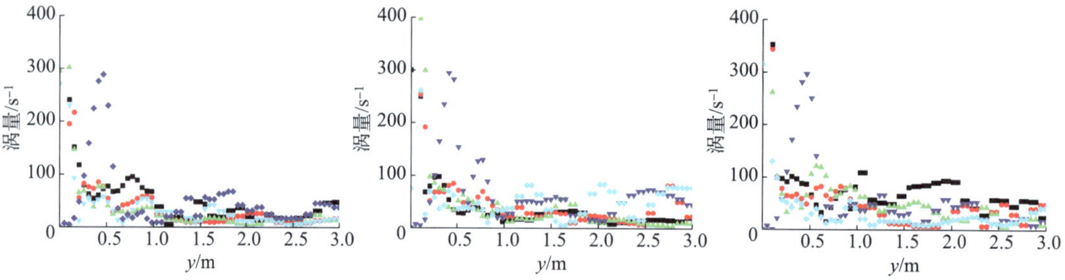

(a)$x=0$　(b)$x=0.25h$　(c)$x=-0.25h$

▪ $z=0.125h$　• $z=0.375h$　▴ $z=0.625h$　◆ $z=0.875h$　▾ $z=1.125h$

图 9-15　风障尾流区涡量分布

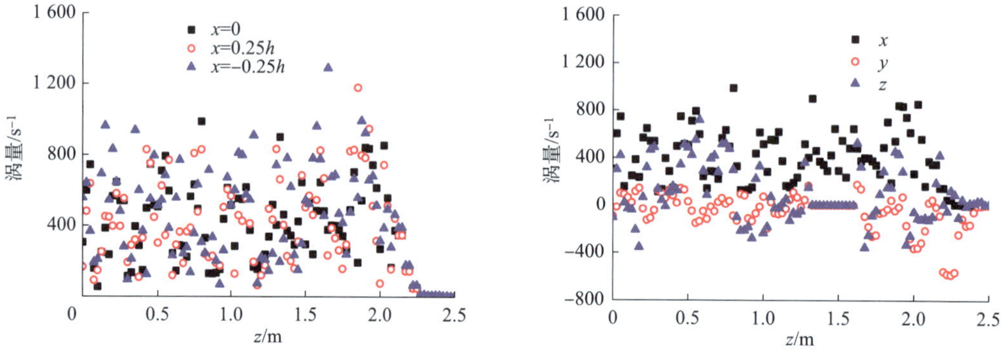

(a)不同监测线　(b)不同方向

图 9-16　腔室内部涡量分布

由图 9-16(a)可知,腔室内部涡量值比腔室尾流区要明显增大,约是尾流区值的 3 倍,并且在腔室内部涡量值分布较为混乱无规则,垂向方向上高于风障之后涡量值迅速下降,在 2.25 m 以上涡量值则基本为零,在展向三个切面的涡量分布则较为类似。

图 9-16(b)展示了风障腔室内部中间监测线上涡量值的三个分量。在展向即 x 方向上涡量值最大,其次为垂向,流向方向上涡量值最小,原因可由腔室耗能型风障的几何结构来解释,由于腔室前后面板错位开孔,故穿过迎风板的气流,在背风板上形成驻点,只能在展向改变流动方向,因此展向所形成的涡量值最大;而由于蝶状波纹板对气流的影响,导致上下层开孔流入气流之间的相互作用减小,故展向上的涡量值要大于垂向。

9.3.2　涡旋特征准则及拟序结构

很多学者在早期研究中利用涡量诱导出湍流流动的拟序结构(coherent structures)并识别涡核,但涡量作为局部变量并不能总是表征流体整体上涡旋运动,因此旋涡不仅需要有涡核(涡量的集中区),而且其涡核应该满足广义 Galilean 不变性。随后,基于广义 Galilean 不变性的涡旋定义被相继提出,其中包括较经典的 Q 准则和 λ_2 准则,可以利用此准则开展涡旋的拟序结构研究。

1. Q 准则

Hunt 等人提出以压力最低为附加条件，用速度梯度张量第二不变量 Q 的正值来定义涡旋，可以有效显示流场的涡旋特征。Q 准则定义为

$$Q=(\Omega_{ij}\Omega_{ij}-S_{ij}S_{ij})/2 \tag{9-6}$$

式中，$\Omega_{ij}=(u_{ij}-u_{ji})/2$ 和 $S_{ij}=(u_{ij}+u_{ji})/2$ 分别代表速度梯度张量中的反对称张量（也称旋转张量）和对称张量（也称应变率张量），则 Q 表示转动速率 $\Omega_{ij}\Omega_{ij}$ 超过应变率 $S_{ij}S_{ij}$ 的程度，在 $Q>0$ 的区域，与应变率相比，转动速率占据了主导地位，即在该区域中涡旋结构占据了主要地位。

2. λ_2 准则

Jeong 和 Hussain 从 N-S 方程出发，推导出了压力的二阶梯度张量表达式。

$$-\frac{1}{\rho}P_{ij}=\frac{DS_{ij}}{Dt}-\nu S_{ij,kk}+\Omega_{ik}\Omega_{kj}+S_{ik}S_{kj} \tag{9-7}$$

式中，右边前两项分别代表非定常应变效应和黏性效应，提出以（$\Omega_{ik}\Omega_{kj}+S_{ik}S_{kj}$）来确定局部压力最小值的存在，在涡核中，该对称二阶张量三个特征值（$\lambda_1\geqslant\lambda_2\geqslant\lambda_3$）中的两个为负值，即涡核所在区域中第二特征值 λ_2 为负值，以此作为识别涡核的准则，图 9-17 显示的分别是利用 Q 准则和 λ_2 准则得到的风障绕流流场尾流涡旋的拟序结构。

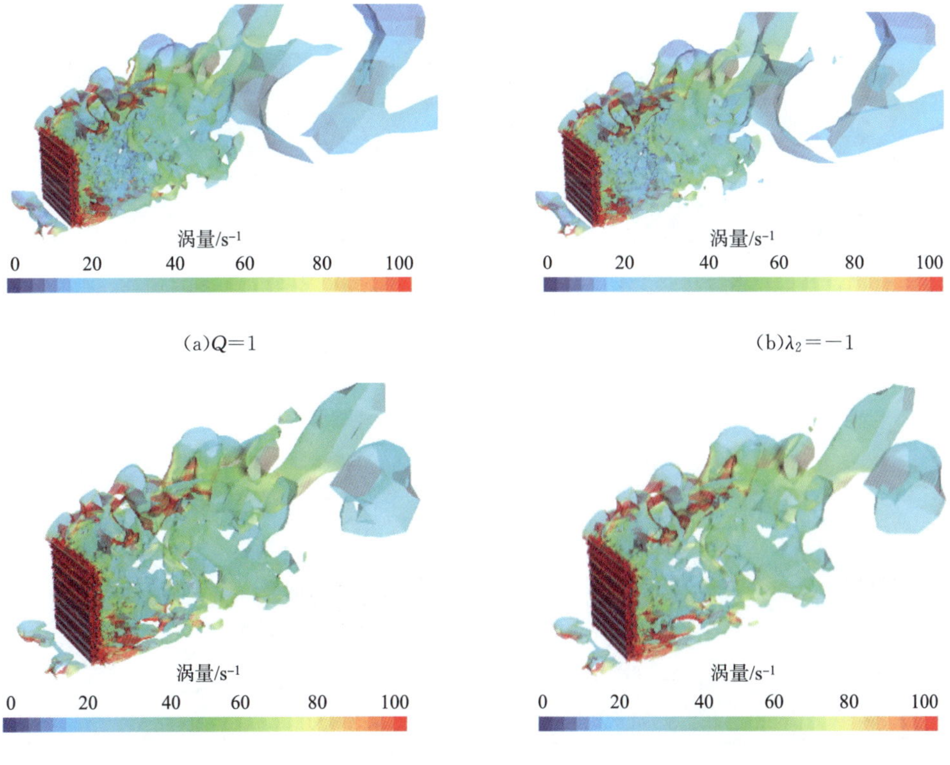

(a) $Q=1$　　(b) $\lambda_2=-1$

(c) $Q=100$　　(d) $\lambda_2=-100$

图 9-17

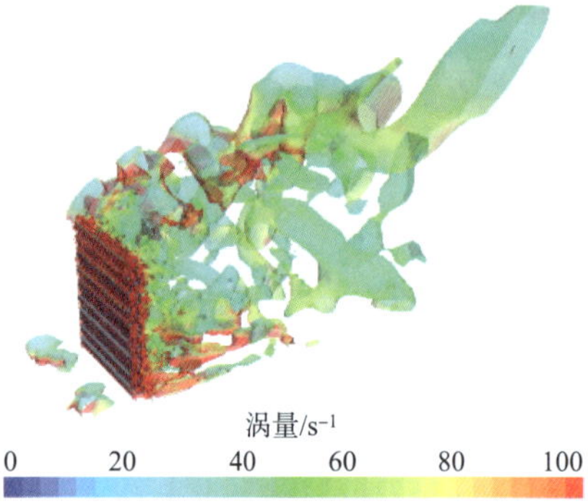

(e)Q=200

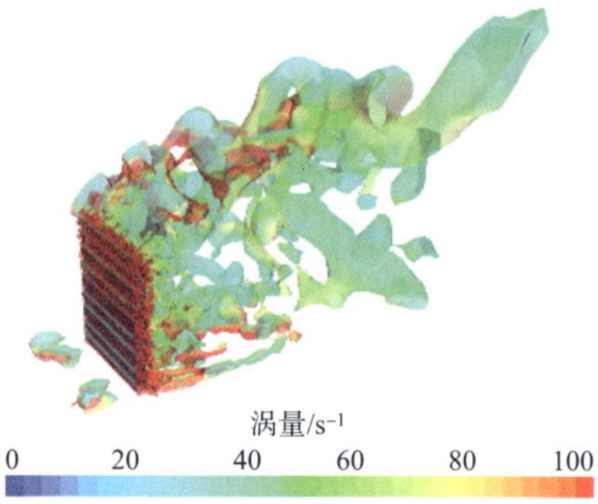

(f)λ_2=−200

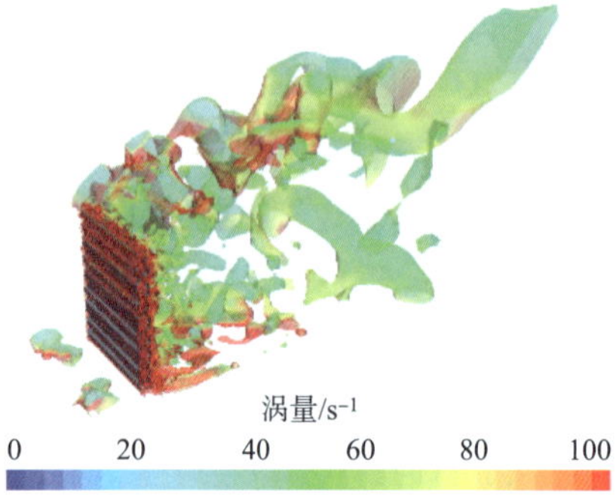

(g)Q=300

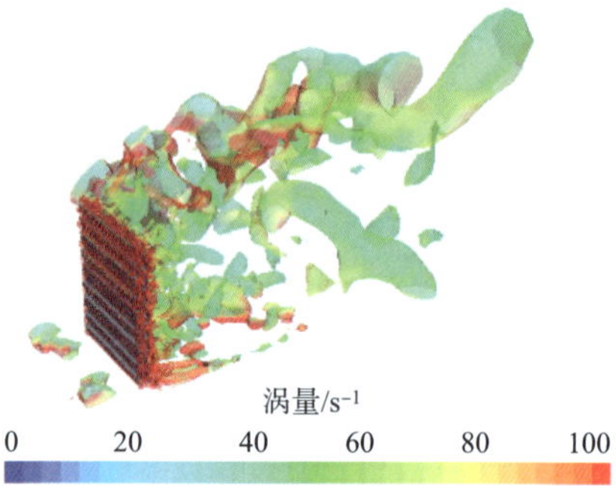

(h)λ_2=−300

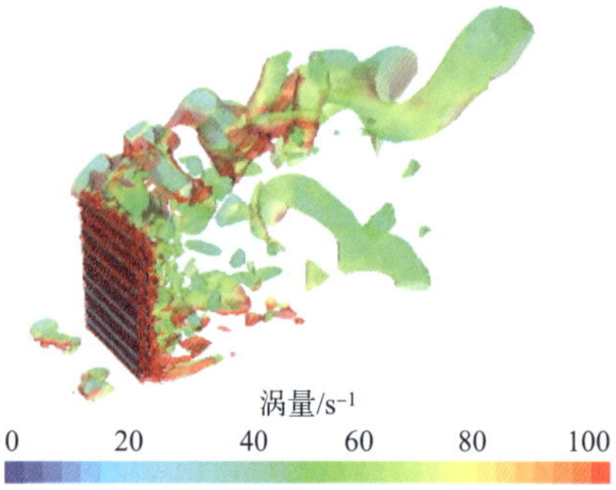

(i)Q=400

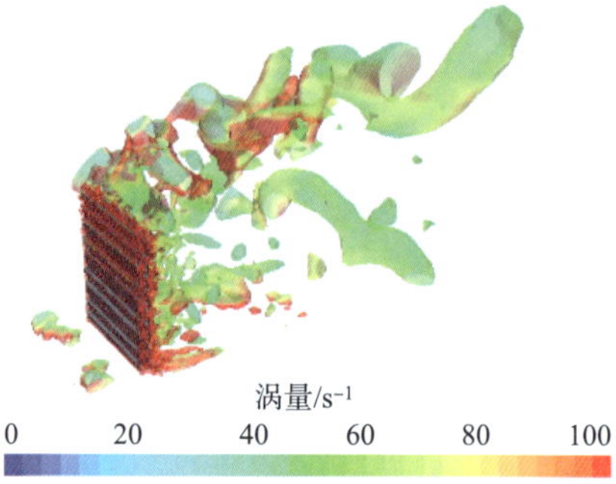

(j)λ_2=−400

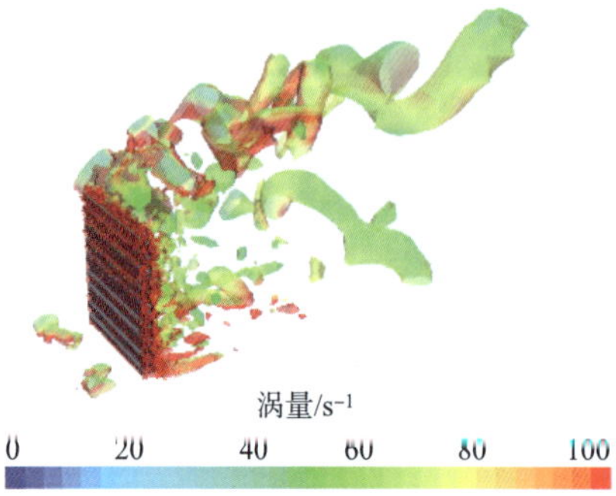

(k)Q=500

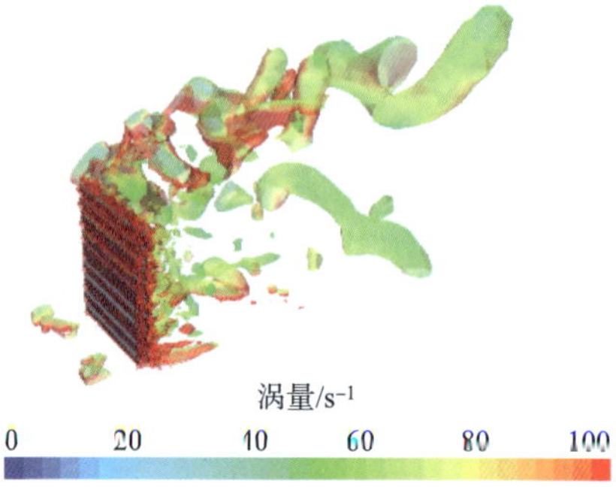

(l)λ_2=−500

图 9-17

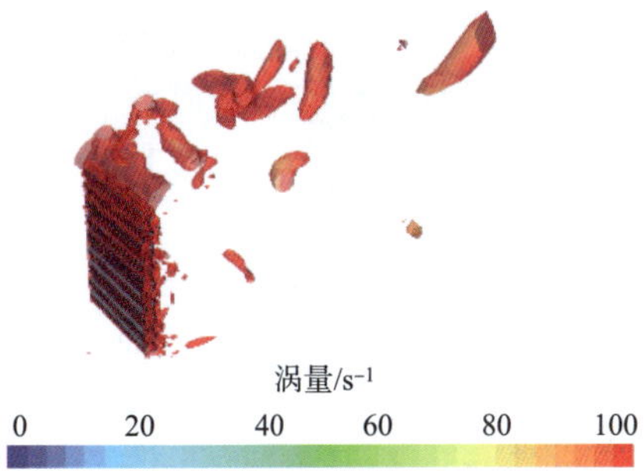

(m)Q=2 000

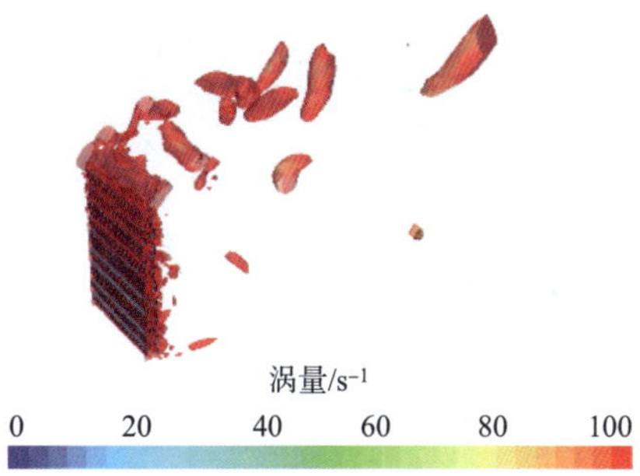

(n)λ_2=−2 000

图 9-17　利用 Q 与 λ_2 准则识别出风障绕流涡旋

由图 9-17 可知，Q 准则和 λ_2 准则所捕获的风障尾流涡旋结构基本相同，在风障腔室内部，涡旋明显具有较大的强度，尾流区一部分穿过背风板开孔在尾流区域内脱落，另一部分绕过风障在风障上部后方脱落，远离风障的涡旋尺度逐渐增大，但是涡强度同时相应的衰减。

3. Ω 准则

Liu 等人在 2016 年根据 Helmholtz 分解，提出涡量分为涡旋结构部分和非涡旋结构部分，即

$$\nabla\times V=R+(\nabla\times V-R) \tag{9-8}$$

式中，右边第一项 R 表征涡旋涡量；第二项$(\nabla\times V-R)$表征非涡旋涡量。基于此思想提出了无量纲参数 Ω。

$$\Omega=\frac{(\nabla\times V\cdot R)^2}{\|\nabla\times V\|_2^2\cdot\|R\|_2^2} \tag{9-9}$$

流体不像固体那样能够在不变形的情况下旋转，涡量和变形对流动中涡旋都是非常重要。当涡旋形成后，随着剪切下降，涡旋涡量在总涡量中比例将是上升的，称为涡核中主导部分。因此，涡量在超过变形的同时，与涡旋运动之间相关性较高；并且在此时，旋转运动的耗散一般较低，从而涡旋结构会处于相对较为稳定的状态。通过使用软件自定义函数功能，将 Ω 准则的计算公式编程导入软件之中，并提取出不同 Ω 值对应下风障尾流涡旋结构，如图 9-18 所示，其中 Ω=0.52 为 Liu 在相关文献中的建议值。

由图 9-18 可知，Ω 方法与 Q 准则和 λ_2 准则所捕获的尾流涡旋结构是基本相同的，但对涡结构的识别会更加精细。在靠近风障处，涡旋具有明显较大的强度，并从风障背风侧逐渐脱落，然后向下游传播，远离风障的涡旋尺度逐渐增大，而涡强度同时衰减，与 Q 和 λ_2 识别准则得到的规律基本一致。联系 Ω 的物理意义，在旋转很强时，涡量可能会很小；而旋转运动很弱甚至没有时，涡量却可能很大。因此，在风障迎流区涡量值很小，但是在风障迎风侧开孔入口处同样识别出了涡旋的存在，而背风侧上部高涡量区则对应着较强的剪切。当参数 Ω 值逐渐增大，同时意味着剪切影响作用在逐渐下降，涡旋中涡量占比增加，逐渐主导了有旋流动，即涡旋运动与速度的反对称部分有更高的相关性。

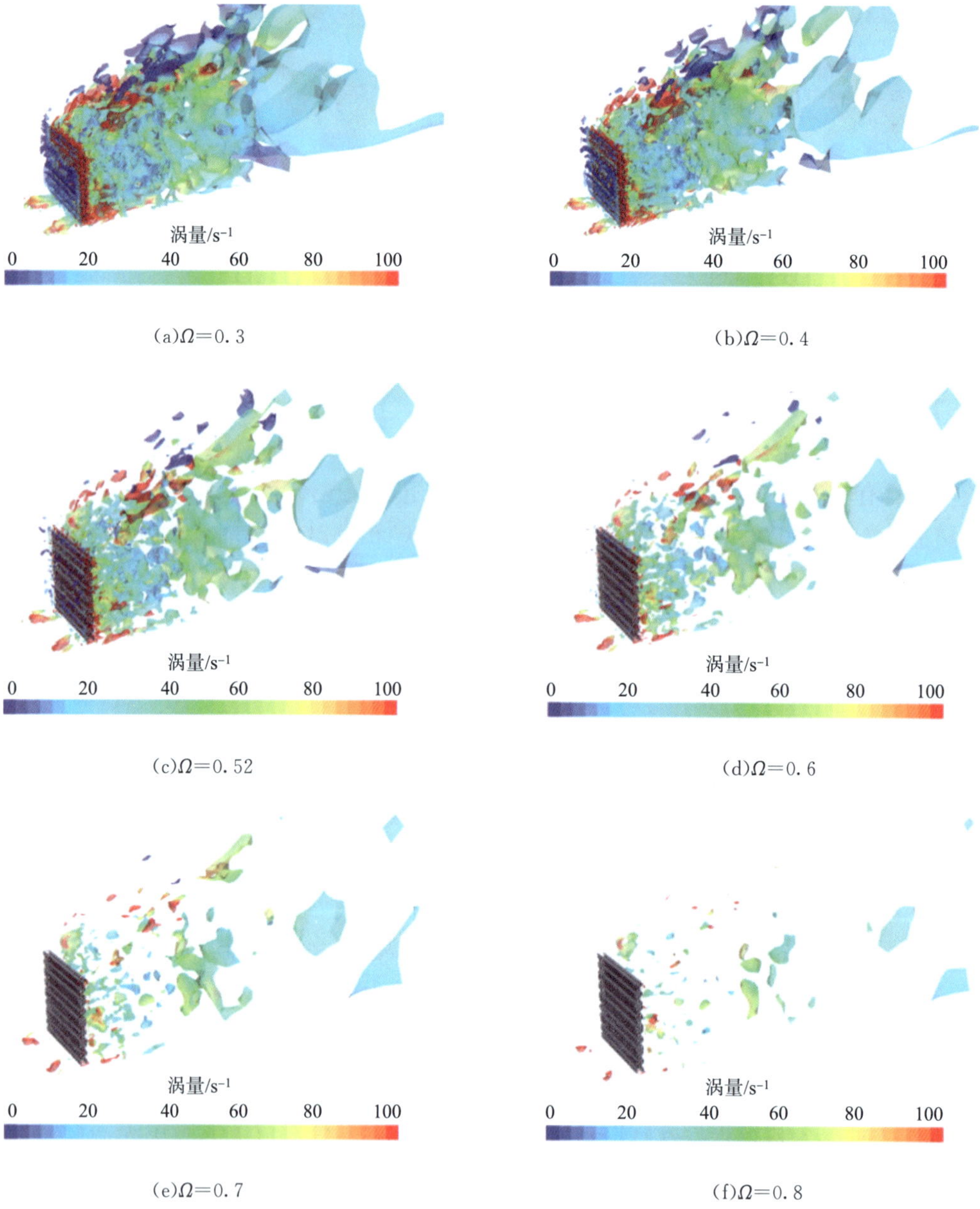

(a)Ω=0.3　(b)Ω=0.4

(c)Ω=0.52　(d)Ω=0.6

(e)Ω=0.7　(f)Ω=0.8

图 9-18　Ω准则识别出风障绕流涡旋

9.3.3　涡频特性

以上分析了涡量在 20 s 时刻的空间分布特性，实际上随着流动的发展，涡旋在不停的生成、分离、脱落，在时间上也存在着强烈的非定常性质。因此，还需对旋涡的频率特性进行分析。选取垂向第三块风障板中心位置(z=0.625h)设置七个监测点，其中 P_1～P_3在风障腔室内部，分别代表了开孔入口、腔室中心和背风板凹槽处三个典型位置；同时在背风侧设

置了 P_4～P_7 四个监测点，如图 9-19 所示。经过计算得到各监测点的涡量值随时间变化的曲线，如图 9-20 和图 9-21 所示。

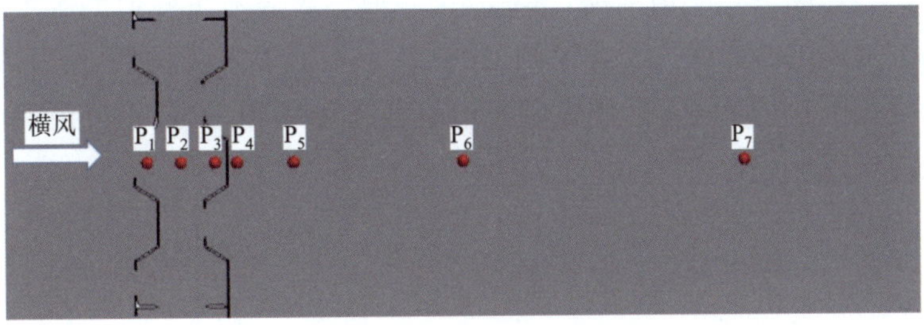

图 9-19　监测点分布

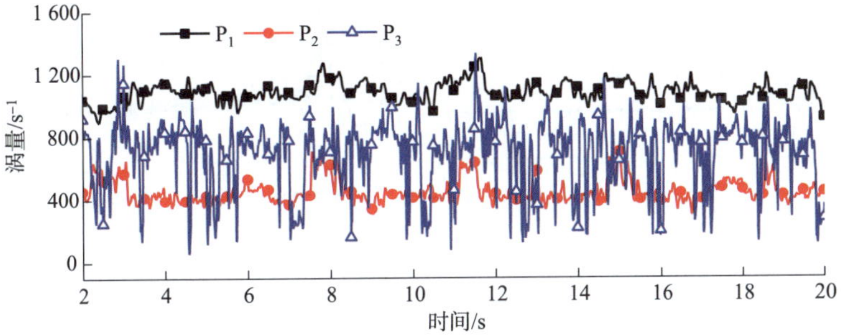

图 9-20　涡量时频特性（P_1～P_3）

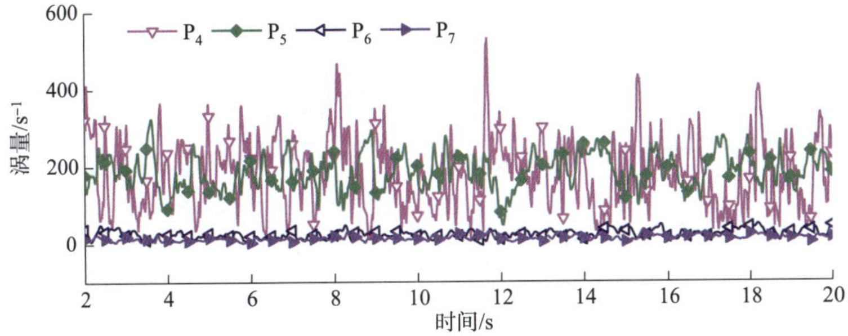

图 9-21　涡量时频特性（P_4～P_7）

由涡量值时程变化曲线可知，涡量在时间上存在着强烈的非定常性，腔室内部三个点的涡量值要远大于背风侧四点，其中入口处 P_1 在七个监测点中涡量值最大，其次为凹槽处 P_3 点，之后才是腔室中心线处 P_2 点；在风障背风侧，P_4 与 P_5 点涡量值较为接近，并且同样存在强烈波动，说明此处涡旋仍然比较强，而 P_6 与 P_7 点虽然也存在明显的波动性，但是幅值相比与前面监测点已经很低了。

1. 涡量振幅频谱

对涡量值的时程曲线进行快速傅里叶变换，可以得到涡量值的振幅频谱曲线，如图 9-22 所示。

由图 9-22 可知，在横风作用下，风障腔室内部涡旋存在着强烈的非定常性，涡量值随时间变化的主频主要出现在 0～30 Hz 范围内，主要峰值均集中在 0～10 Hz 范围内，在 0～10 Hz 范围内，随着频率值增加，振幅频谱峰值迅速衰减至峰值的 1/10 甚至更低，并且在腔室内部振幅频谱值要远大于背风侧，其中 P_3 点峰值最大，波动也最为剧烈，最大值接近 60/(s · Hz)，而在 P_4 点和 P_5 点，则振幅频谱值迅速衰减，P_6 和 P_7 点处虽然波动频率较为类似，但是幅值已经很小了。

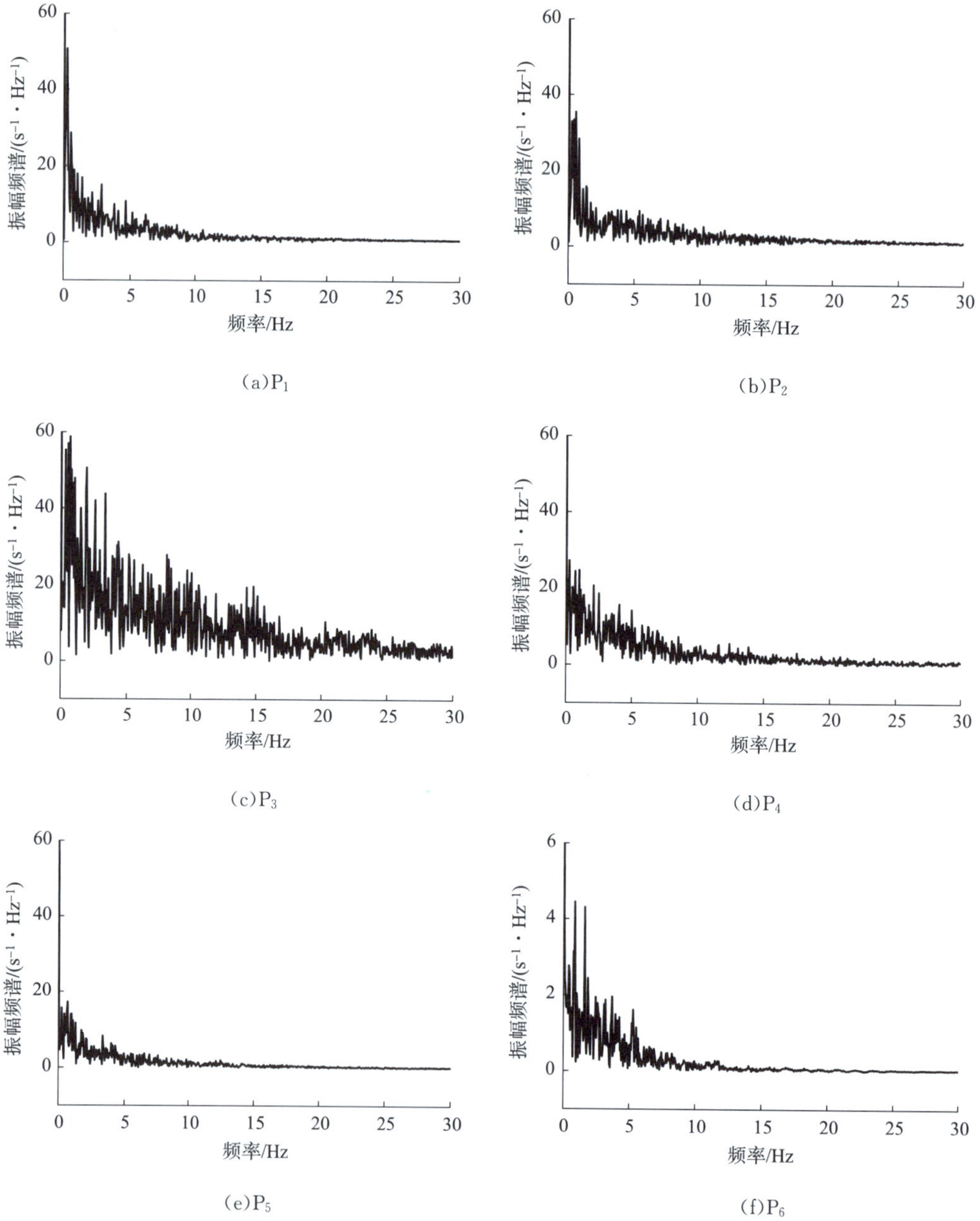

图 9-22　涡量振幅频谱

2. 涡量功率谱密度函数

对涡量值平方进行快速傅里叶变换，可以得到涡量值的功率谱密度曲线，如图 9-23 所示。通过频谱密度分析可以得到涡量分布最明显的频率范围，还需要从能量贡献的角度对涡量信号值进行功率谱计算。根据 Parseval 定理，对信号的模平方进行傅氏变换得到信号的能量谱，对能量谱密度在时间上进行平均就可以得到功率谱。

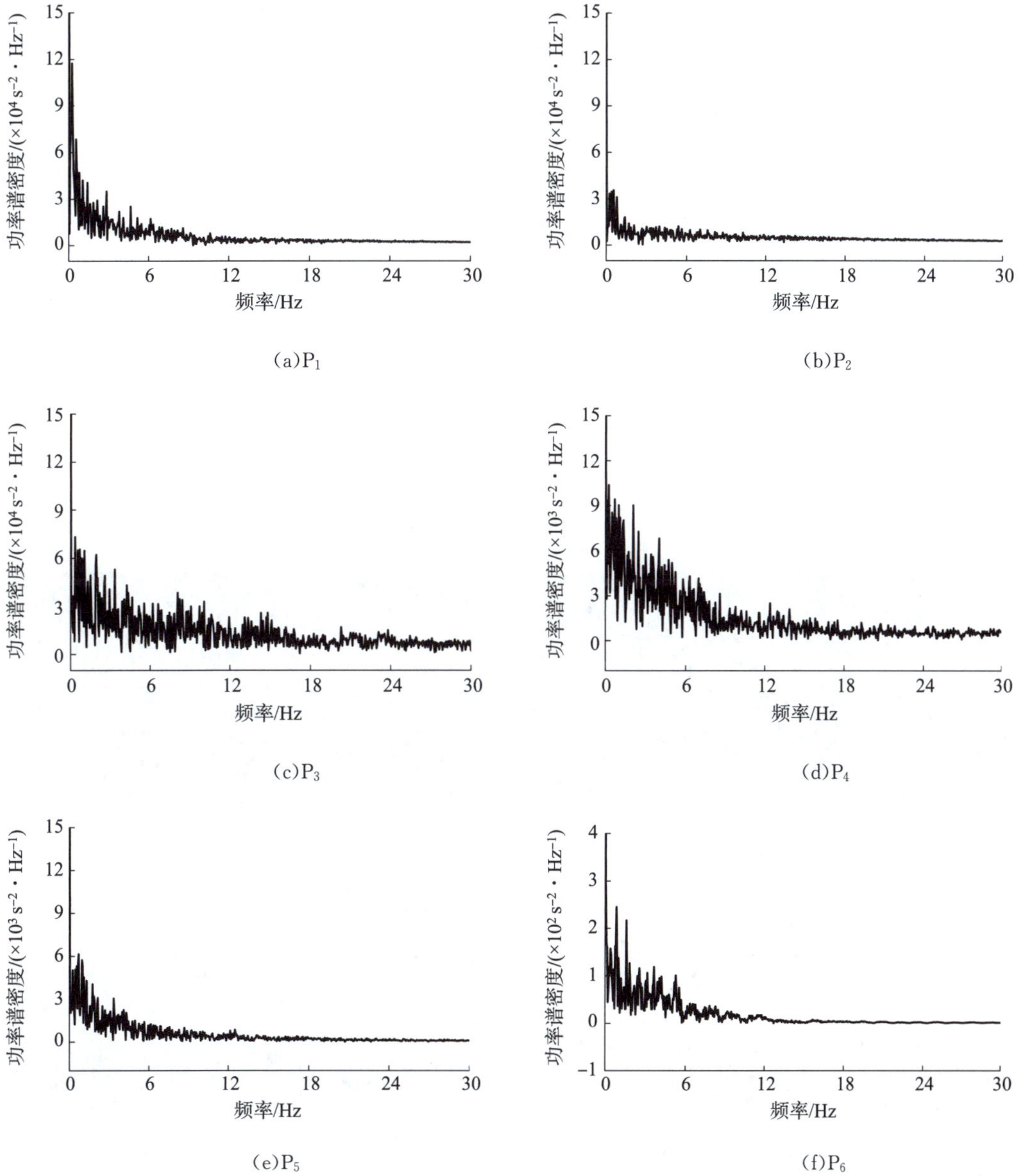

(a) P_1　(b) P_2

(c) P_3　(d) P_4

(e) P_5　(f) P_6

图 9-23　涡量功率谱密度

由图 9-23 可知，功率谱密度峰值仍集中在 0～5 Hz 主频范围内，说明涡量能量集中在此频率范围内，而在腔室内涡量功率谱密度峰值几乎是腔室外的十倍左右，并且以凹槽处 P_3 点波动最为剧烈，风障腔室内部聚集了大量的流动能量，而在风障背风侧则迅速衰减，此处同样得到了旋涡能量波动的主频范围。在风障设计过程中，同样应当避免横风涡频与风障系统自身的频率值相接近。

9.4 腔室型风障绕流结构分区

1. 湍流输运量构成与分配

由湍动能的输运方程可知，湍动能的输运过程主要由平均流输运项、湍流生成项、湍流输运项和黏性耗散项组成，见式(9-10)。对比输运方程中各项，或许能从不同的角度来展现横风作用下腔室型风障的消能过程。

$$\underbrace{\frac{\partial k}{\partial t}+\overline{u_k}\frac{\partial k}{\partial x_k}}_{\text{平均流输运}}=\underbrace{-\overline{u_i'u_k'}\frac{\partial \overline{u_i}}{\partial x_k}}_{\text{湍流生成项}}\underbrace{-\frac{\partial}{\partial x_k}\left(\frac{\overline{p'u_k'}}{\rho}+\overline{k'u_k'}-\nu\frac{\partial k}{\partial x_k}\right)}_{\text{湍流输运项}}\underbrace{-\nu\overline{\frac{\partial u_i'}{\partial x_k}\frac{\partial u_i'}{\partial x_k}}}_{\text{粘性耗散项}} \tag{9-10}$$

图 9-24 为各项分布情况，强横风作用下，气流穿过风障开孔，在此处产生强剪切，流向发生改变，在开孔附近有显著的湍流产生，同时伴随着湍动能的输运以及平均流的输运过程，湍流能量的输运过程在风障腔室内部要远大于外部绕流。

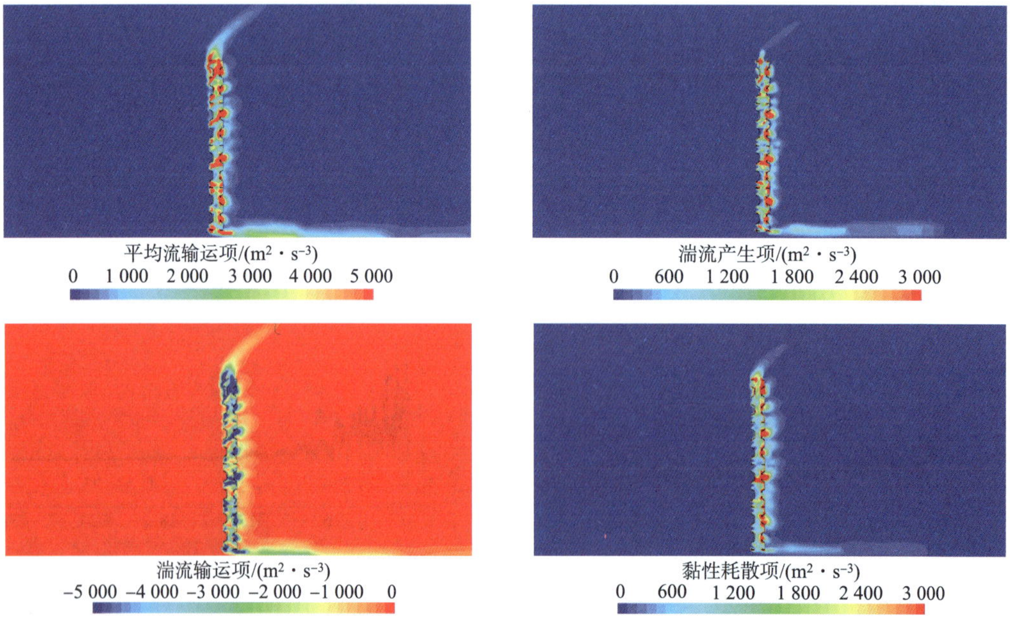

图 9-24 湍动能输运方程中各项分布云图

随着流动的发展，一部分气流撞击到背风板上，此时湍流产生更为明显，改变方向的气流与新进入的气流相互交汇，在风障腔室内部同样生成混乱的流场，此处流动是相当复杂的，湍流动力学过程也非常活跃，由黏性耗散项云图可知，背风板边壁附近湍流能量的耗散要远大于迎风板，在横风气流作用于腔室型风障整个过程中，湍流在腔室内部生成、输运并耗散，在背风板后流出腔室之后的气流，虽然也会有湍流生成，但是相比腔室内部，已经非常弱了，在湍流输运过程中，同时伴随着横风能量的消耗。

2. 涡量输运中过程项

由涡量方程可知，涡量方程左侧为涡量沿质点轨迹的增长率，右侧由涡量生成项和黏性项组成，其中涡量生成项是和速度散度有关的量，在流体流动过程中，若流体质点的体积收缩，则涡量增加，反之涡量减少。涡量是与速度密切相关的量，速度沿涡线方向上会时刻发生变化，这种变化分为两部分，一部分垂直于涡线，另一部分平行于涡线。垂直于涡线的速度分量使得涡线上相邻两点发生垂直方向相对位移，对涡旋形成了一种扭曲效应；而平行于涡线的速度分量则使涡线上相邻两点发生相对位移，靠近或者远离，对涡旋形成一种拉伸压缩效应。黏性项是涡量输运过程中与黏性相关的量，其作用是使涡量由高涡量区向低涡量区扩散。利用计算结果对涡量输运方程中涡量生成项与黏性项之间对比来分析风障附近涡量输运的物理过程，结果如图 9-25 和图 9-26 所示。

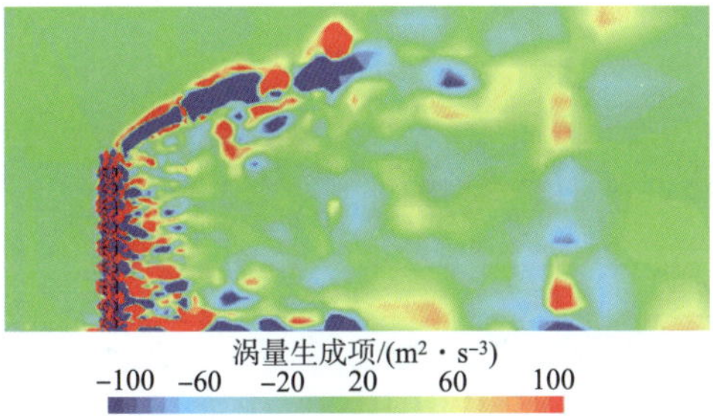

图 9-25　涡量生成项分布云图

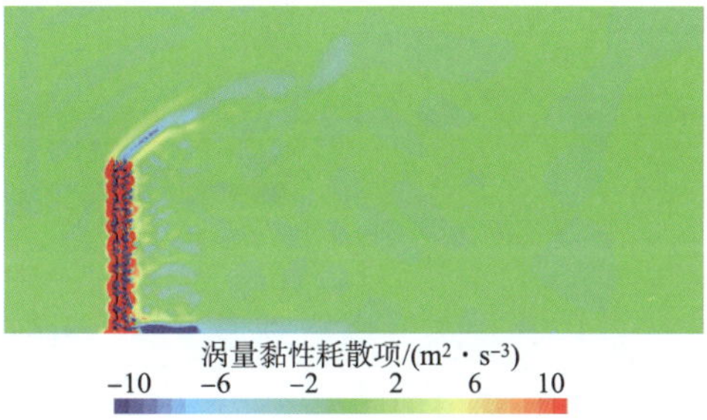

图 9-26　涡量黏性耗散项分布云图

在涡量输运方程中主要由涡量生成项(与速度有关的项)和黏性耗散项(与流体黏性相关的项组成)。由生成项分布云图可知，在风障腔室内部有大量涡量生成和脱落，并且延伸到风障背风侧约 0.5 m 位置处，在风障上部，由于绕流作用同样有涡量生成，在风障下部，由于下部开口气流通过，使得涡量生成区域同样延伸较远；由涡量黏性项的云图可知，黏性作用下涡量从高涡量区向低涡量区传递过程中大部分均存在风障腔室内部及外部很近的区域，说明风障壁面对涡量黏性耗散项的影响较大。

3. 风障绕流结构分区

由以上分析不难发现，横风作用下，腔室型风障绕流流场存在着明显的分区结构，以涡量值为参考依据，分别给出三个流向方向切面上的流向涡量等值线图，如图 9-27 所示。

同时，给出五个垂向方向切面上的涡量等值线图，以此来分析腔室型风障的绕流结构分区。

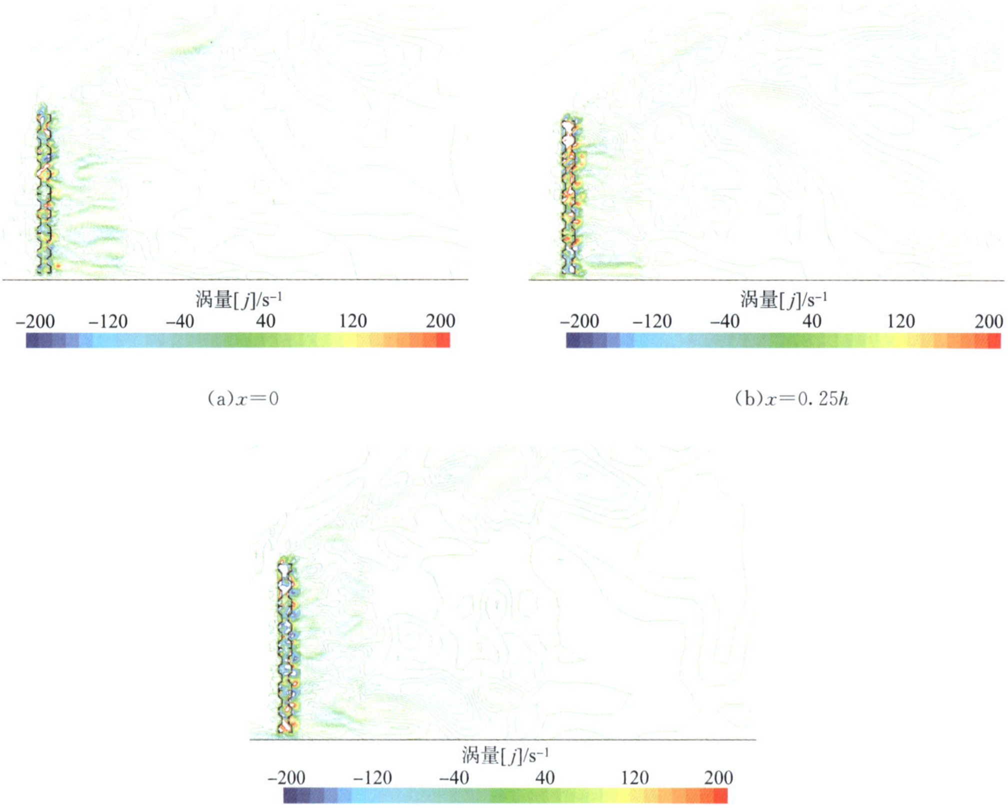

(a) $x=0$

(b) $x=0.25h$

(c) $x=-0.25h$

图 9-27　不同展向切面涡量分布云图

由图 9-27 可知，在风障迎风区，横风作用在风障表面上，在无开孔地方形成驻点，一部分气流穿过开孔流入风障内部，一部分气流在风障上部绕过，而仅在贴近风障壁面小范围区域内发生旋转拉伸，故风障迎风区涡量值很小；在风障腔室内部，存在着大量小型涡旋，涡量等值线图分布较为混乱，变化梯度也很大；在风障背风侧较近区域内，此处由于气流从背风板开孔中流出，不同孔之间气流相互作用影响，形成中等尺度的涡；在近风障区形成的涡旋结构继续沿流向发展消散，在之后的区域内形成更大尺度的涡旋，以上由流向切面涡量分布得到的旋涡结构分区；以同样方法做出垂向切面沿上的涡量分布如图 9-28 所示。

由图 9-28 同样可以观察到在风障迎风区涡量值较小；腔室内部有大量细碎涡存在，并且涡量值较大；而背风侧较近区域内形成中等尺度的涡；随着流动的发展，涡的尺度也逐渐增大，形成大尺度涡。

通过以上分析，可以对腔室耗能型风障的结构绕流进行大概的分区，沿流向方向可以分为迎流区、腔室碎涡区、过渡区和尾流大涡区。设风障腔室间距为 D，由风障湍流特性参数、拟序结构识别及涡量场分布，可认为在横风作用下标准的腔室耗能型风障的四个分区沿流向 y 的分布如下：$-0.6D<y<-0.5D$ 为迎流区；$-0.5D<y<0.5D$（即腔室内部）为腔室碎涡区；$0.5D<y<2.5D$ 为过渡区；$y>2.5D$ 区域为尾流大涡区。

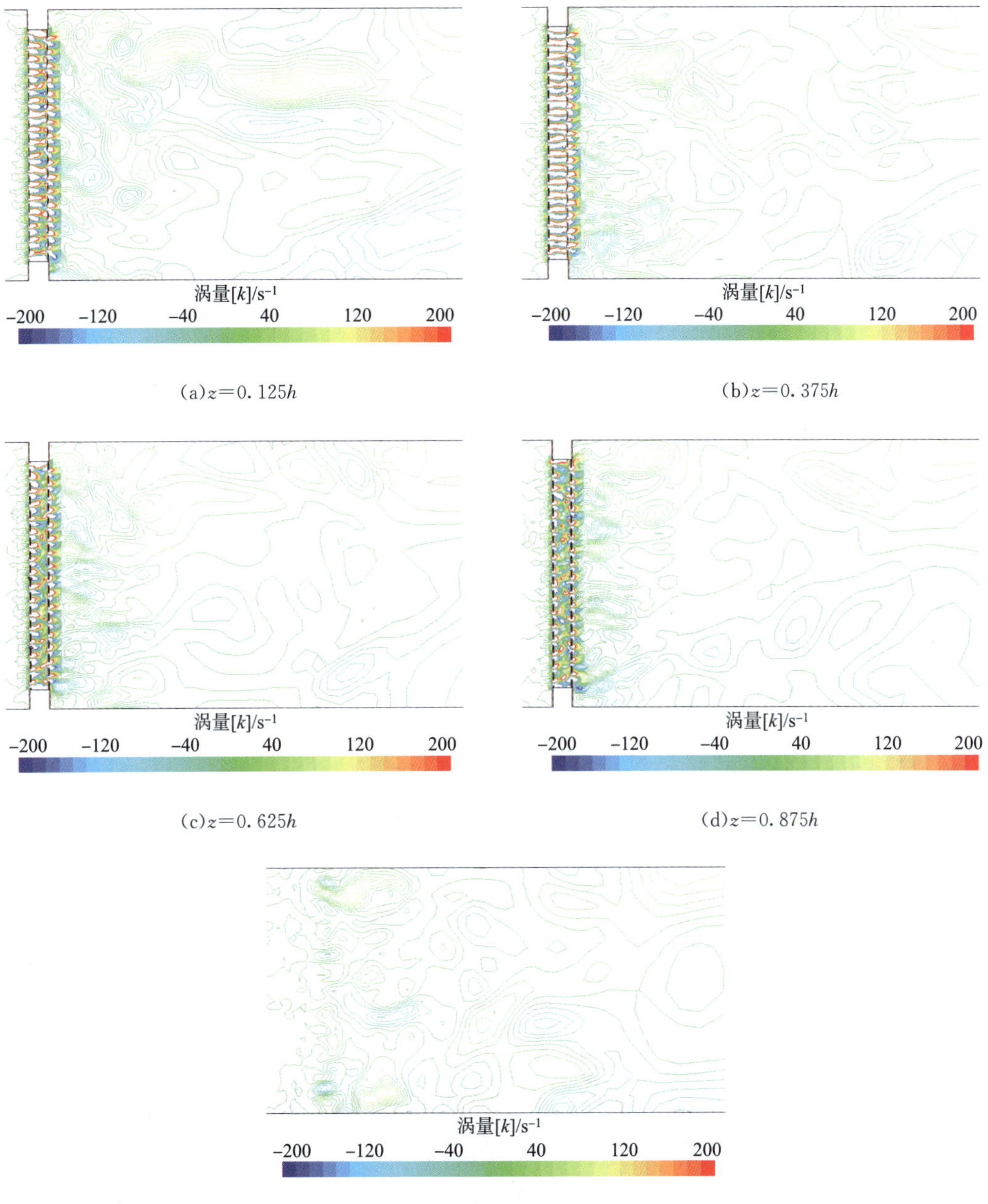

(a) $z=0.125h$　(b) $z=0.375h$

(c) $z=0.625h$　(d) $z=0.875h$

(e) $z=1.125h$

图 9-28　不同垂向切面涡量分布云图

9.5 风障气动特性和消能作用影响因素分析

腔室型风障结构参数对其自身气动荷载会产生明显的影响，在横风作用下，腔室内部是湍流非常活跃的区域，同时产生了一定的压力，使得前后面板均承受了一定的气动荷载，但是前后面板所承受的气动荷载的值是不同的，并且与透风率、孔径比及腔室间距密切相关。以单层波纹板风障和双层腔室耗能型风障为研究对象，计算域及数值方法同 8.3.3 节，共计算三种风障模型，如图 9-29 所示，模型 A 为双层等径开孔波纹板风障；模型 B 为双层异径开孔波纹板风障；模型 C 在模型 B 基础上调整了前后面板之间的间距，计算工况见表 9-1。

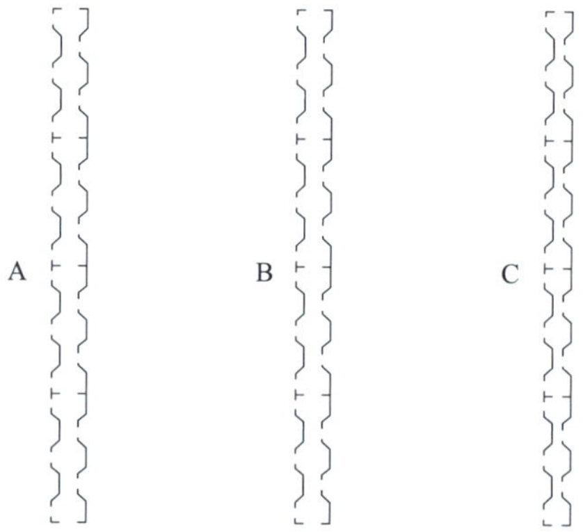

图 9-29　风障侧视图

表 9-1　计算工况

编号	风速 /(m·s⁻¹)	透风孔孔径(迎风-背风)/mm	腔室间距/mm	风障类别
A	30	30-30,35-35,40-40,45-45,50-50,55-55,60-60	164	双层等径结构
B	30	50-30,50-35,50-40,50-45,50-50,50-55,50-60	164	双层异径结构
C	30	50-50	114,124,134,144,154,164,174	双层等径结构

1. 气动荷载与透风率关系

腔室耗能型风障采用前后面板错位开孔形式，可使来流进入到腔室内部之后，在背风板上形成驻点，之后在腔室内部形成大量涡旋结构，再从背风侧开孔中流出，在这个过程中，开孔大小将直接影响到前后面板的气动荷载，本节共计算了 30 mm、35 mm、40 mm、45 mm、50 mm、55 mm、60 mm 七种不同孔径的腔室型风障面板，不同孔径下风障单板透风率 φ 值分别为 5.8%、7.9%、10.3%、13.0%、16.1%、19.5%、23.2%，30 m/s 横风风速下不同透风率腔室型风障阻力系数和倾覆力矩系数如图 9-30 所示。

由图 9-30 可知，随着透风率的增加，风障的阻力系数与倾覆力矩系数均逐渐减小，但是由于腔室型风障透风率变化范围有限，总阻力值减小并不是特别明显，总阻力迎风板和背风板分布情况变化却很大，随着透风率增加，迎风板荷载逐渐减小，背风板荷载逐渐增加。

2. 气动荷载与前后板孔径比关系

定义风障孔径比为背风板孔径与迎风板孔径之比，分析风障孔径比变化对面板所受气

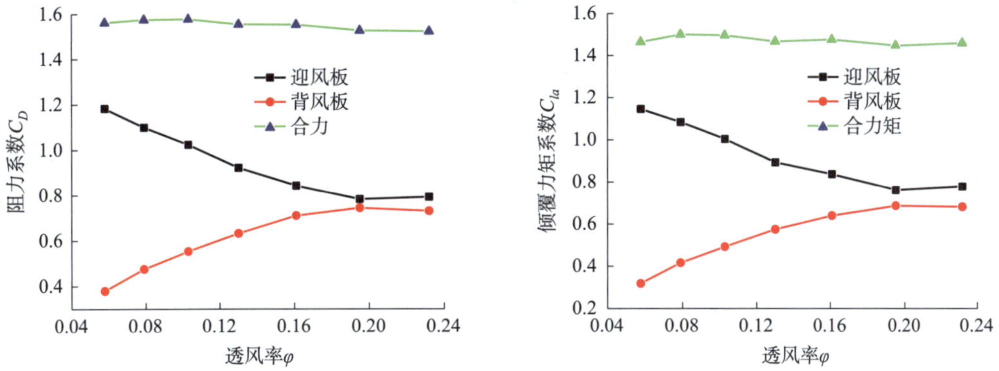

图 9-30　气动荷载随风障透风率变化情况

动荷载的影响。对比分析七种风障，迎风板孔径均为 50 mm，背风板孔径分别为 30 mm、35 mm、40 mm、45 mm、50 mm、55 mm、60 mm，则孔径比分别为 0.6、0.7、0.8、0.9、1.0、1.1、1.2，30 m/s 横风风速下不同孔径比风障的阻力系数和倾覆力矩系数如图 9-31 所示。

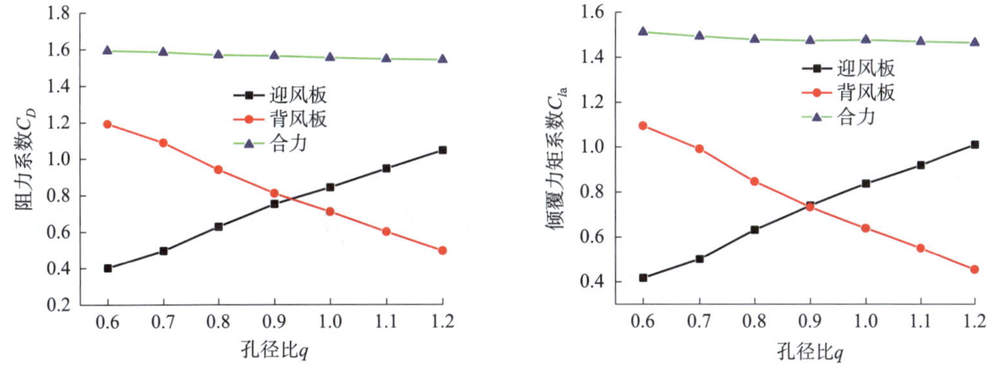

(a)C_D 随 q 变化　　(b)C_{la}随 q 变化

图 9-31　风障前后面板 C_D 与 C_{la}随 q 变化

由图 9-31 可知，随着背风板孔径的增加，双层风障阻风能力缓慢下降，但是改变不是特别明显，而风障迎风板与背风板受力则发生了明显变化。随着孔径比增大，迎风板阻力系数逐渐增大，而背风板阻力系数则逐渐减小，且阻力系数值与孔径比基本呈线性关系，当孔径比在 0.9 附近出现交点，即此时在横风作用下，前后面板承受着相等的气动荷载。

3. 气动荷载与腔室间距关系

腔室耗能型风障前后波纹板采用波纹板的形式，迎风板和背风板之间的间距直接决定了腔室的大小，进而影响风障前后面板的气动荷载。横风风速取 30 m/s，面板间距分别取 114 mm、124 mm、134 mm、144 mm、154 mm、164 mm 及 174 mm，小间距风障如图 9-29 所示，横风作用下风障面板的阻力系数和倾覆力矩系数如图 9-32 所示。

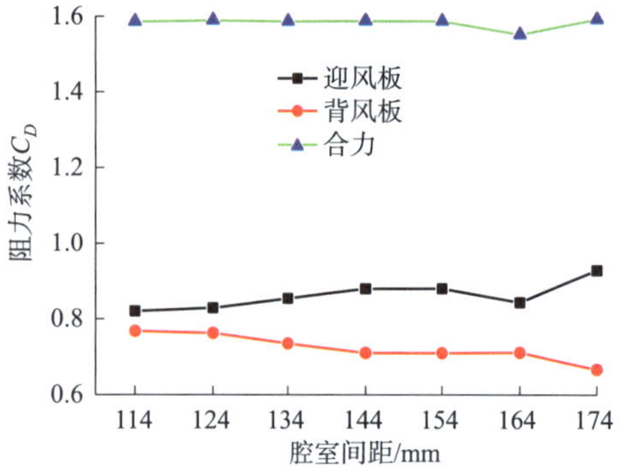

(a)C_D 随风障间距变化

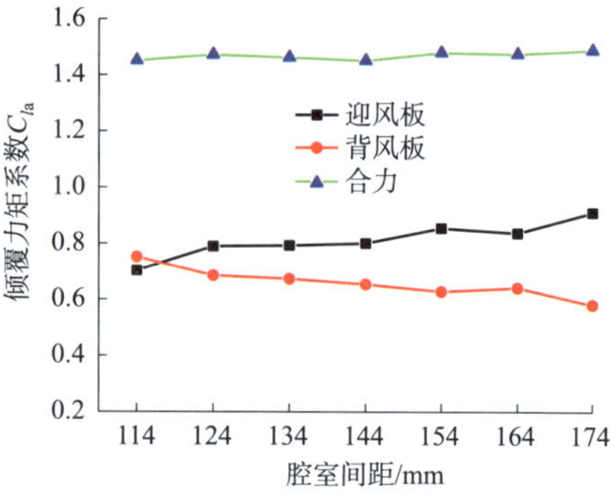

(b)C_{la}随风障间距变化

图 9-32　风障前后面板 C_D 与 C_{la}随面板间距变化

由图 9-32 可知，随着孔板距离的增加，风障所受气动荷载基本保持不变，而迎风板和背风板受力则发生了明显变化。随着风障间距增大，迎风板所受气动荷载逐渐增大，而背风板所受气动荷载逐渐减小，在前后面板均为 50 mm 孔径时，通过调节前后面板间距，并不能使前后面板的气动荷载相等。

4. 风障消能特性与透风率、孔径比及风障间距关系

当气流流过风障面板之后，随着压力的降低和流速的急剧变化，风障面板消耗掉横风中的动能和压力势能。对于双层腔室耗能型风障，影响风障面板水头损失的主要因素有风障高度 D、背风板孔径 d、空气密度 ρ、动力黏度 μ，来流平均流速 v、风障面板上、下游断面压差 Δp 和两面板的间距 L，写成函数关系式为

$$f(D,d,\rho,\mu,v,\Delta p,L)=0 \tag{9-11}$$

根据量纲分析，在上述 7 个物理量中选取 D,v,ρ 为三个基本物理量，由布金汉 π 定理量纲分析法，可得无量纲数方程为

$$F\left(\frac{d}{D},\frac{\mu}{\rho vD},\frac{L}{D},\frac{\Delta p}{\rho v^2}\right)=0 \quad 或 \quad \Delta p=\rho v^2 f_1\left(\frac{d}{D},\frac{\mu}{\rho vD},\frac{L}{D}\right) \tag{9-12}$$

$$\frac{\mu}{\rho vD}=\frac{1}{Re}$$

风障面板水头损失 ΔH 按式(9-13)表示。

$$\Delta H=\frac{\Delta p}{\gamma}=\frac{v^2}{2g}2f_1\left(\frac{d}{D},\frac{1}{Re},\frac{L}{D}\right)=f_2\left(\frac{d}{D},Re,\frac{L}{D}\right)\frac{v^2}{2g}=K\frac{v^2}{2g} \tag{9-13}$$

式中　K——示风障面板消能效果的消能系数，$K=f_2\left(\frac{d}{D},Re,\frac{L}{D}\right)$，因此每个风障面板的消能系数可表示为

$$K=\frac{\Delta H}{\frac{v^2}{2g}}$$

选取风障面板前后各 1 m 处的压力平均值之差作为 ΔH，来流速度为 v，得到不同形式风障在不同风速下的消能系数，如图 9-33 所示。

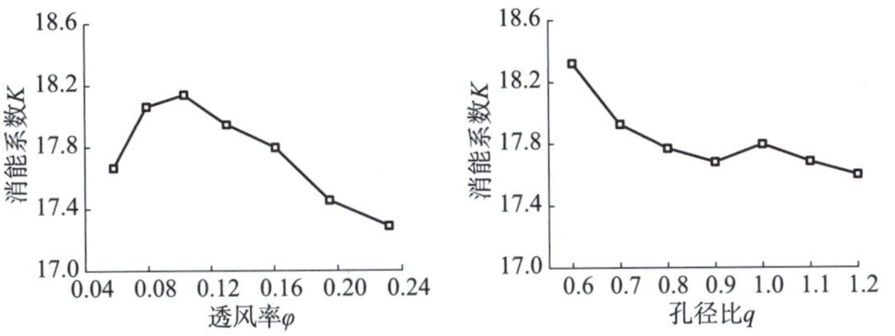

(a)透 风 率　(b)孔 径 比　(c)腔室间距

图 9-33　消能系数变化趋势

由图 9-33 可知，腔室型风障的消能系数随着风障透风率的增大呈现先增大后减小的趋势，最大值出现在风障透风率为 0.08～0.12 的区间；消能系数随着孔径比的增大(即迎风板孔径保持不变情况下，背风板孔径逐渐增大)而逐渐减小；消能系数随着风障间距的改变则变化很小，在同一透风率情况下，改变风障前后面板间距可以调节前后板气动荷载的大小，但对风障的消能特性影响却不是特别明显。

可见，腔室型风障通过自身结构特点在腔室内诱导产生了大量旋涡，并在湍流输运过程中消耗掉横风的能量，可有效改善背风侧列车的运行风环境，是风障设计中一种行之有效的思路。同时，腔室结构各参数(透风率、前后板孔径比、腔室间距)对湍流流场和风障前后面板的气动荷载均会产生明显影响，通过改变腔室风障板结构参数可以调节其前后面板的气动荷载，进行优化处理。

参考文献

[1] 钱立新. 速度 350 km·h^{-1}等级世界高速列车技术发展综述[J]. 中国铁道科学,2007,28(4):66-72.

[2] 郗艳红．横风作用下的高速列车气动特性及运行安全性研究[D]. 北京:北京交通大学,2012.

[3] 王璐雷,徐宇工,毛军．强侧风对高速列车运行安全性的影响及其控制[J]. 内燃机车,2004(10):5-8,19.

[4] 刘庆宽,杜彦良,乔富贵. 日本列车横风和强风对策研究[J]. 铁道学报,2008,30(1):82-88.

[5] 毛军,郗艳红,杨国伟. 侧风风场特征对高速列车气动性能作用的研究[J],铁道学报,2011,33(4):22-30.

[6] 曾京,邬平波. 高速列车的稳定性[J]. 交通运输工程学报,2005,5(2):1-4.

[7] 杨文韬,刘作义. 新型行李车倾覆稳定性的计算[J]. 铁道货运,2006(6):20-24.

[8] 陈锐林,曾庆元. 横风对列车通过曲线限制速度影响的数值研究[J]. 铁道学报,2009,31(1):40-45.

[9] 高广军,苗秀娟. 强横风下青藏线客车在不同高度桥梁上的气动性能分析[J]. 中南大学学报(自然科学版),2010,41(1):376-380.

[10] 蒋崇文,陈智,关雪梅,等. 平原上不同长度集装箱列车横风载荷的数值研究[J]. 铁道学报,2010,32(5):18-24.

[11] 马静,张杰,杨志刚. 横风下高速列车非定常空气动力特性研究[J]. 铁道学报,2008,30(6):109-114.

[12] BAKER C J. The simulation of unsteady aerodynamic cross wind forces on trains[J]. Journal of Wind Engineering and Industrial Aerodynamics: The Journal of the International Association for Wind Engineering,2010,98(2):88-99.

[13] 郗艳红,毛军,李明高,等. 高速列车侧风效应的数值模拟[J]. 北京交通大学学报,2010,34(1):14-18.

[14] 陈果,翟婉明,左洪福. 车辆脱轨安全限值的调整与改进建议[J]. 中国机械工程,2002,13(8):22-25.

[15] 任尊松,徐宇工,王璐雷,等. 强侧风对高速列车运行安全性影响研究[J]. 铁道学报,2006,28(6):46-50.

[16] 毛军,马小云,郗艳红,等. 基于流动模拟和动力学仿真的高速列车横风运行稳定性研究[J]. 北京交通大学学报,2011,35(1):44-48,53.

[17] 马淑红,马韫娟．瞬时风速对高速列车安全运行的影响及其控制[J]. 铁道工程学报,2009(1):11-16.

[18] 马淑红,马韫娟,李建群,等. 京津城际 CRH3 动车组大风天气条件下安全行车技术标准参数研究[J]. 铁道技术监督,2009,37(2):7-9,12.

[19] 刘加利,于梦阁,张继业,等. 基于大涡模拟的高速列车横风运行安全性研究[J]. 铁道学报,2011,33(4):13-21.

[20] 杨志刚,马静,陈羽,等. 横风中不同行驶工况下高速列车非定常空气动力特性[J]铁道学报,2010,32(2):18-23.

[21] 池茂儒,张卫华,曾京,等. 蛇行运动对铁道车辆平稳性的影响[J]振动工程学报,2008,21(6):639-643.

[22] QUINN, A D, STERLING M, ROBERTSON A P, et al. An investigation of the wind-induced rolling moment on a commercial vehicle in the atmospheric boundary layer[J]. Proceedings of the Institution of Mechanical Engineers, Part D: Journal of Automobile Engineering, 2007, 221(11): 1367-1379.

[23] 杨国伟,魏宇杰,赵桂林,等. 高速列车的关键力学问题[J]. 力学进展. 2015,45(1):217-460.

[24] 田红旗. 列车空气动力学[M]. 北京:中国铁道出版社,2007.

[25] 刘庆宽,杜彦良,乔富贵. 日本列车横风和强风对策研究[J]. 铁道学报. 2008,30(1):82-88.

[26] 高广军,田红旗,姚松,等. 兰新线强横风对车辆倾覆稳定性的影响[J]. 铁道学报,2004,26(4):36-40.

[27] 董香婷,党向鹏. 风障对侧风作用下列车行车安全影响的数值模拟研究[J]. 铁道学报,2008,30(5):36-40.

[28] 李永乐,廖海黎,强士中. 京沪高速铁路南京长江大桥桥址区风特性研究[J]. 桥梁建设,2002(4):5-7.

[29] 王争鸣. 兰新高铁穿越大风区线路选线及防风措施设计[J]. 铁道工程学报,2015,32(1):1-6,60.

[30] 毛军,郗艳红,高亮,等. 腔室耗能型高速铁路风障的减载抗风性能[J]. 机械工程学报,2014,50(4):99-106.

[31] 柳润东,毛军,赵萌,等. 风障表面的高速列车风致空气脉动压力研究[J]. 华南理工大学学报(自然科学版),2016,44(10):87-95.

[32] 柳润东,毛军,郗艳红. 高速铁路风障在横风与列车风耦合作用下的气动特性研究[J]. 振动与冲击,2018,37(3):153-159.

[33] 柳润东,毛军,郗艳红,等. 高速铁路腔室耗能型风屏障气动冲击力的动模型试验研究[J]. 机械工程学报, 2019,55(18):78-85.

[34] 柳润东,毛军,郗艳红,等. 横风下高速列车会车压力波对风障的气动冲击研究[J]. 吉林大学学报(工学版),2019,49(4):1054-1062.

[35] 吕坚品,张继文,廖建州,等. 既有铁路桥梁声屏障的高速列车脉动风致响应[J]. 西南交通大学学报,2009,44(4):547-551.

[36] 田红旗. 中国高速轨道交通空气动力学研究进展及发展思考[J]. 中国工程科学,2015,17(4):30-41.

[37] 肖京平,黄志祥,陈立. 高速列车空气动力学研究技术综述[J]. 力学与实践,2013,35(2):1-12.

[38] ROLLET-MIET P, LAURENCE P, FERZIGER. LES and RANS of turbulent flow in tube bundles[J]. International Journal of Heat and Fluid Flow, 1999, 20(3): 214-254.

[39] THEO R, HUBERT H, FRIEDRICH W. 采用高新技术的德国铁路 ICE 高速列车[M]. 孙彤,孙翔,译. 成都:西南交通大学出版社,1992.

[40] 吴德康. 对超高速列车在隧道内运行时压力变化的实验研究[J]. 隧道译丛,1994(5):1-9.

[41] BAKER C J. Train aerodynamic forces and moments from moving model experiments[J]. Journal of Wind Engineering & Industrial Aerodynamics, 1986, 24(3): 227-251.

[42] COPLEY J M. The three-dimensional flow around railway trains[J]. Journal of Wind Engineering & Industrial Aerodynamics, 1987, 26(1): 21-52.

[43] KWON H, PARK Y W, LEE D, et al. Wind tunnel experiments on Korean high-speed trains using various ground simulation techniques[J]. Journal of Wind Engineering & Industrial Aerodynamics, 2001, 89(13): 1179-1195.

[44] SUZUKI M, TANEMOTO K, MAEDA T. Aerodynamic characteristics of train/vehicles under cross winds[J]. Journal of Wind Engineering & Industrial Aerodynamics, 2003, 91(1/2): 209-218.
[45] 杨明智,袁先旭,周丹,等.强横风下青藏线棚车气动性能研究[J]. 铁道科学与工程学报,2008,5(2):75-78.
[46] 杨明智,袁先旭,鲁寨军,等.强侧风下青藏线列车气动性能风洞试验研究[J]. 实验流体力学,2008,22(1):76-79.
[47] GAYLARD A P. The application of computational fluid dynamics to railway aerodynamics[J]. Proceedings of the Institution of Mechanical Engineers, Part F: Journal of Rail & Rapid Transit, 1993, 207(2): 133-141.
[48] CHIU T W. Prediction of the aerodynamic loads on a railway train in a cross-wind at large yaw angles using an integrated two-and three-dimensional source/vortex panel method[J]. Journal of Wind Engineering & Industrial Aerodynamics, 1995, 57(1): 19-39.
[49] KHIER W, BREUER M, DURST F. Flow structure around trains under side wind conditions: A numerical study[J]. Computers & Fluids, 2000, 29(2): 179-195.
[50] CHELI F, RIPAMONTI F, ROCCHI D, et al. Aerodynamic behaviour investigation of the new EMUV250 train to cross wind[J]. Journal of Wind Engineering & Industrial Aerodynamics, 2010, 98(4/5): 189-201.
[51] 王璐雷.高速列车在强侧风作用下的气动性能数值模拟研究[D]. 北京:北京交通大学,2005.
[52] 杨敏.强横风对青藏线列车气动性能的影响[J]. 铁道机车车辆工人,2009(2):21-25.
[53] 杨吉忠,毕海权,翟婉明.基于ALE方法的列车横风绕流动力学分析[J]. 铁道学报,2009,31(2):120-124.
[54] 郗艳红,毛军,高亮,等.横风作用下高速列车安全运行速度限值的研究[J]. 铁道学报,2012,34(6):8-14.
[55] 赵萌.横风作用下高速列车受电弓气动特性及优化研究[D]. 北京:北京交通大学,2014.
[56] 毛军,郗艳红,高亮,等.横风作用下高速列车气动阻力[J]. 中南大学学报(自然科学版),2014,45(11):4059-4067.
[57] 郗艳红,毛军,高亮,等.基于分离涡方法的高速列车横风非定常气动特性[J]. 中南大学学报(自然科学版),2015(3):1129-1139.
[58] HERMANNS L, GIMÉNEZ J G, ALARCÓN E. Efficient computation of the pressures developed during high-speed train passing events[J]. Computers & Structures, 2005, 83(10/11): 793-803.
[59] 李现今,刘晨辉,杨国伟.高速列车明线交会压力波特性研究[J]. 科学技术与工程,2012,12(15):3689-3694,3702.
[60] SUN Z, ZHANG Y, GUO D, et al. Research on running stability of CRH3 high speed trains passing by each other[J]. Engineering Applications of Computational Fluid Mechanics, 2014, 8(1): 140-157.
[61] LEE J P, LEE E J, LEE S J. Shelter effect of a fir tree with different porosities[J]. Journal of Mechanical Science & Technology, 2014, 28(2): 565-572.
[62] CORNELIS W M, GABRIELS D. Optimal windbreak design for wind-erosion control. [J]. Journal of

Arid Environments,2005,61(2):315-332.

[63] VIGIAK O,STERK G,WARREN A,et al. Spatial modeling of wind speed around windbreaks[J]. Catena,2003,52(3/4):273-288.

[64] PACKWOOD A R. Flow through porous fences in thick boundary layers: comparisons between laboratory and numerical experiments[J]. Journal of Wind Engineering & Industrial Aerodynamics,2000,88(1):75-90.

[65] 向活跃,李永乐,胡喆,等. 铁路风屏障对轨道上方风压分布影响的风洞试验研究[J]. 实验流体力学,2012,26(6):19-23.

[66] 王达磊,陈艾荣,马如进. 风障对桥塔附近桥面汽车气动力特性的影响[J]. 工程力学,2013,30(10):244-250.

[67] 张洁,高广军,李靓娟. 高速铁路桥梁上透风式挡风墙高度优化[J]. 交通运输工程学报,2013,13(6):28-35.

[68] 王宏朝,谢金法. 高速铁路声屏障在列车风致脉动力与自然风荷载下的数值模拟[J]. 路基工程,2013(4):34-38.

[69] 李永乐,向活跃,廖海黎. 基于风—车—桥(线)耦合振动的风屏障防风效果研究[J]. 土木工程学报,2014,47(3):97-102.

[70] 项超群,郭文华,张佳文. 双线高速铁路桥最优风障高度及作用机理的数值研究[J]. 中南大学学报(自然科学版),2014,45(8):2891-2898.

[71] 项超群,郭文华,陈涛,等. 风屏障对桥上高速列车气动性能影响的数值研究[J]. 中国铁道科学,2014,35(5):113-120.

[72] 高剑,李加武,汪水银. 桥梁风障阻风效应影响因素研究[J]. 公路,2014,59(8):255-258.

[73] 郭薇薇,夏禾,张田. 桥梁风屏障的气动效应及其对高速列车运行安全的影响分析[J]. 工程力学,2015,32(8):112-119,128.

[74] 艾辉林,周志勇. 高速列车致声屏障风压变化和分布特性研究[J]. 力学季刊,2015,36(3):527-533.

[75] 李永乐,赵彤,刘多特,等. 铁路风屏障的气动绕流及风吹雪特性研究[J]. 铁道学报,2015,37(6):119-125.

[76] 张田,夏禾,郭薇薇. 风屏障导致的风载突变对列车运行安全的影响研究[J]. 振动工程学报,2015,28(1):122-129.

[77] 何旭辉,邹云峰,杜风宇. 风屏障对高架桥上列车气动特性影响机理分析[J]. 振动与冲击,2015,34(3):66-71.

[78] BAKER C J. The behaviour of road vehicles in unsteady cross winds[J]. Journal of Wind Engineering & Industrial Aerodynamics,1993,49(1):439-448.

[79] QUINN A D,STERLING M,ROBERTSON A P,et al. An investigation of the wind-induced rolling moment on a commercial vehicle in the atmospheric boundary layer[J]. Proceedings of the Institution of Mechanical Engineers,Part D:Journal of Automobile Engineering,2007,221:1367-1379.

[80] ALLORI D,BARTOLI G,MANNINI C. Wind tunnel tests on macro-porous structural elements: A scaling procedure[J]. Journal of Wind Engineering & Industrial Aerodynamics,2013,123(123):

291-299.

[81] BOURDIN P, WILSON J D. Windbreak aerodynamics: Is computational fluid dynamics reliable[J]. Boundary-Layer Meteorology, 2008, 126(2): 181-208.

[82] PATTON E G, SHAW R H, JUDD M J, et al. Large-eddy simulation of windbreak flow[J]. Boundary-Layer Meteorology, 1998, 87(2): 275-307.

[83] 张健. 铁路防风栅抗风性能风洞试验研究与分析[J]. 铁道科学与工程学报, 2007, 4(1): 13-17.

[84] 龙丽平, 赵丽滨, 刘立东. 列车致声屏障结构的空气脉动力研究[J]. 工程力学, 2010, 27(3): 246-250.

[85] 周奇, 朱乐东, 郭震山. 曲线风障对桥面风环境影响的数值模拟[J]. 武汉理工大学学报, 2010, 32(10): 38-44.

[86] 向活跃, 李永乐, 廖海黎. 基于DEA的铁路桥梁风屏障防风效果评价[J]. 西南交通大学学报, 2012, 47(4): 546-550.

[87] 向活跃, 李永乐, 胡喆, 等. 桥上孔隙式风屏障缩尺模型模拟方法的风洞试验[J]. 工程力学, 2013, 30(8): 212-216.

[88] 李波, 杨庆山, 冯少华. 防风栅对高速列车挡风作用的数值模拟[J]. 工程力学, 2015, 32(12): 249-256.

[89] 张田, 郭薇薇, 杜宪亭. 车致脉动力作用下桥上防风屏障的振动响应分析[J]. 铁道建筑, 2015(3): 5-8, 11.

[90] MENTER F R. Zonal two equation k-ω turbulence models for aerodynamics flow [C]//Proceedings of 24th Fluid Dynamics, Plasmadynamics, and Lasers Conference. Florida Orlando, 1993: AIAA-93-2906.

[91] 夏锦林, 李珂, 葛耀君, 等. 不同风障形式下桥梁断面行车风环境及颤振性能[J]. 哈尔滨工业大学学报, 2017, 49(3): 98-105.

[92] 王福军. 计算流体动力学分析: CFD软件原理与应用[M]. 北京: 清华大学出版社, 2005.

[93] ROLLET-MIET P, LAURENCE D, FERZIGER J. LES and RANS of turbulent flow in tube bundles[J]. International Journal of Heat & Fluid Flow, 1999, 20(3): 241-254.

[94] CATALANO P, AMATO M. An evaluation of RANS turbulence modelling for aerodynamic applications[J]. Aerospace Science & Technology, 2003, 7(7): 493-509.

[95] REICHEL C, STROHMEIER K. Application of models for laminar to turbulent transition to flow around a circular cylinder[J]. Journal of Pressure Vessel Technology, 2005, 130(3): 1047-1057.

[96] 张红杰, 马晖扬, 童秉纲. 高超声速复杂流动中湍流模式应用的评估[J]. 空气动力学学报, 2001, 19(2): 210-216.

[97] 张兆顺, 崔桂香, 许春晓. 湍流大涡数值模拟的理论和应用[M]. 北京: 清华大学出版社, 2008.

[98] TRAVIN A, SHUR M, STRELETS M, et al. Detached-eddy simulations past a circular cylinder[J]. Flow Turbulence & Combustion, 2000, 63(2/3/4): 293-313.

[99] YANG G W, GUO D L, YAO S B, et al. Aerodynamic design for China new high-speed trains[J]. 中国科学: 技术科学, 2012, 55(7): 1923-1928.

[100] DOI T, OGAWA T, MASUBUCHI T, et al. Development of an experimental facility for measuring pressure waves generated by high-speed trains[J]. Journal of Wind Engineering & Industrial Aerodynamics, 2010, 98(1): 55-61.

[101] YANG Q, SONG J, LI D, et al. Train model acceleration and deceleration[J]. Science China Technological Sciences,2013,56(3):642-647.
[102] GLÜCK M,BREUER M,DURST F,et al. Computation of fluid-structure interaction on lightweight structures[J]. Journal of Wind Engineering & Industrial Aerodynamics,2001,89(14):1351-1368.
[103] 胡世良,鲁传敬,何友声. 平板流固耦合振动的数值分析[J]. 上海交通大学学报,2013,47(10):1487-1493.
[104] JEONG J,HUSSAIN F. On the identification of a vortex[J]. Journal of Fluid Mechanics,1995(285):69-94.
[105] LIU C Q,WANG Y Q,YANG Y,et al. New omega vortex identification method[J]. Science China (Physics,Mechanics & Astronomy),2016,59(8):684-711.
[106] 李鹏,高振勋,蒋崇文. 重叠网格方法的研究进展[J]. 力学与实践,2014,36(5):551-565.
[107] LIU X,QIN N,XIA H. Fast dynamic grid deformation based on Delaunay graph mapping[J]. Journal of Computational Physics,2006,211(2):405-423.
[108] 苏海东. 固定网格的数值流形方法研究[J]. 力学学报,2011,43(1):169-178.
[109] DESQUESNES G,TERRACOL M,MANOHA E,et al. On the use of a high order overlapping grid method for coupling in CFD/CAA[J]. Journal of Computational Physics,2006,220(1):355-382.
[110] 王慕之,梅元贵,贾永兴. 重叠网格法应用于模拟高速列车隧道气动效应[J]. 应用力学学报,2017,34(3):589-595,618.
[111] 毛军,郗艳红,杨国伟. 侧风风场特征对高速列车气动性能作用的研究[J]. 铁道学报,2011,33(4):22-30.
[112] 陈政清,于向东. 大跨桥梁颤振自激力的强迫振动法研究[J]. 土木工程学报,2002,35(5):34-41.
[113] 项海帆,葛耀君. 现代桥梁抗风理论及其应用[J]. 力学与实践,2007,29(1):1-13.
[114] 许福友,丁威,姜峰,等. 大跨度桥梁涡激振动研究进展与展望[J]. 振动与冲击,2010,29(10):40-49.
[115] 朱思宇,李永乐,申俊昕,等. 大攻角来流作用下扁平钢箱梁涡振性能风洞试验优化研究[J]. 土木工程学报,2015,48(2):79-86.
[116] 陈政清,黄智文,王建辉,等. 桥梁用 TMD 的基本要求与电涡流 TMD[J]. 湖南大学学报(自然科学版),2013,40(8):6-10.
[117] 鲜荣,廖海黎,李明水. 大比例主梁节段模型涡激振动风洞试验分析[J]. 实验流体力学,2009,23(4):15-20.
[118] 陈政清. 工程结构的风致稳定、稳动与控制[M]. 北京:科学出版社,2013.
[119] LEE S,LEE J S,KIM J D. Prediction of vortex-induced wind loading on long-span bridges[J]. Journal of Wind Engineering & Industrial Aerodynamics,1997(67/68):267-278.
[120] SCHEWE G,LARSEN A. Reynolds number effects in the flow around a bluff bridge deck cross section[J]. Journal of Wind Engineering & Industrial Aerodynamics,1998(74/75/76):829-838.
[121] 张建. 扁平钢箱梁的颤振性能数值研究及涡振性能试验研究[D]. 成都:西南交通大学,2014.
[122] 朱佳琪. 基于 CFD 的桥梁涡激振和颤振气弹模拟研究[D]. 成都:西南交通大学,2013.
[123] 刘志文,龚慧星,陈政清. 流线型箱梁断面涡激力展向相关试验研究[J]. 湖南大学学报(自然科学

版),2017,44(5):80-87.

[124] HENSON D A,FOX J A. The prediction of the magnitudes of pressure transients generated by a train entering a single tunnel[J]. Proceedings of the Institution of Civil Engineers,1971,49(1):53-69.

[125] 管青海,李加武,胡兆同,等. 栏杆对典型桥梁断面涡激振动的影响研究[J]. 振动与冲击,2014,33(3):150-156.

[126] 苏洋. 公铁两用双层桥梁风屏障气动机理及优化研究[D]. 成都:西南交通大学,2017.

[127] 苏洋,李永乐,向活跃,等. 基于 NSGA-Ⅱ&DEA 混合算法的高速铁路桥梁风屏障高度多目标优化研究[J]. 工程力学,2016,33(9):138-145.

高速铁路基础研究与技术创新丛书

第一期(16 册)

(一)基础理论与基础技术系列

高速铁路散体道床宏细观力学行为　　赵春发　翟婉明　张　徐　著

ISBN 978-7-113-28857-0

高速铁路线路系统动力学　　龙许友　时　瑾　王英杰　编著

ISBN 978-7-113-28997-3

高速铁路弓网关系研究　　韩通新　著

ISBN 978-7-113-28941-6

(二)动车组系列

高速列车轻量化设计　　李　明　伊召锋　米莉艳　等编著

ISBN 978-7-113-28972-0

(三)供电系列

高速铁路受电弓　　韩通新　编著

ISBN 978-7-113-28975-1

高速铁路接触网检测技术　　韩通新　著

ISBN 978-7-113-28961-4

(四)工程设计系列

高速铁路桥梁抗震设计　　陈兴冲　张永亮　编著

ISBN 978-7-113-28964-5

高速铁路轨道工程 BIM 正向设计软件开发及实践　　姚　力　刘大园　董凤翔　等编著

ISBN 978-7-113-28934-8

(五)工程施工与组织系列

高速铁路桥梁 BIM 技术研究与实践　　盛黎明　苏　伟　刘延宏　宋树峰　编著

ISBN 978-7-113-28938-6

高速铁路岩溶路基边坡变形与稳定　　白明洲　师　海　田　岗　等编著

ISBN 978-7-113-28880-8

高速铁路工程地质灾害超前预报图形判别和解译　　李　忠　郝娜娜　等编著

ISBN 978-7-113-28935-5

(六)通信与列控系列

高速铁路宽带无线信道测量与建模技术　　周　涛　何睿斯　艾　渤　编著

ISBN 978-7-113-28930-0

(七)测量与检测系列

(八)高铁运营与经济系列

高速铁路社会效益研究——基于时空经济分析　　李红昌　夏璇璇　著

ISBN 978-7-113-28942-3

(九)现代信息技术系列

高速铁路物联网技术　　史天运　孙　鹏　张惟皎　陈瑞凤　编著

ISBN 978-7-113-29029-0

(十)安全・健康・维护系列

高速铁路道砟飞溅机理及防治　　高　亮　石顺伟　殷　浩　著

ISBN 978-7-113-28906-5

高速列车多目标均衡综合节能技术　　张　雷　李　明　司志强　等编著

ISBN 978-7-113-28976-8

第二期(23 册)

(一)基础理论与基础技术系列

高速列车空气动力学数值模拟——基于 STAR-CCM+软件

李　明　李　田　戴志远　等编著

ISBN 978-7-113-30059-3

高速铁路沿线地面沉降研究与防治　　李国和　黄大中　尚海敏　王少林　编著

ISBN 978-7-113-30176-7

高速铁路路基智能填筑技术　　王同军　闫宏业　杨　斌　尧俊凯　等著

ISBN 978-7-113-30047-0

季冻区高速铁路路基服役性能与孕灾风险研究

叶阳升　蔡德钩　毕宗琦　李善珍　等著

ISBN 978-7-113-29934-7

高速铁路隧道内附属设施气动效应及安全性研究

彭立敏　杨伟超　施成华　雷明锋　著

ISBN 978-7-113-30104-0
高速铁路钢轨打磨理论与技术 王文健 郭 俊 周 坤 著
ISBN 978-7-113-30061-6
高速列车动态性能正向设计 周劲松 宫 岛 孙文静 著
ISBN 978-7-113-30050-0
高速列车自动驾驶控制理论 宿 帅 李开成 唐 涛 袁 磊 等编著
ISBN 978-7-113-30147-7
高速铁路行车调度与控制一体化 唐 涛 宿 帅 孟令云 阴佳腾 编著
ISBN 978-7-113-30112-5
高速铁路无砟轨道结构水泥基材料理论与技术
龙广成 曾晓辉 马昆林 谢友均 著
ISBN 978-7-113-30056-2

(二)动车组系列

高速列车空气动力学设计技术 丁叁叁 著
ISBN 978-7-113-30055-5

(三)供电系列

高速铁路电力牵引供电工程智能建造技术
胡志华 陈建明 奚金柱 吴命利 等编著
ISBN 978-7-113-30205-4

(四)工程设计系列

现代铁路枢纽规划设计 许佑顶 高丰农 吴学全 李传勇 等编著
ISBN 978-7-113-27468-9
高速铁路隧道底部结构动力响应特性及设计方法
彭立敏 施成华 黄 娟 丁祖德 著
ISBN 978-7-113-30133-0

(五)工程施工与组织系列

高速铁路工程勘察技术创新与实践 陈则连 著
ISBN 978-7-113-30189-7

高速铁路工程质量系统管理(第 2 版)　　卢春房　等著

ISBN 978-7-113-30108-8

高速铁路路基沉降分析与控制技术　　宋绪国　郭帅杰　编著

ISBN 978-7-113-30154-5

深埋高速铁路地下车站施工关键技术　　杨新安　马明杰　李路恒　罗　驰　编著

ISBN 978-7-113-30001-2

高速铁路施工组织创新与实践　　魏　强　编著

ISBN 978-7-113-30136-1

高速铁路路基沥青混凝土防水封闭结构　　蔡德钩　闫宏业　楼梁伟　石越峰　等著

ISBN 978-7-113-30033-3

(六)通信与列控系列

高速铁路信号系统雷电防护技术研究　　向念文　徐宗奇　阳　晋　编著

ISBN 978-7-113-30135-4

(七)测量与检测系列

(八)高铁运营与经济系列

(九)现代信息技术系列

智能高速铁路图像大数据分析技术及应用　　李　平　李　瑞　赵　冰　编著

ISBN 978-7-113-30134-7

(十)安全·健康·维护系列

高速列车横风效应及气动安全控制动力学　　毛　军　柳润东　郗艳红　著

ISBN 978-7-113-30028-9